이패스 소방사관 동영상 강의
www.kfs119.co.kr

2025 소방공무원 시험대비

Must
행정법총론
최종 모의고사
저자 백영민

12회 분량의
실전 모의고사 수록
2024 최신 출제 및 반복 출제 대비
최신 개정된 법령 및 판례 반영
문항별 상세한 해설 수록

epasskorea

머·리·말

MUST 행정법총론 최종 모의고사는 행정법총론의 전 범위를 체계적으로 다루며, 실제 시험에 대비할 수 있도록 기출문제와 예상문제를 반영하여 구성하였습니다. 기출문제는 최근의 출제 경향을 면밀히 분석하여 수록하였으며, 이를 통해 수험생들이 시험에서 요구되는 핵심적인 이론과 판례를 정확히 파악할 수 있도록 하였습니다. 또한 예상문제는 최신 판례와 법령 개정 사항을 바탕으로 출제 가능성이 높은 문제를 엄선하여 제공함으로써 실전감각을 기를 수 있도록 하였습니다.

2025년 대비 "행정법총론 최종 모의고사"는 행정법총론을 시험과목으로 하고 있는 변호사시험, 국회사무처8급, 국회사무처 9급, 소방간부후보생시험, 소방승진시험, 일반 행정직 7·9급, 군무원시험 5·7·9급, 행정사시험, 해양경찰승진, 일반행정직 5급 승진시험, 소방직, 경찰직 등 다양한 2024년 9월까지의 기출문제를 반영하여 수험생들이 실제 시험과 유사한 형식과 실제 시험보다 조금 높은 난도로 구성된 문제들로 구성되어 있습니다. 이를 통해 수험생들은 실제 시험에서 마주할 수 있는 다양한 문제 유형과 난이도를 미리 경험하고, 자신의 학습 상태를 점검할 수 있도록 하였습니다. 또한 최근의 개정법령과 최근 판례 중에서 기출문제에서 아직 출제가 되지 않은 법령과 판례는 편저자가 문제를 구성하여 보충하였습니다. 특히 최근에 중요시되고 있는 행정기본법의 처분의 재심사, 이의신청, 인허가의제제도 등의 조문을 예상문제화해서 철저하게 대비할 수 있도록 하였습니다.

본 교재의 특징

1. 2024년 까지의 모든 기출문제 반영
실전 모의고사에 앞서서 출간 된 MUST 기출·예상문제집은 공무원시험에서 행정법 총론이 시험과목으로 채택된 이후에 반복해서 출제되고 있는 중요한 문제를 중심으로 하여 기본기를 다질 수 있도록 하였습니다.
반면에 본 교재인 최종모의고사는 2023년과 2024년 기출문제를 다수 출제함으로써 최근의 출제 경향에 적합하게 구성하였습니다.

2. 개정법령과 최근 판례의 반영
2024년까지 개정된 법령과 새로운 판례를 반영하여, 법적인 변화에 대한 이해를 돕고 이를 바탕으로 출제될 가능성이 높은 문제에 대비할 수 있습니다. 본 교재는 객관적인 출제경향을 나타내는 기출문제가 주를 이루지만 아직 기출문제에 없는 부분은 편저자가 예상문제를 구성해서 보완하였습니다.

3. 실전 감각 극대화

실전과 유사한 환경에서 문제를 풀어볼 수 있도록 구성된 전 범위 실전 모의고사를 통해 실제 시험장에서의 긴장감을 완화하고 문제풀이 능력을 극대화할 수 있습니다.

4. 기출문제를 기출년도와 시행처를 직렬별로 표시하여 출제경향 파악할 수 있게 함

각각의 기출문제가 언제 어떤 시험에서 출제되었는지를 명확하게 알 수 있도록 년도와 시행처, 직렬별로 표시하여 출제경향 파악할 수 있게 하였습니다.

5. 객관식 문제의 시리즈화

이패스 소방사관에서 진행되는 행정법총론의 문제풀이 과정은 ① MUST 행정법총론 단원별 기출·예상문제집 ② 전범위 최종 모의고사로 구성됩니다. 이중에서 ① MUST 행정법총론 단원별 기출·예상문제집은 2024년 5월까지의 기출문제가 반영되어 있습니다. ② 전범위 최종 모의고사는 2024년 9월까지의 문제가 반영되어 있습니다. 또한 최근에 행정기본법의 조문이 심도 있게 출제되는 점을 고려하여 출제가 예상되는 조문과 최근에 판시된 판례를 예상문제로 반영하였습니다. ① MUST 행정법총론 단원별 기출·예상문제집 ② 전 범위 최종 모의고사는 시리즈로 계획된 문제풀이 과정이기 때문에 중복되는 문제없이 많은 문제를 통해 수험생을 연습시키려는 편저자의 의도가 담겨있습니다. 따라서 이 과정을 반드시 모두 거쳐야만 고득점이 가능할 것입니다.

2025년 시험까지 기간이 얼마 남지 않았지만 각자 자기의 자리에서 부단히 노력하시길 기원하며 아무쪼록 본서가 수험생 여러분의 목표를 이루는 데 큰 도움이 되기를 바라며, 끝까지 포기하지 않고 최선을 다하는 여러분의 노력에 이 책이 든든한 지원군이 되기를 바랍니다. 여러분의 합격을 진심으로 기원합니다.

마지막으로 본서를 출간하기까지 물심양면 도와주신 이패스코리아 대표님과 편집부 임직원 분께 감사의 마음을 전합니다.

2024년 10월
편저자 백영민

학습전략

최근 6개년 기출분석

1. 단원별 출제경향

	PART 1 행정법 서론				PART 2 행정작용법				PART 3 실효성확보수단				PART 4 행정구제법			
	행정의 의의	행정법	행정법관계	법률사실과 법률요건	행정입법	행정행위	새로운 행위형식	행정절차 정보공개와 개인정보보호	강제집행	행정조사 즉시강제	행정벌	새로운 실효성확보수단	행정구제 서론	국가배상	손실보상	행정심판과 행정소송
2019		2				4		3		2			1	2	1	5
2020		2		1	1	4	3	1	1	1.5	2			1		2.5
2021		1				5	2	2	2	1	1			3		3
2022		2.5		1	2	6	1.25	2		0.25	1			1	1	2
2023		2	1	1	1	7	2	2	1.5		1.5			1	1	4
2024		2		1	1	8	1	5	2					1	1	3
비중		9%	0.5%	3%	4%	26%	7%	12%	5%	4%	4%		0.5%	7%	3%	15%

2. 유형별 출제경향

	이론·학설	판례	필수법령	사례
2019	10%	50%	40%	
2020	5%	55%	40%	
2021	15%	55%	30%	
2022		80%	15%	5%
2023		80%	16%	4%
2024		70%	30%	
평균	10%	65%	28.5%	4.5%

대응방안

① 기본에 충실하기

항상 시험이 끝나고 나면 학원 강사들은 시험에 대한 총평에서 "기본에 충실하게 공부하였다면 무난하게 해결 할 수 있는 문제였다"는 수험생의 입장에서 들으면 좀 재수(?) 없는 말을 하곤 합니다. 그렇지만 이 말은 타당합니다. 공무원시험에서 대부분의 문제가 기출문제의 반복입니다. 여러 직렬의 시험에서 출제가 되었고 특히 자주 등장했던 기본적인 문제를 틀리면 만족할 만한 점수를 얻을 수 없습니다. 따라서 처음으로 출제되어 모든 수험생이 어려워하는 생소한 지문을 맞추기보다는 이미 출제가 되었던 문제에서 실수를 줄이는 것이 더욱 중요합니다.

② 편식하지 않기

소방공무원 시험은 2021년까지만 하더라도 일반행정직 시험에 비해서는 판례의 비중이 다소 낮고 필수법령의 비중은 다른 직렬보다 높았던 것이 사실입니다. 그러나 올해는 모든 직렬의 시험이 거의 판례위주로 출제되었습니다. 그러나 그것은 올해 시험의 특징인 것이고 2025년 시험도 그럴 것이라는 보장은 없습니다. 따라서 수험생은 요령껏 골라서 공부하기보다는 전체 내용을 우직하고 꼼꼼하게 정리하여야 합니다.

③ 시간 안배

행정법총론의 필수과목으로의 변경과 출제위원의 출제오류에 대한 부담감으로 인해 판례의 비중이 상당할 정도로 강화될 것입니다. 판례의 비중이 높아진다는 것은 출제되는 문제의 지문이 길어진다는 점을 의미하기 때문에 시간 배분에 주의하여야 합니다. 또한 시험과목의 푸는 순서에 따라서 소요되는 시간이 달라질 수 있으니 매회 다른 순서로 연습해 보길 권합니다.

④ 25문제와 행정쟁송법

소방공무원 시험의 문제가 25문제로 늘었습니다. 문항 수가 늘면 그 만큼 많은 문제를 낼 수 있기 때문에 수험생은 좀 더 섬세하게 학습할 필요가 있습니다. 단원별 출제경향에 대한 분석을 보면 알 수 있듯이 그동안 PART2 행정작용법에서 가장 많은 출제가 이루어지고 있습니다. 이러한 경향은 앞으로도 지속될 것 같습니다. 다만 문항 수가 많아졌기 때문에 PART4의 행정구제법 중에서 행정심판과 행정소송의 비중이 늘지 않을까 조심스럽게 예상해봅니다.

학습전략

행정법총론 고득점 학습 방법

1. 지속적인 노력과 심화학습의 중요성

최근 공무원시험의 특징은 전공과목의 난이도 상승이었습니다. 강의를 하는 강사입장에서 봐도 공무원시험이 이렇게 어려워도 되나 할 정도로 학습할 분량과 내용이 많아졌습니다. 그러나 강의 현장에서 느끼는 생각은 물론 소수이길 바라지만, 어떻게든 되겠지 하는 안일함과 노력은 하지 않고 빠른 결과를 얻고 싶어 하는 조급을 가지고 있는 수험생들이 있습니다.

2023년부터 영어와 한국사가 공인 시험으로 대체되면서 필연적으로 합격선이 많이 상승할 것으로 예견되고 행정법총론의 고득점이 합격의 관건이 될 것입니다.

객관식 문제를 풀기 위해서 가장 중요한 것은 심화학습입니다. 행정행위와 행정소송 등 어려운 내용들에 대한 이해가 없이는 문제 자체가 풀리지 않습니다. 어떻게든 되겠지 하는 안일함은 장수생의 지름길이니 늦기 전에 순서에 입각하여 기본-심화-객관식 문제풀이의 순서를 지켜서 학습하여야 합니다.

2. 수험에 적합한 공부

우리의 목표는 고득점으로 합격하는 것이지 행정법을 학문적으로 연구하는 것은 아닙니다. 모든 행정법의 내용을 이해할 수는 없습니다. 득점을 하기 위해서 어떤 판례는 정확한 이해가 필요한 것도 있지만 어떤 판례는 내용까지 알 필요는 없고 결론만 암기할 판례도 있습니다. 따라서 암기를 줄이고 응용 문제를 풀기 위해 이해가 중요하지만 행정법의 모든 문제를 이해 할려고 애쓰기 보다는 출제의 패턴에 맞추어 학습할 필요가 있습니다. 문제의 패턴을 익히는 방법은 다양한 문제를 접하고 풀다 보면 스스로 알게 될 것입니다.

3. 소방행정법총론이 아닌 일반적인 행정법총론을 학습하기

수험생은 직렬에 따라 소방행정법총론, 일반행정직 행정법총론, 군무원행정법총론을 나뉩니다. 물론 소방직, 군무원, 일반행정직마다 각각의 직렬과 업무에 따른 특유한 판례와 법령이 있긴 하지만 그 것은 아주 적습니다. 출제위원은 행정법총론의 중요한 파트에서 수험생이 꼭 알아야 할 내용을 출제하는 것이지 직렬에 따라 다른 문제를 내지는 않습니다. 소방직은 소방학개론과 소방관계법규가 소방직의 특징을 나타내는 과목이지 행정법총론은 일반행정직과 차이가 없습니다.

따라서 일반행정직 행정법총론의 출제경향에 맞추어 학습하기를 권합니다.

4. 다양한 기출문제를 통한 반복 학습의 중요성

행정법총론은 80%이상에서 거의 100%가 기출문제에서 나오고 있습니다. 최근에는 지문도 길어지고 케이스 문제도 출제가 된다는 점을 염두에 두고 반복해서 학습하길 권합니다. 또한 행정법의 내용 중에서 이해가 안 되고 가장 어렵고 약한 부분은 집중학습을 통해 극복하여야 하고, 계속해서 틀리는 문제는 오답노트를 통해 별도로 정리할 필요가 있습니다.

5. 개정된 법령과 최근 판례 주의

다양한 기출문제를 반복해서 학습하면 합격선 정도의 점수가 나올 수 있습니다. 그러나 만의 하나라도 최근에 전원합의체를 통해 변경 된 판례라든지 개정 된 법령이 준비가 안 된 경우에는 실점을 할 수 있으므로 시험 보기 전에 반드시 개정된 법령과 최근 판례를 확인 할 필요가 있습니다.

좀 더 자세한 내용 및 수험정보 등은 당사 홈페이지 (www.kfs119.co.kr) 참조

차·례

PART 01 최종모의고사 문제편

제1회 행정법총론 최종모의고사 ············· 12

제2회 행정법총론 최종모의고사 ············· 24

제3회 행정법총론 최종모의고사 ············· 36

제4회 행정법총론 최종모의고사 ············· 48

제5회 행정법총론 최종모의고사 ············· 59

제6회 행정법총론 최종모의고사 ············· 70

제7회 행정법총론 최종모의고사 ············· 82

제8회 행정법총론 최종모의고사 ············· 93

제9회 행정법총론 최종모의고사 ············· 105

제10회 행정법총론 최종모의고사 ············· 116

제11회 행정법총론 최종모의고사 ············· 127

제12회 행정법총론 최종모의고사 ············· 139

PART 02 정답 및 해설

제1회 행정법총론 최종모의고사 정답 및 해설 ·························· 152

제2회 행정법총론 최종모의고사 정답 및 해설 ·························· 167

제3회 행정법총론 최종모의고사 정답 및 해설 ·························· 180

제4회 행정법총론 최종모의고사 정답 및 해설 ·························· 193

제5회 행정법총론 최종모의고사 정답 및 해설 ·························· 207

제6회 행정법총론 최종모의고사 정답 및 해설 ·························· 221

제7회 행정법총론 최종모의고사 정답 및 해설 ·························· 234

제8회 행정법총론 최종모의고사 정답 및 해설 ·························· 249

제9회 행정법총론 최종모의고사 정답 및 해설 ·························· 261

제10회 행정법총론 최종모의고사 정답 및 해설 ························ 275

제11회 행정법총론 최종모의고사 정답 및 해설 ························ 286

제12회 행정법총론 최종모의고사 정답 및 해설 ························ 300

소방공무원은 이패스 소방사관
www.kfs119.co.kr

2025 MUST
행정법총론 최종모의고사

MUST 행정법총론 최종 모의고사

행정법총론 최종모의고사

01 법률유보와 법률의 위임에 대한 설명으로 옳지 않은 것은? (다툼이 있는 경우 판례에 의함)

① 자격이나 신분 등을 취득 또는 부여할 수 없거나 인가, 허가, 지정, 승인, 영업등록, 신고 수리 등을 필요로 하는 영업 또는 사업등을 할 수 없는 사유는 법률로 정하여야 한다.
② 행정작용은 법률에 위반되어서는 아니 되며, 국민의 권리를 제한하거나 의무를 부과하는 경우와 그 밖에 국민생활에 중요한 영향을 미치는 경우에는 법률에 근거하여야 한다.
③ 토지등 소유자가 사업을 시행하는 경우에 토지등 소유자가 도시환경정비사업시행인가 신청시 요구되는 토지등소유자의 동의정족수를 정하는 것은 자치법적 사항에 해당하고 정관에 포괄위임도 허용된다.
④ 법외노조 통보는 노동조합의 법적 지위를 박탈하는 중대한 침익적 처분이므로 법률로써 규정하여야 할 사항에 해당한다.

02 영업양도에 따른 지위승계에 관한 설명 중 옳은 것(○)과 옳지 않은 것(×)을 올바르게 조합한 것은? (다툼이 있는 경우 판례에 의함)

> ㄱ. 영업양도에 따른 지위승계신고를 수리하는 허가관청의 행위는 단순히 양수인이 그 영업을 승계하였다는 사실의 신고를 접수하는 행위에 그치는 것이 아니라, 실질에 있어서 양도인의 사업허가를 취소함과 아울러 양수인에게 적법하게 사업을 할 수 있는 권리를 설정하여 주는 행위로서 사업허가자의 변경이라는 법률효과를 발생시키는 행위이다.
> ㄴ. 영업이 양도·양수되었지만 아직 지위승계신고가 있기 이전에는 여전히 종전의 영업자인 양도인이 영업허가자이고 양수인은 영업허가자가 아니므로, 행정제재처분의 사유가 있는지 여부는 양도인을 기준으로 판단하여야 한다.
> ㄷ. 영업이 양도·양수되었지만 아직 지위승계신고 수리처분이 있기 이전에 관할 행정청이 양도인의 영업허가를 취소하는 처분을 하였다면, 양수인은 행정소송으로 그 취소처분의 취소를 구할 법률상 이익이 있다.
> ㄹ. 영업양도·양수가 무효인 때에는 지위승계신고 수리처분을 하였다 하더라도 그 처분은 당연히 무효이고, 사업의 양도행위가 무효라고 주장하는 양도인은 민사쟁송으로 양도·양수 행위의 무효를 구함이 없이 곧바로 허가관청을 상대로 하여 행정소송으로 위 신고 수리처분의 무효확인을 구할 법률상 이익이 있다.

① ㄱ(○), ㄴ(○), ㄷ(○), ㄹ(○)
② ㄱ(×), ㄴ(○), ㄷ(×), ㄹ(○)
③ ㄱ(○), ㄴ(×), ㄷ(×), ㄹ(○)
④ ㄱ(○), ㄴ(×), ㄷ(○), ㄹ(○)

03 신고에 대한 설명으로 옳은 것은? (다툼이 있는 경우 판례에 의함)

① 수리를 요하지 않는 신고는 「행정기본법」에, 수리를 요하는 신고는 「행정절차법」에 규정되어 있다.
② 「건축법」상 인허가의제 효과를 수반하는 건축신고는 그렇지 않은 건축신고와는 달리 수리를 요하는 신고에 해당한다.
③ 「유통산업발전법」상 대규모 점포의 개설 등록은 수리를 요하지 않는 신고에 해당한다.
④ 「노동조합 및 노동관계조정법」에 따른 노동조합의 설립신고는 근로자의 자주적이고 민주적인 단결권 행사를 보장하는 것에 취지가 있으므로 수리를 요하지 않는 신고에 해당한다.

04 행정규칙에 대한 설명으로 옳지 않은 것은? (다툼이 있는 경우 판례에 의함)
• 22. 국가직 7급

① 중앙행정기관의 장이 정한 훈령·예규 및 고시 등 행정규칙은 상위법령의 위임이 있다고 하더라도 행정기본법 상의 '법령'에 해당하지 않는다.
② 처분이 행정규칙을 위반하였다고 해서 그러한 사정만으로 곧바로 위법하게 되는 것은 아니다.
③ 처분의 근거나 법적인 효과가 행정규칙에 규정되어 있더라도 그 상대방의 권리·의무에 직접 영향을 미치는 행위라면, 항고소송의 대상이 되는 행정처분에 해당한다.
④ 행정규칙의 내용이 상위법령이나 법의 일반원칙에 반하는 것이라면 행정내부적 효력도 인정될 수 없다.

05 다음 중 재량행위와 기속행위에 대한 설명으로 가장 옳지 않은 것은? (다툼이 있는 경우 판례에 의함)
• 22. 해양경찰간부후보생

① 과징금 감경 여부는 과징금 부과 관청의 재량에 속하는 것이므로, 과징금 부과 관청이 이를 판단함에 있어서 재량권을 일탈·남용하여 과징금 부과처분이 위법하다고 인정될 경우, 법원으로서는 법원이 적정하다고 인정되는 부분을 초과한 부분만 취소할 수는 없다.
② 재량행위에 대한 사법심사는 행정청의 재량에 기한 공익판단의 여지를 감안하여 법원이 독자의 결론을 도출함이 없이 당해 행위에 재량권의 일탈·남용이 있는지 여부를 심사한다.
③ 법규정의 일체성에 의해 요건 판단과 효과 선택의 문제를 구별하기 어렵다고 보는 견해는 재량과 판단여지의 구분을 인정한다.
④ 「총포·도검·화약류 등 단속법」상 총포 등 소지허가는 기속행위라고는 할 수 없다.

06 제3자효 행정행위에 관한 설명으로 가장 옳지 않은 것은?

① 행정행위는 상대방에 대한 통지(도달)로서 효력이 발생하며, 행정청은 개별법에서 달리 정하지 않는 한 제3자인 이해관계인에 대한 행정행위 통지의무를 부담하지 않는다.
② 제3자인 이해관계인은 법원의 참가결정이 없어도 관계처분에 의하여 자신의 법률상 이익이 침해되는 한 청문이나 공청회 등 의견청취절차에 참가할 수 있다.
③ 제3자가 어떠한 방법에 의하든지 행정처분이 있었음을 안 경우에는 안 날로부터 90일 이내에 행정심판이나 행정소송을 제기하여야 한다.
④ 갑(甲)에 대한 건축허가에 의하여 법률상 이익을 침해 받은 인근주민 을(乙)이 취소소송을 제기한 경우 을은 소송당사자로서 행정소송법 소정의 요건을 충족하는 한 그가 다투는 행정처분의 집행정지를 신청할 수 있다.

07 「도시 및 주거환경정비법」에 기초하여 주택재개발정비사업조합 甲이 수립한 사업시행계획에 대한 관할 행정청 A의 인가·고시가 있었다. 이에 대한 설명으로 옳지 않은 것은? (다툼이 있는 경우 판례에 의함)

① A의 인가처분은 甲이 수립한 사업시행계획의 법률상 효력을 완성시켜주는 보충행위이다.
② 甲이 수립한 사업시행계획에 하자가 있더라도 이에 대한 A의 인가가 있으므로, 甲이 수립한 사업시행계획의 하자는 치유된다.
③ 甲이 수립한 사업시행계획은 이해관계인들에게 구속력이 발생하는 행정처분이다.
④ A의 인가처분에는 고유한 하자가 없고 甲이 수립한 사업시행계획에 하자가 있다면, 이를 다투기 위해 사업시행계획에 대하여 무효확인이나 취소를 구하여야 한다.

08 甲은 아파트를 건설하고자 乙시장에게 주택법 상 사업계획승인신청을 하였는데, 乙시장은 아파트단지 인근에 개설되는 자동차전용도로의 부지로 사용할 목적으로 甲 소유 토지의 일부를 아파트 사용검사 시까지 기부채납하도록 하는 부담을 붙여 사업계획을 승인하였다. 이에 대한 설명으로 옳은 것만을 〈보기〉에서 모두 고르면? (다툼이 있는 경우 판례에 의함) · 22. 국회사무처 8급 변형

〈 보 기 〉

ㄱ. 甲이 위 부담을 불이행하였다면 乙시장은 이를 이유로 사업계획승인을 철회하거나, 위 부담상의 의무 불이행에 대해 행정대집행을 할 수 있다.
ㄴ. 甲이 위 부담을 이행하지 아니하더라도 乙시장의 사업계획승인이 당연히 효력을 상실하는 것은 아니다.
ㄷ. 乙시장은 기부채납의 내용을 甲과 사전에 협의하여 협약의 형식으로 미리 정한 다음, 사업계획승인을 하면서 위 부담을 부가할 수도 있다.
ㄹ. 만일 甲이 건축법 상 기속행위에 해당하는 건축허가를 신청하였고, 乙시장이 건축허가를 하면서 법률의 근거 없이 기부채납부담을 붙였다면 그 부담은 무효이다.

① ㄱ, ㄴ
② ㄱ, ㄷ
③ ㄴ, ㄹ
④ ㄴ, ㄷ, ㄹ

09 행정행위의 효력에 대한 설명으로 옳지 않은 것은? (다툼이 있는 경우 판례에 의함) · 19. 지방직 9급

① 민사소송에 있어서 어느 행정처분의 당연무효 여부가 선결문제로 되는 때에는 당해 소송의 수소법원은 이를 판단하여 그 행정처분의 무효확인판결을 할 수 있다.
② 과세처분의 하자가 단지 취소할 수 있는 정도에 불과할 때에는 과세관청이 이를 스스로 취소하거나 행정쟁송절차에 의하여 취소되지 않는 한 그로 인한 조세의 납부가 부당이득이 된다고 할 수 없다.
③ 구 소방시설 설치·유지 및 안전관리에 관한 법률 제9조에 의한 소방시설 등의 설치 또는 유지·관리에 대한 명령이 행정처분으로서 하자가 있어 무효인 경우에는 명령에 따른 의무위반이 생기지 아니하므로, 명령 위반을 이유로 행정형벌을 부과할 수 없다.
④ 행정처분이 불복기간의 경과로 인하여 확정될 경우, 그 확정력은 처분으로 인하여 법률상 이익을 침해받은 자가 처분의 효력을 더 이상 다툴 수 없다는 의미일 뿐 판결에 있어서와 같은 기판력이 인정되는 것은 아니다.

10 행정행위에 대한 설명으로 옳지 않은 것은? (다툼이 있는 경우 판례에 의함)

① 구「원자력법」제11조 제3항에 따른 부지사전승인처분은 그 자체로서 건설부지를 확정하고 사전공사를 허용하는 법률효과를 지닌 독립한 행정처분이다.
② 일반적으로 처분이 주체·내용·절차와 형식의 요건을 모두 갖추고 외부에 표시된 경우에는 처분의 존재가 인정된다.
③ 법무사의 사무원 채용승인 신청에 대하여 소속 지방법무사회가 채용승인을 거부하는 조치 또는 일단 채용승인을 하였으나「법무사규칙」을 근거로 채용승인을 취소하는 조치는 항고소송의 대상인 처분이라고 볼 수 없다.
④ 「도시공원 및 녹지 등에 관한 법률」상 행정청이 복수의 민간공원추진자로부터 자기의 비용과 책임으로 공원을 조성하는 내용의 공원조성계획 입안 제안을 받은 후 도시·군계획시설 사업 시행자 지정 및 협약체결 등을 위하여 순위를 정하여 특정 제안자를 우선협상자로 지정하는 행위는 재량행위로 보아야 한다.

11 제재처분에 대한 설명으로 옳지 않은 것은? (다툼이 있는 경우 판례에 의함) • 22. 국가직 7급

① 일정한 법규위반 사실이 행정처분의 전제사실이자 형사법규의 위반사실이 되는 경우, 형사판결이 확정되기 전에 그 위반사실을 이유로 제재처분을 하였다면 절차적 위반에 해당한다.
② 행정청이 여러 개의 위반행위에 대하여 하나의 제재처분을 하였으나, 위반행위별로 제재처분의 내용을 구분하는 것이 가능하고 여러 개의 위반행위 중 일부의 위반행위에 대한 제재처분 부분만이 위법하다면, 법원은 제재처분 전부를 취소하여서는 아니 된다.
③ 법령위반 행위가 2022년 3월 23일 있은 후 법령이 개정되어 그 위반행위에 대한 제재처분 기준이 감경된 경우, 특별한 규정이 없다면 해당 제재처분에 대해서는 개정된 법령을 적용한다.
④ 행정법규 위반에 대한 영업정지 처분은 행정목적의 달성을 위하여 행정법규 위반이라는 객관적 사실에 착안하여 가하는 제재이므로, 반드시 현실적인 행위자가 아니라도 법령상 책임자로 규정된 자에게 부과되고, 특별한 사정이 없는 한 위반자에게 고의나 과실이 없더라도 부과할 수 있다.

12 행정계획에 대한 설명으로 옳지 않은 것은? (다툼이 있는 경우 판례에 의함)

① 유도적 행정계획과 정보제공적 행정계획은 비구속적 행정계획이다.
② 산업단지개발계획상 산업단지 안의 토지 소유자로서 산업단지개발계획에 적합한 시설을 설치하여 입주하려는 자는 산업단지개발계획의 변경을 요청할 수 있는 법규상 또는 조리상 신청권이 있다.
③ 행정청은 행정청이 수립하는 계획 중 국민의 권리·의무에 직접 영향을 미치는 계획을 수립하거나 변경·폐지할 때에는 관련된 여러 이익을 정당하게 형량하여야 한다.
④ 도시계획결정이 고시되면 도시계획구역 안의 토지나 건물 소유자의 권리행사가 일정한 제한을 받지만, 고시된 도시계획결정은 특정 개인의 권리 내지 법률상의 이익을 개별적이고 구체적으로 규제하는 효과를 가져오지 아니하므로 처분이라 할 수 없다.

13 행정절차 및 행정절차법 에 대한 설명으로 옳은 것은? (다툼이 있는 경우 판례에 의함)

① 행정청의 관할이 분명하지 아니한 경우에는 해당 행정청을 공통으로 감독하는 상급 행정청이 그 관할을 결정하며, 공통으로 감독하는 상급 행정청이 없는 경우에는 각 당해 행정청이 협의하여 그 관할을 결정한다.
② 행징처분의 이유로 제시한 수개의 처분사유 중 일부가 위법하면, 다른 처분사유로써 그 처분의 정당성이 인정되더라도 그 처분은 위법하다.
③ 자격의 박탈을 내용으로 하는 처분의 상대방은 처분의 근거법률에 청문을 하도록 규정되어 있지 않더라도 행정절차법에 따라 청문을 한다.
④ 처분의 사전통지 및 의견청취 등에 관한 행정절차법 규정은 국가공무원법상 직위해제처분에 대해서는 적용되지만, 군인사법상 진급선발취소처분에 대해서는 적용되지 않는다.

14 행정절차에 대한 설명으로 옳지 않은 것은? (다툼이 있는 경우 판례에 의함)

① 과세예고통지 후 과세전 적부심사청구나 그에 대한 결정이 있기도 전에 과세처분을 한 경우 그 하자는 무효가 아니라 취소사유에 해당한다.
② 국유재산 무단점유자에 대하여 변상금부과처분을 하면서 처분청이 부과통지서에 근거 법령을 명기하였다고 하더라도 산출근거를 제시하지 않으면 위법이다.
③ 취득세등 부과처분시 납세고지서 기재사항을 누락한 경우, 그 부과처분은 위법하게 되지만 그 고지서가 납세의무자에게 송달된 이상 고지서 작성과 관련한 하자는 과세처분의 당연무효의 사유로는 되지 아니한다.
④ 과세처분시 납세고지서에 과세표준, 세율, 세액의 산출근거 등이 누락된 경우에는 늦어도 과세처분에 대한 불복여부의 결정 및 불복신청에 편의를 줄 수 있는 상당한 기간 내에 보정행위를 하면 그 하자가 치유될 수 있다.

15 「공공기관의 정보공개에 관한 법률」에 대한 설명으로 옳지 않은 것은? (다툼이 있는 경우에는 판례에 따름)

① 불기소처분 기록이나 내사기록 중 피의자신문조서 등 조서에 기재된 피의자 등의 인적사항 이외의 진술내용이 개인의 사생활의 비밀 또는 자유를 침해할 우려가 인정되는 경우에는 공공기관의 정보공개에 관한 법률 제9조 제1항 제6호 본문에서 정한 비공개대상정보에 해당한다.
② 공공기관의 정보공개에 관한 법률 제9조 제1항 제6호 단서 (다)목에서 정한 '공개하는 것이 개인의 권리구제를 위하여 필요하다고 인정되는 정보'에 해당하는지는 비공개에 의하여 보호되는 개인의 사생활의 비밀 등의 이익과 공개에 의하여 보호되는 개인의 권리구제 등의 이익을 비교·교량하여 구체적 사안에 따라 신중히 판단하여야 한다.
③ 수사기록 중의 의견서, 보고문서, 메모, 법률검토, 내사자료 등은 공공기관의 정보공개에 관한 법률 제9조 제1항 제4호의 '수사에 관한 사항으로서 공개될 경우 그 직무수행을 현저히 곤란하게 한다고 인정할 만한 상당한 이유가 있는 정보'로서 비공개대상정보에 해당하고, 공개청구대상인 정보가 의견서 등에 해당한다면 곧바로 정보공개법 제9조 제1항 제4호에 규정된 비공개대상정보라고 볼 것이다.
④ 정보공개 청구권자의 권리구제 가능성 등은 정보의 공개 여부 결정에 아무런 영향을 미치지 못한다.

16 다음 중 행정대집행법상의 대집행이 가능한 경우에 해당하는 것은? (다툼이 있는 경우 판례에 의함)

① 주택건설촉진법상 주민들의 휴식공간으로 사용하기 위하여 설치된 조경 시설 등을 훼손하여 유치원 어린이 놀이터로 만들고 주민들의 출입을 통제하는 울타리를 둘러 주민의 출입을 막았는데, 원상복구 시정명령을 위한 별도의 법적인 근거가 없는 경우
② 행정청이 토지구획정리사업의 환지예정지를 지정하고 그 사업에 편입되는 건축물 등 지장물의 소유자 또는 임차인에게 지장물의 자진 이전을 요구한 후 이에 응하지 않자 지장물의 이전에 대한 대집행을 계고하고 다시 대집행영장을 통지한 경우, 별도의 근거규정이 없는 경우
③ 협의취득시 건물소유자가 매매대상 건물에 대한 철거의무를 부담하겠다는 취지의 약정을 하였으나 이를 행하지 않는 경우
④ 군청 내 일반 공무원들의 휴게실 겸 회의실 등의 용도로도 함께 사용되어 오던 중, 위 직장협의회 소속 공무원들이 법외 단체인 전국공무원노동조합에 가입하고 사무실로 임의 사용하자, 수차에 걸친 자진폐쇄 요청하였음에도 이에 응하지 않은 경우

17 행정상 즉시강제에 관한 설명으로 옳지 않은 것은? (다툼이 있는 경우 판례에 의함)

① 지방의회에서의 사무감사·조사를 위한 증인의 동행명령장제도는 현행범 체포와 같이 사후에 영상을 발부받지 아니하면 목적을 달성할 수 없는 긴박성이 있다고 인정할 수 있다.
② 강제퇴거명령을 받은 사람을 보호할 수 있도록 하면서 보호기간의 상한을 마련하지 아니한 출입국관리법 제63조 제1항은 과잉금지원칙 및 적법절차원칙에 위배되어 피보호자의 신체의 자유를 침해한다.
③ 행정상 즉시강제는 엄격한 실정법상의 근거를 필요로 할 뿐만 아니라 그 발동에 있어서는 법규의 범위 안에서도 다시 행정상의 장해가 목전에 급박하고 다른 수단으로는 행정목적을 달성할 수 없는 경우이어야 한다.
④ 「경찰관 직무집행법」 제4조 제1항 제1호에서 규정하는 '술에 취한 상태로 인하여 자기 또는 타인의 생명·신체와 재산에 위해를 미칠 우려가 있는' 피구호자에 대한 보호조치는 행정상 즉시강제에 해당한다.

18 다음 중 행정조사에 대한 설명으로 가장 적절하지 않은 것은? (다툼이 있는 경우 판례에 의함)

① 행정기관은 조사대상자의 자발적인 협조를 얻어 행정조사를 실시할 수 있는데, 이 경우에도 조사개시 7일전까지 조사대상자에게 서면으로 통지하여야 한다.
② 「국세기본법」이 정한 세무조사대상 선정사유가 없음에도 세무조사대상으로 선정하여 과세자료를 수집하고 그에 기하여 과세처분을 하는 것은 위법하다.
③ 부과처분을 위한 과세관청의 질문조사권이 행해지는 세무조사결정이 있는 경우 납세의무자는 세무공무원의 과세자료 수집을 위한 질문에 대답하고 검사를 수인하여야 할 법적 의무를 부담하게 된다는 점에서 세무조사결정은 항고소송의 대상이 된다.
④ 세무조사가 과세자료의 수집 또는 신고내용의 정확성 검증이라는 본연의 목적이 아니라 부정한 목적을 위하여 행하여진 것이라면 이는 세무조사에 중대한 위법사유가 있는 경우에 해당하고 이러한 세무조사에 의하여 수집된 과세자료를 기초로 한 과세처분 역시 위법하다.

19 다음 중 공공의 영조물에 관한 설명으로 옳지 않은 것은? (다툼이 있는 경우 판례에 의함)

• 23. 군무원 9급

① 「도로교통법」제3조 제1항에 의하여 특별시장·광역시장·제주특별자치도지사 또는 시장·군수의 권한으로 규정되어 있는 도로에서 경찰서장 등이 설치·관리하는 신호기의 하자로 인한 「국가배상법」제5조 소정의 배상책임은 그 사무의 귀속 주체인 국가가 부담한다.
② 사실상 군민의 통행에 제공되고 있던 도로 옆의 암벽으로부터 떨어진 낙석에 맞아 사망하는 사고가 발생하였다고 하여도 동 사고지점 도로가 군에 의하여 노선인정 기타 공용개시가 없었으면 이를 영조물이라 할 수 없다.
③ 국가나 지방자치단체가 영조물의 설치·관리의 하자를 이유로 손해배상책임을 부담하는 경우 영조물의 설치·관리를 맡은 자와 그 비용부담자가 동일하지 아니하면 비용부담자도 손해배상책임이 있다.
④ 경찰서지서의 숙직실에서 순직한 경찰공무원의 유족들은 「국가배상법」 및 「민법」의 규정에 의한 손해배상을 청구할 권리가 있다.

20 공익사업을 위한 토지 등의 취득 및 보상에 관한 법률 에 대한 설명으로 옳지 않은 것은?

① 구 하천법에 의한 하천수 사용권은 공익사업을 위한 토지 등의 취득 및 보상에 관한 법률 이 손실보상의 대상으로 규정하고 있는 '물의 사용에 관한 권리'에 해당한다.
② 토지수용위원회의 재결에 대한 토지소유자의 행정소송 제기는 사업의 진행 및 토지의 수용 또는 사용을 정지시키지 아니한다.
③ 사업인정은 공익사업의 시행자에게 그 후 일정한 절차를 거칠 것을 조건으로 일정한 내용의 수용권을 설정하여 주는 형성행위이다.
④ 어떤 보상항목이 공익사업을 위한 토지 등의 취득 및 보상에 관한 법령상 손실보상대상에 해당함에도 관할 토지수용위원회가 사실을 오인하거나 법리를 오해함으로써 손실보상대상에 해당하지 않는다고 잘못된 내용의 재결을 한 경우에는, 피보상자는 관할 토지수용위원회를 상대로 재결취소소송을 제기하여야 한다.

21 국유재산법 상 국유재산에 대한 설명으로 옳은 것만을 모두 고르면? (다툼이 있는 경우 판례에 의함)

> ㄱ. 국유 일반재산의 대부료 징수에 관하여 국세 체납처분의 예에 따른 간이하고 경제적인 특별한 구제절차가 마련되어 있으므로, 특별한 사정이 없는 한 민사소송으로 일반 재산의 대부료 지급을 구하는 것은 허용되지 않는다.
> ㄴ. 국유 일반재산인 대지에 대한 대부계약이 해지되어 국가가 원상회복으로 지상의 시설물을 철거하려는 경우, 행정대집행법 에 따라 대집행을 하여야 하고 민사소송의 방법으로 시설물의 철거를 구하는 것은 허용되지 않는다.
> ㄷ. 국·공유재산의 관리청이 행정재산의 사용·수익을 허가한 다음, 그 사용·수익하는 자에 대하여 하는 사용·수익허가취소는 공권력을 가진 우월적 지위에서 행한 것으로서 항고소송의 대상이 되는 행정처분이다.
> ㄹ. 국유재산의 무단점유와 관련하여 국유재산법 에 의한 변상금 부과·징수가 가능한 경우에는 변상금 부과·징수의 방법에 의해서만 국유재산의 무단점유·사용으로 인한 이익을 환수할 수 있으며, 그와 별도로 민사소송의 방법으로 부당이득반환청구를 하는 것은 허용되지 않는다.

① ㄱ, ㄷ   ② ㄴ, ㄹ   ③ ㄱ, ㄴ, ㄷ   ④ ㄱ, ㄷ, ㄹ

22 「행정심판법」의 규정에 관한 내용으로 옳지 않은 것은? • 22. 소방위 승진

① 행정심판이 청구된 후에 피청구인이 새로운 처분을 하거나 심판청구의 대상인 처분을 변경한 경우에는 청구인은 새로운 처분이나 변경된 처분에 맞추어 청구의 취지나 이유를 변경할 수 있다.
② 행정심판위원회는 처분, 처분의 집행 또는 절차의 속행 때문에 중대한 손해가 생기는 것을 예방할 필요성이 긴급하다고 인정할 때에는 직권으로 또는 당사자의 신청에 의하여 처분의 효력, 처분의 집행 또는 절차의 속행의 전부 또는 일부의 정지를 결정할 수 있다.
③ 행정심판위원회는 처분 또는 부작위가 위법·부당하다고 상당히 의심되는 경우로서 처분 또는 부작위 때문에 당사자가 받을 우려가 있는 중대한 불이익이나 당사자에게 생길 급박한 위험을 막기 위하여 임시지위를 정하여야 할 필요가 있는 경우에는 당사자의 신청이 있는 경우에 한하여 임시처분을 결정할 수 있다.
④ 청구인이 경제적 능력으로 인해 대리인을 선임할 수 없는 경우에는 행정심판위원회에 국선대리인을 선임하여 줄 것을 신청할 수 있다.

23 다음 중 「행정기본법」상 처분에 대한 이의신청에 대한 설명으로 가장 적절하지 않은 것은?

① 행정청의 처분에 이의가 있는 당사자는 처분을 받은 날부터 30일 이내에 해당 행정청에 이의신청을 할 수 있다.
② 이의신청을 한 경우에도 그 이의신청과 관계없이 「행정심판법」에 따른 행정심판 또는 「행정소송법」에 따른 행정소송을 제기할 수 있다.
③ 과태료·과징금의 부과 및 징수에 관한 사항에 대하여는 「행정기본법」을 적용하지 않는다.
④ 다른 법률에서 이의신청과 이에 준하는 절차에 대하여 정하고 있는 경우에도 그 법률에서 규정하지 아니한 사항에 관하여는 「행정기본법」이 정하는 바에 따른다.

24 항고소송의 대상이 되는 행정처분에 해당하는 것은? (다툼이 있는 경우 판례에 의함)

① 소관청이 토지대장상의 소유자명의변경신청을 거부한 행위
② 「교육공무원법」상 승진후보자 명부에 의한 승진심사 방식으로 행하여지는 승진임용에서 승진후보자 명부에 포함되어 있던 후보자를 승진임용인사발령에서 제외하는 행위
③ 무허가건물을 무허가건물관리대장에서 삭제하는 행위
④ 각 군 참모총장이 군인 명예전역수당 지급대상자 결정절차에서 국방부장관에게 수당지급대상자를 추천하는 행위

25 다음 사례에 대한 설명으로 옳은 것은? (다툼이 있는 경우 판례에 의함)   • 22. 국가직 7급

> 경기도 A군수는 개발촉진지구에서 시행되는 지역개발사업의 시행자로 B를 지정·고시하고 실시계획을 승인·고시하였다. B는 개발사업구역에 편입된 甲 소유 토지에 관하여 공익사업을 위한 토지 등의 취득 및 보상에 관한 법률 에 따라 甲과 협의를 하였으나 협의가 이루어지지 아니하자 경기도 지방토지수용위원회에 위 토지에 대한 수용재결 신청을 하여 수용재결서 정본을 송달받았다.

① 甲은 수용재결에 불복할 때에는 그 재결서를 받은 날부터 60일 이내에, 이의신청을 거쳤을 때에는 이의신청에 대한 재결서를 받은 날부터 30일 이내에 각각 행정소송을 제기하여야 한다.
② 甲이 수용재결에 이의가 있을 경우 경기도 지방토지수용위원회를 거쳐 중앙토지수용위원회에 이의를 신청할 수 있다.
③ 甲이 수용재결에 대하여 중앙토지수용위원회의 이의재결을 거친 후 취소소송을 제기할 경우, 이의재결에 고유한 위법이 없는 경우에도 중앙토지수용위원회를 피고로 하여 수용재결의 취소를 구하여야 한다.
④ 甲이 보상금의 증액청구를 하고자 하는 경우에는 경기도 지방토지수용위원회를 피고로 하여 당사자소송을 제기하여야 한다.

제2회 행정법총론 최종모의고사

01 「행정기본법」상 이의신청과 재심사에 관한 설명으로 옳지 않은 것은? • 23. 군무원 7급

① 이의신청에 대한 결과를 통지받은 후 행정심판 또는 행정소송을 제기하려는 자는 그 결과를 통지받은 날부터 90일 이내에 행정심판 또는 행정소송을 제기할 수 있다.
② 공무원 인사관계 법령에 의한 징계 등 처분에 관한 사항에 대하여도 「행정기본법」상의 이의신청 규정이 적용된다.
③ 당사자는 처분에 대하여 법원의 확정판결이 있는 경우에는 처분의 근거가 된 사실관계 또는 법률관계가 추후에 당사자에게 유리하게 바뀐 경우에도 해당 처분을 한 행정청이 처분을 취소·철회하거나 변경하여 줄 것을 신청할 수는 없다.
④ 처분을 유지하는 재심사 결과에 대하여는 행정심판, 행정소송 및 그밖의 쟁송수단을 통하여 불복할 수 없다.

02 통치행위에 대한 설명으로 옳은 것은? (다툼이 있는 경우 판례에 의함)

① 개성공단 전면중단 조치는 고도의 정치적 결단을 요하는 문제이므로 기본권 제한이 발생하더라도 헌법소원심판의 대상이 될 수 없다.
② 비상계엄의 선포나 확대가 국헌문란의 목적을 달성하기 위하여 행하여진 경우 법원은 그 자체가 범죄행위에 해당하는지의 여부에 관하여 심사할 수 있다.
③ 「상훈법」제8조의 서훈취소는 대통령이 국가원수로서 행하는 행위이므로 법원이 사법심사를 자제하여야 할 고도의 정치성을 지니는 행위이다.
④ 사면은 형의 선고의 효력 또는 공소권을 상실시키거나 형의 집행을 면제시키는 것으로 사법부의 판단을 변경하는 제도이므로 권력분립의 원리에 반한다.

03 甲은 청소년에게 주류를 제공하였다는 이유로 A구청장으로부터 6개월 이내에서 영업정지처분을 할 수 있다고 규정하는 식품위생법 제75조, 총리령인 식품위생법시행규칙 제89조 및 별표 23 [행정처분의 기준]에 근거하여 영업정지 2개월처분을 받았다. 甲은 처음으로 단속된 사람이었다. 이에 대한 다음의 설명 중 가장 옳은 것은? (단, 다툼이 있는 경우 판례에 의함) • 21. 군무원 7급

① 위 영업정지처분은 기속행위이다.
② 위 별표는 법규명령이다.
③ A구청장은 2개월의 영업정지처분을 함에 있어서 가중 감경의 여지는 없다.
④ A구청장이 유사 사례와의 형평성을 고려하지 않고 3개월의 영업정지처분을 하였다면 甲은 행정의 자기구속원칙의 위반으로 위법함을 주장 할 수 있다.

04 재량행위에 대한 설명으로 옳지 않은 것은? (다툼이 있는 경우 판례에 의함)
① 귀화신청인이 구「국적법」에서 정한 귀화요건을 갖추지 못한 경우에도 법무부장관은 귀화 허부에 관한 재량권을 행사할 수 있고, 재량권 행사 결과에 따라 귀화불허처분을 할 수 있다.
② 처분을 할 것인지 여부와 처분의 정도에 관하여 재량이 인정되는 과징금 납부명령에 대하여 그 명령이 재량권을 일탈하였을 경우, 법원으로서는 재량권의 범위 내에서 어느 정도가 적정한 것인지에 관하여는 판단할 수 없다.
③ 행정청의 재량에 속하는 처분이라도 재량권의 한계를 넘거나 그 남용이 있는 때에는 법원은 이를 취소할 수 있다.
④ 처분이 재량권을 일탈·남용하였다는 사정은 그 처분의 효력을 다투는 자가 주장·증명하여야 한다.

05 다음 중 인허가의제에 대한 설명으로 가장 적절하지 않은 것은?

① 주된 인허가를 받으면 법률로 정하는 바에 따라 그와 관련된 여러 인허가를 받은 것으로 보는 인허가 의제는 민원인에게 편의를 제공하고 절차를 간소화하기 위해 「행정기본법」과 「건축법」 등 개별법에서 규정하고 있다.
② 인허가 의제의 경우 관련 인허가 행정청은 관련인허가의 처분기준을 주된 인허가 행정청에 제출하여야 하고, 주된 인허가 행정청은 제출받은 관련 인허가의 처분기준을 통합하여 공표를 하여야 한다.
③ 주된 인허가 행정청은 주된 인허가를 하기 전에 관련 인허가에 관하여 미리 관련 인허가 행정청과 협의하여야 하고, 협의 요청을 받은 관련인허가 행정청은 그 요청을 받은 날부터 원칙적으로 20일 이내에 의견을 제출하여야 한다.
④ 인허가 의제의 효과는 주된 인허가의 해당 법률에 규정된 관련 인허가에 한정되고, 관련 인허가 행정청은 관련 인허가를 직접 한 것이 아니므로 관계 법령에 따른 관리·감독 등 필요한 조치를 할 필요는 없다.

06 자가용으로 출근하면 갑(甲)은 「도로교통법」을 위반하였다는 이유로 20일의 면허정지처분과 아울러 10만원의 과태료처분을 받았으나, 별도의 이의제기 없이 각각의 처분에 따르고자 한다. 위 처분에 의한 면허정지 기간의 만료일과 과태료납부의 만료일은 모두 해당연도의 △△월 15일(토요일)로 되어 있다. 참고로, 16일(일요일)이 법정 공휴일에 속하는 관계로 그 다음 날인 17일(월요일)은 대체공휴일로 되었다. 사정이 이와 같을 때 「행정기본법」과의 관계에서 가장 적절한 것은?

① 갑(甲)의 운전정지 기간의 만료일과 과태료납부의 만료일은 모두 해당연도의 △△월 15일(토요일)로 된다.
② 갑(甲)의 운전정지 기간의 만료일과 과태료납부의 만료일은 모두 해당연도의 △△월 18일(화요일)로 된다.
③ 갑(甲)의 운전정지 기간의 만료일은 해당 연도의 △△월 15일(토요일)로 되고, 과태료납부의 만료일은 해당연도의 △△월 18일(화요일)로 된다.
④ 갑(甲)의 운전정지 기간의 만료일은 해당 연도의 △△월 18일(화요일)로 되고, 과태료납부의 만료일은 해당연도의 △△월 15일(토요일)로 된다.

07 「행정기본법」상 처분의 재심사가 적용되지 않는 경우로서 가장 적절하지 않은 것은?

① 공무원 인사 관계 법령에 따른 징계 등 처분에 관한 사항
② 형사, 행형 및 보안처분 관계 법령에 따라 행하는 사항
③ 외국인의 출입국·난민인정·귀화·국적회복에 관한 사항
④ 부담금 부과 및 징수에 관한 사항

08 「행정기본법」에 대한 설명으로 가장 적절하지 않은 것을 모두 고른 것은? (다툼이 있는 경우 판례에 의함)

> ㄱ. 처분이 아니라 법령에 의해 국민의 권익을 제한되는 경우에서 기간을 일로 정하는 것이 국민에게 불리하다고 하여도 그 기간의 첫 날을 산입한다.
> ㄴ. 태어난 지 1년 2개월이 지난 사람에 관해 행정관련 나이 계산과 표시는 14개월로 한다.
> ㄷ. 법령 등을 위반한 행위의 성립과 이에 대한 제재처분은 법령 등에 특별한 규정이 있는 경우를 제외하고는 법령 등을 위반한 행위 당시의 법령 등에 따르고, 그 행위 후 법령 등의 변경으로 제재처분 기준이 가벼워진 경우로서 해당 법령 등에 특별한 규정이 없을 때에도 동일하다.
> ㄹ. 자격이나 신분 등을 취득 또는 부여할 수 없거나 인허가를 필요로 하는 영업을 할 수 없는 사유는 법률 외에 대통령령, 총리령, 부령으로도 정할 수 있다.

① ㄱ, ㄴ, ㄷ
② ㄱ, ㄷ, ㄹ
③ ㄴ, ㄷ, ㄹ
④ ㄱ, ㄴ, ㄷ, ㄹ

09 위헌법률에 근거한 행정행위의 효력에 관한 대법원 판례로서 옳은 것(○)과 옳지 않은 것(×)을 올바르게 조합한 것은?

• 21. 군무원 5급

> ㄱ. 위헌인 법률에 근거한 행정처분이 당연무효인지의 여부는 위헌결정의 소급효와는 별개의 문제로서, 위헌결정의 소급효가 인정된다고 하여 위헌인 법률에 근거한 행정처분이 당연무효가 된다고는 할 수 없다.
> ㄴ. 위헌법률심판제도에 있어서의 구체적 규범통제의 실효성을 보장한다는 차원에서 당해 사건에 대해서는 헌법재판소의 위헌결정은 장래효원칙의 예외로서 소급효를 인정해야 한다.
> ㄷ. 위헌결정의 효력은 그 결정 이후에 당해 법률이 재판의 전제가 되었음을 이유로 법원에 제소된 일반사건에도 미치므로, 이미 취소소송의 제기기간을 경과하여 확정력이 발생한 행정처분의 경우에도 위헌결정의 소급효가 미친다고 보아야 할 것이다.
> ㄹ. 위헌결정 이후에 조세채권의 집행을 위한 새로운 체납처분에 착수하거나 이를 속행하는 것은 더 이상 허용되지 않고, 나아가 이러한 위헌결정의 효력에 위배하여 이루어진 체납처분은 그 사유만으로 하자가 중대하고 객관적으로 명백하여 당연무효라고 보아야 한다.

① ㄱ(×), ㄴ(×), ㄷ(○), ㄹ(×)
② ㄱ(×), ㄴ(○), ㄷ(○), ㄹ(○)
③ ㄱ(×), ㄴ(○), ㄷ(×), ㄹ(○)
④ ㄱ(○), ㄴ(○), ㄷ(×), ㄹ(○)

10 행정기본법상 행정행위의 취소·철회에 관한 설명으로 옳은 것은?

① 위법한 처분의 일부에 대해 취소할 수 없다.
② 부당한 처분에 대해서는 취소할 수 없다.
③ 당사자의 신뢰를 보호할 가치가 있는 경우에는 위법한 처분에 대해 장래를 향하여 취소할 수 있다.
④ 적법한 처분을 철회하는 경우에는 철회로 인하여 당사자가 입게 될 불이익을 철회로 달성되는 공익과 비교·형량할 필요는 없다.

11 공법상 계약에 관한 설명으로 옳지 않은 것은? (다툼이 있으면 판례에 따름) • 22. 소방위 승진

① 국가를 당사자로 하는 계약이나 「공공기관의 운영에 관한 법률」의 적용 대상인 공기업이 일방 당사자가 되는 계약은 사법상 계약으로서, 사적자치와 계약자유의 원칙을 비롯한 사법의 원리가 원칙적으로 적용된다.
② 지방자치단체의 관할구역 내에 있는 각급 학교에서 학교회계직원으로 근무하는 것을 내용으로 하는 근로계약은 공법상 계약이다.
③ 음식물류 폐기물의 수집·운반, 가로 청소, 재활용품의 수집·운반 업무를 대행할 것을 위탁하고 그에 대한 대행료를 지급하는 것을 내용으로 하는 용역도급계약은 사법상 계약이다.
④ 법률우위의 원칙은 공법상 계약에도 적용되므로 공법상 계약의 내용은 법률에 위반하지 않아야 한다.

12 다음 중 「행정절차법」상 행정절차에 관한 설명으로 가장 옳지 않은 것은?

① 인허가 등의 취소 또는 신분·자격의 박탈, 법인이나 조합 등의 설립허가의 취소 시 의견제출기한 내에 당사자 등의 신청이 있는 경우에 청문을 개최한다.
② 단순·반복적인 처분 또는 경미한 처분으로서 당사자가 그 이유를 명백히 알 수 있는 경우라 하더라도 처분 후 당사자가 요청하는 경우에는 행정청은 그 근거와 이유를 제시하여야 한다.
③ 행정청이 당사자에게 의무를 과하거나 권익을 제한하는 처분을 하는 경우라도 당사자가 명백히 의견진술의 기회를 포기한다는 뜻을 표시한 경우에는 의견청취를 하지 않을 수 있다.
④ 행성청은 내통령령을 입법예고하는 경우에는 이를 국회 소관 상임위원회에 제출하여야 한다.

13 「행정절차법」에 대한 설명으로 옳지 않은 것은? (다툼이 있는 경우 판례에 의함)

① 「국가공무원법」상 직위해제처분은 행정작용의 성질상 행정절차를 거치기 곤란하거나 불필요하다고 인정되는 사항 또는 행정절차에 준하는 절차를 거친 사항에 해당되므로 「행정절차법」이 적용되지 않는다.
② 외국인의 출입국에 관한 사항은 「행정절차법」이 적용되지 않으므로, 미국국적을 가진 교민에 대한 사증거부처분에 대해서도 처분의 방식에 관한 「행정절차법」제24조는 적용되지 않는다.
③ 「병역법」에 의한 소집에 관한 사항에는 「행정절차법」이 적용되지 않으나 「병역법」상의 산업기능요원의 편입취소 처분에 대해서는 「행정절차법」이 적용된다.
④ 「행정절차법 시행령」제2조제8호는 '학교·연수원 등에서 교육·훈련의 목적을 달성하기 위하여 학생·연수생들을 대상으로 하는 사항'을 「행정절차법」이 적용되지 않는 경우로 규정하고 있으나 생도의 퇴학처분과 같이 신분을 박탈하는 징계처분은 여기에 해당한다고 할 수 없다.

14 甲은 乙을 사기죄로 고소하였으나, 乙은 증거불충분으로 혐의없음의 불기소처분을 받았다. 甲은 불기소처분의 기록 중 피의자신문조서 등에 대하여 정보공개청구를 하였으나, 사생활의 비밀과 자유를 침해할 위험이 있는 정보라는 이유로 비공개결정을 받았다. 이 사안에 관한 설명 중 옳지 않은 것은? (다툼이 있는 경우 판례에 의함)

【참조】
검찰보존사무규칙 제22조(불기소사건기록등의 열람·등사 제한)
① 검사는 제20조의2에 따른 불기소사건기록등의 열람·등사 신청에 대하여 다음 각 호의 어느 하나에 해당하는 경우에는 기록의 열람·등사를 제한 할 수 있다.
  1. 〈생략〉
  2. 기록의 공개로 인하여 사건관계인의 명예나 사생활의 비밀 또는 생명·신체의 안전이나 생활의 평온을 현저히 해칠 우려가 있는 경우

공공기관의 정보공개에 관한 법률
제4조(적용 범위) ① 정보의 공개에 관하여는 다른 법률에 특별한 규정이 있는 경우를 제외하고는 이 법에서 정하는 바에 따른다.
제9조(비공개 대상 정보) ① 공공기관이 보유·관리하는 정보는 공개 대상이 된다. 다만, 다음 각 호의 어느 하나에 해당하는 정보는 공개하지 아니할 수 있다.
  1. 다른 법률 또는 법률에서 위임한 명령(국회규칙·대법원규칙·헌법재판소규칙·중앙선거관리위원회규칙·대통령령 및 조례로 한정한다)에 따라 비밀이나 비공개 사항으로 규정된 정보
  2. – 5. 〈생략〉
  6. 해당 정보에 포함되어 있는 성명·주민등록번호 등 개인에 관한 사항으로서 공개될 경우 사생활의 비밀 또는 자유를 침해할 우려가 있다고 인정되는 정보. 다만, 다음 각 목에 열거한 개인에 관한 정보는 제외한다.
    가. – 마. 〈생략〉

---

① 「공공기관의 정보공개에 관한 법률」에 따른 정보공개청구권은 법률상 보호되는 구체적인 권리이므로, 공개거부처분에 대하여 甲은 행정소송을 통하여 그 공개거부처분의 취소를 구할 법률상의 이익이 있다.
② 「공공기관의 정보공개에 관한 법률」 제9조 제1항 제6호에 규정된 '사생활의 자유'란 사회공동체의 일반적인 생활규범의 범위 내에서 사생활을 자유롭게 형성해 나가고 그 설계 및 내용에 대해서 외부로부터의 간섭을 받지 아니할 권리이며, '사생활의 비밀'이란 사생활과 관련된 사사로운 자신만의 영역이 본인의 의사에 반해서 타인에게 알려지지 않도록 할 수 있는 권리를 말한다.
③ 乙의 주민등록번호, 직업, 주소, 본적, 전과 및 검찰 처분, 상훈·연금, 병역, 교육, 경력, 가족, 재산 및 월수입, 종교, 정당·사회단체가입, 건강상태, 연락처 등 개인에 관한 정보뿐만 아니라, 사생활의 비밀과 자유를 침해할 우려가 있는 진술내용도 비공개 대상에 해당된다.

④ 공개거부의 근거가 된 검찰보존사무규칙 제22조는 「공공기관의 정보공개에 관한 법률」 제4조 제1항의 '정보의 공개에 관하여는 다른 법률에 특별한 규정이 있는 경우' 또는 제9조 제1항 제1호의 '다른 법률 또는 법률에서 위임한 명령에 따라 비밀이나 비공개 사항으로 규정된 정보'에 해당한다.

15 「개인정보 보호법」의 내용으로 옳지 않은 것은? (다툼이 있는 경우 판례에 의함)

① 개인정보처리자는 개인정보를 익명 또는 가명으로 처리하여도 개인정보 수집목적을 달성할 수 있는 경우 익명처리가 가능한 경우에는 익명에 의하여, 익명처리로 목적을 달성할 수 없는 경우에는 가명에 의하여 처리될 수 있도록 하여야 한다.
② 개인정보처리자가 이 법에 따른 집단분쟁조정을 거부하거나 집단분쟁조정의 결과를 수락하지 아니한 경우 이 법 소정의 일정한 요건을 갖춘 소비자단체나 비영리단체는 법원에 권리침해에 대한 손해배상소송을 제기할 수 있다.
③ 업무를 목적으로 이동형 영상정보처리기기를 운영하려는 자는 이 법에서 정한 예외사항을 제외하고는 공개된 장소에서 이동형 영상정보처리기기로 사람 또는 그 사람과 관련된 사물의 영상(개인정보에 해당하는 경우로 한정)을 촬영하여서는 아니된다.
④ 이 법을 위반한 개인정보처리자의 행위로 손해를 입은 정보주체는 개인정보처리자에게 손해배상을 청구할 수 있으며, 이 경우 개인정보처리자는 고의 또는 과실이 없음을 입증하지 아니하면 책임을 면할 수 없다.

16 행정조사에 대한 설명으로 옳지 않은 것은? (다툼이 있는 경우 판례에 의함)

① 시료채취의 방법 등이 시료채취의 방법 등을 규정한 고시에서 정한 절차에 위반한 경우 그러한 사정만으로도 그에 기초하여 내려진 행정처분은 위법하다.
② 조사대상자의 자발적인 협조를 얻어 실시하는 행정조사를 제외하고는 행정기관은 법령등에서 행정조사를 규정하고 있는 경우에 한하여 행정조사를 실시할 수 있다.
③ 행정기관이 이미 조사를 받은 조사대상자에 대하여 위법행위가 의심되는 새로운 증거를 확보한 경우를 제외하고는 정기조사 또는 수시조사를 실시한 행정기관의 장은 동일한 사안에 대하여 동일한 조사대상자를 재조사 하여서는 아니 된다.
④ 장부제출명령, 출두명령 등 행정행위의 형식을 취하는 행정조사는 물론 사실행위로서의 행정조사도 권력적인 경우에는 항고소송으로 다툴 수 있다.

17 이행강제금과 과징금에 관한 설명으로 옳지 않은 것은? (다툼이 있으면 판례에 따름)

• 22. 소방위 승진

① 「건축법」상 이행강제금은 시정명령의 불이행이라는 과거의 위반행위에 대한 제재가 아니라, 시정명령을 이행하지 않고 있는 건축주 등에 대하여 다시 상당한 이행기한을 부여하고 기한 안에 시정명령을 이행하지 않으면 이행강제금이 부과된다는 사실을 고지함으로써 의무자에게 심리적 압박을 주어 시정명령에 따른 의무의 이행을 간접적으로 강제하는 행정상의 간접강제 수단에 해당한다.
② 이행강제금의 본질상 시정명령을 받은 의무자가 이행강제금이 부과되기 전에 그 의무를 이행한 경우에는 비록 시정명령에서 정한 기간을 지나서 이행한 경우라도 이행강제금을 부과할 수 없다.
③ 「국세징수법」제23조의 각 규정에 의하면, 이행강제금 부과처분을 받은 자가 이행강제금을 기한 내에 납부하지 아니한 때에는 그 납부를 독촉할 수 있으며, 납부독촉에도 불구하고 이행강제금을 납부하지 않으면 체납절차에 따라 이행강제금을 징수할 수 있고, 이때 이행강제금 납부의 최초 독촉은 항고소송의 대상이 되는 행정처분이라 할 수 없다.
④ 과징금부과처분은 행정법규 위반이라는 객관적 사실에 착안하여 가하는 제재이므로 반드시 현실적인 행위자가 아니라도 법령상 책임자로 규정된 자에게 부과되고 원칙적으로 위반자의 고의·과실을 요하지 아니하나, 위반자의 의무 해태를 탓할 수 없는 정당한 사유가 있는 등의 특별한 사정이 있는 경우에는 이를 부과할 수 없다.

18 「행정기본법」상 과징금과 행정강제에 대한 설명으로 가장 적절하지 않은 것은? (다툼이 있는 경우 판례에 의함)

① 과징금의 근거가 되는 법률에는 그 재량적 성격으로 인해 상한액을 명확하게 규정할 필요가 없다.
② 행정청은 이행강제금을 부과하기 전에 미리 의무자에게 적절한 이행기간을 정하여 그 기한까지 행정상 의무를 이행하지 아니하면 이행강제금을 부과한다는 뜻을 문서로 계고(告)하여야 한다.
③ 직접강제는 행정대집행이나 이행강제금 부과의 방법으로는 행정상 의무 이행을 확보할 수 없거나 그 실현이 불가능한 경우에 실시하여야 한다.
④ 즉시강제는 다른 수단으로는 행정목적을 달성할 수 없는 경우에만 허용되며, 이 경우에도 최소한으로만 실시하여야 한다.

19 국가배상에 관한 설명으로 옳지 않은 것은? (다툼이 있으면 판례에 따름)   • 22. 소방위 승진

① 「국가배상법」 제2조의 공무원의 직무행위는 객관적으로 직무행위로서의 외형을 갖추고 있으면 되고 주관적으로 공무집행의 의사는 없어도 된다.
② 공무원이 고의 또는 중과실로 불법행위를 하여 손해를 입힌 경우 피해자는 공무원 개인에 대해 손해배상을 청구할 수 있다.
③ 어떠한 행정처분이 항고소송에서 취소되었다면 그 기판력으로 인해 곧바로 국가배상책임이 인정될 수 있다.
④ 국가나 지방자치단체가 공익사업을 시행하는 과정에서 주민들이 일시적으로 행정절차에 참여할 권리를 침해받았다는 사정만으로 곧바로 국가나 지방자치단체가 주민들에게 정신적 손해에 대한 배상의무를 부담한다고 단정할 수 없다.

20 공익사업을 위한 토지 등의 취득 및 보상에 관한 법률 (이하 토지보상법 이라 함)에 대한 설명으로 옳지 않은 것은? (다툼이 있는 경우 판례에 의함)   • 22. 국회사무처 8급 변형

① 보상액의 산정은 협의에 의한 경우에는 협의 성립 당시의 가격을, 재결에 의한 경우에는 수용 또는 사용의 재결 당시의 가격을 기준으로 한다.
② 사업인정고시가 된 후 사업시행자가 토지를 사용하는 기간이 3년 이상인 경우 토지소유자는 토지수용위원회에 토지의 수용을 청구할 수 있고, 토지수용위원회가 이를 받아들이지 않는 재결을 한 경우에는 사업시행자를 피고로 하여 토지보상법 상 보상금의 증감에 관한 소송을 제기할 수 있다.
③ 사업시행자는 동일한 사업지역에 보상시기를 달리하는 동일인 소유의 토지등이 여러 개 있는 경우 토지소유자나 관계인이 요구할 때에는 한꺼번에 보상금을 지급하도록 하여야 한다.
④ 사업시행자는 동일한 소유자에게 속하는 일단의 토지의 일부를 취득하는 경우 해당 공익사업의 시행으로 인하여 잔여지의 가격이 증가한 경우에 그 이익을 그 취득으로 인한 손실과 상계한다.

21 다음 중 행정심판에 대한 설명으로 옳지 않은 것은?

① 처분의 취소 또는 변경을 구하는 취소심판의 경우에 변경의 의미는 소극적 변경뿐만 아니라 적극적 변경까지 포함한다.
② 취소심판청구에 대한 기각재결이 있는 경우에도 처분청은 당해 처분을 직권으로 취소 또는 변경할 수 있다.
③ 행정심판위원회는 피청구인이 처분이행명령재결에도 불구하고 처분을 하지 아니하는 경우에는 당사자가 신청하면 기간을 정하여 서면으로 이행을 명하고 그 기간에 이행하지 아니하면 직접 처분을 할 수 있다.
④ 행정심판위원회는 사정재결을 함에 있어서 청구인에 대하여 상당한 구제방법을 취할 것을 명할 수 있으나, 재결주문에 그 처분 등이 위법 또는 부당함을 명시할 필요는 없다.

22 취소소송에서 법원이 원고의 청구를 기각할 때 판결의 주문에서 취소대상인 처분이 위법함을 명시하여야 하는 경우에 대한 설명으로 옳지 않은 것은? (다툼이 있는 경우 판례에 의함) • 24. 경찰간부후보

① 당사자의 명백한 주장이 없는 경우에도 법원은 일건기록에 나타난 사실을 기초로 하여 직권으로 이러한 판결을 할 수 있다.
② 법원이 이 판결을 함에 있어 공공복리 적합성 여부의 판단시점은 변론종결시이다.
③ 소송비용은 피고의 부담으로 한다.
④ 이 판결이 확정되면 취소판결의 기속력과 기판력이 발생한다.

23 행정소송에 대한 설명으로 가장 옳지 않은 것은? • 21. 서울시 7급

① 사실심에서 변론종결시까지 당사자가 주장하지 않던 직권조사사항에 해당하는 사항을 상고심에서 비로소 주장하는 경우, 그 직권조사 사항에 해당하는 사항은 상고심의 심판범위에 해당하지 않는다.
② 상대방의 권리를 제한하는 행위라 하더라도 행정청 또는 그 소속기관이나 권한을 위임받은 공공기관의 행위가 아닌 한 이를 행정소송의 대상이 되는 행정처분이라고 할 수 없다.
③ 건축불허가처분을 하면서 건축불허가 사유뿐만 아니라 구 「소방법」에 따른 소방서장의 건축부동의 사유를 들고 있는 경우, 그 건축불허가처분에 관한 쟁송에서 건축법상의 건축불허가 사유뿐만 아니라 소방서장의 부동의 사유에 관하여도 다툴 수 있다.
④ 과세관청이 사업자등록을 관리하는 과정에서 위장사업자의 사업자명의를 직권으로 실사업자의 명의로 정정하는 행위는 항고소송의 대상이 되는 행정처분으로 볼 수 없다.

24 다음 중 「행정심판법」에 대한 설명으로 옳은 것을 모두 고른 것은?

> ㄱ. 대통령의 처분 또는 부작위에 대하여는 다른 법률에서 행정심판을 청구할 수 있도록 정한 경우 외에는 행정심판을 청구할 수 없다.
> ㄴ. 관계 행정기관의 장이 특별행정심판 또는 이 법에 따른 행정심판 절차에 대한 특례를 신설하거나 변경하는 법령을 제정·개정할 때에는 미리 법무부장관의 승인이 있어야 한다.
> ㄷ. 법인이 아닌 사단 또는 재단으로서 대표자나 관리인이 정하여져 있는 경우에는 그 사단이나 재단의 대표자나 관리인의 이름으로 심판청구를 할 수 있다.
> ㄹ. 여러 명의 청구인이 공동으로 심판청구를 할 때에는 청구인들 중에서 7명 이하의 선정대표자를 선정할 수 있다.
> ㅁ. 선정대표자로 선정된 후에는 다른 청구인들의 동의를 받지 아니하고도 다른 청구인들을 위하여 심판청구의 취하를 포함해서 그 사건에 관한 모든 행위를 할 수 있다.

① ㄱ
② ㄱ, ㄴ
③ ㄴ, ㄷ
④ ㄹ, ㅁ

25 다음 중 행정소송 판결의 형성력과 기속력에 대한 설명으로 가장 적절한 것은? (다툼이 있는 경우 판례에 의함)

① 구 「도시 및 주거환경정비법」상 주택재개발사업조합의 조합설립인가처분이 법원의 재판에 의하여 취소된 경우 그 조합설립인가처분은 소급하여 효력을 상실하지 않는다.
② 취소소송에서 처분 등을 취소하는 확정판결의 기속력은 주로 판결의 실효성 확보를 위하여 인정되는 효력으로서 판결의 주문 외에 그 전제가 되는 처분 등의 구체적 위법사유에 관한 이유중의 판단에 대하여는 인정되지 않는다.
③ 징계처분의 취소를 구하는 소에서 징계사유가 될 수 없다고 판결한 사유와 동일한 사유를 내세워 행정청이 다시 징계처분을 한 것은 확정판결에 저촉되지 않는 행정처분을 한 것으로서 허용될 수 있다.
④ 행정처분을 취소한다는 확정판결이 있으면 그 취소판결의 형성력에 의하여 당해 행정처분의 취소나 취소통지 등의 별도의 절차를 요하지 아니하고 당연히 취소의 효과가 발생한다.

제3회 행정법총론 최종모의고사

01 비례의 원칙에 대한 설명으로 가장 옳지 않은 것은? (다툼이 있는 경우 판례에 의함)

㉠ 국민의 자유와 권리를 제한함에 있어서는 제한당하는 국민의 쪽에서 볼 때 그 기본권을 실현할 다른 수단이 있다면 기본권의 제한이 정당화된다.
㉡ 음주운전 금지규정을 2회 이상 위반한 사람을 아무런 시간적 제한을 두지 않고 2년 이상 5년 이하의 징역이나 1천만 원 이상 2천만 원 이하의 벌금에 처하도록 한 도로교통법 제148조의2 제1항은 책임과 형벌 간의 비례원칙에 위반된다.
㉢ 명예퇴직 합의 후 명예퇴직 예정일 사이에 허위로 병가를 받아 다른 회사에 근무하였음을 사유로 한 징계해임처분이 징계재량권의 일탈·남용으로 볼 수 없다.
㉣ 여권발급신청인이 북한 고위직 출신의 탈북 인사로서 신변에 대한 위해 우려가 있다는 이유로 신청인의 미국 방문을 위한 여권발급을 거부한 것은 「여권법」 제8조 제1항 제5호에 정한 사유에 해당한다고 볼 수 있으므로 거주·이전의 자유를 과도하게 제한한다고 볼 수 없다.
㉤ 금치 처분을 받은 수형자에 대하여 금치 기간 중 운동을 전면 금지하는 행형법시행령은 비례원칙에 위반되어 위헌이다.

① ㉠㉣
② ㉡㉤
③ ㉠㉤
④ ㉢㉣

02 행정법관계에 대한 설명으로 가장 옳은 것은? (단, 다툼이 있는 경우 판례에 의함)
① 육군3사관학교의 구성원인 사관생도는 학교 입학일부터 특수한 신분관계에 놓이게 되므로 법률유보원칙은 적용되지 아니한다.
② 지방자치단체가 학교법인이 설립한 사립중학교에 의무교육대상자에 대한 교육을 위탁한 때에 그 학교법인과 해당 사립중학교에 재학 중인 학생의 재학관계는 기본적으로 공법상 계약에 따른 법률관계이다.
③ 불이익한 행정처분의 상대방은 직접 개인적 이익을 침해당한 것으로 볼 수 없으므로 처분 취소소송에서 원고적격을 바로 인정받지 못한다.
④ 공무원연금 수급권은 사회적 기본권 중의 하나로서, 헌법규정만으로는 이를 실현할 수 없고 법률에 의한 형성이 필요하다.

03 공법관계와 사법관계에 관한 판례의 내용으로 옳지 않은 것은?

① 서울특별시 지하철공사의 사장이 소속 직원에게 한 징계처분에 대한 불복절차는 민사소송에 의하여야 한다.
② 공기업·준정부기관이 계약에 근거한 권리행사로서 입찰참가자격 제한 조치를 하였더라도 입찰참가자격 제한 조치는 행정처분이다.
③ 국유재산 등의 관리청이 하는 행정재산의 사용·수익에 대한 허가는 관리청이 특정인에게 행정재산을 사용할 수 있는 권리를 설정하여 주는 강학상 특허로서 공법관계이다.
④ 기부자가 기부채납한 부동산을 일정기간 무상 사용한 후에 한 사용허가기간 연장신청을 거부한 지방자치단체의 장의 행위는 사법상의 행위이다.

04 A법률을 시행하기 위하여 B행정청의 C고시가 제정되었다. 이에 관한 설명 중 옳은 것을 모두 고른 것은? (다툼이 있는 경우 판례에 의함)

> ㄱ. A법률이 B행정청에 A법률의 내용을 구체화할 수 있는 권한을 부여하면서 그 권한행사의 절차나 방법을 특정하지 않아 고시의 형식으로 정한 경우, C고시의 규정내용이 A법률의 위임범위를 벗어난 때에는 대외적 구속력을 인정할 수 없다.
> ㄴ. A법률이 입법사항에 대하여 고시의 형식으로 위임하여 C고시가 제정된 경우라면, C고시는 그 자체로 국회입법원칙에 위반된 것으로 무효이다.
> ㄷ. A법률이 시행규칙의 형식으로 세부사항을 정하도록 위임하였으나 고시의 형식으로 제정된 경우라 하더라도, C고시는 위임의 범위 내에서 상위법과 결합하여 대외적 구속력이 있는 법규명령의 효력을 가진다.
> ㄹ. A법률의 위임에 따라 일반·추상적 성질을 가지는 C고시가 제정된 경우, A법률에 대하여 헌법재판소의 위헌결정이 선고되면 C고시도 원칙적으로 효력을 상실한다.

① ㄱ, ㄴ
② ㄱ, ㄷ
③ ㄱ, ㄹ
④ ㄴ, ㄷ

05 다단계행정결정에 대한 설명으로 옳지 않은 것은? (다툼이 있는 경우 판례에 의함)

① 「공유재산 및 물품 관리법」에 근거하여 공모제안을 받아 이루어지는 민간투자사업 '우선협상대상자 선정행위'나 '우선협상대상자 지위배제행위'에서 '우선협상대상자 지위배제행위'만이 항고소송의 대상인 처분에 해당한다.
② 구「원자력법」상 원자로 및 관계 시설의 부지사전승인처분 후 건설허가처분까지 내려진 경우, 선행처분은 후행처분에 흡수되어 건설허가처분만이 행정쟁송의 대상이 된다.
③ 공정거래위원회가 부당한 공동행위를 한 사업자에게 과징금 부과처분을 한 뒤 다시 자진신고 등을 이유로 과징금 감면처분을 한 경우, 선행처분은 후행처분에 흡수되어 소멸하므로 선행처분의 취소를 구하는 소는 부적법하다.
④ 자동차운송사업 양도·양수인가신청에 대하여 행정청이 내인가를 한 후 그 본인가신청이 있음에도 내인가를 취소한 경우, 다시 본인가에 대하여 별도로 인가여부의 처분을 한다는 사정이 보이지 않는다면 내인가취소는 행정처분에 해당한다.

06 인허가 의제제도에 대한 판례의 내용으로 옳지 않은 것은? (다툼이 있는 경우에는 판례에 의함)

① 주택건설사업계획 승인권자가 구 주택법 제17조 제3항에 따라 도시·군관리계획 결정권자와 협의를 거쳐 관계 주택건설사업계획을 승인하면 같은 조 제1항 제5호에 따라 도시·군관리계획결정이 이루어진 것으로 의제되고, 이러한 협의 절차와 별도로 국토의 계획 및 이용에 관한 법률 제28조 등에서 정한 도시·군관리계획 입안을 위한 주민 의견청취 절차를 거칠 필요는 없다.
② 구 주택법 제17조 제1항에 따르면, 주택건설사업계획 승인권자가 관계 행정청의 장과 미리 협의한 사항에 한하여 승인처분을 할 때에 인허가 등이 의제될 뿐이다.
③ '부분 인허가 의제'가 허용되는 경우에 주택건설사업계획 승인처분에 따라 의제된 인허가가 위법함을 다투고자 하는 이해관계인은, 주택건설사업계획 승인처분의 취소를 구할 것이지 의제된 인허가의 취소를 구할 수는 없다.
④ 사업계획승인으로 의제된 인허가 중 일부를 취소 또는 철회하면, 취소 또는 철회된 인허가를 제외한 나머지 인허가만 의제된 상태가 된다. 이 경우 당초 사업계획승인을 하면서 사업 관련 인허가 사항 중 일부에 대하여만 인허가가 의제되었다가 의제되지 않은 사항에 대한 인허가가 불가한 경우 사업계획승인을 취소할 수 있는 것처럼, 취소 또는 철회된 인허가 사항에 대한 재인허가가 불가한 경우 사업계획승인 자체를 취소할 수 있다.

07 행정행위의 하자에 대한 판례의 입장으로 옳지 않은 것은?

① 친일반민족행위자로 결정한 최종발표와 그에 따라 그 유가족에 대하여 한 독립유공자 예우에 관한 법률 적용배제자 결정은 별개의 법률효과를 목적으로 하는 처분이다.
② 무권한의 행위는 원칙적으로 무효라고 할 것이므로, 5급 이상의 국가정보원 직원에 대해 임면권자인 대통령이 아닌 국가정보원장이 행한 의원면직처분은 당연무효에 해당한다.
③ 국가유공자 등 예우 및 지원에 관한 법률 에 따른 여러 개의 상이에 대한 국가유공자요건비해당처분에 대한 취소소송에서 그 중 일부 상이만이 국가유공자요건이 인정되는 상이에 해당하는 경우, 국가유공자요건비해당처분 중 그 요건이 인정되는 상이에 대한 부분만을 취소하여야 한다.
④ 위법하게 구성된 폐기물처리시설 입지선정위원회가 의결을 한 경우, 그에 터잡아 이루어진 폐기물처리시설 입지결정처분의 하자는 무효사유로 본다.

08 〈보기〉에 대한 설명으로 옳은 것은? (다툼이 있는 경우 판례에 의함)

〈 보 기 〉
甲은 관련법령에 따라 공장등록을 하기 위하여 등록신청을 乙에게 위임하였고, 수임인 乙은 등록서류를 위조하여 공장등록을 하였으나 甲은 그 사실을 알지 못하였다. 이후 관할 행정청 A는 위조된 서류에 의한 공장등록임을 이유로 甲에 대해 공장등록을 취소하는 처분을 하였다.

① 관할 행정청 A가 甲에 대해 공장등록을 취소하려면 법적 근거가 있어야 한다.
② 甲에 대한 공장등록 취소는 상대방의 귀책사유에 의한 것이므로 관할 행정청 A는 「행정절차법」상 사전통지 및 의견제출절차를 거치지 않아도 된다.
③ 관할 행정청 A는 甲에 대해 공장등록을 취소하면서 甲의 신뢰이익을 고려하지 아니할 수 있다.
④ 甲에 대한 공장등록을 취소하면 공장등록이 확정적으로 효력을 상실하게 되므로, 공장등록 취소처분이 위법함을 이유로 그 취소처분을 직권취소하더라도 공장등록이 다시 효력을 발생할 수는 없다.

09 행정행위의 효력에 대한 설명으로 옳은 것만을 모두 고른 것은? (다툼이 있는 경우 판례에 의함)

ㄱ. 불가변력은 모든 행정행위에 공통되는 것이 아니라 행정심판의 재결 등과 같이 예외적이고 특별한 경우에 처분청 등 행정청에 대한 구속으로 인정되는 실체법적 효력을 의미한다.
ㄴ. 산업재해요양보상급여취소처분이 불복기간의 경과로 인해 확정되면 요양급여청구권 없음이 확정되므로 다시 요양급여를 청구할 수 없다.
ㄷ. 동일한 사유에 관하여 보다 무거운 면허취소처분을 하기 위하여 이미 행하여진 가벼운 면허정지처분을 취소하는 것은 선행 처분에 대한 당사자의 신뢰 및 법적 안정성을 크게 저해하는 것이 되어 허용될 수 없다.
ㄹ. 제소기간이 이미 도과하여 불가쟁력이 생긴 행정처분에 대하여는 개별 법규에서 그 변경을 요구할 신청권을 규정하고 있거나 관계 법령의 해석상 그러한 신청권이 인정될 수 있는 등 특별한 사정이 없는 한 국민에게 그 행정처분의 변경을 구할 신청권이 없다.

① ㄱ, ㄴ
② ㄴ, ㄹ
③ ㄱ, ㄷ, ㄹ
④ ㄱ, ㄴ, ㄷ, ㄹ

10 행정행위의 하자에 대한 설명으로 옳지 않은 것은? (단, 다툼이 있는 경우 판례에 의함)

• 21. 군무원 7급

① 국세에 대한 증액경정처분이 있는 경우 당초처분은 증액경정처분에 흡수된다.
② 처분 권한을 내부위임 받은 기관이 자신의 이름으로 한 처분은 무효이다.
③ 독립유공자 甲의 서훈이 취소되고 이를 국가보훈처장이 甲의 유족에게 서훈취소 결정통지를 한 것은 통지의 주체나 형식에 하자가 있다고 보기는 어렵다.
④ 과세처분 이후 조세 부과의 근거가 되었던 법률규정에 대해 위헌결정이 내려졌다고 하더라도, 그 조세채권의 집행을 위한 체납처분은 유효하다.

11 행정계획에 대한 설명으로 옳지 않은 것은? (다툼이 있는 경우 판례에 의함) • 17. 지방직 9급

① 개발제한구역의 지정·고시에 대한 헌법소원 심판청구는 행정쟁송절차를 모두 거친 후가 아니면 부적법하다.
② 국공립대학의 총장직선제 개선 여부를 재정지원 평가요소로 반영하고 이를 개선하지 않을 경우 다음 연도에 지원금을 삭감 또는 환수하도록 규정한 교육부장관의 '대학교육역량강화사업기본계획'은 헌법소원의 대상이 된다.
③ 관계 법령에 따라 일정한 행정처분을 구하는 신청을 할 수 있는 법률상 지위에 있는 자의 국토이용계획변경신청을 거부하는 것이 실질적으로 당해 행정처분 자체를 거부하는 결과가 되는 경우, 그 신청인에게 국토이용계획변경을 신청할 권리가 인정된다.
④ 위법한 도시기본계획에 대하여 제기되는 취소소송은 법원에 의하여 허용되지 아니한다.

12 공법상 계약에 대한 설명으로 옳지 않은 것은? (다툼이 있는 경우 판례에 의함) • [17. 지방직 7급]

① 공익사업을 위한 토지 등의 취득 및 보상에 관한 법률상 협의취득계약은 공법상 계약이 아니라 사법상 매매계약에 해당한다.
② 구 중소기업기술혁신 촉진법 상 중소기업 정보화지원사업에 따른 지원금 출연을 위하여 중소기업청장이 체결하는 협약은 공법상 계약에 해당한다.
③ 공법상 계약의 해지의 의사표시에 있어서는 특별한 규정이 없는 한 행정절차법 에 의하여 근거와 이유를 제시하여야 한다.
④ 구 산업집적활성화 및 공장설립에 관한 법률 에 따른 산업단지입주계약의 해지통보는 행정청인 관리권자로부터 관리업무를 위탁받은 한국산업단지공단이 우월적 지위에서 그 상대방에게 일정한 법률상 효과를 발생하게 하는 것으로서 항고소송의 대상이 되는 행정처분에 해당한다.

13 행정절차에 관한 설명 중 옳지 않은 것을 모두 고른 것은? (다툼이 있는 경우 판례에 의함)

• 21. 변호사시험변형

ㄱ. 징계와 같은 불이익처분절차에서 징계심의대상자에게 변호사를 통한 방어권의 행사를 보장하는 것이 필요하고, 징계심의대상자가 선임한 변호사가 징계위원회에 출석하여 징계심의대상자를 위하여 필요한 의견을 진술하는 것은 방어권 행사의 본질적 내용에 해당하므로, 행정청은 특별한 사정이 없는 한 이를 거부할 수 없다.

ㄴ. 행정청이 허가를 거부하는 처분을 하면서 처분의 근거와 이유를 구체적으로 명시하지 않은 이상, 당사자가 그 근거를 알 수 있을 정도로 이유를 제시하였다 하더라도 그 처분은 위법하다.

ㄷ. 교육부장관이 관련 법령에 따른 부적격사유가 없는 A와 B총장후보자 가운데 A후보자가 상대적으로 더욱 적합하다고 판단하여 대통령에게 총장으로 A후보자를 임용제청한 경우, 교육부장관은 B후보자에게 개별 심사항목이나 총장 임용 적격성에 대한 정성적 평가결과를 구체적으로 밝힐 의무가 있다.

ㄹ. 법령에서 사업의 승인 이전에 관계행정청과의 협의를 거치도록 규정한 취지가 미리 자문을 구하라는 의미인 경우에는 비록 승인 전에 이러한 협의를 거치지 아니하였더라도 그 승인처분이 당연무효가 되는 것은 아니다.

① ㄱ, ㄴ, ㄹ ② ㄱ, ㄷ
③ ㄱ, ㄷ, ㄹ ④ ㄴ, ㄷ

14 정보공개에 대한 판례의 입장으로 옳은 것은?

[19. 국가직 7급]

① 공공기관이 정보공개청구권자가 신청한 공개방법 이외의 방법으로 정보를 공개하기로 하는 결정을 하였다면, 정보공개청구자는 이에 대하여 항고소송으로 다툴 수 있다.
② 공개청구된 정보가 이미 인터넷을 통해 공개되어 인터넷검색으로 쉽게 접근할 수 있는 경우는 비공개사유가 된다.
③ 공개청구된 정보를 공공기관이 한때 보유·관리하였으나 후에 그 정보가 담긴 문서가 정당하게 폐기되어 존재하지 않게 된 경우, 정보 보유·관리 여부의 입증책임은 정보공개청구자에게 있다.
④ 정보공개를 청구한 목적이 손해배상소송에 제출할 증거자료를 획득하기 위한 것이었고 그 소송이 이미 종결되었다면, 그러한 정보공개청구는 권리남용에 해당한다.

15 개인정보 보호에 대한 설명 중 옳지 않은 것은? (다툼이 있는 경우 판례에 의함)

① 개인정보자기결정권을 침해·제한한다고 주장되는 행위의 내용이 이미 정보주체의 의사에 따라 공개된 개인정보를 별도의 동의 없이 영리 목적으로 수집·제공하였다는 것인 경우, 정보처리자에게 영리 목적이 있었다는 사정만으로 곧바로 정보처리 행위를 위법하다고 할 수는 없다.
② 법률정보 제공 사이트를 운영하는 갑 주식회사가 공립대학교인 을 대학교 법과대학 법학과 교수로 재직 중인 병의 사진, 성명, 성별, 출생연도, 직업, 직장, 학력, 경력 등의 개인정보를 위 법학과 홈페이지 등을 통해 수집하여 위 사이트 내 '법조인' 항목에서 유료로 제공한 사안에서, 갑 회사의 행위를 병의 개인정보자기결정권을 침해하는 위법한 행위로 평가하거나, 갑 회사가 개인정보 보호법 제15조나 제17조를 위반하였다고 볼 수 없다.
③ 변호사 정보 제공 웹사이트 운영자가 변호사들의 개인신상정보를 기반으로 변호사들의 인맥지수를 산출하여 공개하는 서비스를 제공한 사안에서, 운영자가 변호사들의 개인신상정보를 기반으로 한 인맥지수를 공개하는 표현행위에 의하여 얻을 수 있는 법적 이익이 이를 공개하지 않음으로써 보호받을 수 있는 변호사들의 인격적 법익에 비하여 우월하다고 볼 수 있어 위법이 아니다.
④ 변호사 정보 제공 웹사이트 운영자가 대법원 홈페이지에서 제공하는 '나의 사건검색' 서비스를 통해 수집한 사건정보를 이용하여 변호사들의 승소율이나 전문성 지수 등을 제공하는 서비스를 한 사안에서, 웹사이트 운영자가 사건정보를 이용하여 승소율이나 전문성 지수 등을 제공하는 서비스를 하는 행위는 그에 의하여 얻을 수 있는 법적 이익이 이를 공개하지 않음으로써 얻을 수 있는 정보주체의 인격적 법익에 비하여 우월한 것으로 보여 변호사들의 개인정보에 관한 인격권을 침해하는 위법한 행위로 평가할 수 없다.

16 행정의 실효성 확보수단에 대한 설명으로 옳지 않은 것은? (다툼이 있는 경우 판례에 의함)

① 이행강제금은 대체적 작위의무 위반과 비대체적 작위의무 위반에 부과될 수 있다.
② 직접강제는 행정대집행이나 이행강제금 부과의 방법으로는 행정상 의무이행을 확보할 수 없거나 그 실현이 불가능한 경우에 하여야 한다.
③ 즉시강제는 현재의 급박한 행정상의 장해를 제거하기 위한 경우로서, 다른 수단으로 행정목적을 달성할 수 있는 경우에는 허용되지 않는다.
④ 「건축법」상 시정명령은 건축관련 법령을 위반한 객관적 사실이 있는 것만으로는 안되며, 원칙적으로 상대방의 고의·과실을 요건으로 한다.

17 행정의 실효성확보제도에 대한 설명으로 가장 옳은 것은? (단, 다툼이 있는 경우 판례에 의함)

• 21. 군무원 7급

① 학원의 설립·운영 및 과외교습에 관한 법령상 등록을 요하는 학원을 설립·운영하고자 하는 자가 등록절차를 거치지 않은 경우 관할 행정청이 직접 그 무등록 학원의 폐쇄를 위하여 출입제한 시설물의 설치와 같은 조치를 할 수 있게 규정되어 있는데, 이러한 규정은 동시에 그와 같은 폐쇄명령의 근거규정이 된다.
② 행정대집행은 대체적 작위의무에 대한 강제집행수단으로, 이행강제금은 부작위의무나 비대체적 작위의무에 대한 강제집행수단으로 이해되어 왔으므로, 이행강제금은 대체적 작위의무의 위반에 대해서는 부과될 수 없다.
③ 대집행계고처분에서 정한 의무이행기간의 이행종기인 날짜에 그 계고서를 수령하였고 행정청이 대집행영장으로써 대집행의 시기를 늦추었다고 하여도 대집행의 적법절차에 위배한 것으로 위법한 처분이다.
④ 한국자산공사의 재공매결정과 공매통지는 행정처분에 해당한다.

18 「질서위반행위규제법」의 내용에 대한 설명 중 옳지 않은 것은?

• 15. 서울시 9급

① 과태료 사건은 다른 법령에 특별한 규정이 있는 경우를 제외하고는 과태료를 부과한 행정청의 소재지를 관할하는 행정법원의 관할로 한다.
② 행정청의 과태료 부과에 불복하는 당사자는 과태료 부과 통지를 받은 날부터 60일 이내에 해당 행정청에 서면으로 이의제기를 할 수 있는 바, 이의제기가 있는 경우에는 행정청의 과태료 부과처분은 그 효력을 상실한다.
③ 이의제기를 받은 행정청은 이의제기를 받은 날부터 14일 이내에 이에 대한 의견 및 증빙서류를 첨부하여 관할 법원에 통보하여야 하는 것이 원칙이다.
④ 질서위반행위가 종료된 날부터 5년이 경과한 경우에는 해당 질서위반행위에 대하여 과태료를 부과할 수 없는 바, 다수인이 질서위반행위에 가담한 경우에는 질서위반 행위가 종료된 날은 최종행위가 종료된 날을 말한다.

19 행정상 손실보상에 대한 설명으로 옳지 않은 것은? (다툼이 있는 경우 판례에 의함) · 23. 군무원 9급

① 잔여지 수용청구를 받아들이지 않은 토지수용위원회의 재결에 대하여 토지소유자가 불복하여 제기하는 소송은 보상금의 증액에 관한 소송에 해당하여 사업시행자를 피고로 하여야 한다.
② 수용재결에 불복하여 취소소송을 제기하는 때에는 이의신청을 거친 경우에도 수용재결을 한 중앙토지수용위원회 또는 지방토지수용위원회를 피고로 하여 수용재결의 취소를 구하여야 한다.
③ 「공익사업을 위한 토지 등의 취득 및 보상에 관한 법률」에 의한 보상금 증감에 관한 소송은 수용재결서를 받은 날부터 90일 이내에, 이의신청을 거쳤을 때에는 이의신청에 대한 재결서를 받은 날부터 60일 이내에 각각 행정소송을 제기할 수 있다.
④ 「공익사업을 위한 토지 등의 취득 및 보상에 관한 법률」에 의한 사업인정의 고시 절차를 누락한 것을 이유로 수용재결처분의 취소를 구할 수 있다.

20 현행법상 필요적 행정심판 전치주의가 적용되는 처분으로 옳지 않은 것은?

① 「국가공무원법」상 공무원에 대한 징계처분
② 「도로교통법」상 운전면허취소처분
③ 「노동위원회법」상 지방노동위원회의 부당해고 구제처분
④ 「국토의 계획 및 이용에 관한 법률」상 개발행위허가처분

21 다음 사례에 대한 설명으로 옳은 것은?

> 식품접객업을 하는 甲은 청소년의 연령을 확인하지 않고 주류를 판매한 사실이 적발되어 관할 행정청 乙로부터 식품위생법위반을 이유로 영업정지 2개월을 부과받자 관할 행정심판위원회 丙에 행정심판을 청구하였다.

① 丙은 영업정지 2개월에 갈음하여 식품위생법 소정의 과징금으로 변경할 수 없다.
② 甲이 丙의 기각재결을 받은 후 재결 자체에 고유한 하자가 있음을 주장하며 그 기각재결에 대하여 취소소송을 제기한 경우, 수소법원은 심리 결과 재결 자체에 고유한 위법이 없다면 각하판결을 하여야 한다.
③ 丙이 영업정지처분을 취소하는 재결을 할 경우, 乙은 이 인용재결의 취소를 구하는 행정소송을 제기할 수 없다.
④ 丙은 행정심판의 심리과정에서 甲의 식품위생법 상의 또 다른 위반 사실을 인지한 경우, 乙의 2개월 영업정지와는 별도로 1개월 영업정지를 추가하여 부과하는 재결을 할 수 있다.

22 항고소송의 원고적격에 대한 판례의 입장으로 옳지 않은 것은?   • 19. 국가직 7급

① 일반면허를 받은 시외버스운송사업자에 대한 사업계획변경 인가처분으로 인하여 노선 및 운행계통의 일부 중복으로 기존에 한정면허를 받은 시외버스운송사업자의 수익감소가 예상된다면, 기존의 한정면허를 받은 시외버스운송사업자는 일반면허 시외버스운송사업자에 대한 사업계획변경 인가처분의 취소를 구할 법률상의 이익이 있다.

② 처분의 근거 법규 또는 관련 법규에 그 처분으로써 이루어지는 행위 등 사업으로 인하여 환경상 침해를 받으리라고 예상되는 영향권의 범위가 구체적으로 규정되어 있는 경우, 그 영향권 내의 주민들에 대하여는 특단의 사정이 없는 한 환경상 이익에 대한 침해 또는 침해 우려가 있는 것으로 사실상 추정된다.

③ 「출입국관리법」상의 체류자격 및 사증발급의 기준과 절차에 관한 규정들은 대한민국의 출입국질서와 국경관리라는 공익을 보호하려는 취지로 해석될 뿐이므로, 동법상 체류자격변경 불허가처분, 강제퇴거명령 등을 다투는 외국인에게는 해당 처분의 취소를 구할 법률상 이익이 인정되지 않는다.

④ 법령이 특정한 행정기관으로 하여금 다른 행정기관에 제재적 조치를 취할 수 있도록 하면서, 그에 따르지 않으면 그 행정기관에 과태료 등을 과할 수 있도록 정하는 경우, 권리구제나 권리보호의 필요성이 인정된다면 예외적으로 그 제재적 조치의 상대방인 행정기관에게 항고소송의 원고적격을 인정할 수 있다.

23 甲은 주유소를 운영하던 중 가짜 석유제품을 저장·판매하여 「석유사업법」을 위반한 사실이 2차 적발되었고, 「석유사업법 시행규칙」 [별표 1]로 정한 처분기준에 따라 행정청으로부터 6개월의 사업정지처분(이하 '이 사건 처분'이라 함)을 받았다. 이에 관한 설명 중 옳은 것은? (다툼이 있는 경우 판례에 의함)   • 22. 변호사시험 변형

【참고】「석유사업법 시행규칙」 [별표 1] 행정처분기준

위반행위	근거 법조문	행정처분기준		
		1회 위반	2회 위반	3회 위반
가짜 석유제품을 제조·수입·저장·운송·보관 또는 판매한 경우	법 ○○조	사업정지 3개월	사업정지 6개월	등록취소 또는 영업장 폐쇄

① 이 사건 처분에서 정한 사업정지기간이 경과하여 그 효력이 소멸한 이후에는 甲은 이 사건 처분에 대한 취소소송을 제기할 법률상 이익이 없다.

② 甲이 청구한 행정심판에서 이 사건 처분을 3개월의 사업정지처분에 갈음하는 과징금으로 변경하는 재결이 있었으나, 여전히 甲이 처분사유가 부존재함을 주장하여 다투고자 한다면 甲은 재결을 대상으로 하여 취소소송을 제기하여야 한다.
③ 행정법규 위반에 대하여 甲에게 고의나 과실이 없는 경우에는 이 사건 처분을 할 수 없다.
④ 행정법규 위반에 대한 제재조치는 행정목적의 달성을 위하여 행정법규 위반이라는 객관적 사실에 착안하여 가하는 제재이므로, 甲이 고용한 직원이 위반행위를 한 경우라도 법령상 책임자인 甲에게 이 사건 처분을 할 수 있다.

24 행정소송의 대상에 대한 설명으로 옳지 않은 것은? (다툼이 있는 경우 판례에 의함)
① 건축허가권자가 건축불허가처분을 하면서 건축불허가 사유뿐만 아니라 구「소방법」에 따른 소방서장의 건축부동의 사유를 들고 있는 경우, 그 건축불허가처분에 관한 소송에서「건축법」상의 건축불허가 사유뿐만 아니라 소방서장의 부동의 사유에 관하여도 다툴 수 있다.
② 과세관청이 사업자등록을 관리하는 과정에서 위장사업자의 사업자명의를 직권으로 실사업자의 명의로 정정하는 행위는 사업자로서의 지위에 변동을 가져오는 것이므로 항고소송의 대상이 되는 행정처분으로 볼 수 있다.
③ 소송의 대상이 되는 행정처분의 존부는 소송요건으로서 직권조사사항이고, 자백의 대상이 될 수 없다.
④ 감사원의 변상판정처분에 대하여는 행정소송을 제기할 수 없고, 재결에 해당하는 재심의 판정에 대하여만 감사원을 피고로 하여 행정소송을 제기할 수 있다.

25 甲의 건축허가 신청에 대하여 관할 군수 乙은 거부처분을 하였으나, 해당 거부처분에 무효사유에 해당하는 하자가 있어 甲이 행정쟁송으로 다투고자 한다. 이에 관한 설명으로 옳지 않은 것은? (다툼이 있으면 판례에 따름)
① 甲이 무효의 선언을 구하는 의미의 취소소송을 제기한 경우 제소기간의 제한이 없다.
② 甲은 의무이행심판을 제기할 수 있다.
③ 甲이 거부처분 무효확인소송을 제기한 경우 무효인 사유를 주장·증명할 책임은 甲에게 있다.
④ 甲이 거부처분 무효확인소송을 제기한 경우「행정소송법」상 취소소송의 사정판결 규정은 준용되지 않는다.

제4회 행정법총론 최종모의고사

01 「행정기본법」의 내용과 다른 것은? • 22. 소방위 승진

① 법령등을 공포한 날부터 일정 기간이 경과한 날부터 시행하는 경우 법령등을 공포한 날을 첫날에 산입하지 아니한다.
② 행정청은 재량행위라 하더라도 법률로 정하는 바에 따라 완전히 자동화된 시스템으로 처분을 할 수 있다.
③ 제재처분의 근거가 되는 법률에는 제재처분의 주체, 사유, 유형 및 상한을 명확하게 규정하여야 한다.
④ 행정청은 처분에 재량이 없는 경우 법률에 근거가 있으면 부관을 붙일 수 있다.

02 신뢰보호의 원칙에 관한 설명 중 옳은 것(○)과 옳지 않은 것(×)을 올바르게 조합한 것은? (다툼이 있는 경우 판례에 의함) • 21. 변호사시험 변형

> ㄱ. 당초 폐기물처리시설을 설치한다는 도시관리계획결정 및 지형도면 고시를 하였다가 폐기물처리시설 대신 광장을 설치한다는 도시관리계획 변경결정 및 지형도면 고시를 한 경우 당초 도시관리계획결정은 도시계획시설사업의 시행자 지정을 받게 된다는 공적인 견해를 표명한 것으로 볼 수 있으므로, 그 후의 도시관리계획 변경결정 및 지형도면 고시는 당초의 도시계획시설사업의 시행자로 지정받을 것을 예상하고 폐기물처리시설의 설계비용 등을 지출한 자의 신뢰이익을 침해한다.
> ㄴ. 행정청 내부의 사무처리준칙에 해당하는 농림사업시행지침서가 공표된 것만으로는 사업자로 선정되기를 희망하는 자가 당해 지침에 명시된 요건을 충족할 경우 사업자로 선정되어 사업자금 지원 등의 혜택을 받을 수 있다는 보호가치 있는 신뢰를 가지게 되었다고 보기 어렵다.
> ㄷ. 신뢰보호의 원칙은 법률이나 그 하위법규뿐만 아니라 국가관리의 입시제도와 같이 국·공립대학의 입시전형을 구속하여 국민의 권리에 직접 영향을 미치는 제도운영지침의 개폐에도 적용된다.
> ㄹ. 신뢰보호의 원칙은 행정청이 공적인 견해를 표명할 당시의 사정이 그대로 유지됨을 전제로 적용되는 것이 원칙이므로, 사후에 그와 같은 사정이 변경된 경우에는 그 공적인 견해가 더 이상 개인에게 신뢰의 대상이 된다고 보기 어려운 만큼, 특별한 사정이 없는 한 행정청이 그 견해표명에 반하는 처분을 하더라도 신뢰보호의 원칙에 위반된다고 할 수 없다.

① ㄱ(○), ㄴ(○), ㄷ(○), ㄹ(○)
② ㄱ(○), ㄴ(×), ㄷ(○), ㄹ(○)
③ ㄱ(×), ㄴ(○), ㄷ(○), ㄹ(○)
④ ㄱ(×), ㄴ(○), ㄷ(×), ㄹ(×)

03 A시장은 「식품위생법」상 영업시간 제한을 위반한 甲에 대하여 '「식품위생법 시행규칙」[별표 23] 행정처분기준'(이하, '[별표 23]'이라 함)에 따라 영업정지 1월의 처분을 하였다. 이에 대한 설명으로 옳지 않은 것은? (다툼이 있는 경우 판례에 의함)

① [별표 23]은 행정기관 내부의 사무처리준칙을 규정한 것에 불과하다.
② A시장의 처분이 [별표 23]에 따라 행해졌다면 곧바로 해당 처분이 적법한 것이라고 할 수 있다.
③ [별표 23]이 그 자체로 헌법 또는 법률에 합치되지 아니하거나 [별표 23]에 따른 영업정지 1월이 그 처분 사유가 된 위반행위의 내용 및 관계 법령의 규정 내용과 취지에 비추어 현저히 부당하다고 인정할 만한 사유가 없는 한 그 처분이 재량권의 범위를 일탈하거나 남용한 것이라고 판단해서는 안 된다.
④ A시장이 [별표 23]을 따르지 아니하고 甲에게만 위 처분기준을 과도하게 초과하는 처분을 한 경우에는 재량권의 한계를 일탈하였다고 볼 수 있다.

04 甲은 A시가 주민의 복리를 위하여 설치한 시립종합문화회관 내에 일반음식점을 운영하고자 「공유재산 및 물품 관리법」에 따라 행정재산에 대한 사용허가를 신청하였다. A시의 시장 乙은 甲에게 사용허가를 하면서 일반음식점 이용고객으로 인한 주차문제를 우려하여 인근에 소재한 甲의 소유 토지에 차량 10대 규모의 주차장을 설치할 것을 내용으로 하는 부담을 부관으로 붙였다. 이에 관한 설명 중 옳은 것은? (다툼이 있는 경우 판례에 의함)

① 乙이 甲에게 한 사용허가의 법적 성질은 강학상 특허에 해당한다.
② 甲이 자신의 토지에 주차장을 설치하게 하는 부관이 재산권을 과도하게 침해하는 위법한 것임을 이유로 소송상 다투려는 경우, 부관부행정행위 전체에 대하여 취소를 구하여야 한다.
③ 사정변경으로 인하여 甲에게 부담을 부가한 목적을 달성할 수 없게 된 경우에도 법률에 명문의 규정이 있거나 그 변경이 미리 유보되어 있는 경우 또는 甲의 동의가 있는 경우가 아니라면 乙은 甲에게 부가된 부담을 사후적으로 변경할 수 없다.
④ 甲에 대한 부담이 재산권을 과도하게 침해하는 것이어서 부관으로 붙일 수 없는 경우라고 하더라도 乙이 甲과 사법상 계약의 형식을 통해 동일한 의무를 부과하는 것은 가능하다.

05 행정행위의 무효와 취소에 관한 설명으로 옳지 않은 것은? (다툼이 있는 경우 판례에 의함)

• 23. 군무원 7급

① 과세처분 이후 조세 부과의 근거가 되었던 법률규정에 대하여 헌법재판소에서 위헌결정이 내려진 후 그 조세채권의 집행을 위한 체납처분은 당연무효이다.
② 지방자치단체의 규칙으로 정하여야 할 기관위임사무에 대하여 당해 지방자치단체의 조례로 정한 경우 이에 근거한 처분은 당연무효이다.
③ 「행정기본법」은 직권취소에 관한 일반적 근거 규정을 두고 있어, 개별 법률의 근거가 없더라도 직권취소가 가능하다.
④ 무효인 행정처분에 기한 후속 행정처분도 당연무효이다.

06 공정력 및 구성요건적 효력과 선결문제에 대한 설명 중 옳지 않은 것은? (다툼이 있는 경우 판례에 의함)

① 행정행위의 공정력은 행정행위가 위법하더라도 취소되지 않는 한 적법한 것으로 통용되는 효력을 의미한다.
② 국세의 부과 및 징수처분이 당연무효임을 전제로 하여 민사소송으로 부당이득의 반환을 청구한 경우 민사법원이 해당 행정처분의 하자가 중대·명백하다고 인정한 때에는 민사법원은 이를 전제로 판단할 수 있다.
③ 영업허가의 취소에 의해 손해를 입은 자가 국가배상을 청구 한 경우, 민사법원은 미리 항고소송을 통해 해당 처분의 취소판결이 있어야만 그 행정처분이 위법임을 이유로 한 손해배상청구의 인용여부를 판단할 수 있는 것은 아니다.
④ 「자동차관리법」상 운행정지명령을 위반하여 자동차를 운행하였다는 이유로 처벌을 하기 위해서는 그 운행정지명령이 적법한 것이어야 하고, 그 운행정지명령이 위법한 처분으로 인정된다면 「자동차관리법」상 명령위반죄는 성립할 수 없다.

07 다음 사례에 대한 설명으로 옳지 않은 것을 고르시오. (다툼이 있는 경우 판례에 의함)

• 22. 국가직 9급

> A시 시장은 「학교용지 확보 등에 관한 특례법」 관계 조항에 따라 공동주택을 분양받은 甲, 乙, 丙, 丁 등에게 각각 다른 시기에 학교용지 부담금을 부과하였다. 이후 해당 조항에 대하여 법원의 위헌법률심판제청에 따라 헌법재판소가 위헌결정을 하였다. (단, 甲, 乙, 丙, 丁은 모두 위헌법률심판제청신청을 하지 않은 것으로 가정함)

① 甲이 부담금을 납부하였고 부담금부과처분에 불가쟁력이 발생한 상태라면, 해당 조항이 위헌으로 결정되더라도 이미 납부한 부담금을 반환받을 수 없다.
② 乙은 부담금을 납부한 후 부담금부과처분에 대해 행정소송을 제기하였고 현재 소가 계속 중인 경우에도, 乙이 위헌법률심판제청신청을 하지 않았으므로 乙에게 위헌결정의 소급효는 미치지 않는다.
③ 丙이 부담금부과처분에 대한 행정심판청구를 하여 기각재결서를 송달받았으나, 재결서 송달일로부터 90일 이내에 취소소송을 제기하였다면 丙의 청구는 인용될 수 있다.
④ 부담금부과처분에 대한 제소기간이 경과하여 丁의 부담금 납부의무가 확정되었고 위헌결정 전에 丁의 재산에 대한 압류가 이루어진 상태라도, 丁에 대해 부담금 징수를 위한 체납처분을 속행할 수는 없다.

08 甲은 건축물을 신축하기 위하여 허가청인 A에게 건축허가(주된 허가)를 신청하였다. 甲은 건축허가를 신청하면서 산지전용허가도 받고자 하는데, 건축법상 甲이 건축허가를 받으면 산지관리법에 따른 산지전용허가(관련 허가)를 받은 것으로 의제된다. 이에 관한 설명으로 옳지 않은 것은? (단, 관련 허가의 허가청은 B임)

① 甲은 건축허가를 A에게 신청하면서 산지전용허가에 필요한 서류를 함께 제출하여야 한다.
② A는 건축허가를 하기 전에 산지전용허가에 관하여 미리 B와 협의하여야 한다.
③ B는 산지전용허가에 관한 법령을 위반하여 협의에 응해서는 아니 된다.
④ A와 B 사이에 협의가 되면 건축허가와 산지전용허가를 모두 받은 것으로 본다.

09 행정계획에 대한 설명으로 옳지 않은 것은? (다툼이 있는 경우 판례에 의함)   • 16. 사회복지 9급

① 이미 고시된 실시계획에 포함된 상세계획으로 관리되는 토지위의 건물의 용도를 상세계획 승인권자의 변경승인 없이 임의로 판매시설에서 상세계획에 반하는 일반목욕장으로 변경신고한 경우에 그 영업신고를 수리하지 않고 영업소를 폐쇄한 처분은 적법하다.
② 행정주체가 행정계획을 입안·결정함에 있어서 이익형량을 전혀 행하지 아니하거나 이익형량의 고려 대상에 마땅히 포함시켜야 할 사항을 누락한 경우 또는 이익형량을 하였으나 정당성과 객관성이 결여된 경우에는 그 행정계획결정은 형량에 하자가 있어 위법하게 된다.
③ 건설부장관이 발표한 '개발제한구역제도 개선방안'은 개발제한구역의 해제 내지 조정을 위한 일반적인 기준과 그 운용에 대한 국가의 기본방침을 천명하는 정책계획안으로서 비구속적 행정계획안에 불과하지만 국민의 기본권에 직접적으로 영향을 끼치고, 앞으로 법령의 뒷받침에 의하여 그대로 실시될 것이 틀림없을 것으로 예상되는 때에는 헌법소원의 대상이 될 수 있다.
④ 문화재보호구역 내에 있는 토지의 소유자는 그 보호구역의 지정해제를 요구할 수 있는 법규상 또는 조리상의 신청권이 있다고 보기 어려우므로 이에 대한 거부행위는 항고소송의 대상이 되는 행정처분으로 보기 어렵다.

10 공법상 계약에 대한 설명으로 옳은 것은? (다툼이 있는 경우 판례에 의함)   • 22. 지방직 9급

① 지방자치단체가 일방 당사자가 되는 이른바 '공공계약'이 사법상 계약에 해당하는 경우에도 법령에 특별한 규정이 없다면 사적자치와 계약자유의 원칙 등 사법의 원리가 그대로 적용되지 않는다.
② 국립의료원 부설 주차장 위탁관리용역운영계약은 공법상 계약에 해당한다.
③ 공법상 계약이더라도 한쪽 당사자가 다른 당사자를 상대로 계약의 이행을 청구하는 소송은 민사소송으로 제기하여야 한다.
④ 지방자치단체가 A 주식회사를 자원회수시설과 부대시설의 운영·유지관리 등을 위탁할 민간사업자로 선정하고 A 주식회사와 체결한 위 시설에 관한 위수탁 운영 협약은 사법상 계약에 해당한다.

11 「행정절차법」이 적용되는 사항은? (다툼이 있는 경우 판례에 의함)

① 각급 선거관리위원회의 의결을 거쳐 행하는 사항
② 행정기관이 그 소관 사무의 범위에서 일정한 행정목적을 실현하기 위하여 특정인에게 일정한 행위를 하도록 조언 등을 하는 사항
③ 감사원이 감사위원회의 결정을 거쳐 행하는 사항
④ 심사청구, 해양안전심판, 조세심판, 특허심판, 행정심판, 그 밖의 불복절차에 따른 사항

12 甲은 수형자로서 A교도소 내에서의 난동을 이유로 교도소장으로부터 10일 간의 금치처분을 받았다. 甲은 교도소장을 상대로 난동 당시 담당 교도관의 근무보고서의 공개를 청구하였으나, 교도소장은 공공기관의 정보공개에 관한 법률 제9조 제1항 제4호에 근거하여 근무보고서의 공개가 교정업무의 수행을 현저히 곤란하게 할 우려가 있다는 사유로 공개를 거부하였다. 이에 관한 설명으로 옳지 않은 것은? (다툼이 있으면 판례에 따름)

① 甲은 취소심판 뿐만 아니라 의무이행심판을 선택적으로 청구할 수 있다.
② 취소심판의 피청구인은 A교도소장이 된다.
③ 甲이 취소심판을 제기하여 인용재결을 받았음에도 교도소장이 재처분의무를 이행하지 않으면 행정심판위원회는 甲의 신청에 따라 간접강제 또는 직접 처분을 할 수 있다.
④ 행정심판의 심리과정에서 교도소장은 당초의 처분사유를 사생활의 비밀을 침해할 우려가 있는 정보가 포함되어 있다는 사유로 변경할 수 없다.

13 다음 중 「개인정보 보호법」에 대한 설명으로 가장 적절한 것은? (다툼이 있는 경우 판례에 의함)

① 교도소, 정신보건 시설 등 법령에 근거하여 사람을 구금하거나 보호하는 시설 중 개인의 사생활을 현저히 침해할 우려가 있는 공간에 한해서는 영상정보처리기기를 설치·운영 하여서는 아니 된다.
② 거짓이나 그 밖의 부정한 수단이나 방법으로 개인정보를 취득하거나 그 처리에 관한 동의를 받았는지 여부를 판단함에 있어서는 개인정보처리자가 그에 관한 동의를 받는 행위 그 자체만을 분리하여 개별적으로 판단해도 된다.
③ 정보주체는 자신의 개인정보에 대한 열람, 정정, 삭제 등을 개인정보처리자에게 요구 할 수 있으나, 이러한 요구를 대리인을 통하여 하게 할 수는 없다.
④ 「개인정보보호법」상 '누설'이란 아직 개인정보를 알지 못하는 타인에게 알려주는 일체의 행위를 의미하며, 정보주체의 동의 없이 법령에 정한 절차를 거치지 않은 채로 고소·고발장에 다른 정보주체의 개인정보를 첨부하여 경찰서에 제출한 것은 누설에 해당한다.

14 다음 사례에 대한 설명으로 옳지 않은 것은?

• 23. 국가직 7급

> 甲은 토지 위에 컨테이너를 설치하여 사무실로 사용하였다. 관할 행정청인 乙은 甲에게 이 컨테이너는 「건축법」상 건축허가를 받아야 하는 건축물인데 건축허가를 받지 않고 건축하였다는 이유로 甲에게 원상복구명령을 하면서, 만약 기한 내에 원상복구를 하지 않을 경우에는 행정대집행을 통하여 컨테이너를 철거할 것임을 계고하였다. 이후 甲은 乙에게 이 컨테이너에 대하여 가설건축물 축조신고를 하였으나 乙은 이 컨테이너는 건축허가대상이라는 이유로 가설건축물 축조신고를 반려하였다.

① 「건축법」에 특별한 규정이 없더라도 「행정절차법」상 예외에 해당하지 않는 한 乙은 원상복구명령을 하면서 甲에게 원상복구명령을 사전통지하고 의견제출의 기회를 주어야 한다.
② 乙이 행한 원상복구명령과 대집행 계고가 계고서라는 1장의 문서로 이루어진 경우라도 원상복구명령과 계고처분은 독립하여 있는 것으로서 각 그 요건이 충족된 것으로 볼 수 있다.
③ 乙이 대집행영장을 통지한 경우, 원상복구명령이 당연무효라면 대집행영장통지도 당연무효이다.
④ 甲이 제기한 원상복구명령 및 계고처분에 대한 취소소송에서, 乙은 처분 시에 제시한 '甲의 건축물은 건축허가를 받지 않은 건축물'이라는 처분사유에 '甲의 건축물은 신고를 하지 않은 가설건축물'이라는 처분사유를 추가할 수 있다.

15 행정조사에 대한 설명으로 옳지 않은 것은? (다툼이 있는 경우 판례에 의함)

① 행정조사기본법에 따르면, 행정기관은 법령 등에서 행정조사를 규정하고 있는 경우에 한하여 행정조사를 실시할 수 있지만 조사대상자가 자발적으로 협조하는 경우에는 법령 등에서 행정조사를 규정하고 있지 않더라도 행정조사를 실시할 수 있다.
② 행정조사기본법에 따르면, 행정조사를 실시하는 경우 조사개시 7일 전까지 조사대상자에게 출석요구서, 보고요구서, 자료제출요구서, 현장출입조사서를 서면으로 통지하여야 하나, 조사대상자의 자발적인 협조를 얻어 행정조사를 실시하는 경우에는 미리 서면으로 통지하지 않고 행정조사의 개시와 동시에 이를 조사대상자에게 제시할 수 있다.
③ 헌법 제12조 제1항에서 규정하고 있는 적법절차의 원칙은 형사소송절차에 국한되지 않고 모든 국가작용 전반에 대하여 적용되는 원칙이므로 세무공무원의 세무조사권의 행사에서도 적법절차의 원칙은 준수되어야 한다.
④ 행정조사는 처분성이 인정되지 않으므로 세무조사결정이 위법하더라도 이에 대해서는 항고소송을 제기할 수 없다.

16 질서위반행위규제법 상 과태료 처분에 대한 설명으로 옳지 않은 것은? (다툼이 있는 경우 판례에 의함)

① 당사자와 검사는 과태료 재판에 즉시항고할 수 있고, 이 경우 항고는 집행정지의 효력이 있다.
② 과태료 재판의 경우 법원은 기록상 현출되어 있는 사항에 관하여 직권으로 증거조사를 하고 이를 기초로 하여 판단할 수 있다.
③ 신분에 의하여 과태료를 감경 또는 가중하거나 과태료에 처하지 아니하는 때에는 그 신분의 효과는 신분이 없는 자에게는 미치지 아니한다.
④ 행정청의 과태료 부과에 불복하는 당사자는 과태료 부과 통지를 받은 날부터 60일 이내에 해당 행정청에 서면으로 이의제기를 할 수 있으나, 이 경우에도 행정청의 과태료 부과처분의 효력에는 영향을 미치지 아니한다.

17 가산세에 대하여 옳지 않은 것은?

① 세법상 가산세는 납세자가 정당한 이유 없이 법에 규정된 신고, 납세 등 각종 의무를 위반한 경우에 법이 정하는 바에 따라 부과하는 행정상 제재로서 납세자의 고의·과실은 고려되지 않는다.
② 세법상 가산세는 신고, 납세 등 그 의무의 이행을 당사자에게 기대하는 것이 무리라고 하는 사정이 있을 때 등 그 의무해태를 탓할 수 없는 정당한 사유가 있는 경우에는 그 부과를 면할 수 있다.
③ 법령의 부지 등은 그 의무위반을 탓할 수 없는 정당한 사유에 해당하지 아니한다.
④ 납세의무자가 세무공무원의 잘못된 설명을 믿고 그 신고납부의무를 이행하지 아니하였다면 그 의무해태를 탓할 수 없는 정당한 사유가 있다고 볼 수 있다.

18 국가배상법 에 대한 설명으로 옳지 않은 것은?

① 국가배상법 은 국가배상책임의 주체를 국가 또는 공공단체로 규정하고 있다.
② 피해자가 손해를 입은 동시에 이익을 얻은 경우에는 손해배상액에서 그 이익에 상당하는 금액을 빼야 한다.
③ 국가배상소송은 배상심의회에 배상신청을 하지 아니하고도 제기할 수 있다.
④ 국가배상청구권은 피해자나 그 법정대리인이 그 손해 및 가해자를 안 날로부터 3년간 이를 행사하지 아니하면 시효로 인하여 소멸한다.

19 다음 중 행 손실보상청구권의 성립요건에 대한 설명으로 가장 적절하지 않은 것은? (다툼이 있는 경우 판례에 의함)

① 손실보상청구권의 성립요건 중 하나인 공공필요는 국민의 재산권을 그 의사에 반하여 강제적으로라도 취득해야 할 공익적 필요성을 말한다.
② 재산권이란 재산적 가치가 있는 공권과 사권을 말하므로 영업기회나 이득가능성은 포함되지 않지만 철새도래지와 같은 자연·문화적인 학술적 가치는 특별한 재신적 가치를 높이는 것이므로 손실보상의 대상이 된다.
③ 공용수용이란 재산권의 박탈을, 공용사용이란 재산권의 박탈에 이르지 아니하는 일시적 사용을 공용제한이란 재산권자의 사용·수익에 대한 제한을 말한다.
④ 구제역과 같은 가축전염병의 발생과 확산을 막기 위한 도축장 사용정지·제한명령은 도축장 소유자들이 수인하여야 할 사회적 제약으로서 헌법상 재산권의 내용과 한계에 해당하므로 공용제한에 해당하지 아니한다.

20 「행정심판법」과 행정소송법」에 대한 내용으로 가장 적절한 것은? (다툼이 있는 경우 판례에 의함)

① 그 실질이 사법권의 행사가 아니라 행정권의 행사에 속하는 '법원행정처장에 의한 처분이나 부작위 등에 대한 행정심판의 청구가 있게 되면, 국가권익위원회에 두는 '중앙행정심판위원회'가 해당 심판청구를 심리·재결하게 된다.
② 당사자의 신청을 거부하거나 부작위로 방치한 처분에 대한 다툼과 관련하여 「행정심판법」은 행정심판위원회에 의한 직접처분을 허용하면서도, 「행정소송법」과 마찬가지로 간접강제제도를 도입하여 재결의 실효성을 담보하고 있다.
③ 당사자의 주소 등을 통상적인 방법으로 알 수 없어 「행정절차법」이 정한 바에 따라 관보와 인터넷으로 공고하여 소정의 기간이 경과하면, 그때부터 당사자는 처분이 있음을 안 것으로 의제되어 「행정심판법」 또는 「행정소송법상의 불변기간이 개시된다.
④ 회사의 내부규정으로 운수회사에 부과된 과징금은 그 원인행위를 제공한 운전자가 납부하도록 되어 있다면, 해당 운전자는 부과된 과징금의 취소심판 또는 취소소송을 제기할 수 있는 법적 지위를 갖게 된다.

21 다음 중 행정심판에 대한 설명으로 가장 옳지 않은 것은?

① 처분청이 처분을 통지할 때 행정심판을 제기할 수 있다는 사실과 기타 청구절차 및 청구기간 등에 대한 고지를 하지 않았다고 하여 처분에 하자가 있다고 할 수 없다.
② 행정심판청구서가 피청구인에게 접수된 경우, 피청구인은 심판청구가 이유 있다고 인정하면 직권으로 처분을 취소할 수 있다.
③ 수익적 처분의 거부처분이나 부작위에 대해 임시적 지위를 인정할 필요가 있어서 인정한 제도는 임시처분이다.
④ 행정심판위원회는 피청구인이 재결에 따른 재처분의무를 이행하지 않으면 청구인의 신청에 의하여 결정으로 상당한 기간을 정하고 피청구인이 그 기간 내에 이행하지 아니하는 경우에는 그 지연기간에 따라 일정한 배상을 하도록 명하거나 즉시 배상을 할 것을 명할 수 있다. 청구인은 행정심판위원회의 간접강제결정에 불복하는 경우 그 결정에 대하여 행정소송을 제기할 수 없다.

22 관할 시장 A는 2024. 2. 5. 甲에 대하여 1,000만 원의 과징금부과처분을 하였고, 甲은 2024. 2. 6. 처분서를 수령하였다. 甲은 과징금부과처분 취소심판을 제기하였는데, 관할 행정심판위원회는 2024. 4. 23. 1,000만 원의 과징금부과처분을 700만 원으로 감액하는 일부취소재결을 하여, 해당 재결서의 정본이 2024. 4. 24. 甲에게 송달되었다. 이때 甲이 일부취소재결에도 아직 취소되지 않고 남아있는 부분이 위법하다고 보아 취소소송을 제기하는 경우 소의 대상과 제소기간의 기산일은? (일부취소재결 고유의 하자는 없으며, 다툼이 있으면 판례에 따름)

	소의 대상	제소기간 기산일
①	700만 원으로 감액된 2024. 2. 5. 자 과징금부과처분	2024. 4. 24.
②	700만 원으로 감액된 2024. 2. 5. 자 과징금부과처분	2024. 2. 6.
③	700만 원으로 감액한 2024. 4. 23. 자 일부취소재결	2024. 4. 24.
④	700만 원으로 감액한 2024. 4. 23. 자 일부취소재결	2024. 2. 6.

23 행정소송법의 규정 내용으로 가장 옳지 않은 것은? •22. 군무원 9급

① 법원은 소송의 결과에 따라 권리 또는 이익의 침해를 받을 제3자가 있는 경우에는 당사자 또는 제3자의 신청 또는 직권에 의하여 결정으로써 그 제3자를 소송에 참가시킬 수 있다.
② 법원은 다른 행정청을 소송에 참가시킬 필요가 있다고 인정할 때에는 당사자 또는 당해 행정청의 신청 또는 직권에 의하여 결정으로써 그 행정청을 소송에 참가시킬 수 있다.
③ 법원이 제3자의 소송참가와 행정청의 소송참가에 관한 결정을 하는 경우에는 각각 당사자 및 제3자의 의견, 당사자와 및 당해 행정청의 의견을 들어야 한다.
④ 법원은 취소소송을 당해 처분 등에 관계되는 사무가 귀속하는 국가 또는 공공단체에 대한 당사자소송 또는 취소소송 외의 항고소송으로 변경하는 것이 상당하다고 인정할 때에는 청구의 기초에 변경이 없는 한 사실심의 변론종결시까지 원고의 신청 또는 직권에 의하여 결정으로써 소의 변경을 허가할 수 있다.

24 행정심판법 상 임시처분에 대한 설명으로 옳은 것은? (다툼이 있는 경우 판례에 의함) •22. 국회사무처 8급 변형

① 임시처분이란 행정청의 처분이나 부작위 때문에 발생할 수 있는 회복하기 어려운 손해를 막기 위해 당사자에게 임시지위를 부여하는 행정심판위원회의 결정을 말한다.
② 당사자의 임시지위를 정하여야 할 필요성이 인정된다면, 집행정지로 목적을 달성할 수 있는 경우에도 임시처분은 선택적으로 사용될 수 있다.
③ 행정심판위원회는 적극적 가구제 수단인 임시처분을 직권으로는 결정할 수 없다.
④ 임시처분결정절차에는 집행정지결정의 절차에 관한 규정이 준용된다.

25 「행정소송법」상 취소소송에서 확정된 청구인용판결의 효력에 대한 설명으로 옳지 않은 것은? (다툼이 있는 경우 판례에 의함) •20. 국가직 9급

① 취소판결의 효력은 원칙적으로 소급적이므로, 취소판결에 의해 취소된 영업허가취소처분 이후의 영업행위는 무허가영업에 해당하지 않는다.
② 취소된 행정처분을 기초로 하여 새로 형성된 제3자의 권리가 취소판결 자체의 효력에 의해 당연히 그 행정처분 전의 상태로 환원되는 것은 아니다.
③ 취소판결의 기속력은 주로 판결의 실효성 확보를 위하여 인정되는 효력으로서 판결의 주문뿐만 아니라 그 전제가 되는 처분 등의 구체적 위법사유에 관한 이유 중의 판단에 대하여도 인정된다.
④ 행정처분이 판결에 의해 취소된 경우, 취소된 처분의 사유와 기본적 사실관계에서 동일성이 인정되지 않는 다른 사유를 들어 새로이 처분을 하는 것은 기속력에 반한다.

제5회 행정법총론 최종모의고사

01 법률유보원칙에 관한 설명으로 가장 옳은 것은?

① 헌법재판소 결정에 따를 때 기본권 제한에 관한 법률유보원칙은 법률에 근거한 규율을 요청하는 것이므로 그 형식이 반드시 법률일 필요는 없더라도 법률상의 근거는 있어야 한다.
② 행정상 즉시강제는 개인에게 미리 의무를 명할 시간적 여유가 없는 경우를 전제로 하므로 그 긴급성을 고려할 때 원칙적으로 법률적 근거를 요하지 아니한다.
③ 헌법재판소는 법률이 공법적 단체 등의 정관에 자치법적 사항을 위임하는 경우에는 의회유보원칙이 적용 될 여지가 없다고 한다.
④ 헌법재판소는 국회의 의결을 거쳐 확정되는 예산도 일종의 법규범이므로 법률과 마찬가지로 국가기관 뿐만 아니라 국민도 구속한다고 본다.

02 행정기본법 상 행정에 관한 기간의 계산과 법령등 시행일의 기간 계산에 대한 설명으로 옳지 않은 것은? (다툼이 있는 경우 판례에 의함)   • 22. 국회사무처 8급 변형

① 행정에 관한 기간의 계산에 관하여는 행정기본법 또는 다른 법령 등에 특별한 규정이 있는 경우를 제외하고는 민법 을 준용한다.
② 처분에서 의무를 부과하는 경우, 의무가 지속되는 기간의 계산은 기간을 일, 주, 월 또는 연으로 정한 경우에는 기간의 첫날을 산입하는 것이 원칙이나 국민에게 불리한 경우에는 이를 적용하지 아니한다.
③ 법령등에서 국민의 권익을 제한하는 경우, 권익이 제한되는 기간의 계산에 있어 기간의 말일이 토요일 또는 공휴일인 경우에는 기간은 그 익일로 만료한다.
④ 법령등을 공포한 날부터 시행하는 경우에는 공포한 날을 시행일로 한다. 법령등을 공포한 날부터 일정 기간이 경과한 날부터 시행하는 경우 법령등을 공포한 날을 첫날에 산입하지 아니한다.

03 「행정기본법」상 제재처분의 제척기간에 대한 설명 중 옳지 않은 것은?
① 행정청은 법령등의 위반행위가 종료된 날부터 3년이 지나면 해당 위반행위에 대하여 제재처분을 할 수 없다.
② 제재처분은 인허가의 정지·취소·철회, 등록 말소, 영업소 폐쇄와 정지를 갈음하는 과징금 부과를 말한다.
③ 행정청은 행정심판의 재결이나 법원의 판결에 따라 제재처분이 취소·철회된 경우에는 재결이나 판결이 확정된 날부터 1년(합의제행정기관은 2년)이 지나기 전까지는 그 취지에 따른 새로운 제재처분을 할 수 있다.
④ 다른 법률에서 행정기본법 제23조 제1항 및 제3항의 기간보다 짧거나 긴 기간을 규정하고 있으면 그 법률에서 정하는 바에 따른다.

04 인가에 대한 설명으로 옳지 않은 것은?
① 자동차관리법상 자동차관리사업자로 구성하는 사업자단체인 조합 또는 협회의 설립인가처분은 자동차관리사업자들의 단체결성행위를 보충하여 효력을 완성시키는 처분에 해당한다.
② 구 도시 및 주거환경정비법 상 조합설립추진위원회 구성승인처분은 조합의 설립을 위한 주체인 추진위원회의 구성행위를 보충하여 그 효력을 부여하는 처분이다.
③ 주택재개발정비사업조합이 수립한 사업시행계획에 하자가 있음에도 불구하고 관할 행정청이 해당 사업시행계획에 대한 인가처분을 하였다면, 그 인가처분에는 고유한 하자가 없더라도 사업시행계획의 무효를 주장하면서 곧바로 그에 대한 인가처분의 무효확인이나 취소를 구하여야 한다.
④ 구 도시 및 주거환경정비법상 토지소유자들이 조합을 설립하지 아니하고 직접 도시환경정비사업을 시행하고자 하는 경우에 내려진 사업시행인가처분은 설권적 처분의 성격을 가진다.

05 행정행위에 대한 설명으로 옳은 것만을 모두 고르면? (다툼이 있는 경우 판례에 의함) • 21. 국가직 9급

> ㄱ. 행정의사가 외부에 표시되어 행정청이 자유롭게 취소·철회할 수 없는 구속을 받게 되는 시점에 처분이 성립하고, 그 성립 여부는 행정청이 행정의사를 공식적인 방법으로 외부에 표시하였는지를 기준으로 판단해야 한다.
> ㄴ. 구 공중위생관리법 상 공중위생영업에 대하여 영업을 정지할 위법사유가 있다면, 관할 행정청은 그 영업이 양도·양수되었다 하더라도 양수인에 대하여 영업정지처분을 할 수 있다.
> ㄷ. 도시 및 주거환경정비법 상 주택재건축조합에 대해 조합설립 인가처분이 행하여진 후에는, 조합설립결의의 하자를 이유로 조합설립의 무효를 주장하려면 조합설립인가처분의 취소 또는 무효확인을 구하는 소송으로 다투어야 하며, 따로 조합설립결의의 하자를 다투는 확인의 소를 제기할 수 없다.
> ㄹ. 공정거래위원회가 부당한 공동행위를 한 사업자들 중 자진신고자에 대하여 구 독점규제 및 공정거래에 관한 법령에 따라 과징금 부과처분(선행처분)을 한 뒤, 다시 자진신고자에 대한 사건을 분리하여 자진신고를 이유로 과징금 감면처분(후행처분)을 한 경우라도 선행처분의 취소를 구하는 소는 적법하다.

① ㄴ, ㄷ ② ㄱ, ㄴ, ㄷ ③ ㄱ, ㄴ, ㄹ ④ ㄱ, ㄷ, ㄹ

06 공증행위에 대한 설명으로 가장 옳지 않은 것은? • 21. 서울시 7급

① 의료유사업자 자격증 갱신발급행위는 유사의료업자의 자격을 부여 내지 확인하는 것이 아니라 특정한 사실 또는 법률관계의 존부를 공적으로 증명하는 소위 공증행위에 속하는 행정행위라 할 것이다.
② 건설업면허증 및 건설업면허수첩의 재교부는 그 면허증 등의 분실, 헐어 못쓰게 될 때, 건설업의 면허이전 등 면허증 및 면허수첩 그 자체의 관리상의 문제로 인하여 종전의 면허증 및 면허수첩과 동일한 내용의 면허증 및 면허수첩을 새로이 또는 교체하여 발급하여 주는 것으로서, 이는 건설업의 면허를 받았다고 하는 특정사실에 대하여 형식적으로 그것을 증명하고 공적인 증거력을 부여하는 강학상의 공증행위이다.
③ 상표사용권 설정등록신청서가 제출된 경우 특허청장은 신청서와 그 첨부서류만을 자료로 형식적으로 심사하여 그 등록신청을 수리할 것인지의 여부를 결정하여야 되는 것으로서, 특허청장의 상표사용권 설정등록행위는 사인간의 법률관계의 존부를 공적으로 증명하는 준법률행위적 행정행위이다.
④ 친일반민족행위자 재산의 국가귀속에 관한 특별법 제2조 제2호에 정한 친일재산은 위원회가 국가귀속결정을 하여야 비로소 국가의 소유로 되는 것이 아니라 특별법의 시행에 따라 그 취득·증여 등 원인행위시에 소급하여 당연히 국가의 소유로 되는 것이고, 위원회의 국가귀속결정은 당해 재산이 친일재산에 해당한다는 사실을 공적으로 증명하는 소위 공증행위에 속하는 준법률행위적 행정행위의 성격을 가지는 것이다.

07 행정행위의 직권취소에 대한 설명으로 옳은 것은? (다툼이 있는 경우 판례에 의함)

① 변상금 부과처분에 대한 취소소송이 진행중이라면 그 부과권자는 위법한 처분을 스스로 취소하고 그 하자를 보완하여 다시 적법한 부과처분을 할 수 없다.
② 취소소송에 의한 행정처분 취소의 경우에도 수익적 행정처분의 직권취소 제한에 관한 법리가 적용된다.
③ 처분청이 직권취소를 할 수 있다면 그 사정만으로 이해관계인은 처분청에 대하여 그 취소를 요구할 신청권을 가진다.
④ 국민에게 일정한 이익과 권리를 취득하게 한 종전 행정처분의 하자나 직권취소해야 할 필요성에 관한 증명책임은 기존이익과 권리를 침해하는 처분을 한 행정청에 있다.

08 행정행위의 하자에 대한 설명으로 옳지 않은 것은? (다툼이 있는 경우 판례에 의함)

① 과세관청이 과세처분에 앞서 납세의무자에게 보낸 과세예고통지서 등에 납세고지서의 필요적 기재사항이 제대로 기재되어 있어 납세의무자가 그 처분에 대한 불복 여부의 결정 및 불복신청에 전혀 지장을 받지 않았음이 명백하다면, 이로써 납세고지서의 하자가 보완되거나 치유될 수 있다.
② 체납취득세에 대한 압류처분권한은 도지사로부터 시장에게 권한위임된 것이고 시장으로부터 압류처분권한을 내부위임 받은 데 불과한 구청장이 자신의 명의로 한 압류처분은 권한 없는 자에 의하여 행하여진 위법무효의 처분이다.
③ 서훈취소 처분의 통지가 처분권한자인 대통령이 아니라 그 보좌기관에 의하여 이루어진 경우, 통지의 주체나 형식에 어떤 하자가 있다.
④ 환경영향평가를 거쳐야 할 대상사업에 대하여 환경영향평가를 거치지 아니하였음에도 불구하고 승인 등 처분이 이루어진다면, 이러한 행정처분의 하자는 법규의 중요한 부분을 위반한 중대한 것이고 객관적으로도 명백한 것이라고 하지 않을 수 없다.

09 행정행위의 무효와 취소의 구별에 대한 설명으로 옳지 않은 것은? (다툼이 있는 경우 판례에 의함)

① 취소할 수 있는 행정행위는 민사소송에서 선결문제로서 그 효력을 부인할 수 없지만, 무효인 행정행위는 민사소송에서 그 선결문제로서 무효를 확인할 수 있다.
② 무효인 행정행위에 대하여 취소소송을 제기하는 경우에는 제소기간의 제한이 적용되지 않는다.
③ 「행정소송법」 제18조 제1항 단서에 따라 행정심판전치주의가 적용되는 경우에도 무효확인의 소를 제기함에 있어서는 행정심판을 거쳐야만 하는 것은 아니다.
④ 하자의 치유는 취소할 수 있는 행정행위에 대하여서만 인정된다.

10 확약에 대한 설명으로 옳지 않은 것은?

• 23. 국가직 7급

① 「행정절차법」상 법령등에서 당사자가 신청할 수 있는 처분을 규정하고 있는 경우 행정청은 당사자의 신청에 따라 장래에 어떤 처분을 하거나 하지 아니할 것을 내용으로 하는 확약을 할 수 있으며, 문서 또는 말에 의한 확약도 가능하다.

② 「행정절차법」상 행정청은 확약을 한 후에 확약의 내용을 이행할 수 없을 정도로 법령등이나 사정이 변경된 경우에는 확약에 기속되지 아니하며, 그 확약을 이행할 수 없는 경우에는 지체 없이 당사자에게 그 사실을 통지하여야 한다.

③ 행정청이 상대방에게 장차 어떤 처분을 하겠다고 확약을 하였더라도, 그 자체에서 상대방으로 하여금 언제까지 처분의 발령을 신청하도록 유효기간을 두었는데도 그 기간 내에 상대방의 신청이 없었다면, 그 확약은 행정청의 별다른 의사표시를 기다리지 않고 실효된다.

④ 어업권면허에 선행하는 우선순위결정은 행정청이 우선권자로 결정된 자의 신청이 있으면 어업권면허처분을 하겠다는 것을 약속하는 행위로서 강학상 확약에 불과하고 행정처분은 아니다.

11 행정행위의 직권취소 및 철회에 대한 설명으로 옳지 않은 것은? (다툼이 있는 경우 판례에 의함)

① 수익적 행정행위의 철회는 법령에 명시적인 규정이 있거나 행정행위의 부관으로 그 철회권이 유보되어 있는 등의 경우가 아니라면, 원래의 행정행위를 존속시킬 필요가 없게 된 사정변경이 생겼거나 또는 중대한 공익상의 필요가 발생한 경우 등의 예외적인 경우에만 허용된다.

② 행정행위의 처분권자는 취소사유가 있는 경우 별도의 법적 근거가 없더라도 직권취소를 할 수 있다.

③ 행정청이 행한 공사중지명령의 상대방은 그 명령 이후에 그 원인사유가 소멸하였음을 들어 행정청에게 공사중지명령의 철회를 요구할 수 있는 조리상의 신청권이 없다.

④ 외형상 하나의 행정처분이라 하더라도 가분성이 있거나 그 처분대상의 일부가 특정될 수 있다면 그 일부만의 취소도 가능하고 그 일부의 취소는 당해 취소부분에 관하여 효력이 생긴다.

12 공법상 계약에 해당하는 것만을 〈보기〉에서 모두 고르면? (다툼이 있는 경우 판례에 의함)

• 22. 국회사무처 8급 변형

〈 보 기 〉

ㄱ. 사회기반시설에 대한 민간투자법 에 따라 지방자치단체와 유한회사 간 체결한 터널 민간투자사업 실시협약
ㄴ. 구 중소기업 기술혁신 촉진법 상의 중소기업 정보화지원사업에 따른 지원금 출연을 위하여 중소기업청장이 민간 주식회사와 체결하는 협약
ㄷ. 도시계획사업의 시행자가 그 사업에 필요한 토지를 협의취득하는 행위
ㄹ. 국유일반재산의 대부행위

① ㄱ, ㄴ   ② ㄱ, ㄷ   ③ ㄴ, ㄷ   ④ ㄴ, ㄹ

13 「행정절차법」상 행정절차에 대한 설명으로 옳지 않은 것은?

① 행정청이 처분기준 사전공표 의무를 위반하여 미리 공표하지 아니한 기준을 적용하여 처분을 하였다고 하더라도, 그러한 사정만으로 곧바로 해당 처분에 취소사유에 이를 정도의 흠이 존재한다고 볼 수는 없다.
② 처분의 처리기간에 관한 규정은 강행규정이므로 행정청이 처리기간이 지나 처분을 하였다면 이는 처분을 취소할 절차상 하자로 볼 수 있다.
③ 행정청은 위반사실등의 공표를 할 때에는 특별한 사정이 없는 한 미리 당사자에게 그 사실을 통지하고 의견제출의 기회를 주어야 하며, 의견제출의 기회를 받은 당사자는 공표 전에 관할 행정청에 서면이나 말 또는 정보통신망을 이용하여 의견을 제출할 수 있다.
④ 다수의 당사자등이 공동으로 행정절차에 관한 행위를 할 때에는 대표자를 선정할 수 있고, 다수의 대표자가 있는 경우 그중 1인에 대한 행정청의 행위는 모든 당사자등에게 효력이 있지만, 행정청의 통지는 대표자 모두에게 하여야 그 효력이 있다.

14 다음 중 정보공개에 대한 설명으로 가장 적절하지 않은 것은? (다툼이 있는 경우 판례에 의함)

① 「보안관찰법」상 보안관찰 관련 통계자료는 비공개대상 정보에 해당하지 아니한다.
② 한·일 군사정보보호협정 및 한·일 상호군수지원협정과 관련하여 각종 회의자료 및 회의록 등의 정보는 비공개대상 정보이고 부분공개도 가능하지 않다.
③ 공개 청구된 정보의 공개 여부를 결정하는 법적인 의무와 권한을 가진 주체는 공공기관의 장이고, 정보공개심의회는 공공기관의 장이 정보의 공개 여부를 결정하기 곤란하다고 보아 의견을 요청한 사항의 자문에 응하여 심의하는 것이다.
④ 공공기관의 비공개결정에 대해서는 행정소송 등 구제절차를 거치지 않고 직접 헌법소원을 청구하는 것은 허용되지 않는다.

15 판례에 대한 설명 중 옳지 않은 것은?

① 행정청의 행위가 '처분'에 해당하는지가 불분명한 경우에는 그에 대한 불복방법 선택에 중대한 이해관계를 가지는 상대방의 인식가능성과 예측가능성을 중요하게 고려하여 규범적으로 판단하여야 한다
② 개별 사업장의 사업종류 결정은 구체적 사실에 관한 법집행으로서 공권력을 행사하는 '확인적 행정행위'라고 보아야 한다.
③ 사업주가 행정심판법 및 행정소송법에서 정한 기간 내에 불복하지 않아 불가쟁력이 발생한 때에는 그 사업종류 변경결정이 중대·명백한 하자가 있어 당연무효가 아닌 한, 사업주는 그 사업종류 변경결정에 기초하여 이루어진 각각의 산재보험료 부과처분에 대한 쟁송절차에서는 선행처분인 사업종류 변경결정의 위법성을 주장할 수 없다.
④ 근로복지공단이 사업종류 변경결정을 하면서 실질적으로 행정절차법에서 정한 처분절차를 준수하지 않아 사업주에게 방어권행사 및 불복의 기회가 보장되지 않은 경우에도 사업종류 변경결정에 대해 제소기간 내에 취소소송을 제기하지 않았다면 후행처분인 각각의 산재보험료 부과처분에 대한 쟁송절차에서 위법성을 다투는 것이 허용될 수 없다.

16. 행정상 강제집행에 대한 설명으로 옳은 것만을 〈보기〉에서 모두 고르면? (다툼이 있는 경우 판례에 의함)

• 22. 국회사무처 8급 변형

〈 보 기 〉

ㄱ. 행정청이 행정대집행을 할 수 있는 경우에도 필요하면 별도로 민사소송의 방법을 통하여 의무이행을 구할 수 있다.
ㄴ. 건축법상의 이행강제금은 시정명령의 불이행이라는 과거의 위반행위에 대한 제재가 아니라, 의무자에게 시정명령을 받은 의무의 이행을 명하고 그 이행기간 안에 의무를 이행하지 않으면 그 의무의 이행을 강제하는 행정상의 직접적 강제 수단에 해당한다.
ㄷ. 이행강제금이 부과되기 전에 시정조치를 이행하거나 부작위 의무를 명하는 시정조치 불이행을 중단한 경우 과거의 시정조치 불이행기간에 대하여 이행강제금을 부과할 수 있다.
ㄹ. 장기간 시정명령을 이행하지 아니하였더라도, 그 기간 중에는 시정명령의 이행 기회가 제공되지 아니하였다가 뒤늦게 시정명령의 이행 기회가 제공된 경우라면, 시정명령의 이행 기회 제공을 전제로 한 1회분의 이행강제금만을 부과할 수 있고, 시정명령의 이행 기회가 제공되지 아니한 과거의 기간에 대한 이행강제금까지 한꺼번에 부과할 수는 없으며 이를 위반하여 이루어진 이행강제금 부과처분은 무효이다.
ㅁ. 국세징수법 상의 공매통지는 그 상대방인 체납자 등의 법적지위나 권리·의무에 직접적인 영향을 주는 행정처분이므로 공매통지 자체를 취소소송의 대상으로 삼을 수 있다.

① ㄱ, ㄴ, ㅁ   ② ㄱ, ㄹ   ③ ㄴ, ㄷ, ㅁ   ④ ㄷ, ㄹ

17. 행정조사에 대한 설명으로 옳지 않은 것은? (다툼이 있는 경우 판례에 의함)

① 조사대상자의 자발적인 협조가 있는 경우에는 법령에 근거가 없더라도 행정조사를 실시할 수 있다.
② 관세법령에 따른 우편물 통관검사절차에서 이루어지는 우편물의 개봉, 시료채취, 성분분석 등의 검사가 압수·수색영장 없이 진행되었다 하더라도 수사기관의 강제처분이라고 할 수 없으므로 특별한 사정이 없는 한 위법하다고 볼 수 없다.
③ 음주운전 여부에 대한 조사 과정에서 운전자 본인의 동의를 받지 아니하고 또한 법원의 영장도 없이 채혈조사를 한 결과를 근거로 한 운전면허 정지·취소 처분은 특별한 사정이 없는 한 위법한 처분으로 볼 수밖에 없다.
④ 세무조사가 과세자료의 수집 또는 신고내용의 정확성 검증이라는 본연의 목적이 아니라 부정한 목적을 위하여 행하여진 것이라 하더라도, 이러한 세무조사에 의하여 수집된 과세자료를 기초로 한 과세처분이 정당한 세액의 범위 내에 있는 한 위법하다고 볼 수는 없다.

18 손실보상에 대한 설명으로 옳지 않은 것은? (다툼이 있는 경우 판례에 의함)

① 토지수용위원회의 재결에서 피보상자별로 여러 가지의 토지, 물건, 권리 또는 영업의 손실에 관하여 심리·판단이 이루어졌을 때, 피보상자 또는 사업시행자는 반드시 재결 전부에 관하여 불복하여야 하는 것은 아니다.
② 보상금 증액 청구의 소는 토지소유자 등이 사업시행자를 상대로 제기하는 당사자소송의 형식을 취하고 있어서, 토지수용위원회의 재결을 다투는 항고소송의 성질을 가진다고 볼 수 없다.
③ 「의사상자예우에 관한 법률」에 의해 지급되거나 지급될 보상금, 의료보호, 교육보호 등의 혜택을 「국가배상법」에 의하여 배상하여야 할 손해액에서 공제할 수는 없다.
④ 공익사업의 시행자가 사전보상을 하지 않은 채 공사에 착수함으로써 토지소유자와 관계인이 손해를 입은 경우, 토지소유자와 관계인이 입은 손해는 손실보상청구권이 침해된 데에 따른 손해이므로 사업시행자가 배상해야 할 손해액은 원칙적으로 손실보상금이다.

19 행정심판법에 대한 설명으로 옳지 않은 것은? (단, 다툼이 있는 경우 판례에 의함)

① 집행정지의 요건을 갖춘 때에는 직권으로 또는 당사자의 신청에 의하여 처분의 효력, 처분의 집행 또는 절차의 속행의 전부 또는 일부의 정지를 결정할 수 있지만, 처분의 효력정지는 처분의 집행 또는 절차의 속행을 정지함으로써 그 목적을 달성할 수 있을 때에는 허용되지 아니한다.
② 행정심판의 청구인은 행정심판법이 규정하는 가구제제도인 집행정지를 이용할 수 있더라도, 처분 또는 부작위가 위법·부당하다고 상당히 의심되는 경우로서 당사자에게 생길 중대한 불이익이나 급박한 위험을 방지할 필요가 있는 경우에는 임시처분을 이용할 수 있다.
③ 행정심판위원회는 심판청구의 대상이 되는 처분 또는 부작위 외의 사항에 대하여는 재결하지 못하며, 심판청구의 대상이 되는 처분보다 청구인에게 불리한 재결을 하지 못한다.
④ 행정심판위원회는 사건의 심리를 위하여 필요하다고 인정하면 직권으로 증거조사를 할 수 있고, 당사자가 주장하지 아니한 사실에 대하여도 심리할 수 있다.

20 행정심판에 대한 설명으로 옳은 것은?

① 행정심판위원회는 직접 처분을 하였을 때에는 그 사실을 해당 행정청에 통보하여야 하며, 그 통보를 받은 행정청은 행정심판위원회가 한 처분을 자기가 한 처분으로 보아 관계 법령에 따라 관리·감독 등 필요한 조치를 하여야 한다.
② 임시처분은 집행정지와 보충성 관계가 없고, 행정심판위원회는 집행정지로 목적을 달성할 수 있는 경우에도 임시처분 결정을 할 수 있다.
③ 취소심판의 인용재결에는 취소재결, 취소명령재결, 변경재결, 변경명령재결이 있다.
④ 「행정심판법」에서는 재결의 집행력을 확보하는 수단으로서 간접강제제도를 두고 있지 않다.

21 甲은 자신의 토지의 용도를 농림지역에서 준도시지역(시설용지지구)으로 변경하는 국토이용계획변경을 신청하였다. 이에 대한 다음 설명 중 타당하지 않은 것은?

① 乙행정청의 적정통보는 행정소송의 대상인 처분성이 인정된다.
② 甲은 장래 일정한 기간 내에 관계 법령이 규정하는 시설 등을 갖추어 일정한 행정처분을 구하는 신청을 할 수 있는 법률상 지위에 있는 자에 해당하므로 국토이용계획변경을 신청할 권리가 있다.
③ 乙행정청이 국토이용계획변경을 거부한다할지라도 이는 실질적으로 당해 행정처분 자체를 거부하는 결과가 되는 것이 아니므로 甲은 행정소송을 제기할 수 없다.
④ 乙행정청이 이의 신청에 대하여 폐기물처리업이 들어설 경우 수질오염 등으로 인근 주민들의 생활환경에 피해를 줄 우려가 있다는 등의 공익상의 이유로 거부하였다면 이는 재량권의 일탈·남용에 해당하지 않는다.

22 행정소송에 대한 설명으로 옳지 않은 것은? (다툼이 있는 경우 판례에 의함)

① 무효확인소송에서 '무효확인을 구할 법률상 이익'이 있는지를 판단할 때, 행정처분의 무효를 전제로 한 이행소송 등과 같은 직접적인 구제수단이 있는지를 먼저 따질 필요는 없다.
② 「국토의 계획 및 이용에 관한 법률」상 토지소유자 등이 도시·군계획시설 사업시행자의 토지의 일시 사용에 대하여 정당한 사유 없이 동의를 거부한 경우, 사업시행자가 토지소유자를 상대로 동의의 의사표시를 구하는 소송은 당사자소송으로 보아야 한다.
③ 합의제행정청의 처분에 대하여는 합의제행정청이 피고가 되므로 부당노동행위에 대한 구제명령 등 중앙노동위원회의 처분에 대한 소송에서는 중앙노동위원회가 피고가 된다.
④ 권한의 내부위임이 있는 경우 내부수임기관이 착오 등으로 원처분청의 명의가 아닌 자기명의로 처분을 하였다면, 내부수임기관이 그 처분에 대한 항고소송의 피고가 된다.

23 항고소송에 대한 판례의 입장으로 옳은 것만을 모두 고르면? • 22. 국가직 7급

ㄱ. 건축물대장 소관청의 용도변경신청 거부행위는 국민의 권리관계에 영향을 미치는 것으로서 항고소송의 대상이 되는 행정처분에 해당한다.
ㄴ. 자동차운전면허대장에 일정한 사항을 등재하는 행위와 운전경력증명서상의 기재행위는 행정소송의 대상이 되는 독립한 행정처분으로 볼 수 없다.
ㄷ. 병역법에 따라 관할 지방병무청장이 1차로 병역의무 기피자 인적사항 공개 대상자 결정을 하고 그에 따라 병무청장이 같은 내용으로 최종적 공개결정을 하였더라도, 해당 공개 대상자는 관할 지방병무청장의 공개 대상자 결정을 다툴 수 있다.

ㄹ. 한국마사회가 조교사 또는 기수의 면허를 취소하는 것은 국가 기타 행정기관으로부터 위탁받은 행정권한의 행사가 아니라 일반 사법상의 법률관계에서 이루어지는 단체 내부에서의 징계 내지 제재처분이다.

① ㄱ, ㄴ, ㄷ
② ㄱ, ㄴ, ㄹ
③ ㄱ, ㄷ, ㄹ
④ ㄴ, ㄷ, ㄹ

24 행정법관계에 관한 설명으로 옳은 것만을 있는 대로 고른 것은? (다툼이 있으면 판례에 따름)

• 22. 소방위 승진

ㄱ. 군인연금법령상 급여를 받으려고 하는 사람이 국방부장관 등에게 급여지급을 청구하였으나 이를 거부한 경우, 곧바로 국가를 상대로 한 당사자소송으로 급여의 지급을 청구할 수 있다.
ㄴ. 「공익사업을 위한 토지 등의 취득 및 보상에 관한 법률」상 환매권의 존부에 관한 확인을 구하는 소송 및 환매금액의 증감을 구하는 소송은 민사소송이다.
ㄷ. 「도시 및 주거환경정비법」상 주택재건축정비사업조합을 상대로 관리처분계획안에 대한 조합 총회결의의 효력에 대하여는 민사소송으로 다투어야 한다.
ㄹ. 지방소방공무원이 소속 지방자치단체를 상대로 초과근무수당의 지급을 구하는 소송을 제기하는 경우 당사자소송의 절차에 따라야 한다.

① ㄱ, ㄴ
② ㄴ, ㄹ
③ ㄷ, ㄹ
④ ㄱ, ㄷ, ㄹ

25 행정소송에 대한 설명으로 옳지 않은 것은?

① 국가를 상대로 하는 당사자소송의 경우에는 가집행선고를 할 수 없다.
② 당사자소송은 민사소송과 같이 특별한 제소기간이 없으나 법령이 제소기간이 정하여져 있는 경우에는 그 기간은 불변기간으로 한다.
③ 당사자소송에 있어서는 행정청이 피고가 되는 취소소송과 달리, 국가·공공단체 그 밖의 권리 주체가 피고로 된다. 당사자소송에서 국가가 피고인 경우에는 법무부장관이 피고인 국가를 대표하고, 지방자치단체가 피고인 경우에는 당해 지방자치단체의 장이 피고인 지방자치단체를 대표한다.
④ 당사자소송의 제1심 관할법원은 항고소송에 있어서와 마찬가지로 피고의 소재지를 관할하는 행정법원이다.

제6회 행정법총론 최종모의고사

01 행정법관계에서 사법규정의 적용에 관한 설명으로 가장 적절하지 않은 것은? (다툼이 있는 경우 판례에 의함)

• 23. 군무원 5급

① 국가나 지방자치단체를 당사자로 하는 금전채권은 국가·지방자치단체의 채권인지 또는 국가·지방자치단체에 대한 채권인지를 묻지 않고 다른 법률에 특별한 규정이 없는 한, 5년간 이를 행사하지 않으면 시효로 인하여 소멸된다.
② 행정청은 법령 등의 위반행위가 종료된 날부터 5년이 지나면 해당 위반행위에 대하여 인허가의 정지·취소·철회, 등록 말소, 영업소 폐쇄와 정지를 갈음하는 과징금 부과를 할 수 없음이 원칙이다.
③ 행정청은 행정심판의 재결이나 법원의 판결에 따라 제재처분이 취소·철회된 경우에는 재결이나 판결이 확정된 날부터 1년(합의제행정기관은 2년)이 지나기 전까지는 그 취지에 따른 새로운 제재처분을 할 수 있다.
④ 국가가 사법상 재산권의 주체로서 국민을 대하는 사법관계에서도 사인과 국가가 본질적으로 다르다고 할 수 있으므로, 국가를 부동산 점유취득시효의 주체로 인정할 수 없다.

02 행정입법에 대한 설명으로 옳지 않은 것은? (다툼이 있는 경우 판례에 의함)

① 법률의 위임 없이 명령 또는 규칙 등의 행정입법으로 과세요건 등에 관한 사항을 규정하거나 법률에 규정된 내용을 함부로 유추·확장하는 내용의 해석규정을 마련하는 것은 조세법률주의 원칙에 위배된다.
② 「2014년도 건물 및 기타물건 시가표준액 조정기준」은 「건축법」 및 지방세법령의 위임에 따른 것으로서 대외적인 구속력이 있는 법규명령으로서의 효력을 가진다.
③ 의료기관의 명칭표시판에 진료과목을 함께 표시하는 경우 그 글자의 크기를 의료기관 명칭을 표시하는 글자 크기의 2분의 1 이내로 제한하는 구 「의료법 시행규칙」의 규정은 항고소송의 대상이 되는 행정처분이다.
④ 보건복지부 고시인 구 「약제급여·비급여목록 및 급여상한금액표」는 다른 집행행위의 매개 없이 그 자체로서 국민건강보험가입자, 국민건강보험공단, 요양기관 등의 법률관계를 직접 규율하는 성격을 가지므로 항고소송의 대상이 되는 행정처분에 해당한다.

03 다음 사례에 대한 설명으로 옳지 않은 것을 고르시오. (다툼이 있는 경우 판례에 의함) • 22. 국가직 9급

> 건축주 甲은 토지소유자 乙과 매매계약을 체결하고 乙로부터 토지사용승낙서를 받아 乙의 토지 위에 건축물을 건축하는 건축허가를 관할 행정청인 A시장으로부터 받았다. 매매계약서에 의하면 甲이 잔금을 기일 내에 지급하지 못하면 즉시 매매계약이 해제될 수 있고 이 경우 토지사용승낙서는 효력을 잃으며 甲은 건축허가를 포기·철회하기로 甲과 乙이 약정하였다. 乙은 甲이 잔금을 기일 내에 지급하지 않자 甲과의 매매계약을 해제하였다.

① 착공에 앞서 甲의 귀책사유로 해당 토지를 사용할 권리를 상실한 경우, 乙은 A시장에 대하여 건축허가의 철회를 신청할 수 있다.
② 건축허가는 대물적 성질을 갖는 것이어서 행정청으로서는 그 허가를 할 때에 건축주 또는 토지소유자가 누구인지 등 인적 요소에 관하여는 형식적 심사만 한다.
③ A시장은 건축허가 당시 별다른 하자가 없었고 철회의 법적근거가 없으므로 건축허가를 철회할 수 없다.
④ 철회권의 행사는 기득권의 침해를 정당화할 만한 중대한 공익상의 필요 또는 제3자의 이익을 보호할 필요가 있고, 공익상의 필요 등이 상대방이 입을 불이익을 정당화할 만큼 강한 경우에 한해 허용될 수 있다.

04 행정행위에 대한 설명으로 옳은 것은? • 23. 국가직 7급

① 행정청의 의사표시를 요소로 하는 법률행위적 행정행위 중에서 명령적 행위에는 하명, 허가, 대리가 속한다.
② 상대방에게 권리, 능력, 법적 지위, 포괄적 법률관계를 설정하는 특허는 형성적 행정행위이며 원칙적으로 기속행위이다.
③ 인가는 기본행위의 효력을 완성시켜 주는 보충적 행위이므로 기본행위가 무효인 경우에는 이에 대한 인가가 내려지더라도 그 인가는 무효이다.
④ 특정의 사실 또는 법률관계의 존재를 공적으로 증명하여 공적 증거력을 부여하는 행정행위는 확인행위로서 당선인결정, 장애등급결정, 행정심판의 재결 등이 그 예이다.

05. 다음 중 행정행위의 효력과 관련된 대법원의 판례로서 옳은 것만 모두 고른 것은? • 23. 군무원 5급

ㄱ. 법률관계나 사실관계에 대하여 그 법률의 규정을 적용할 수 없다는 법리가 명백히 밝혀지지 아니하여 그 해석에 다툼의 여지가 있고 행정관청이 이를 잘못 해석하여 행정처분을 하였다면 해당 처분에 명백하게 하자가 있다고 판단된다.
ㄴ. 행정처분의 하자의 중대성과 명백성을 판별함에 있어서는 그 법규의 목적, 의미, 기능 등을 목적론적으로 고찰함과 동시에 구체적 사안 자체의 특수성에 관하여도 합리적으로 고찰해야 한다.
ㄷ. 임면권자와 국가정보원장과의 충분한 사전교감이 있었으며 임면권이 국가정보원장에게 내부위임 되어 있다면, 5급 이상의 국가정보원 직원에 대한 의원면직 처분이 국가정보원장에 의해 행해진 것으로 위법하고 국가정보원장의 종용에 의해 이루어진 것이라 하더라도 해당 행정처분의 하자가 중대한 것이라 보기 어렵다.
ㄹ. 특별한 사정 없이, 과세관청이 과세예고 통지 후 과세전적부심사 청구나 그에 대한 결정이 있기 전에 과세처분을 한 경우에는 과세전 적부심사 제도 자체를 형해화시키지 않으나, 과세전적부심사 결정과 과세처분 사이의 관계 및 불복절차를 불분명하게 할 우려가 있으므로 절차상 하자가 중대·명백하다.

① ㄱ, ㄴ
② ㄴ, ㄷ
③ ㄴ, ㄷ, ㄹ
④ ㄱ, ㄴ, ㄹ

06. 행정행위 무효와 취소의 구별에 관한 설명 중 옳지 않은 것은?

① 취소할 수 있는 행정행위는 제소기간의 제한을 받지만 무효인 행정행위는 제소기간의 제한을 받지 않는다.
② 행정쟁송의 방식에 있어서 무효인 행정행위는 무효확인소송 외에 무효선언을 구하는 취소소송의 형식으로 제기할 수 있다.
③ 일정한 행정목적을 달성하기 위하여 두 개 이상의 행위가 연속적으로 행하여지는 경우에 선행행정행위에 무효인 하자가 있는 경우에는 모두 후행행위에의 하자승계가 인정된다.
④ 하자있는 행정행위의 전환은 취소할 수 있는 행정행위에만 인정되고, 하자의 치유는 무효인 행정행위에도 인정된다.

07 행정기본법 상 처분의 취소 및 철회에 대한 설명으로 옳지 않은 것은? • 22. 국가직 7급

① 행정청은 당사자의 신뢰를 보호할 가치가 있는 등 정당한 사유가 있는 경우에는 위법한 처분을 장래를 향하여 취소할 수 있다.
② 당사자가 부정한 방법으로 수익적 처분을 받은 경우에도 행정청이 그 처분을 취소하려면 취소로 인하여 당사자가 입게 될 불이익을 취소로 달성되는 공익과 비교·형량하여야 한다.
③ 행정청은 중대한 공익을 위하여 필요한 경우에는 적법한 처분의 전부 또는 일부를 장래를 향하여 철회할 수 있다.
④ 처분은 무효가 아닌 한 권한이 있는 기관이 취소 또는 철회하거나 기간의 경과 등으로 소멸되기 전까지는 유효한 것으로 통용된다.

08 다음 중 행정계획에 관한 설명으로 옳지 않은 것은? (다툼이 있는 경우 판례에 의함)

① 국립대학인 서울대학교의 '94학년도 대학입학고사 주요요강'은 행정계획이므로 헌법소원의 대상이 되는 공권력행사에 해당되지 않는다.
② 행정주체가 행정계획을 입안·결정하면서 이익형량을 전혀 행하지 않거나 이익형량의 고려 대상에 마땅히 포함시켜야 할 사항을 빠뜨린 경우 또는 이익형량을 하였으나 정당성과 객관성이 결여된 경우에는 행정계획결정은 형량에 하자가 있어 위법하게 된다.
③ 개발제한구역지정처분은 그 입안·결정에 관하여 광범위한 형성의 자유를 가지는 계획재량처분이다.
④ 「도시 및 주거환경정비법」에 따른 주택재건축정비사업조합이 행정주체의 지위에서 수립하는 관리처분계획은 구속적 행정계획으로서 주택재건축정비사업조합이 행하는 독립된 행정처분에 해당한다.

09 공무원의 신분과 권리에 관한 설명 중 옳지 않은 것은? (다툼이 있는 경우 판례에 의함)

① 퇴직연금수급권의 기초가 되는 급여의 사유가 이미 발생한 후에 장래 이행기가 도래하는 퇴직연금수급권의 내용을 변경하는 것은 이미 완성 또는 종료된 과거 사실 또는 법률관계에 새로운 법률을 소급적으로 적용하여 과거를 법적으로 새로이 평가하는 것이어서 소급입법에 의한 재산권 침해가 된다.
② 당연무효인 임용결격자에 대한 임용행위에 의하여는 공무원의 신분을 취득하거나 근로고용관계가 성립될 수 없는 것이므로 임용결격자가 공무원으로 임명되어 사실상 근무하여 왔다 하더라도 퇴직금 청구를 할 수 없다.
③ 학력요건을 갖추지 못한 甲이 허위의 고등학교 졸업증명서를 제출하여 하사관에 지원했다는 이유로 하사관 임용일로부터 30년이 지나서 한 임용취소처분은 적법하며, 甲이 위 처분에 불복하여 신뢰이익을 원용할 수 없음은 물론 행정청이 이를 고려하지 아니하였다고 하여도 재량권의 남용이 되지 않는다.
④ 진급예정자 명단에 포함된 자에 대하여 진급선발을 취소하는 처분은 진급예정자로서 가지는 이익을 침해하는 처분이어서「행정절차법」상의 의견제출 기회 등을 주어야 하며, 수사과정 및 징계과정에서 자신의 비위행위에 대한 해명기회를 가졌다는 사정만으로 사전통지를 하지 않거나 의견제출의 기회를 주지 아니하여도 되는 예외적인 경우에 해당한다고 할 수 없다.

10 행정상 사실행위에 대한 설명으로 옳지 않은 것은?

① 행정상 사실행위의 예로는 폐기물 수거, 행정지도, 대집행의 실행, 행정상 즉시강제 등이 있다.
② 행정청이 위법 건축물에 대한 단전 및 전화통화 단절조치를 요청한 것은 항고소송의 대상이 되는 행정처분이라고 볼 수 없다.
③ 교도소장이 영치품인 티셔츠 사용을 재소자에게 불허한 행위는 항고소송의 대상이 되는 행정처분에 해당한다.
④ 교도소 내 마약류 관련 수형자에 대한 교도소장의 소변강제채취는 권력적 사실행위이나 헌법소원의 대상은 아니다.

11 A행정청이 甲에게 한 X행정처분에 대하여 제소기간이 도과하여 불가쟁력이 발생하였다. 이에 관한 설명 중 옳은 것은? (다툼이 있는 경우 판례에 의함)

① X행정처분이 산업재해 요양급여결정을 취소하는 처분인 경우, 甲에게 요양급여청구권이 없다는 내용의 법률관계가 확정된다.
② X행정처분이 甲의 신청을 거부하는 처분인 경우, 甲이 다시 동일한 내용의 새로운 신청을 하고 A행정청이 이를 거부한 경우에도 甲은 반복된 거부처분에 대하여 취소소송을 제기할 수 없다.
③ 甲은 X행정처분의 위법을 이유로 국가배상청구소송을 제기할 수 없다.
④ X행정처분이 부담부행정행위인 경우, 甲은 그 부담의 이행으로서 하게 된 사법상 법률행위의 효력에 대해서 별도로 소송을 제기하여 다툴 수 있다.

12 행정절차법상 행정절차에 대한 설명으로 옳지 않은 것은?

① 단순·반복적인 처분 또는 경미한 처분으로서 당사자가 그 이유를 명백히 알 수 있는 경우라 하더라도 처분 후 당사자가 요청하는 경우에는 행정청은 그 근거와 이유를 제시하여야 한다.
② 행정청이 당사자에게 의무를 과하거나 권익을 제한하는 처분을 하는 경우라도 당사자가 명백히 의견진술의 기회를 포기한다는 뜻을 표시한 경우에는 의견청취를 하지 않을 수 있다.
③ 행정청은 대통령령을 입법예고하는 경우에는 이를 국회 소관 상임위원회에 제출하여야 한다.
④ 인허가 등의 취소 또는 신분·자격의 박탈, 법인이나 조합 등의 설립허가의 취소시 의견제출기한 내에 당사자 등의 신청이 있는 경우에 청문을 개최한다.

13 정보공개에 대한 판례의 내용으로 가장 옳지 않은 것은? ・19. 서울시 7급

① 한·일 군사정보보호협정 및 한·일 상호군수지원협정과 관련하여 각종 회의자료 및 회의록 등의 정보는 정보공개법상 공개가 가능한 부분과 공개가 불가능한 부분을 쉽게 분리하는 것이 불가능한 비공개정보에 해당하지 아니한다.
② 공개를 거부한 정보에 비공개사유에 해당하는 부분과 그렇지 않은 부분이 혼합되어 있고, 공개청구의 취지에 어긋나지 않는 범위 안에서 두 부분을 분리할 수 있는 경우에는 법원은 공개가 가능한 정보에 한하여 일부취소를 명할 수 있다.
③ 외국 기관으로부터 비공개를 전제로 정보를 입수하였다는 이유만으로, 이를 공개할 경우 업무의 공정한 수행에 현저한 지장을 받을 것이라 단정할 수 없다.
④ 공공기관이 청구인이 신청한 공개방법 이외의 방법으로 공개하기로 결정하였다면, 이는 정보공개청구 중 정보공개방법에 관한 부분에 대하여 일부 거부처분을 한 것이므로 이에 대해 항고소송으로 다툴 수 있다.

14 개인정보보호법상 정보주체가 자신의 개인정보 처리와 관련하여 가지는 권리가 아닌 것은?

① 개인정보의 처리에 관한 정보를 제공받을 권리
② 개인정보의 처리 정지를 요구할 권리
③ 개인정보처리자의 가명정보 처리에 동의할 권리
④ 개인정보의 처리에 관한 동의 여부, 동의 범위 등을 결정할 권리

15 행정대집행법 상 대집행에 대한 판례의 입장으로 옳지 않은 것은?

① 토지·건물의 인도의무는 대체성이 없으므로 대집행의 대상이 될 수 없는 의무이다.
② 1장의 문서로 위법건축물의 자진철거를 명함과 동시에 소정 기한 내에 철거의무를 이행하지 않을 시 대집행할 것을 계고할 수 있다.
③ 한국토지주택공사가 구 대한주택공사법 및 같은 법 시행령에 의해 대집행 권한을 위탁받아 대집행을 실시한 경우 그 비용은 민사소송절차에 의해 징수할 수 있다.
④ 위법한 건물의 공유자 1인에 대한 계고처분은 다른 공유자에 대하여는 그 효력이 없다.

16 행정의 실효성 확보수단에 대한 설명으로 옳은 것만을 모두 고르면? (다툼이 있는 경우 판례에 의함)

> ㄱ. 시정명령이란 행정법령의 위반행위로 초래된 위법상태의 제거 내지 시정을 명하는 행정행위를 말하는 것으로서, 그 위법행위의 결과가 더 이상 존재하지 않는다면 시정명령을 할 수 없다.
> ㄴ. 납세의무자가 세무공무원의 잘못된 설명을 믿고 신고납부의무를 이행하지 아니하였다 하더라도 그것이 관계 법령에 어긋나는 것임이 명백한 때에는 그러한 사유만으로는 가산세를 부과할 수 없는 정당한 사유가 있는 경우에 해당한다고 할 수 없다.
> ㄷ. 행정법규 위반에 대하여 가하는 제재조치(영업정지처분)는 반드시 현실적인 행위자가 아니라도 법령상 책임자로 규정된 자에게 부과되고, 특별한 사정이 없는 한 위반자에게 고의나 과실이 없더라도 부과할 수 있다.
> ㄹ. 행정청의 재량권이 부여되어 있는 과징금부과처분이 법이 정한 한도액을 초과하여 위법할 경우, 법원으로서는 그 한도액을 초과한 부분이나 법원이 적정하다고 인정되는 부분을 초과한 부분만을 취소할 수 있다.

① ㄱ, ㄷ   ② ㄴ, ㄹ   ③ ㄱ, ㄴ, ㄷ   ④ ㄱ, ㄷ, ㄹ

17 다음 사례에서 甲, 乙, 丙의 권리구제에 관한 설명 중 옳지 않은 것은? (다툼이 있는 경우 판례에 의함)

> • 군인 甲은 영외작업 후 부대복귀 중 작업병의 차출을 둘러싸고 언쟁을 하다가 소속부대 선임하사 A로부터 구타당하여 부상을 입었다.
> • 乙은 경찰청 소속의 의무경찰대원으로서 순찰업무를 수행하기 위하여 동료 의무경찰대원 B가 운전하던 오토바이 뒷좌석에 타고 가던 중 B의 오토바이와 민간인 C가 운전하던 트럭이 쌍방의 과실로 충돌하는 사고가 발생하여 상해를 입었다. 한편, C가 운전하던 트럭의 보험자인 D보험회사가 상해를 입은 의무경찰대원 乙의 손해를 전부 배상하였다.
> • 주민자치센터에 근무하는 사회복무요원(구 공익근무요원) 丙은 공무수행 중 차량전복사고로 상해를 입었다.

① 甲은 「군인연금법」 또는 「국가유공자 등 예우 및 지원에 관한 법률」에 의하여 별도의 보상을 받을 수 없는 경우에도 「국가배상법」에 따른 배상을 청구할 수 없다.
② 丙은 「국가배상법」상 손해배상청구가 제한되는 군인 등에 해당하지 않는다.
③ 헌법재판소는 D가 C의 귀책부분을 넘는 B의 부담부분에 관하여 국가를 상대로 구상권을 행사하는 것이 부인되는 경우, 이는 헌법상 평등원칙, 재산권보장규정 및 헌법 제37조 제2항 등의 헌법규정에 반한다고 보았다.
④ 대법원 판례에 의하면 D는 국가를 상대로 C의 귀책부분을 넘는 B의 부담부분에 대한 구상을 청구할 수 없다.

18 행정심판에 관한 설명으로 옳은 것은? (다툼이 있으면 판례에 따름)
① 의무이행심판에서 청구가 이유 있으면 신청에 따른 처분을 하거나 처분을 할 것을 피청구인에게 명하는 재결을 한다.
② 심판청구기간을 법상 규정된 기간보다 긴 기간으로 잘못 고지한 경우에도 규정된 행정심판기간 내에 심판청구를 하여야 한다.
③ 시·도지사의 처분에 대한 심판청구는 시·도지사 소속으로 두는 행정심판위원회에서 심리·재결한다.
④ 심리는 구술심리나 서면심리로 하고, 당사자가 구술심리를 신청한 경우에는 서면심리는 할 수 없다.

19 갑에 대한 과세처분 이후 조세부과의 근거가 되었던 법률에 대해 헌법재판소의 위헌결정이 있었고, 위헌결정 이후에 그 조세채권의 집행을 위해 갑의 재산에 대해 압류처분이 있었다. 이에 대한 설명으로 옳은 것은? (다툼이 있는 경우 판례에 의함)

① 갑은 압류처분에 대해 무효확인소송을 제기하려면 무효확인심판을 거쳐야 한다.
② 위헌결정 당시 이미 과세처분에 불가쟁력이 발생하여 조세채권이 확정된 경우에도 갑의 재산에 대한 압류처분은 무효이다.
③ 갑이 압류처분에 대해 무효확인소송을 제기하였다가 압류처분에 대한 취소소송을 추가로 병합하는 경우, 무효확인의 소가 취소소송 제소기간 내에 제기됐더라도 취소청구의 소의 추가 병합이 제소기간을 도과했다면 병합된 취소청구의 소는 부적법하다.
④ 갑이 압류처분에 대해 무효확인소송을 제기하였다가 취소소송으로 소의 종류를 변경하는 경우, 제소기간의 준수 여부는 취소소송으로 변경되는 때를 기준으로 한다.

20 행정소송에 대한 설명으로 가장 옳지 않은 것은?

① 검사의 불기소결정에 대해서는 항고소송을 제기할 수 없다.
② 망인(亡人)에게 수여된 서훈을 취소하는 경우, 그 유족은 서훈취소처분의 상대방이 되지 않는다.
③ 주택건설사업계획 승인처분에 따라 의제된 지구단위계획결정에 하자가 있음을 다투고자 하는 경우, 의제된 지구단위계획결정이 아니라 주택건설사업계획 승인처분을 항고소송의 대상으로 삼아야 한다.
④ 공장설립승인처분이 위법하다는 이유로 쟁송취소 되었다고 하더라도 그 승인처분에 기초한 공장건축허가처분이 잔존하는 이상, 인근 주민들은 여전히 공장건축허가처분의 취소를 구할 법률상 이익이 있다.

21 A행정청은 미성년자에게 주류를 판매하였다는 이유로 甲에게 영업정지처분에 갈음하는 과징금부과처분을 하였다. 甲은 이에 대하여 행정소송을 제기할 것을 고려하고 있다. 이에 관한 설명 중 옳지 않은 것은? (다툼이 있는 경우 판례에 의함)

① 甲이 제기하는 무효확인과 취소청구의 소는 주위적·예비적 청구로서만 병합이 가능하고 선택적 청구로서의 병합이나 단순병합은 허용되지 아니한다.

② 甲이 과징금부과처분에 대하여 무효확인의 소를 제기하였다가 그 후 취소청구의 소를 추가적으로 병합한 경우, 무효확인의 소가 적법한 제소기간 내에 제기되었다면 추가로 병합된 취소청구의 소도 적법하게 제기된 것이다.

③ 甲이 과징금부과처분에 대하여 무효확인의 소를 제기하면서 위 처분의 취소를 구하지 아니한다고 밝히지 아니하였다면, 무효확인의 소에는 그 처분이 당연무효가 아니라면 그 취소를 구하는 취지도 포함되어 있는 것으로 보아야 한다.

④ 甲이 만일 부과된 과징금을 납부한 후 과징금부과처분에 대하여 무효확인의 소를 제기하였다면, 甲은 부당이득반환청구의 소로써 직접 위법상태를 제거할 수 있으므로 甲이 제기한 무효확인의 소는 법률상 이익이 없다.

22 甲은 자신의 영업소 인근 도로에 광고물을 설치하기 위해 관할 도로관리청인 A시장에게 도로점용허가를 신청하였으나 A시장은 신청 후 상당한 기간이 경과하였음에도 아무런 조치를 취하고 있지 않다. 이에 관한 설명 중 옳은 것은? (다툼이 있는 경우 판례에 의함)

① 甲은 의무이행심판뿐만 아니라 부작위위법확인심판을 청구할 수 있으며, 이때 의무이행심판 인용재결의 기속력에 관한 「행정심판법」 규정은 부작위위법확인심판에 준용된다.

② 甲이 청구한 의무이행심판에 대하여 처분의 이행을 명하는 재결이 있음에도 불구하고 A시장이 재결의 취지에 따른 처분을 하지 않는 경우, 甲은 관할 행정심판위원회에 간접강제를 신청할 수 있다.

③ 행정심판을 거치지 않고 부작위위법확인소송을 제기하는 경우 甲은 도로점용허가 신청 후 상당한 기간이 경과한 때부터 1년 내에 제소해야 한다.

④ 甲은 A시장의 부작위에 대해 행정심판을 거친 후 부작위위법확인의 소를 제기하려면 행정심판 재결서의 정본을 송달받은 날부터 60일 이내에 제기하여야 한다.

23 다음 중 행정의 실효성 확보를 위한 조치들 가운데 항고소송으로 불복할 수 없는 것만으로 묶인 것은? (다툼이 있는 경우 판례에 의함)
· 21. 해경승진

㉠ 감염병환자의 강제입원
㉡ 「건축법」상 이행강제금 부과처분
㉢ 체납처분으로서 공매처분
㉣ 불법주차된 차량의 견인조치
㉤ 경찰서장의 통고처분

① ㉠, ㉤   ② ㉠, ㉡   ③ ㉣, ㉤   ④ ㉢, ㉣

24 다음 사례에 관한 설명 중 옳은 것은? (단, 담배소매인지정처분의 법적 성격은 강학상 '특허'임을 전제로 하며, 다툼이 있는 경우 판례에 의함)

○ 甲은 건물 1층에서 담배소매인 지정을 받아 담배소매업을 하고 있었는데, 관할 구청장 A는 법령상의 거리제한 규정을 위반하여 그 영업소에서 30미터 떨어진 인접 아파트 상가에서 乙이 담배소매업을 할 수 있도록 담배소매인 신규지정처분을 하였다.
○ 丙과 丁은 같은 상가의 1층과 2층에서 각각 담배소매업을 하고자 관할 구청장 B에게 담배소매인 지정신청을 하였으나, B는 丁에게만 담배소매인지정처분을 하였다.

㉠ 甲은 乙에게 발령된 담배소매인 신규지정처분에 대한 취소소송을 제기하면서 그 신규지정처분의 위법을 이유로 하는 손해배상청구소송을 그 취소소송에 병합하여 제기할 수 있다.
㉡ 甲이 자신에 대한 담배소매인지정처분을 통하여 기존에 누렸던 이익은 乙 등 제3자에 대한 신규지정처분이 발령되지 않음으로 인한 사실상의 이익에 해당한다.
㉢ 丙이 자신에 대한 담배소매인 지정거부를 취소소송으로 다투면서 집행정지를 신청한다면 법원은 이를 인용하게 될 것이다.
㉣ 丁에 대한 담배소매인지정처분을 대상으로 丙이 제기한 취소소송에서 丁이 「행정소송법」상 소송참가를 하였으나 본안에서 丙이 승소판결을 받아 확정되었다면, 丁은 「행정소송법」 제31조에 의한 재심을 통해 이를 다툴 수 있다.
㉤ 丙이 丁에 대한 담배소매인지정처분 취소심판을 제기하여 취소재결을 받은 후 B가 丁에게 담배소매인지정처분의 취소를 통지하였다면, 丁은 취소소송을 제기할 경우 취소재결이 아니라 B가 행한 담배소매인 지정취소처분을 소의 대상으로 하여야 한다.

① ㉠   ② ㉠㉡   ③ ㉠㉡㉢   ④ ㉠㉡㉣㉤

25 A대학교는 'A대학교 총장임용후보자 선정에 관한 규정'에 따라 총장임용후보자 선정관리위원회 구성, 총장후보자 공모, 정책토론회 등의 절차를 거쳐 총장임용후보자 추천위원회 투표 결과 가장 많이 득표를 한 원고 甲을 1순위 총장후보자로, 그 다음으로 많은 득표를 한 소외인 乙을 2순위 총장후보자로 선정하였다. 이에 따라 A대학교는 피고인 교육부장관에게 원고 甲을 1순위 총장임용후보자로, 소외인 乙을 2순위 총장임용후보자로 추천하였다. 피고인 교육부장관 소외인 乙을 A대학교의 총장으로 임용제청하였고, 대통령은 소외인乙을 A대학교의 총장으로 임용하였다. 다음 중 옳지 않은 설명은? (다툼이 있는 경우에는 판례에 의함)

① 피고인 교육부장관의 원고 甲에 대한 총장 임용제청 제외처분은 피고와 대통령 사이의 행정 내부적인 의사결정으로 항고소송의 대상이 되는 처분에 해당하지 않는다.

② 교육부장관이 특정 후보자를 임용제청에서 제외하고 다른 후보자를 임용제청함으로써 대통령이 임용제청된 다른 후보자를 총장으로 임용한 경우에는, 임용제청에서 제외된 후보자는 대통령이 자신에 대하여 총장 임용 제외처분을 한 것으로 보아 이를 다투어야 하고, 교육부장관의 임용제청 제외처분을 별도로 다툴 소의 이익이 없어진다.

③ 교육부장관이 어떤 후보자를 총장 임용에 부적격하다고 판단하여 배제하고 다른 후보자를 임용제청하는 경우라면 배제한 후보자에게 연구윤리 위반, 선거부정, 그 밖의 비위행위 등과 같은 부적격사유가 있다는 점을 구체적으로 제시할 의무가 있다.

④ 부적격사유가 없는 후보자들 사이에서 어떤 후보자를 상대적으로 더욱 적합하다고 판단하여 임용제청하는 경우라면, 이는 교육부장관이 어떤 후보자를 총장으로 임용제청하는 행위 자체에 그가 총장으로 더욱 적합하다는 정성적 평가 결과가 당연히 포함되어 있는 것으로, 이로써 행정절차법상 이유제시의무를 다한 것이라고 보아야 한다. 여기에서 나아가 교육부장관에게 개별 심사항목이나 고려요소에 대한 평가결과를 더 자세히 밝힐 의무까지는 없다.

제7회 행정법총론 최종모의고사

01 행정법의 법원(法源)의 효력에 대한 설명으로 옳지 않은 것은? (다툼이 있는 경우 판례에 의함)
• 20. 국가직 9급

① 학교급식을 위해 국내 우수농산물을 사용하는 자에게 식재료나 구입비의 일부를 지원하는 것 등을 내용으로 하는 지방자치단체의 조례안이 '1994년 관세 및 무역에 관한 일반협정'을 위반하여 위법한 이상, 그 조례안은 효력이 없다.
② 국민의 권리 제한 또는 의무 부과와 직접 관련되는 법률, 대통령령, 총리령 및 부령은 긴급히 시행하여야 할 특별한 사유가 있는 경우를 제외하고는 공포일부터 적어도 30일이 경과한 날부터 시행되도록 하여야 한다.
③ 진정소급입법이라 하더라도 예외적으로 국민이 소급입법을 예상할 수 있었거나 신뢰보호의 요청에 우선하는 심히 중대한 공익상의 사유가 소급입법을 정당화하는 경우 등에는 허용될 수 있다.
④ 개발제한구역의 지정 및 관리에 관한 특별조치법령의 개정으로 허가나 신고 없이 개발제한구역 내 공작물 설치행위를 할 수 있게 되었다면, 그 법령의 시행 전에 이미 범하여진 위법한 설치행위에 대한 가벌성은 소멸한다.

02 종교법인 甲은 A시의 도시계획구역 내 생산녹지로 답(畓)인 토지에 대하여 종교회관 건립을 이용목적으로 하는 사업계획서를 제출하였고 A시장으로부터 토지거래계약의 허가를 받았다. 그리고 甲은 A시 담당공무원에게 문의하여 "관계 법령을 검토한 결과 해당 토지에 대하여는 토지형질변경이 가능하며 A시 조례에 의하여 종교시설의 건축이 가능하다"라는 답변(이하 '담당공무원의 답변')을 들었다. 그 후 甲은 이를 신뢰하고 건축준비를 하였으나 A시장은 甲의 토지형질변경허가신청에 대해 불허가 하였다. 이 사안과 관련한 설명 중 옳지 않은 것은? (다툼이 있는 경우 판례에 의함)

① 담당공무원의 공적 견해표명이 있었는지를 판단할 때 행정조직상의 형식적인 권한분장에 구애될 것은 아니다.
② 담당공무원의 답변이 외부적으로 표명된 후, 표명될 당시의 사정이 사후 변경되었다면 특별한 사정이 없는 한 그 견해표명에 반하는 처분을 하더라도 신뢰보호의 원칙에 위반된다고 할 수 없다.
③ 甲은 담당공무원의 답변 내용에 하자가 있음을 알았거나 중대한 과실로 알지 못한 경우에도 신뢰보호원칙을 원용할 수 있다.
④ A시장은 공익 또는 제3자의 이익을 현저히 해칠 우려가 있는 경우를 제외하고는 행정에 대한 甲의 정당하고 합리적인 신뢰를 보호하여야 한다.

03 판례에 의할 때 공무원의 신분관계에 관한 설명으로 옳은 것은?
① 임용 당시 공무원임용 결격사유가 있었다면 비록 국가의 과실에 의하여 임용결격자임을 밝혀내지 못하였다 하더라도 그 임용행위는 당연 무효이다.
② 공무원에 대한 직위해제처분이 있은 후 동일한 사유로 다시 해임처분을 하는 것은 일사부재리의 법리에 어긋난다.
③ 「국가공무원법」상 당연퇴직의 인사발령은 항고소송의 대상이 되는 처분에 해당한다.
④ 「국가공무원법」상의 직위해제처분에는 의견청취에 관한 「행정절차법」 규정이 적용된다.

04 다음 중 행정입법에 대한 설명으로 가장 적절한 것은? (다툼이 있는 경우 판례에 의함)
① 「청소년보호법시행령」상 과징금처분기준은 대외적으로 국민이나 법원을 구속하는 힘이 있는 법규명령에 해당할뿐더러 사안에 따라 공평하게 정해져야 하므로 그 수액은 정액이 된다.
② 「여객자동차운수사업법」의 위임에 따라 동법 시행규칙(부령)에서 정한 시외버스운송사업의 사업계획변경에 관한 절차, 인가기준은 대외적으로 구속력이 있는 법규명령에 해당한다.
③ 국토교통부장관이 「국토의 계획 및 이용에 관한 법률」에 근거하여 국토교통부 훈령으로 정한 「개발행위허가운영지침」은 법규명령에 해당한다.
④ 「금융위원회의 설치 등에 관한 법률」의 위임에 따라 금융위원회가 고시한 「금융기관 검사 및 제재에 관한 규정」은 행정규칙에 불과하다.

05 인허가의제에 대한 설명으로 옳지 않은 것은? (단, 다툼이 있는 경우 판례에 의함) • 21. 군무원 5급
① 주된 인허가에 관한 사항을 규정하고 있는 법률에서 주된 인허가가 있으면 다른 법률에 의한 인허가를 받은 것으로 의제한다는 규정을 둔 경우, 주된 인허가가 있으면 다른 법률에 의한 인허가가 있는 것으로 보는 데 그치고, 거기에서 더 나아가 다른 법률에 의하여 인허가를 받았음을 전제로 하는 그 다른 법률의 모든 규정들까지 적용되는 것은 아니다.
② 주된 인허가로 의제되는 인허가 중 일부에 대하여만 의제되는 인허가 요건을 갖추어 협의가 완료된 경우 민원인의 요청이 있으면 주된 인허가를 할 수 있고, 이 경우 협의가 완료된 일부 인허가만 의제될 수는 없다.
③ 건축법에서 인허가의제 제도를 둔 취지는, 인허가의제사항과 관련하여 건축허가의 관할 행정청으로 창구를 단일화하고 절차를 간소화하며 비용과 시간을 절감함으로써 국민의 권익을 보호하려는 것이지, 인허가의제사항 관련 법률에 따른 각각의 인허가 요건에 관한 일체의 심사를 배제하려는 것으로 보기는 어렵다.
④ 주택건설사업계획 승인처분에 따라 의제된 인허가가 위법함을 다투고자 하는 이해관계인은, 주택건설사업계획 승인처분의 취소를 구할 것이 아니라 의제된 인허가의 취소를 구하여야 하며, 의제된 인허가는 주택건설사업계획 승인처분과 별도로 항고소송의 대상이 되는 처분에 해당한다.

06 인가에 대한 설명으로 옳지 않은 것은? (다툼이 있는 경우 판례에 의함)　　　• 15. 국가직 9급

① 기본행위가 성립하지 않거나 무효인 경우에 인가가 있어도 당해 인가는 무효가 된다.
② 유효한 기본행위를 대상으로 인가가 행해진 후에 기본행위가 취소되거나 실효된 경우에는 인가도 실효된다.
③ 기본행위에 하자가 있는 경우에 그 기본행위의 하자를 다툴 수 있고, 기본행위의 하자를 이유로 인가처분의 취소 또는 무효 확인도 소구할 수 있다.
④ 도시 및 주거환경정비법 상의 조합설립인가처분은 특허의 성질을 가진다.

07 행정행위의 부관에 대한 설명으로 옳은 것만을 모두 고르면? (다툼이 있는 경우 판례에 의함)　　　• 20. 국가직 9급

> ㄱ. 허가에 붙은 기한이 그 허가된 사업의 성질상 부당하게 짧아 그 기한을 허가조건의 존속기간으로 볼 수 있는 경우에 허가기간이 연장되기 위하여는 그 종기가 도래하기 전에 그 허가기간의 연장에 관한 신청이 있어야 한다.
> ㄴ. 토지소유자가 토지형질변경행위허가에 붙은 기부채납의 부관에 따라 토지를 기부채납(증여)한 경우, 기부채납의 부관이 당연무효이거나 취소되지 않은 상태에서 그 부관으로 인하여 증여계약의 중요 부분에 착오가 있음을 이유로 증여계약을 취소할 수 없다.
> ㄷ. 행정청이 수익적 행정처분을 하면서 사전에 상대방과 체결한 협약상의 의무를 부담으로 부가하였는데, 부담의 전제가 된 주된 행정처분의 근거 법령이 개정되어 부관을 붙일 수 없게 된 경우에는 곧바로 협약의 효력이 소멸한다.
> ㄹ. 행정처분과 실제적 관련성이 없어 부관으로 붙일 수 없는 부담이라고 하더라도 행정처분의 상대방에게 사법상 계약의 형식으로 이를 부과할 수 있다.

① ㄱ, ㄴ　　② ㄴ, ㄷ　　③ ㄷ, ㄹ　　④ ㄱ, ㄴ, ㄹ

08 자동화된 행정결정에 대한 설명으로 옳지 않은 것은?　　　• 23. 지방직 9급

① 자동화된 행정결정의 예로는 컴퓨터를 통한 중·고등학생의 학교배정, 신호등에 의한 교통신호 등이 있다.
② 행정기본법상 자동적 처분은 항고소송의 대상이 된다.
③ 행정기본법상 자동적 처분을 할 수 있는 '완전히 자동화된 시스템'에는 '인공지능 기술을 적용한 시스템'이 포함되지 않는다.
④ 행정기본법은 재량행위에 대해서 자동적 처분을 허용하지 않고 있다.

09 행정행위의 부관에 대한 설명으로 옳지 않은 것은? (다툼이 있는 경우 판례에 의함) • 16. 국가직 7급

① 부담에 의하여 부가된 의무의 불이행으로 부담부행정행위가 당연히 효력을 상실하는 것은 아니고 당해 의무불이행은 부담부행정행위의 철회사유가 될 수 있다.
② 수익적 행정처분에 있어서는 법령에 특별한 근거규정이 없다고 하더라도 그 부관으로서 부담을 붙일 수 있을 뿐만 아니라, 그러한 부담의 내용을 협약을 통하여 정할 수 있다.
③ 공유수면매립준공인가처분 중 매립지 일부에 대하여 한 국가 및 지방자치단체에의 귀속처분은 독립하여 행정소송의 대상이 될 수 있다.
④ 기속행위 내지 기속적 재량행위에 해당하는 이사회소집승인 행위에 붙인 부관은 무효이다.

10 「행정기본법」상 처분의 재심사에 대한 설명 중 옳지 않은 것은?

① 처분의 재심사 신청은 당사자가 재심사 사유를 안 날부터 60일 이내에 하여야 한다. 다만, 처분이 있은 날부터 5년이 지나면 신청할 수 없다.
② 재심사 신청을 받은 행정청은 특별한 사정이 없으면 신청을 받은 날부터 90일(합의제행정기관은 180일) 이내에 처분의 재심사 결과(재심사 여부와 처분의 유지·취소·철회·변경 등에 대한 결정을 포함한다)를 신청인에게 통지하여야 한다.
③ 부득이한 사유로 90일(합의제행정기관은 180일) 이내에 통지할 수 없는 경우에는 그 기간을 만료일 다음 날부터 기산하여 90일(합의제행정기관은 180일)의 범위에서 한 차례 연장할 수 있으며, 연장 사유를 신청인에게 통지하여야 한다.
④ 처분의 재심사 결과 중 처분을 유지하는 결과는 신청자에게 불리하므로 행정심판, 행정소송 및 그 밖의 쟁송수단을 통하여 불복할 수 있다.

11 행정행위의 하자의 승계에 대한 설명으로 옳지 않은 것은?

① 2개 이상의 행정처분이 연속적 또는 단계적으로 이루어지는 경우 선행처분과 후행처분이 서로 합하여 1개의 법률효과를 완성하는 때에는 선행처분에 하자가 있으면 그 하자는 후행처분에 승계된다.
② 선행처분과 후행처분이 서로 독립하여 별개의 법률효과를 발생시키는 경우에는 선행처분에 불가쟁력이 생겨 그 효력을 다툴 수 없게 되면 수인한도를 넘는 가혹함을 가져오며 그 결과가 당사자에게 예측가능하지 않더라도 하자의 승계가 인정되지 않는다.
③ 과세관청의 선행처분인 소득금액변동통지에 하자가 존재하더라도 당연무효사유에 해당하지 않는 한 후행처분인 징수처분에 대한 항고소송에서 그 하자를 다툴 수 없다.
④ 수용보상금의 증액을 구하는 소송에서는 선행처분으로서 그 수용대상 토지 가격 산정의 기초가 된 비교표준지공시지가결정의 위법을 독립된 사유로 주장할 수 있다.

12 행정처분의 취소와 철회에 관한 설명 중 가장 적절하지 않은 것은? (다툼이 있는 경우 판례에 의함)

• 21. 경찰직

① 수익적 행정처분에 하자가 있음을 이유로 처분청이 이를 취소하는 경우, 그 처분의 하자가 당사자의 사실은폐나 기타 사위의 방법에 의한 신청행위에 기인한 것이라면, 처분의 상대방은 그 처분에 의한 이익이 위법하게 취득되었음을 알아 그 취소가능성도 예상하고 있었다고 할 것이므로 행정청이 당사자의 신뢰이익을 고려하지 아니하였다고 하여도 재량권의 남용이 되지 아니한다.
② 행정처분을 한 처분청은 처분의 성립에 하자가 있는 경우 별도의 법적 근거가 없더라도 직권으로 이를 취소할 수 있다고 봄이 원칙이므로, 국민연금법이 정한 수급요건을 갖추지 못하였음에도 연금 지급결정이 이루어진 경우에는 이미 지급된 급여부분에 대한 환수처분과 별도로 지급결정을 취소할 수 있다.
③ 과세관청은 과세처분의 취소처분이 당연무효의 하자가 없는 한 이를 다시 취소함으로써 원 과세처분을 소생시킬 수 있으며 새로이 법률에서 정한 절차에 따라 동일한 내용의 처분을 다시 할 필요는 없다.
④ 수익적 행정처분에 대한 취소권 등의 행사는 기득권의 침해를 정당화할 만한 중대한 공익상의 필요 또는 제3자의 이익보호의 필요가 있는 때에 한하여 허용될 수 있다는 법리는, 처분청이 수익적 행정처분을 직권으로 취소·철회하는 경우에 적용되는 법리일 뿐 쟁송취소의 경우에는 적용되지 않는다.

13 행정상 공표에 대한 설명으로 옳지 않은 것은? (다툼이 있는 경우 판례에 의함)

① 「행정절차법」에 따르면 행정청은 위반사실등의 공표를 하기 전에 당사자가 공표와 관련된 의무의 이행 등의 조치를 마친 경우에는 위반사실등의 공표를 하지 않을 수 있다.
② 병무청장이 병역의무 기피자의 인적사항 등을 인터넷 홈페이지에 게시하는 등의 방법으로 공개한 경우 병무청장의 공개결정은 항고소송의 대상이 되는 행정처분이라 할 수 없다.
③ 구 「청소년의 성보호에 관한 법률」이 형벌 외에 신상도 공개하도록 한 것은 헌법 제13조의 이중처벌금지 원칙에 위배되지 않는다.
④ 「행정절차법」에 따르면 행정청은 공표된 내용이 사실과 다른 것으로 밝혀진 경우에도 당사자가 원하지 아니하면 정정한 내용을 공표하지 아니할 수 있다.

14 행정절차상 하자에 대한 설명으로 옳지 않은 것은? (다툼이 있는 경우 판례에 의함)

① 국가공무원법상 소청심사위원회가 소청심사를 하면서 대통령령 등으로 정하는 바에 따라 소청인 또는 대리인에게 진술의 기회를 부여하지 아니하고 한 결정은 취소사유에 해당한다.
② 행정청이 거부처분을 하면서 처분 당시 당사자가 어떠한 근거와 이유로 처분이 이루어진 것인지를 충분히 알 수 있어서 그에 불복하여 행정구제절차로 나아가는데 별다른 지장이 없을 정도로 이유를 제시한 경우에는, 처분의 근거와 이유를 구체적으로 명시하지 않았더라도 그로 말미암아 그 처분이 위법하다고 볼 수는 없다.
③ 취소소송의 계속 중에 행정청은 당초 행정처분의 근거로 삼은 사유와 기본적 사실관계에 있어서 동일성이 없는 별개의 사실을 들어 처분사유를 추가하거나 변경할 수는 없다.
④ 행정청이 청문서 도달기간을 다소 어겼다 하더라도 영업자가 이에 대하여 이의하지 아니한 채 스스로 청문일에 출석하여 그 의견을 진술하고 변명하는 등 방어의 기회를 충분히 가졌다면 청문서 도달기간을 준수하지 아니한 하자는 치유된다.

15 정보공개에 대한 판례의 입장으로 옳지 않은 것은? • 22. 국가직 7급

① 정보공개 청구권자의 권리구제 가능성은 정보의 공개 여부 결정에 영향을 미치지 못한다.
② 정보공개청구에 대하여 행정청이 전부공개 결정을 하는 경우에는, 청구인이 지정한 정보공개방법에 의하지 않았다고 하더라도 청구인은 이를 다툴 수 없다.
③ 정보공개거부처분취소소송에서 행정기관이 청구정보를 증거 등으로 법원에 제출하여 결과적으로 청구인에게 정보를 공개하는 결과가 되었다고 하더라도, 당해 정보의 비공개결정의 취소를 구할 소의 이익은 소멸되지 않는다.
④ 「형사소송법」은 형사재판확정기록의 공개 여부 등에 대하여 공공기관의 정보공개에 관한 법률과 달리 규정하고 있으므로, 형사재판확정기록의 공개에 관하여는 공공기관의 정보공개에 관한 법률에 의한 공개청구가 허용되지 아니한다.

16 사실행위에 관한 설명으로 가장 옳지 않은 것은?

① 위법한 행정지도에 따라 행한 사인의 행위는 법령에 명시적으로 정함이 없는 한 위법성이 조각된다고 할 수 없다.
② 헌법재판소는 수형자의 서신을 교도소장이 검열하는 행위는 이른바 권력적 사실행위로서 행정심판이나 행정소송의 대상이 되는 행정처분으로 볼 수 있다. 라고 하여 명시적으로 권력적 사실행위의 처분성을 긍정하였다.
③ 위법한 행정지도로 손해가 발생한 경우 국가 등을 상대로 손해배상을 청구할 수 있으나, 이 경우 「국가배상법」제2조가 정한 배상책임의 요건을 갖추어야 한다.
④ 판례에 의하면, 행정규칙에 의한 불문경고 조치는 차후 징계감경사유로 작용할 수 있는 표창대상자에서 제외되는 등의 인사상 불이익을 줄 수 있다하여도 이는 간접적 효과에 불과하므로 항고소송의 대상인 행정처분에 해당하지 않는다.

17 행정상 손해배상에 관한 설명으로 옳지 않은 것은? (다툼이 있는 경우 판례에 의함)

① 甲이 乙과 동일한 이름으로 개명허가를 받은 것처럼 호적등본을 위조하여 주민등록상 성명을 위법하게 정정하고, 乙 명의의 주민등록증을 발급받아 乙의 부동산에 관하여 근저당권설정등기를 마친 경우, 주민등록사무를 담당하는 공무원이 위와 같은 성명정정 사실을 甲의 본적지 관할관청에 통보하지 아니한 직무상 의무위배행위와 乙이 입은 손해 사이에 상당인과관계를 인정할 수 없다.
② 재판에 대하여 따로 불복절차 또는 시정절차가 마련되어 있는 경우에는, 불복에 의한 시정을 구할 수 없었던 것 자체가 공무원의 귀책사유로 인한 것이라는 등의 특별한 사정이 없는 한, 스스로 시정을 구하지 아니한 결과 권리 내지 이익을 회복하지 못한 사람은 원칙적으로 국가배상에 의한 권리구제를 받을 수 없다.
③ 공무원의 직무집행이 법령이 정한 요건과 절차에 따라 이루어진 것이라면, 그 과정에서 개인의 권리가 침해되는 일이 생긴다고 하더라도, 특별한 사정이 없는 한 그 직무집행의 법령적합성이 곧바로 부정되는 것은 아니다.
④ 개별공시지가 산정업무 담당공무원이 직무상 의무에 위반하여 현저하게 불합리한 개별공시지가가 결정되도록 함으로써 국민 개개인의 재산권을 침해한 경우, 그 손해에 대하여 상당인과관계 있는 범위 내에서 그 담당공무원이 소속된 지방자치단체가 「국가배상법」상 배상책임을 진다.

18 행정상 손실보상에 관한 설명으로 옳지 않은 것은? (다툼이 있는 경우 판례에 의함)

① 국립공원구역지정 후 토지를 종래의 목적으로도 사용할 수 없거나 토지를 사적으로 사용할 수 있는 방법이 없이 공원구역 내 일부 토지소유자에 대하여 가혹한 부담을 부과하면서 아무런 보상규정을 두지 않은 경우에는 비례의 원칙에 위반되어 당해 토지소유자의 재산권을 과도하게 침해하는 것이라고 할 수 있다.

② 사업인정고시는 수용재결절차로 나아가 강제적인 방식으로 토지소유자나 관계인의 권리를 취득·보상하기 위한 요건으로서 영업손실보상청구를 위해서는 반드시 사업인정이나 수용이 전제되어야 한다.

③ 국가는 손실발생의 원인에 대하여 책임이 없는 자가 경찰관의 적법한 직무집행에 자발적으로 협조하거나 물건을 제공하여 생명 신체 또는 재산·상의 손실을 입은 경우에도 정당한 보상을 하여야 한다.

④ 「공익사업을 위한 토지 등의 취득 및 보상에 관한 법률」상 보상액의 산정에 있어 재결에 의한 경우에는 수용 또는 사용의 재결 당시의 가격을 기준으로 하고 해당 공익사업으로 인하여 토지등의 가격이 변동되었을 때에는 이를 고려하지 아니한다.

19 행정청의 처분 또는 부작위에 대한 행정심판의 행정심판위원회로 제3의 기관이 되는 경우는?

① 공무원에 대한 징계처분 등 불이익처분
② 교육감의 처분 또는 부작위
③ 도지사에 소속된 자치행정기관의 처분 또는 부작위
④ 국무총리의 처분 또는 부작위, 또는 특별시 의회의 처분 또는 부작위

20 항고소송의 대상에 관한 설명 중 옳은 것을 모두 고른 것은? (다툼이 있는 경우 판례에 의함)

> ㄱ. 「교육공무원법」상 승진후보자 명부에 의한 승진심사 방식으로 행해지는 승진임용에서 승진후보자 명부에 포함되어 있던 후보자를 승진임용인사발령에서 제외하는 행위는 불이익 처분으로서 항고소송의 대상인 처분에 해당한다.
> ㄴ. 금융감독원장으로부터 문책경고를 받은 금융기관의 임원이 일정기간 금융업종 임원 선임의 자격제한을 받도록 관계법령에 규정되어 있어도, 그 문책경고는 그 상대방의 권리의무에 직접 영향을 미치는 행위라고 보기 어려우므로 행정처분에 해당하지 않는다.
> ㄷ. 관할 지방병무청장이 병역의무 기피를 이유로 그 인적사항 등을 공개할 대상자를 1차로 결정하고 그에 이어 병무청장의 최종 공개결정이 있는 경우, 지방병무청장의 1차 공개결정은 병무청장의 최종 공개결정과는 별도로 항고소송의 대상이 된다.
> ㄹ. 건축주가 토지소유자로부터 토지사용승낙서를 받아 그 토지 위에 건축물을 건축하는 건축허가를 받았다가 착공하기 전에 건축주의 귀책사유로 그 토지사용권을 상실한 경우 토지 소유자는 건축허가의 철회를 신청할 수 있고, 그 신청을 거부한 행위는 항고소송의 대상이 된다.
> ㅁ. 국민건강보험공단이 갑 등에게 '직장가입자 자격상실 및 자격변동 안내' 통보 및 '사업장 직권탈퇴에 따른 가입자 자격상실 안내' 통보를 한 것은 갑 등의 가입자 자격의 변동 여부 및 시기를 확인하는 의미에서 한 사실상 통지행위에 불과할 뿐, 위 각 통보에 의하여 가입자 자격이 변동되는 효력이 발생한다고 볼 수 없기 때문에 처분성이 인정되지 않는다.

① ㄱ, ㄷ, ㄹ   ② ㄱ, ㄷ, ㅁ   ③ ㄱ, ㄹ, ㅁ   ④ ㄴ, ㄷ, ㄹ

21 행정행위에 대한 설명으로 옳은 것은? (다툼이 있는 경우 판례에 의함) • 22. 국가직 7급

① 상대방 있는 행정처분이 상대방에게 고지되지 아니한 경우에는 특별한 규정이 없는 한 상대방이 다른 경로를 통해 행정처분의 내용을 알게 되었다고 하더라도 행정처분의 효력이 발생한다고 볼 수 없다.
② 기한의 도래로 실효한 종전의 허가에 대한 기간연장신청은 새로운 허가를 내용으로 하는 행정처분을 구하는 것이 아니라, 종전의 허가처분을 전제로 하여 단순히 그 유효기간을 연장하여 주는 행정처분을 구하는 것으로 보아야 한다.
③ 공무원에 대한 당연퇴직의 인사발령은 공무원의 신분을 상실시키는 새로운 형성적 행위이므로 행정소송의 대상이 되는 행정처분이다.
④ 지적공부 소관청의 지목변경신청 반려행위는 국민의 권리관계에 영향을 미친다고 볼 수 없어서 행정처분에 해당하지 않는다.

22 행정소송법 상 당사자소송에 대한 설명으로 옳지 않은 것은?

• 23. 지방직 9급

① 당사자소송이란 행정청의 처분등을 원인으로 하는 법률관계에 관한 소송, 그 밖에 공법상의 법률관계에 관한 소송으로서 그 법률관계의 한쪽 당사자를 피고로 하는 소송을 의미한다.
② 공법상 계약의 한쪽 당사자가 다른 당사자를 상대로 효력을 다투거나 이행을 청구하는 소송은 공법상의 법률관계에 관한 분쟁이므로 분쟁의 실질이 공법상 권리·의무의 존부·범위에 관한 다툼이 아니라 손해배상액의 구체적인 산정방법·금액에 국한되는 등의 특별한 사정이 없는 한 당사자소송으로 제기하여야 한다.
③ 명예퇴직한 법관이 미지급 명예퇴직수당액에 대하여 가지는 권리는 명예퇴직수당 지급대상자 결정 절차를 거쳐 명예퇴직수당규칙에 의하여 확정된 공법상 법률관계에 관한 권리로서, 그 지급을 구하는 소송은 당사자소송에 해당하며, 그 법률관계의 당사자인 국가를 상대로 제기하여야 한다.
④ 당사자소송은 공법상 법률관계에 관한 소송이므로 이를 본안으로 하는 가처분에 대하여는 민사집행법상 가처분에 관한 규정이 준용되지 않는다.

23 행정소송법상 법률상 이익에 대한 판례 중 옳지 않은 것은?

① 국가인권위원회가 소속 경찰서장에 대한 징계권고결정을 하여 경찰서장으로부터 불문경고처분을 받은 징계당사자는 불문경고처분을 다툴 수 있었는데도 다투지 않은 경우에도 국가인권위원회의 징계권고결정에 대한 취소를 구할 법률상 이익이 있다.
② 거부처분이 재결에서 취소된 경우 재결에 따른 후속처분이 아니라 그 재결의 취소를 구하는 것은 실효적이고 직접적인 권리구제수단이 될 수 없어 분쟁해결의 유효적절한 수단이라고 할 수 없으므로 법률상 이익이 없다.
③ 건축허가취소처분을 받은 건축물 소유자는 건축물 완공 후에도 취소처분의 취소를 구할 법률상 이익이 있다.
④ 분양신청기간 내에 분양신청을 하지 않거나 분양신청을 철회하여 조합원 지위를 상실한 토지 소유자도 사업시행계획의 무효확인 또는 취소를 구할 법률상 이익이 있다.

24 행정소송상 집행정지에 관한 설명으로 옳은 것을 모두 고른 것은?

> ㄱ. 「행정소송법」상 집행정지는 부작위위법확인소송에는 인정되지 않는다.
> ㄴ. 처분이 가분적이더라도 처분의 일부에 대한 집행정지는 허용되지 않는다.
> ㄷ. 처분의 효력정지는 처분등의 집행을 정지함으로써 목적을 달성할 수 있는 경우에는 허용되지 않는다.
> ㄹ. 집행정지의 결정에 대한 즉시항고에는 결정의 집행을 정지하는 효력이 인정된다.

① ㄱ, ㄴ
② ㄱ, ㄷ
③ ㄴ, ㄹ
④ ㄱ, ㄷ, ㄹ

25 이의신청에 대한 설명으로 옳은 것을 모두 고른 것은?

> 가. 행정심판의 성격을 갖는 이의신청의 경우 이를 거친 후에 다시 행정심판을 청구할 수 없다.
> 나. 행정심판의 성격을 갖는 이의신청의 경우 이의신청을 기각하는 결정은 종전의 처분을 단순히 확인하는 행위로 독립한 처분의 성질을 갖지 않는다.
> 다. 공무원 인사 관계 법령에 따른 징계 등 처분에 관한 사항에는 「행정기본법」상 이의신청 규정이 적용되지 않는다.
> 라. 판례에 따르면 과세처분에 관한 이의신청 절차에서 과세관청이 이의신청 사유가 옳다고 인정하여 과세처분을 직권으로 취소한 후 특별한 사유 없이 이를 번복하여 종전 처분과 동일한 내용의 처분을 할 수 없다고 한다.

① 가, 나
② 나, 라
③ 가, 다, 라
④ 가, 나, 다, 라

제8회 행정법총론 최종모의고사

01 법치행정의 원칙에 대한 설명으로 옳지 않은 것은? · 23. 지방직 9급

① 규율대상이 국민의 기본권 및 기본적 의무와 관련한 중요성을 가질수록 그리고 그에 관한 공개적 토론의 필요성 또는 상충하는 이익 사이의 조정 필요성이 클수록, 그것이 국회의 법률에 의해 직접 규율될 필요성은 더 증대된다고 보아야 한다.
② 법률의 시행령은 법률에 의한 위임 없이도 법률이 규정한 개인의 권리·의무에 관한 내용을 변경·보충하거나 법률에 규정되지 아니한 새로운 내용을 규정할 수 있다.
③ 법률유보의 원칙은 '법률에 의한 규율'만을 요청하는 것이 아니라 '법률에 근거한 규율'을 요청하는 것이기 때문에 기본권의 제한에는 법률의 근거가 필요할 뿐이고 기본권제한의 형식이 반드시 법률의 형식일 필요는 없다.
④ 행정작용은 법률에 위반되어서는 아니 되며, 국민의 권리를 제한하거나 의무를 부과하는 경우와 그 밖에 국민생활에 중요한 영향을 미치는 경우에는 법률에 근거해야 한다.

02 다음 사례에 관한 설명으로 옳은 것만을 모두 고른 것은? (다툼이 있는 경우 판례에 의함) · 21. 국가직 7급

甲은 1991. 10. 10. A행정청의 공무원으로 신규임용되어 근무하였는데, 2007. 12. 5. A행정청의 자체 조사 결과 위 신규임용 당시 甲은 범죄행위로 징역 3년형을 선고받고 집행이 종료된 지 5년을 지나지 아니한 자였음이 밝혀져, 임용당시 시행되던 국가공무원법 상 공무원임용 결격사유에 해당함을 이유로 A행정청은 2008. 1. 25. 甲에 대한 임용을 취소하였다.

ㄱ. 甲에 대한 신규 임용행위의 하자는 취소사유에 해당한다.
ㄴ. 甲에 대한 임용행위는 신뢰보호원칙에 따라 보호된다.
ㄷ. 甲은 공무원으로 신규임용되어 임용이 취소될 때까지 사실상 근무를 하였더라도 공무원연금법에 의한 퇴직급여를 청구할 수 없다.
ㄹ. 甲이 신규임용되어 임용이 취소될 때까지 공무원으로서 한 행위는 당연무효라고 할 수 없다.

① ㄷ
② ㄷ, ㄹ
③ ㄱ, ㄴ, ㄹ
④ ㄱ, ㄴ, ㄷ, ㄹ

03 판례가 행정소송의 대상이 아니라 민사소송의 대상이라고 판단한 것만을 〈보기〉에서 모두 고른 것은?

〈 보 기 〉

ㄱ. 개발부담금 부과처분 취소로 인한 그 과오납금의 반환을 청구하는 소송
ㄴ. 공립유치원 전임강사에 대한 해임처분의 시정 및 수령 지체된 보수의 지급을 구하는 소송
ㄷ. 「도시 및 주거환경정비법」상 관리처분계획안에 대한 조합총회결의의 효력을 다투는 소송
ㄹ. 공무원의 직무상 불법행위로 손해를 받은 국민이 국가 또는 공공단체에 배상을 청구하는 소송
ㅁ. 「하천구역 편입토지 보상에 관한 특별조치법」 제2조 제1항의 규정에 의한 손실보상금의 지급을 구하거나 손실보상청구권의 확인을 구하는 소송

① ㄱ, ㄷ
② ㄱ, ㄹ
③ ㄴ, ㅁ
④ ㄱ, ㄹ, ㅁ

04 사인의 공법행위로서 신고에 대한 설명으로 옳지 않은 것은? (다툼이 있는 경우 판례에 의함)

① 구 「건축법」에 의한 인·허가의제 효과를 수반하는 건축신고는 일반적인 건축신고와는 달리 특별한 사정이 없는 한 행정청이 그 형식적 요건에 관한 심사를 한 후 수리하여야 한다.
② 불특정 다수인을 대상으로 학습비를 받고 정보통신매체를 이용하여 원격평생교육을 실시하고자 하는 경우에는 누구든지 관계 법령에 따라 이를 신고하여야 하나 신고서의 기재사항에 흠결이 없고 소정의 서류가 구비된 때에는 이를 수리하여야 한다.
③ 구 「유통산업발전법」은 기존의 대규모점포의 등록된 유형 구분을 전제로 '대형마트로 등록 된 대규모점포' 일체를 규제 대상으로 삼고자 하는 것이 그 입법 취지이므로 대규모점포의 개설 등록은 이른바 '수리를 요하는 신고'로서 행정처분에 해당한다.
④ 납골당설치 신고는 이른바 '수리를 요하는 신고'이므로 납골당설치 신고가 관련 법령 규정의 모든 요건을 충족하는 신고라 하더라도 행정청의 수리처분이 있어야만 그 신고한 대로 납골당을 설치할 수 있다.

05 행정입법에 대한 설명으로 가장 옳은 것은?
• 21. 서울시 7급

① 법률의 시행령 내용이 모법의 해석상 가능한 것을 명시한 것에 지나지 아니하더라도, 모법에 직접 위임하는 규정을 두지 않았다면 무효이다.
② 추상적인 법령에 관하여 제정의 여부 등은 그 자체로서 국민의 구체적인 권리의무에 변동을 초래하는 것이어서 행정소송의 대상이 될 수 있다.
③ 국토의 계획 및 이용에 관한 법령이 정한 이행강제금의 부과기준은 단지 상한을 정한 것에 불과하여 행정청에 이와 다른 이행강제금액을 결정할 재량권이 있다고 보아야 한다.
④ 행정관청 내부의 사무처리규정에 불과한 전결규정에 위반하여 원래의 전결권자 아닌 보조기관 등이 처분권자인 행정관청의 이름으로 행정처분을 하였다고 하더라도 그 처분이 권한 없는 자에 의하여 행하여진 무효의 처분이라고는 할 수 없다.

06 행정입법에 관한 설명 중 옳지 않은 것은? (다툼이 있는 경우 판례에 의함)

① 위임명령이 법률에서 위임받은 사항에 관하여 대강을 정하고 그중 특정사항을 범위를 정하여 하위법령에 다시 위임하는 것은 허용된다.
② 명령·규칙 그 자체에 의하여 직접 기본권이 침해되었을 경우 그 명령·규칙은 「헌법재판소법」 제68조 제1항의 헌법소원심판의 대상이 된다는 것이 헌법재판소의 입장이다.
③ 법령의 위임이 없음에도 법령에 규정된 처분요건에 해당하는 사항을 부령에서 변경하여 규정하였다면 그 부령의 규정은 행정청 내부의 사무처리기준 등을 정한 행정명령(행정규칙)의 성격을 지닐 뿐이다.
④ 「검찰보존사무규칙」은 「검찰청법」 제11조에 기하여 제정된 법무부령이므로, 불기소사건기록의 열람·등사의 제한을 정하고 있는 「검찰보존사무규칙」 제22조는 법규명령으로서 효력을 가진다.

07 기속행위와 재량행위에 대한 설명으로 옳은 것은?

① 재량행위에 대한 법원의 심사는 재량권의 일탈 또는 남용 및 재량권의 한계 내에서의 행정청의 판단, 즉 합목적성 내지 공익성의 판단 등을 대상으로 한다.
② 육아휴직 중 「국가공무원법」 제73조제2항에서 정한 복직 요건인 '휴직사유가 없어진 때'에 하는 복직명령은 기속행위이므로 휴직사유가 소멸하였음을 이유로 복직을 신청하는 경우 임용권자는 지체 없이 복직명령을 하여야 한다.
③ 재외동포에 대한 사증발급은 행정청의 기속행위에 속하는 것으로서, 재외동포가 사증발급을 신청한 경우에 구 「출입국관리법 시행령」 [별표 1의2]에서 정한 재외동포체류자격의 요건을 갖추었다면 사증을 발급해야 한다.
④ 구 「주택건설촉진법」 제33조에 의한 주택건설사업계획의 승인은 인간이 본래 가지고 있는 자연적 자유의 회복을 내용으로 하는 행정청의 기속행위에 속한다.

08 다음 각 사례에 대한 설명으로 옳은 것만을 모두 고르면?

> ○ 행정청 甲은 국유 일반재산인 건물 1층을 5년간 대부하는 계약을 乙과 체결하면서 대부료는 1년에 1억으로 정하였고 6회에 걸쳐 분납하기로 하였다. 甲은 乙이 1년간 대부료를 납부하지 않자, 체납한 대부료를 납부할 것을 통지하였다. 국유재산법에 따르면 국유재산의 대부료 등이 납부기한까지 납부되지 아니한 경우에는 국세징수법상의 강제징수에 관한 규정을 준용하고 있다.
> ○ 행정청 甲은 국가 소유의 땅을 무단점유하여 사용하고 있는 丙에게 변상금 100만 원 부과처분을 하였다.

> ㄱ. 甲이 乙에게 대부하는 행위는 공권력의 주체로서 상대방의 의사 여하에 불구하고 일방적으로 행하는 행정처분이 아니다.
> ㄴ. 甲은 대부료를 납부하지 않은 乙을 상대로 민사소송을 제기하여 대부료 지급을 구해야 한다.
> ㄷ. 변상금 부과처분은 순전히 사경제 주체로서 행하는 사법상의 법률행위이므로, 丙은 그 처분에 대해 민사소송을 제기하여 다툴 수 있다.

① ㄱ ② ㄴ ③ ㄱ, ㄷ ④ ㄱ, ㄴ, ㄷ

09 행정작용에 관한 설명 중 옳은 것을 〈보기〉에서 모두 고르면?

〈 보 기 〉

> ㄱ. 인가의 대상이 되는 행위에 취소원인이 있더라도 일단 인가가 있는 때에는 그 흠은 치유된다.
> ㄴ. 행정계획의 수립에 있어서 행정청에게 인정되는 광범위한 형성의 자유, 즉 '계획재량'은 '형량명령의 원칙'에 따라 통제한다.
> ㄷ. 관계법령을 위반하였음을 이유로 장례식장의 사용중지를 명하고 이를 불이행할 경우 행정대집행법에 의하여 대집행하겠다는 내용의 장례식장사용중지계고처분은 적법하다.
> ㄹ. 이유제시를 결한 행정행위는 무효이며 그 흠의 치유를 인정하지 아니하는 것이 판례의 입장이다.
> ㅁ. 행정행위의 구성요건적 효력은 처분청 이외의 다른 국가기관으로 하여금 당해 행위의 존재와 효과를 인정하고 그 내용에 구속될 것을 요구하는 효력을 말한다.

① ㄱ, ㄴ ② ㄱ, ㄷ ③ ㄴ, ㄹ ④ ㄴ, ㅁ

10 A군수는 甲에게 「중소기업창업 지원법」 관련규정에 따라 농지의 전용허가 등이 의제되는 사업계획을 승인하는 처분을 하였다. 이에 관한 설명 중 옳은 것은? (다툼이 있는 경우 판례에 의함)

【참조】
「중소기업창업 지원법」 제33조(사업계획의 승인)
① 제조업을 영위하고자 하는 창업자는 대통령령으로 정하는 바에 따라 사업계획을 작성하고, 이에 대한 시장·군수 또는 구청장의 승인을 받아 사업을 할 수 있다.

제35조(다른 법률과의 관계)
① 제33조제1항에 따라 사업계획을 승인할 때 다음 각 호의 허가, 승인, 신고(이하 "허가등"이라 한다)에 관하여 시장·군수 또는 구청장이 제4항에 따라 다른 행정기관의 장과 협의를 한 사항에 대하여는 그 허가등을 받은 것으로 본다.
  1. 「산업집적활성화 및 공장설립에 관한 법률」 제13조제1항에 따른 공장설립 등의 승인
  2. 「도로법」 제61조제1항에 따른 도로의 점용허가 3. 「산지관리법」 제14조 및 제15조에 따른 산지전용허가, 산지 전용신고 4. 「농지법」 제34조 및 제35조에 따른 농지의 전용허가, 농지의 전용신고
④ 시장·군수 또는 구청장이 제33조에 따른 사업계획의 승인을할 때 그 내용 중 제1항에 해당하는 사항이 다른 행정기관의 권한에 속하는 경우에는 그 행정기관의 장과 협의하여야 하며, 협의를 요청받은 행정기관의 장은 대통령령으로 정하는 기간에 의견을 제출하여야 한다.
* 위 내용은 실제 법률과 다를 수 있음

① A군수가 甲에게 사업계획을 승인하려면 「중소기업창업 지원법」 제35조 제1항 제1호부터 제4호까지의 허가등 전부에 관하여 관계 행정기관의 장과 일괄하여 사전협의를 하여야 하며, 농지의 전용허가만이 의제되는 사업계획을 승인할 수는 없다.
② 사업계획의 승인을 받은 甲이 농지의 전용허가와 관련한 명령을 불이행하는 경우, 甲에 대해 사업계획에 대한 승인의 효력은 유지하면서 의제된 농지의 전용허가만을 철회할 수 있다.
③ 의제된 농지의 전용허가에 형식적 하자가 있는 경우에는 甲에 대한 사업계획승인처분도 절차적 하자가 있는 위법한 것이 된다.
④ 甲에 대해 농지의 전용허가가 취소되었고 이를 이유로 사업계획승인처분이 취소된 경우, 甲은 사업계획승인의 취소를 다투어야 하며 따로 농지의 전용허가의 취소를 다툴 수는 없다.

11 무효와 취소에 대한 설명으로 가장 적절하지 않은 것은?(다툼이 있는 경우 판례에 의함)

① 과세대상이 되지 않는 법률관계나 사실관계에 대하여 이를 과세대상이 되는 것으로 오인할 만한 객관적인 사실이 있는 경우에 이것이 과세대상이 되는지 여부가 그 사실관계를 정확히 조사하여야 비로소 밝혀질 수 있는 경우라에는 이를 오인한 하자는 외관상 명백하다고 할 수 없다.
② 일단 성립된 행정처분에 내재하는 하자가 중요한 법규에 위반한 것이고 객관적으로도 명백한 것인 때에는 그 행정처분은 효력을 발생하지 못하는 것이고 여기에서 행정처분의 하자가 객관적으로 명백하다 함은 그 행정처분 자체에 하자가 있음이 외관상 명백함을 말하는 것으로 단순히 행정처분의 대상 자체에 명백한 하자가 있음만을 가리키는 것은 아니다.
③ 행정청이 권한을 유월하여 공무원에 대한 의원면직처분을 하였다면 그러한 처분은 다른 일반적인 행정행위에서의 그것과 같이 보아 당연무효로 보아야 한다.
④ 행정청이 어느 법률관계나 사실관계에 대하여 어느 법률의 규정을 적용하여 행정처분을 한 경우에 그 법률관계나 사실관계에 대하여는 그 법률의 규정을 적용할 수 없다는 법리가 명백히 밝혀져 그 해석에 다툼의 여지가 없음에도 행정청이 그 규정을 적용하여 처분을 한 때에는 그 하자가 중대하고도 명백하다고 할 것이다.

12 부관에 대한 판례의 입장으로 옳지 않은 것은?

① 행정처분과 부관사이에 실제적 관련성이 없는 경우에 공무원이 그 부관에 대한 공법상의 제한을 회피할 목적으로 행정처분의 상대방과 사법상 계약을 체결하는 것은 법치행정의 원리에 반하는 것으로서 위법하다.
② 행정청이 처분을 하면서 부제소(不提訴)특약의 부관을 붙인 것은 당사자가 임의로 처분할 수 없는 공법상 권리관계를 대상으로 하여 사인의 국가에 대한 소권을 당사자의 합의로 포기하는 것으로 허용될 수 없다.
③ 사정변경으로 인하여 당초에 부담을 부가한 목적을 달성할 수 없게 된 경우에 그 목적달성에 필요한 범위내에서 부관의 사후변경이 예외적으로 허용될 수 있다.
④ 행정처분에 붙은 부담이 제소기간의 도과로 불가쟁력이 생긴 경우에는 부담의 이행으로 한 사법상 매매등의 법률행위도 효력이 확정되므로 그 법률행위의 유효여부를 별도로 다툴 수 없다.

13 행정행위의 효력에 관한 설명으로 옳지 않은 것은? (다툼이 있는 경우 판례에 의함) • 21. 소방간부

① 상대방 있는 행정처분은 특별한 규정이 없는 한, 상대방이 다른 경로를 통해 행정처분의 내용을 알게 된 경우에도 상대방에게 고지되지 않은 경우라면 행정처분의 효력이 발생한다고 볼 수 없다.
② 수익적 행정행위 신청에 대한 거부처분이 있은 후 당사자가 새로 신청하는 취지로 다시 신청하고, 이에 대해 행정청이 재차 거절한 경우 원칙적으로 새로운 거부처분에 해당한다고 보아야 한다.
③ 행정청이 의료법인의 이사에 대한 이사취임승인 취소처분(제1처분)을 직권으로 취소(제2처분)한 경우, 제1처분과 제2처분 사이에 법원에 의하여 선임된 임시이사의 지위가 소멸되기 위해서는 법원의 해임결정이 있어야 한다.
④ 불가변력은 당해 행정행위에 대하여서만 인정되는 것이고, 동종의 행정행위라 하더라도 그 대상을 달리할 때에는 이를 인정할 수 없다.

14 공법상 계약에 대한 설명으로 옳지 않은 것은? (다툼이 있는 경우 판례에 의함) • 22. 국가직 7급

① 행정청은 공법상 계약의 상대방을 선정하고 계약 내용을 정할 때 공법상 계약의 공공성과 제3자의 이해관계를 고려하여야 한다.
② 중소기업 정보화지원사업에 따른 지원금 출연을 위하여 중소기업청장이 체결하는 협약은 공법상 대등한 당사자 사이의 의사표시의 합치로 성립하는 공법상 계약에 해당하고 그 협약의 해지 및 그에 따른 환수통보는 공법상 계약에 따라 행정청이 대등한 당사자의 지위에서 하는 의사표시이다.
③ 공법상 계약의 한쪽 당사자가 다른 당사자를 상대로 그 효력을 다투거나 그 이행을 청구하는 소송은 공법상의 법률관계에 관한 분쟁이므로 특별한 사정이 없는 한 공법상 당사자소송으로 제기하여야 한다.
④ 민간투자사업 실시협약을 체결한 당사자가 공법상 당사자소송에 의하여 그 실시협약에 따른 재정지원금의 지급을 구하는 경우에, 수소법원은 주무관청이 재정지원금액을 산정한 절차 등에 위법이 있는지 여부를 심사할 수는 있지만 실시협약에 따른 적정한 재정지원금액이 얼마인지를 구체적으로 심리·판단할 수 없다.

15 공법상 계약에 관한 설명으로 옳은 것은? (다툼이 있는 경우 판례에 의함)

① 지방자치단체가 근무기간을 정하여 임용하는 공무원으로 시민옴부즈만을 채용하는 행위는 공법상 계약에 해당한다.
② 「국가를 당사자로 하는 계약이나 공공기관의 운영 에 관한 법률」의 적용대상인 공기업이 일방당사자가 되는 모든 계약은 공법상 계약으로 본다.
③ 기부채납은 기부자의 소유재산을 지방자치단체의 공유재산으로 무상증여하도록 하는 지방자치단체의 일방적 의사표시인 행정처분에 해당한다.
④ 중앙행정기관인 방위사업청과 부품개발 협약을 체결한 기업이 협약을 이행하는 과정에서 환율변동 및 물가상승 등 외부적 요인으로 발생한 초과비용 지급에 대한 소송은 민사소송에 의한다.

16 「행정절차법」의 적용에 대한 설명으로 옳은 것은? (다툼이 있는 경우 판례에 의함)

① 상대방의 귀책사유로 야기된 처분의 하자를 이유로 수익적 행정행위를 취소하는 경우에는 특별한 규정이 없는 한 「행정절차법」상 사전통지의 대상이 되지 않는다.
② 행정절차법령이 '공무원 인사관계 법령에 의한 처분에 관한 사항'에 대하여 「행정절차법」의 적용이 배제되는 것으로 규정하고 있는 이상, '공무원 인사관계 법령에 의한 처분에 관한 사항' 전부에 대해 「행정절차법」의 적용이 배제되는 것으로 보아야 한다.
③ 「식품위생법」상 허가영업에 대해 영업자지위승계신고를 수리하는 처분은 종전의 영업자에 대하여 다소 권익을 침해하는 효과가 발생한다고 하더라도 「행정절차법」상 사전통지를 거쳐야 하는 대상이 아니다.
④ 당사자등은 의견제출의 경우에는 처분의 사전 통지가 있는 날부터 의견제출기한까지, 청문의 경우에는 청문의 통지가 있는 날부터 청문이 끝날 때까지 행정청에 해당 사안의 조사결과에 관한 문서와 그 밖에 해당 처분과 관련되는 문서의 열람 또는 복사를 요청할 수 있다.

17 甲은 식품위생법령상 적합한 시설을 갖추어 유흥주점 영업허가를 받아 업소를 경영하던 중 청소년을 출입시켜 주류를 제공하였음을 이유로 A시장으로부터 영업정지 2개월의 처분을 받았다. 이에 대해 甲은 해당 처분이 사실을 오인한 것임을 들어 다투고자 하였으나, 미처 취소소송을 제기하기 전에 영업정지기간이 도과되어 버렸다(「식품위생법 시행규칙」은 같은 이유로 2차 위반 시 영업정지 3개월의 제재처분을 하도록 규정하고 있다.). 이에 관한 설명 중 옳은 것을 모두 고른 것은? (다툼이 있는 경우 판례에 의함)

> ㄱ. 식품위생법은 영업허가를 하는 때에는 필요한 조건을 붙일 수 있다."고 규정하고 있으므로 A시장은 유흥주점 영업허가를 하는 때에는 필요한 조건을 붙일 수 있다.
> ㄴ. A시장이 甲에 대하여 내린 영업정지처분의 적법 여부는 「식품위생법 시행규칙」의 행정처분기준에 적합한지의 여부만에 따라 판단할 것이 아니라 법의 규정 및 그 취지에 적합한 것인가의 여부에 따라 판단하여야 한다.
> ㄷ. 甲에 대한 2개월의 영업정지처분은 그 기간의 경과로 이미 효력이 상실되었으므로, 甲에게는 그 처분의 취소를 구할 법률상 이익이 인정되지 아니한다.
> ㄹ. 甲이 위 영업정지처분으로 인하여 재산적 손해를 입었다고 주장하며 국가배상소송을 제기하는 경우 수소법원은 위 처분에 대하여 「국가배상법」상 법령의 위반사유가 있는지 독자적으로 판단할 수 있다.

① ㄱ   ② ㄷ   ③ ㄴ, ㄹ   ④ ㄱ, ㄴ, ㄹ

18 영조물의 설치·관리의 하자로 인한 손해배상에 대한 설명으로 옳지 않은 것은? (다툼이 있는 경우 판례에 의함)

① 소음 등을 포함한 공해 등의 위험지역으로 이주하여 들어가 거주하는 경우와 같이 위험의 존재를 과실로 인식하지 못하고 이주한 경우, 이를 손해배상액의 산정에 있어 형평의 원칙상 과실상계에 준하여 감경 또는 면제사유로 고려하여야 한다.
② 하자의 의미에 관한 학설 중 객관설에 의할 때, 영조물에 결함이 있지만 그 결함이 객관적으로 보아 영조물의 설치·관리자의 관리행위가 미칠 수 없는 상황 아래에 있는 경우에는 영조물의 설치·관리상의 하자를 인정할 수 없다.
③ 차량이 통행하는 도로에서 유입되는 소음 때문에 인근 주택의 거주자에게 사회통념상 일반적으로 수인할 정도를 넘어서는 침해가 있는지 여부는 주택법 등에서 제시하는 주택건설기준보다는 환경정책기본법 등에서 설정하고 있는 환경기준을 우선적으로 고려하여 판단하여야 한다.
④ 영조물의 설치·관리를 맡은 자와 영조물의 설치·관리 비용을 부담하는 자가 동일하지 아니한 경우에 피해자는 영조물의 설치·관리자 또는 설치·관리의 비용부담자에게 선택적으로 손해배상을 청구할 수 있다.

19 「공익사업을 위한 토지 등의 취득 및 보상에 관한 법률」(이하, '토지보상법'이라 함)에 따른 손실보상에 관한 설명 중 옳지 않은 것은? (다툼이 있는 경우 판례에 의함) • 21. 변호사시험 변형

① 건축물의 일부가 공익사업에 편입됨으로 인하여 잔여 건축물의 가격감소 손실이 발생한 경우에 토지보상법에 규정된 재결절차를 거치지 않은 채 곧바로 사업시행자를 상대로 손실보상을 청구하는 것은 허용되지 않는다.

② 편입토지·물건 보상, 지장물 보상, 잔여 토지·건축물 손실보상 또는 수용청구의 경우에는 원칙적으로 개별 물건에 따라 하나의 보상항목이 되지만, 잔여 영업시설 손실보상을 포함하는 영업손실보상의 경우에는 '전체적으로 단일한 시설 일체로서의 영업' 자체가 보상항목이 되고, 세부 영업시설이나 공사비용, 휴업기간 등은 영업손실보상금 산정에서 고려하는 요소에 불과하다.

③ 하나의 재결에서 피보상자별로 여러 가지의 토지, 물건, 권리 또는 영업의 손실에 관하여 심리·판단이 이루어졌을 때, 피보상자 또는 사업시행자가 반드시 재결 전부에 관하여 불복하여야 하는 것은 아니다.

④ 이주대책대상자 선정에서 배제된 이주자는 사업시행자를 상대로 그 선정거부처분의 취소를 구하는 항고소송을 제기할 필요 없이 공법상 당사자소송으로 이주대책상의 수분양권확인을 구하는 소송을 제기할 수 있다.

20 「행정기본법」상 처분에 대한 이의신청에 관한 설명으로 옳지 않은 것은?

① 행정청의 처분에 이의가 있는 당사자는 처분을 받은 날부터 30일 이내에 해당 행정청에 이의신청을 할 수 있다. 다른 법률에서 이의신청과 이에 준하는 절차에 대하여 정하고 있는 경우에도 그 법률에서 규정하지 아니한 사항에 관하여는 「행정기본법」에서 정하는 바에 따른다.

② 행정청은 이의신청을 받으면 부득이한 사유가 아니라면 그 신청을 받은 날부터 14일 이내에 그 이의신청에 대한 결과를 신청인에게 통지하여야 한다.

③ 처분에 대한 이의신청을 한 경우에는 「행정심판법」에 따른 행정심판을 제기할 수 없다.

④ 과태료 부과 및 징수에 관한 사항은 「행정기본법」에 따른 이의신청이 인정되지 아니한다.

21 甲은 단란주점영업을 하던 중 관할 행정청으로부터 「식품위생법」 위반을 이유로 1개월의 영업정지처분을 받게 되었다. 이에 甲이 관할 행정청을 피청구인으로 하여 취소심판을 제기한 경우에 관한 설명으로 옳은 것은?

① 행정심판위원회는 1개월의 영업정지처분의 취소를 명하는 재결을 할 수 있다.
② 행정심판위원회가 1개월의 영업정지처분 취소재결을 내린 경우, 관할 행정청은 취소재결 취소소송을 제기할 수 있다.
③ 행정심판위원회는 취소심판청구가 이유 있다고 인정하면 처분을 다른 처분으로 변경할 수 있다.
④ 甲은 심판청구에 대하여 구두로 심판청구를 취하할 수 있다.

22 행정심판제도에 대한 설명으로 옳은 것은? (다툼이 있는 경우 판례에 의함)   • 17. 국가직 5급 승진

① 행정심판법 제5조는 행정심판의 종류로 취소심판, 무효등확인심판, 의무이행심판 및 당사자심판을 규정하고 있다.
② 행정심판법은 가구제 수단으로 임시처분 제도만을 규정하고 있으므로 행정심판위원회에 처분의 집행정지를 신청하는 것은 허용되지 아니한다.
③ 무효확인심판에 대하여 행정심판위원회가 심리한 결과 심판청구가 이유가 있다고 인정하는 경우에는, 이를 인용하는 것이 공공복리에 크게 위배된다고 인정하더라도 그 심판청구를 기각하는 재결을 할 수 없다.
④ 행정처분의 위법성의 판단기준시점과 관련하여 취소심판에서는 취소소송에서와는 달리 원칙적으로 재결시점을 기준으로 삼는다.

23 행정소송에서의 제소기간에 관한 판례의 내용으로서 옳지 않은 것은?

① 동일한 행정처분에 대하여 무효확인의 소를 제기하였다가 그 후 그 처분의 취소를 구하는 소를 추가적으로 병합한 경우, 주된 청구인 무효확인의 소가 적법한 제소기간 내에 제기되어있다면 추가로 병합된 취소청구의 소도 적법하에 제기된 것으로 볼 수 있다.
② 행정청이 행정심판청구를 하여야 한다고 잘못 알려 행정심판청구를 한 경우 취소소송의 제소기간 기산점은 행정처분이 있음을 안 날이다.
③ 당사자가 적법한 제소기간 내에 부작위위법확인의 소를 제기한 후, 동일한 신청에 대하여 소극적 처분이 있다고 보아 처분취소소송으로 소를 교환적으로 변경한 후 부작위위법확인의 소를 추가적으로 병합한 경우 제소기간을 준수한 것으로 볼 수 있다.
④ 청구취지를 변경하여 구소가 취하되고 새로운 소가 제기된 것으로 변경되었을 때에 새로운 소에 대한 제소기간의 준수 등은 원칙적으로 소의 변경이 있은 때를 기준으로 하여야한다.

24 국무회의에서 건국훈장 독립장이 수여된 망인에 대한 서훈취소를 의결하고 대통령이 결재함으로써 서훈취소가 결정된 후 국가보훈처장은 망인의 유족 甲에게 '독립유공자 서훈취소결정 통보'를 하였다. 이에 갑은 국가보훈처장을 피고로 서훈취소결정의 무효 확인 등의 소를 제기하였다. 다음 중 옳지 않은 것은? (다툼이 있는 경우 판례에 의함)

① 서훈은 어디까지나 서훈대상자 본인의 공적과 영예를 기리기 위한 것이므로 비록 유족이라고 하더라도 제3자는 서훈수여 처분의 상대방이 될 수 없고, 망인에게 수여된 서훈의 취소에서도 유족은 그 처분의 상대방이 되는 것이 아니다.

② 망인에 대한 서훈취소는 유족에 대한 것이 아니므로 유족에 대한 통지에 의해서만 성립하여 효력이 발생한다고 볼 수 없고, 그 결정이 처분권자의 의사에 따라 상당한 방법으로 대외적으로 표시됨으로써 행정행위로서 성립하여 효력이 발생한다고 봄이 타당하다.

③ 이 사건 서훈취소 처분의 통지가 처분권한자인 대통령이 아니라 그 보좌기관인 국가보훈처장에 의하여 이루어졌다면 이 사건 서훈취소 처분의 외부적 표시의 방법으로서 위 통지의 주체나 형식에 하자가 있다.

④ 갑이 서훈취소 처분을 행한 행정청(대통령)이 아니라 국가보훈처장을 상대로 제기한 위 소는 피고를 잘못 지정한 경우에 해당하므로, 법원으로서는 석명권을 행사하여 정당한 피고로 경정하게 하여 소송을 진행해야 한다.

25 행정소송제도에 대한 설명으로 옳지 않은 것은?

① 개별법령에 합의제 행정청의 장을 피고로 한다는 명문규정이 없는 한 합의제 행정청 명의로 한 행정처분의 취소소송의 피고적격자는 당해 합의제 행정청이 아닌 합의제 행정청의 장이다.

② 원고가 피고를 잘못 지정한 경우 피고경정은 취소소송과 당사자소송 모두에서 사실심 변론종결에 이르기까지 허용된다.

③ 법원은 당사자소송을 취소소송으로 변경하는 것이 상당하다고 인정할 때에는 청구의 기초에 변경이 없는 한 사실심의 변론종결시까지 원고의 신청에 의하여 결정으로써 소의 변경을 허가할 수 있다.

④ 당사자소송의 원고가 피고를 잘못 지정하여 피고경정신청을 한 경우 법원은 결정으로써 피고의 경정을 허가할 수 있다.

제9회 행정법총론 최종모의고사

01 피청구인 대통령은 2016. 2. 10.경 개성공단의 운영을 즉시 전면 중단하기로 결정하고, 피청구인 통일부장관은 피청구인 대통령의 지시에 따라 철수계획을 마련하여 관련 기업인들에게 통보한 다음 개성공단 전면중단 성명을 발표하고, 이에 대응한 북한의 조치에 따라 개성공단에 체류 중인 국민들 전원을 대한민국 영토 내로 귀환하도록 하였다. 개성공단 전면중단 조치에 대한 다음의 헌법재판소 결정 중에서 옳지 않은 설명은?

> ㉠ 개성공단 중단은 대통령의 정치적 결단에 기한 조치로서 이른바 통치행위에 해당한다.
> ㉡ 이 사건 중단조치에 대한 헌법소원심판은 사법심사가 배제되는 행위를 대상으로 한 것이어서 부적법하다.
> ㉢ 개성공단 전면중단 조치는 국무회의 심의, 이해관계자에 대한 의견청취절차 등을 거치지 않았기 때문에 적법절차원칙을 위반하여 개성공단 투자기업인 청구인들의 영업의 자유와 재산권을 침해하였다.
> ㉣ '개성공단의 정상화를 위한 합의서'에는 국내법과 동일한 법적 구속력을 인정할 수 있고, 개성공단 전면중단 조치는 신뢰보호원칙을 위반하여 개성공단 투자기업인 청구인들의 영업의 자유와 재산권을 침해하였다.
> ㉤ 개성공단 전면중단 조치는 공익 목적을 위하여 개별적, 구체적으로 형성된 구체적인 재산권의 이용을 제한하는 공용 제한에 해당하므로 이에 대한 정당한 보상이 지급되지 않았다면 헌법 제23조 제3항을 위반하여 개성공단 투자기업인 청구인들의 재산권을 침해한 것으로 볼 수 있다.

① ㉡㉢㉣㉤ ② ㉠㉢㉣㉤
③ ㉡㉣㉤ ④ ㉢㉣㉤

02 A시는 조례에 근거하여 甲회사와 생활폐기물 수집·운반 대행위탁계약을 체결하였다. 이 계약에 관한 설명으로 옳은 것은? 다툼이 있으면 판례에 따름)

① A시와 甲회사와 생활폐기물 수집운반 대행위탁계약은 사법상 계약에 해당한다.
② 국가나 지방자치단체를 당사자로 하는 계약의 본질적인 내용은 사인 간의 계약과 다르므로 법령에 특정한 규정이 있는 경우에 한하여 사법의 규정 내지 법원리가 적용된다.
③ 계약의 체결에 관한 다툼은 공법상 당사자소송에 의한다.
④ 민사사건을 행정소송 절차로 진행한 것 자체는 위법하다.

03 특별권력관계에 대한 설명으로 옳지 않은 것은? (다툼이 있는 경우 판례에 의함)

• 23. 국회사무처 9급 변형

① 구「군인사법」제47조의2가 군인의 복무에 관한 사항에 관한 규율 권한을 대통령령에 위임하면서 다소 개괄적으로 위임하였다고 하여 헌법 제75조의 포괄위임금지원칙에 어긋난다고 보기 어렵다.
② 금치처분을 받은 수형자에 대해 금치기간 중 운동을 절대적으로 금지하는 것은 필요 최소한도의 범위를 넘어선 것으로서 헌법 제10조의 인간의 존엄과 가치 및 제12조의 신체의 자유를 침해하는 것이다.
③ 육군3사관학교의 사관생도는 학교에 입학한 날에 육군 사관생도의 병적에 편입하고 준사관에 준하는 대우를 받는 특수한 신분관계에 있으므로, 그 존립 목적을 달성하기 위하여 필요한 한도 내에서 일반 국민보다 상대적으로 기본권이 더 제한될 수 있다.
④ 육군3사관학교의 사관생도 행정예규에 따라 사관생도의 모든 사적 생활에서까지 예외 없이 금주의무를 이행할 것을 요구하면서 경위 등을 묻지 않고 일률적으로 2회 위반 시 원칙적으로 퇴학조치하도록 정한 것은 사관생도의 기본권을 지나치게 침해하는 것은 아니다.

04 행정입법의 사법적 통제에 대한 설명으로 옳지 않은 것은?

① 중앙선거관리위원회규칙은 법규명령이므로 구체적 규범통제의 대상이 될 수 있다.
② 처분적 법규명령은 무효등확인소송 또는 취소소송의 대상이 된다.
③ 대법원 이외의 각급법원도 구체적 규범통제의 방법으로 법규명령 조항에 대한 위헌·위법 판단을 할 수 있다.
④ 행정입법부작위는 부작위위법확인소송의 대상이 된다.

05 기속행위와 재량행위에 대한 설명으로 옳은 것만을 〈보기〉에서 모두 고르면? (다툼이 있는 경우 판례에 의함)

• 21. 국회사무처 8급 변형

〈 보 기 〉

ㄱ. 주택법 상 주택건설사업계획의 승인은 재량행위에 해당하므로, 처분권자는 주택건설사업계획이 법령이 정하는 제한사유에 배치되지 않는 경우에도 공익상 필요가 있으면 사업계획승인신청에 대하여 불허가 결정을 할 수 있다.
ㄴ. 부동산 실권리자명의 등기에 관한 법률 시행령 제3조의2 단서는 조세를 포탈하거나 법령에 의한 제한을 회피할 목적이 아닌 경우에 과징금의 100분의 50을 감경할 수 있다고 규정하고 있으므로 감경사유가 존재하더라도 과징금을 감경할 것인지 여부는 과징금 부과관청의 재량에 속한다.
ㄷ. 재량행위이더라도 수익적 행위에 부관을 붙이기 위해서는 특별한 법적 근거가 있어야 한다.
ㄹ. 의료법상 신의료기술의 안전성·유효성 평가나 신의료기술의 시술로 국민보건에 중대한 위해가 발생하거나 발생할 우려가 있는지 여부에 대한 판단과, 그 경우 행정청이 어떠한 종류와 내용의 지도나 명령을 할 것인지의 판단에 관해서는 행정청에 재량권이 부여되어 있다.
ㅁ. 재량행위에 대한 사법심사에 있어서 법원은 사실인정과 관련법규의 해석·적용을 통하여 일정한 결론을 도출한 후 그 결론에 비추어 행정청이 한 판단의 적법 여부를 독자의 입장에서 판정하는 방식에 의한다.

① ㄱ, ㄴ
② ㄴ, ㄷ
③ ㄱ, ㄴ, ㄹ
④ ㄱ, ㄹ, ㅁ

06 강학상 공증행위에 해당하는 것만을 모두 고른 것은? (다툼이 있는 경우 판례에 의함)

ㄱ. 행정심판의 재결
ㄴ. 의료유사업자 자격증 갱신발급행위
ㄷ. 상표사용권설정등록행위
ㄹ. 건설업 면허증의 재교부
ㅁ. 특허출원의 공고

① ㄱ, ㄴ, ㄷ
② ㄱ, ㄹ, ㅁ
③ ㄴ, ㄷ, ㄹ
④ ㄴ, ㄹ, ㅁ

07 행정행위의 효력에 관한 설명으로 옳지 않은 것은?

① 실정법상 공정력을 직접적으로 규정하는 법률은 없다.
② 불가쟁력은 행정행위의 상대방이나 이해관계인에 대한 구속력이다.
③ 불가변력이란 처분청 스스로도 당해 행정행위에 구속되어 직권으로 취소·변경할 수 없는 것을 말한다. 불가변력이 있는 행정행위일지라도 쟁송기간이 경과하지 않는 한 행정쟁송에 의한 취소가 가능하다.
④ 집행력은 의무가 부과되는 행정행위에서 문제된다.

08 행정행위의 통지에 대한 설명으로 가장 옳지 않은 것은? (다툼이 있는 경우 판례에 의함)

① 처분의 상대방인 원고가 피고인 행정청의 홈페이지에 접속하여 이 사건 처분의 결정 내용을 확인하여 알게 되었다면, 피고가 인터넷 홈페이지에 이 사건 처분의 결정내용을 게시한 것만으로도 「행정절차법」 제14조에서 정한 바에 따라 송달이 이루어졌다고 볼 수 있다.
② 처분서가 처분상대방의 주민등록상 주소지로 송달되어 처분상대방의 사무원 등 또는 그 밖에 우편물 수령권한을 위임받은 사람이 수령하면, 처분상대방이 알 수 있는 상태가 되었다고 할 것이다.
③ 부당한 수취거부가 없었더라면 상대방이 우편물의 내용을 알 수 있는 객관적 상태에 놓일 수 있었던 때, 즉 수취 거부 시에 의사표시의 효력이 생긴 것으로 보아야 한다.
④ 행정청이 처분을 할 때 당사자등의 동의가 있는 경우에는 전자문서로 할 수 있다.

09 다음 중 행정계획에 대한 설명으로 가장 적절하지 않은 것은? (다툼이 있는 경우 판례에 의함)

① 행정청은 행정청이 수립하는 계획 중 국민의 권리·의무에 직접 영향을 미치는 계획을 수립하거나 변경·폐지할 때에는 관련된 여러 이익을 정당하게 형량하여야 한다.
② 개발제한구역의 조정을 위한 일반적인 기준을 제시하고, 개발제한구역의 운용에 대한 국가의 기본방침을 천명하는 장관의 개발제한구역제도 개선방안은 구속적 행정계획안으로 헌법소원의 대상이 되는 공권력의 행사이다.
③ 개발제한구역으로 지정될 당시부터 계속하여 해당 토지를 소유한 자는 개발제한구역의 지정에 따라 종래의 용도로 사용할 수 없어 그 효용이 현저히 감소된 경우 국토교통부 장관에게 그 토지의 매수를 청구할 수 있다.
④ 도시관리계획결정·고시와 그 도면에 특정 토지가 도시관리계획에 포함되지 않았음이 명백한데도 도시관리계획을 집행하기 위한 후속 계획에서 그 토지가 도시관리계획에 포함된 것처럼 표시되어 있는 경우, 이는 실질적으로 도시관리계획결정을 변경하는 것에 해당하여 「국토의 계획 및 이용에 관한 법률」상 도시관리계획 변경절차를 거치지 않는 한 당연무효이다.

10 공법상 계약에 대한 설명으로 옳지 않은 것은? (다툼이 있는 경우 판례에 의함)

① 지방자치단체를 당사자로 하는 계약에 관한 법률 에 따라, 지방자치단체가 당사자가 되는 이른바 공공계약은 본질적인 내용이 사인 간의 계약과 다를 바가 없다.
② 공법상 채용계약에 대한 해지의 의사표시는 공무원에 대한 징계처분과 달라서 행정절차법 에 의하여 그 근거와 이유를 제시하여야 하는 것은 아니다.
③ 택시회사들의 자발적 감차와 그에 따른 감차보상금의 지급 및 자발적 감차 조치의 불이행에 따른 행정청의 직권 감차명령을 내용으로 하는 택시회사들과 행정청 간의 합의는 대등한 당사자 사이에서 체결한 공법상 계약에 해당하므로, 그에 따른 감차명령은 행정청이 우월한 지위에서 행하는 공권력의 행사로 볼 수 없다.
④ 공법상계약의 무효확인을 구하는 당사자소송의 청구는 당해 소송에서 추구하는 권리구제를 위한 다른 직접적인 구제방법이 있는 이상 소송요건을 구비하지 못한 위법한 청구이다.

11 행정절차법상 입법예고에 대한 설명 중 옳은 것은?

① 법제처장은 입법예고를 하지 아니한 법령안의 심사 요청을 받은 경우에 입법예고를 하는 것이 적당하다고 판단할 때에는 해당 행정청에 입법예고를 권고할 수 있지만, 직접 예고할 수는 없다.
② 입법안을 마련한 행정청은 입법예고 후 예고내용에 국민생활과 직접 관련된 내용이 추가되는 등 대통령령으로 정하는 중요한 변경이 발생하는 경우에는 해당 부분에 대한 입법예고를 다시 하여야 한다.
③ 법령의 입법안을 입법예고하는 경우에는 관보 및 법제처장이 구축·제공하는 정보시스템을 통해 공고하여야 하고 추가로 인터넷, 신문 또는 방송 등을 통하여 공고하여야 한다.
④ 행정청은 대통령령·총리령·부령을 입법예고하는 경우 국회 소관 상임위원회에 이를 제출하여야 한다.

12 개인정보 보호법 에 대한 설명으로 옳지 않은 것은? (다툼이 있는 경우 판례에 의함)

① 개인정보처리자가 주민등록번호를 처리하기 위해서는 정보주체에게 다른 개인정보의 처리에 대한 동의와 별도로 동의를 받아야 한다.
② 가명처리란 개인정보의 일부를 삭제하거나 일부 또는 전부를 대체하는 등의 방법으로 추가 정보가 없이는 특정 개인을 알아볼 수 없도록 처리하는 것을 말한다. 그리고 살아 있는 개인에 관한 정보로서 해당 정보만으로는 특정 개인을 알아볼 수 없더라도 다른 정보와 쉽게 결합하여 알아볼 수 있는 정보는 개인정보에 해당한다.
③ 개인정보처리자는 당초 수집 목적과 합리적으로 관련된 범위에서 정보주체에게 불이익이 발생하는지 여부, 암호화 등 안전성 확보에 필요한 조치를 하였는지 여부 등을 고려하여 대통령령으로 정하는 바에 따라 정보주체의 동의 없이 개인정보를 제공할 수 있다.
④ 개인정보처리자는 개인정보처리자의 정당한 이익을 달성하기 위하여 필요한 경우로서 명백하게 정보주체의 권리보다 우선하는 경우에는 개인정보처리자의 정당한 이익과 상당한 관련이 있고 합리적인 범위를 초과하지 않는다면 정보주체의 동의가 없더라도 개인정보를 수집할 수 있다.

13 행정강제에 대한 설명으로 옳은 것은? (다툼이 있는 경우 판례에 의함)   • 19. 국가직 9급

① 행정대집행의 방법으로 건물철거의무이행을 실현할 수 있는 경우, 철거의무자인 건물 점유자의 퇴거의무를 실현하려면 퇴거를 명하는 별도의 집행권원이 있어야 하고, 철거 대집행 과정에서 부수적으로 건물 점유자들에 대한 퇴거조치를 할 수는 없다.
② 즉시강제란 법령 또는 행정처분에 의한 선행의 구체적 의무의 불이행으로 인한 목전의 급박한 장해를 제거할 필요가 있는 경우에 행정기관이 즉시 국민의 신체 또는 재산에 실력을 행사하여 행정상의 필요한 상태를 실현하는 작용을 말한다.
③ 공법인이 대집행권한을 위탁받아 공무인 대집행 실시에 지출한 비용을 행정대집행법에 따라 강제징수 할 수 있음에도 민사소송절차에 의하여 상환을 청구하는 것은 허용되지 않는다.
④ 이행강제금은 심리적 압박을 통하여 간접적으로 의무이행을 확보하는 수단인 행정벌과는 달리 의무이행의 강제를 직접적인 목적으로 하므로, 강학상 직접강제에 해당한다.

14 과징금에 대한 설명으로 옳지 않은 것은? (다툼이 있는 경우 판례에 의함)

① 과징금은 법령등에 따른 의무를 위반한 자에 대하여 그 위반행위에 대한 제재로서 부과·징수하는 금전을 말하며, 국가형벌권 행사로서의 '처벌'에 해당한다.
② 「독점규제 및 공정거래에 관한 법률」 제22조에 의한 과징금은 법 위반행위에 따르는 불법적인 경제적 이익을 박탈하기 위한 부당이득환수의 성격과 함께 위법행위에 대한 제재로서의 성격을 가지는 것이다.
③ 과징금의 근거가 되는 법률에는 과징금에 관한 부과·징수 주체, 부과 사유, 상한액, 가산금을 징수하려는 경우 그 사항, 과징금 또는 가산금 체납 시 강제징수를 하려는 경우 그 사항을 명확하게 규정하여야 한다.
④ 과징금은 한꺼번에 납부하는 것을 원칙으로 하지만 과징금을 부과받은 자가 사업 여건의 악화로 사업이 중대한 위기에 처한 경우로 과징금 전액을 한꺼번에 내기 어렵다고 인정될 때에는 그 납부기한을 연기하거나 분할 납부하게 할 수 있다.

15 행정의 실효성 확보에 대한 설명으로 옳은 것은?   • 14. 국가직 9급

① 「경찰관직무집행법」은 직접강제에 관한 일반적 근거를 규정 하고 있다.
② 행정대집행을 실행할 때 대집행 상대방이 저항하는 경우에 대집행 책임자가 실력행사를 하여 직접강제를 할 수 있다는 것이 판례의 입장이다.
③ 행정조사의 상대방이 조사를 거부하는 경우에 공무원이 실력행사를 하여 강제로 조사할 수 있는지 여부에 대해서는 견해가 대립한다.
④ 조세체납자의 관허사업 제한을 명시하고 있는 국세징수법 관련규정은 부당결부금지원칙에 반하여 위헌이라는 것이 판례의 입장이다.

16 공표에 대한 설명 중 틀린 것은?

① 다수설은 명단공표는 명예나 신용 등에 사실상 심각한 불이익을 초래하게 된다는 점에서 원칙적으로 법적 근거가 필요하다는 입장이다.
② 공표제도에 대하여는 아직 일반법적인 근거가 없다.
③ 국세에 대한 고액·상습체납자 명단공개의 경우는 국세청 훈령인 국세징수사무처리규정에 근거를 두고 있을 뿐이고, 법률상 근거는 없다.
④ 청소년 성매수자에 대한 신상공개를 규정한 청소년의 성보호에 관한 법률은 이중처벌금지원칙에 위반되지 않는다.

17 국가배상에 관한 설명 중 옳지 않은 것은? (다툼이 있는 경우 판례에 의함)

① 생명·신체의 침해로 인한 국가배상을 받을 권리는 양도하거나 압류하지 못한다.
②「국가배상법」제7조가 정하는 상호보증은 반드시 당사국과의 조약이 체결되어 있을 필요는 없지만, 당해 외국에서 구체적으로 우리나라 국민에게 국가배상청구를 인정한 사례가 있어 실제로 국가배상이 상호 인정될 수 있는 상태가 인정 되어야 한다.
③ 행정입법에 관여한 공무원이 입법 당시의 상황에서 다양한 요소를 고려하여 나름대로 합리적인 근거를 찾아 어느 하나의 견해에 따라 경과규정을 두는 등의 조치 없이 새 법령을 그대로 시행하거나 적용한 경우, 그와 같은 공무원의 판단이 나중에 대법원이 내린 판단과 같지 않다고 하더라도 국가배상책임의 성립요건인 공무원의 과실이 있다고 할 수는 없다.
④ 피의자 등이 헌법상 변호인의 조력을 받을 권리의 의미와 범위를 정확히 이해하면서도 이성적 판단에 따라 자발적으로 그 권리를 포기한 경우, 변호인의 접견이 강제될 수 있는 것은 아니다. 그러나 위와 같은 요건이 갖추어지지 않았는데도 국가정보원장이나 국가정보원 수사관이 접견을 허용하지 않은 것은 변호인의 접견교통권을 침해한 위법한 직무행위에 해당하므로, 국가는 정신적 손해를 배상할 책임이 있다.

18 공익사업을 위한 토지 등의 취득 및 보상에 관한 법령상 손실보상에 관한 설명으로 옳지 않은 것은? (다툼이 있으면 판례에 따름)

㉠ 토지수용재결시 대상토지의 평가는 재결에서 정한 수용시기가 아닌 수용재결일을 기준으로 한다.
㉡ 관할 토지수용위원회에 잔여지수용청구를 하려는 토지소유자는 사업완료일까지 그 수용청구를 하여야 한다.
㉢ 이주대책대상자는 사업시행자가 이주대책에 대한 구체적인 계획을 수립하여 공고한 때에 수분양권을 취득한다.
㉣ 공익사업시행지구 밖의 영업손실에 대해서도 일정한 요건 하에 보상을 받을 수 있다.
㉤ 재결에서 정한 보상금액이 일부 보상항목은 과소하고 다른 보상항목은 과다할 경우 법원은 보상항목 상호간의 유용을 허용하여 보상금을 결정할 수 있다.

① ㉠㉡ ② ㉣ ③ ㉢ ④ ㉢㉤

19 「공익사업을 위한 토지 등의 취득 및 보상에 관한 법률」에 대한 설명으로 옳지 않은 것은? (다툼이 있는 경우 판례에 의함)
• 23. 국회사무처 9급 변형

① 사업시행자는 해당 공익사업을 위한 공사에 착수하기 이전에 토지소유자와 관계인에게 원칙적으로 보상액 전액 또는 일부를 지급할 수 있다.

② 협의 또는 재결에 의하여 사용하는 토지에 대하여는 그 토지와 인근 유사토지의 지료(地料), 임대료, 사용방법, 사용기간 및 그 토지의 가격 등을 고려하여 평가한 적정가격으로 보상하여야 한다.

③ 토지에 대한 보상액은 일시적인 이용상황과 토지소유자나 관계인이 갖는 주관적 가치 및 특별한 용도에 사용할 것을 전제로 한 경우 등은 고려하지 아니한다.

④ 사업시행자, 토지소유자 또는 관계인은 「공익사업을 위한 토지 등의 취득 및 보상에 관한 법률」 제34조에 따른 재결에 불복할 때에는 재결서를 받은 날부터 90일 이내에, 이의신청을 거쳤을 때에는 이의신청에 대한 재결서를 받은 날부터 60일 이내에 각각 행정소송을 제기할 수 있다.

20 X시의 공무원 甲은 乙이 건축한 건물이 건축허가에 위반하였다는 이유로 철거명령과 행정대집행법상의 절차를 거쳐 대집행을 완료하였다. 乙은 행정대집행의 처분들이 하자가 있다는 이유로 행정소송 및 손해배상소송을 제기하려고 한다. 다음 중 설명으로 가장 옳지 않은 것은? (단, 다툼이 있는 경우 판례에 의함)
• 22. 군무원 9급

① 乙이 취소소송을 제기하는 경우, 행정대집행이 이미 완료된 것이므로 소의 이익이 없어 각하판결을 받을 것이다.

② 乙이 손해배상소송을 제기하는 경우, 민사법원은 그 행정처분이 위법인지 여부는 심사할 수 없다.

③ 「행정소송법」은 처분 등의 효력 유무 또는 존재 여부가 민사소송의 선결문제로 되는 경우 당해 민사소송의 수소법원이 이를 심리·판단할 수 있는 것으로 규정하고 있다.

④ X시의 손해배상책임이 인정된다면 X시는 고의 또는 중대한 과실이 있는 甲에게 구상할 수 있다.

21 행정소송에 대한 설명으로 옳은 것은? (다툼이 있는 경우 판례에 의함) • 16. 지방직 9급

① 행정처분의 당연무효를 주장하여 그 무효확인을 구하는 행정소송에 있어서는 피고 행정청이 그 행정처분에 중대·명백한 하자가 없음을 주장·입증할 책임이 있다.
② 재결취소소송에 있어서 재결 자체의 고유한 위법은 재결의 주체, 절차 및 형식상의 위법만을 의미하고, 내용상의 위법은 이에 포함되지 않는다.
③ 무효인 과세처분에 의해 조세를 납부한 자가 부당이득반환청구소송을 제기할 수 있는 경우에도 과세처분에 대한 무효확인소송을 제기할 수 있다.
④ 행정심판을 거친 후 부작위위법확인소송을 제기하는 경우에는 제소기간이 적용되지 않는다.

22 다음 중 행정심판의 재결에 대한 설명으로 가장 적절하지 않은 것은? (다툼이 있는 경우 판례에 의함)

① 행정심판의 재결은 행정행위로서의 성질을 가지므로 재결서의 정본이 청구인에게 송달되면 형성력·불가쟁력·불가변력 등의 효력이 발생한다.
② 재결의 기속력은 인용재결에만 인정되므로 처분청은 기각재결이 있은 후 정당한 사유가 있으면 직권으로 원처분을 취소·변경·철회할 수 있다.
③ 처분청과 관계행정청은 인용재결이 있으면 재결의 취지에 반하는 행위를 하여서는 아니되므로 종전과 다른 사유로 다시 종전과 같은 내용의 처분을 할 수 없다.
④ 재결에 의하여 취소되는 처분이 당사자의 신청을 거부하는 것을 내용으로 하는 경우 그 처분청은 재결의 취지에 따라 다시 이전의 신청에 대한 처분을 하여야 한다.

23 다음 중 「행정소송법」에 대한 내용으로 가장 적절하지 않은 것은?

① 당사자소송은 원칙적으로 당해 처분을 행한 행정청을 피고로 한다.
② 민중소송은 법률이 정한 경우에 법률에 정한 자에 한하여 제기할 수 있다.
③ 기관소송은 법률이 정한 경우에 법률에 정한 자에 한하여 제기할 수 있다.
④ 국가의 사무를 위임 또는 위탁받은 공공단체 또는 그 장에 해당하는 피고에 대하여 취소소송을 제기하는 경우에는 대법원소재지를 관할하는 행정법원에 제기할 수 있다.

24 항고소송의 원고적격이 인정되는 것만을 〈보기〉에서 모두 고르면? (다툼이 있는 경우 판례에 의함)

· 22. 국회사무처 8급 변형

〈 보 기 〉

ㄱ. 경기도 선거관리위원회 소속 공무원인 갑이 부패방지 및 국민권익위원회의 설치와 운영에 관한 법률에 따라 국민권익위원회에 신고를 하면서 신분보장조치를 요구하였고, 이에 국민권익위원회가 경기도 선거관리위원회 위원장에게 갑에 대한 중징계요구를 취소하고 향후 신고로 인한 신분상 불이익 등을 주지 말 것을 요구하는 조치요구를 한 사안에서 이에 불복하는 경기도 선거관리위원회 위원장
ㄴ. 시외버스운송사업계획변경인가처분으로 시외버스 운행노선 중 일부가 기존의 시내버스 운행노선과 중복하게 되어 수익감소가 예상되는 기존 시내버스운송사업자
ㄷ. 인근 공유수면의 매립목적을 택지조성에서 조선시설용지로 변경하는 공유수면매립목적 변경 승인처분으로 인하여 환경상의 이익을 침해받았다고 주장하는 수녀원
ㄹ. 교육부장관이 사학분쟁조정위원회의 심의를 거쳐 대학의 학교법인의 임시이사를 선임한 데 대하여 그 선임처분의 취소를 구하는 그 대학의 노동조합
ㅁ. 대학에 대한 국가연구개발사업의 협약해지통보에 불복하여 협약해지통보의 효력을 다투는 그 연구개발사업의 연구팀장인 교수

① ㄱ, ㄴ
② ㄹ, ㅁ
③ ㄱ, ㄴ, ㅁ
④ ㄱ, ㄷ, ㄹ

25 다음 중 당사자소송에 대한 설명으로 가장 적절하지 않은 것은? (다툼이 있는 경우 판례에 의함)

① 「도시 및 주거환경정비법」상 주택재건축정비사업조합을 상대로 관리처분계획안에 대한 조합 총회결의의 효력을 다투는 소송은 행정소송법상 당사자소송에 해당하고, 이를 본안으로 하는 가처분에 대하여는 「민사집행법」상 가처분에 관한 규정이 준용된다.
② 공무원연금법령상 급여를 받으려고 하는 자는 우선 관계 법령에 따라 공단에 급여지급을 신청하여 공무원연금관리공단이 이를 거부한 경우 그 결정을 대상으로 항고소송을 제기하는 등으로 구체적 권리를 인정받은 다음에야 당사자소송으로 그 급여의 지급을 구하여야 한다.
③ 「공익사업을 위한 토지 등의 취득 및 보상에 관한 법률」상 환매권은 상대방에 대한 의사표시를 요하는 공법상 형성권의 일종으로서 이러한 환매권의 존부에 관한 확인을 구하는 소송은 당사자소송에 해당한다.
④ 원고가 고의 또는 중대한 과실 없이 당사자소송으로 제기하여야 할 사건을 민사소송으로 잘못 제기한 경우, 수소법원으로서는 만약 그 당사자소송에 대한 관할도 동시에 가지고 있다면 이를 당사자소송으로 심리·판단하여야 한다.

제10회 행정법총론 최종모의고사

01 「행정기본법」상 인·허가의제제도에 대한 설명 중 옳지 않은 것은?

① 인허가의제를 받으려면 주된 인허가를 신청할 때 관련 인허가에 필요한 서류를 함께 제출하여야 한다.
② 주된 인허가 행정청은 주된 인허가를 하기 전에 관련 인허가에 관하여 미리 관련 인허가 행정청과 협의하여야 한다.
③ 관련 인허가 행정청은 협의를 요청받으면 그 요청을 받은 날부터 20일 이내에 의견을 제출하여야 한다. 이 경우 전단에서 정한 기간 내에 협의 여부에 관하여 의견을 제출하지 아니하면 협의가 성립하지 않은 것으로 본다.
④ 협의를 요청받은 관련 인허가 행정청은 해당 법령을 위반하여 협의에 응해서는 아니 된다. 다만, 관련 인허가에 필요한 심의, 의견 청취 등 절차에 관하여는 법률에 인허가의제 시에도 해당 절차를 거친다는 명시적인 규정이 있는 경우에만 이를 거친다.

02 공법관계와 사법관계에 대한 설명으로 옳은 것만을 〈보기〉에서 모두 고른 것은? (다툼이 있는 경우 판례에 의함)

• 20. 국회사무처 8급 변형

〈 보 기 〉

㉠ 조달청이 국가종합전자조달시스템인 나라장터 종합쇼핑몰에 거래정지조치를 하는 것은 처분으로서 공법관계에 속한다.
㉡ 「초·중등교육법」상 사립중학교에 대한 중학교 의무교육의 위탁관계는 사법관계에 속한다.
㉢ 공용수용의 목적물이 불필요하게 된 경우 피수용자가 다시 수용된 토지의 소유권을 회복할 수 있도록 하는 환매권은 일종의 공권이다.
㉣ 사립학교 교원에 대한 징계는 사법관계이나 그에 대해 교원소청심사가 제기되어 그에 대한 결정이 있으면 그 결정은 공법의 문제가 된다.

① ㄱ, ㄴ
② ㄱ, ㄷ
③ ㄱ, ㄹ
④ ㄴ, ㄹ

03 신고에 대한 설명으로 옳지 않은 것은? (다툼이 있는 경우 판례에 의함)

① 가설건축물은 건축법상 '건축물'이 아니므로 건축허가나 건축신고 없이 설치할 수 있는 것이 원칙이지만 일정한 가설건축물에 대하여는 건축물에 준하여 위험을 통제하여야 할 필요가 있으므로 신고 대상으로 규율하고 있다.
② 행정청은 '대지사용승낙서' 등의 서류가 제출되지 아니하였거나, 대지소유권자의 사용승낙이 없다는 등의 사유를 들어 가설건축물 존치기간 연장신고의 수리를 거부할 수 있다.
③ 이행강제금의 본질상 시정명령을 받은 의무자가 이행강제금이 부과되기 전에 그 의무를 이행한 경우에는 비록 시정명령에서 정한 기간을 지나서 이행한 경우라도 이행강제금을 부과할 수 없다.
④ 시정명령을 받은 의무자가 정당한 방법으로 행정청에 신청 또는 신고를 하였으나 행정청이 위법하게 이를 거부 또는 반려함으로써 그 처분이 취소된 경우, 시정명령의 불이행을 이유로 이행강제금을 부과할 수 없다.

04 행정입법에 대한 사법적 통제에 관한 설명 중 옳지 않은 것은? (다툼이 있는 경우 판례에 의함)

① 명령·규칙이 헌법이나 법률에 위반되는지 여부가 법원의 재판의 전제가 되는 경우에는 본안심리에 부수하는 구체적 규범통제의 형식으로 심사하며, 이때의 심사기준에는 형식적 의미의 헌법과 법률뿐만 아니라 국회의 동의를 받은 조약이나 대통령의 긴급명령도 포함된다.
② 행정소송에서 대법원이 명령·규칙이 위헌 또는 위법이라는 이유로 무효로 선언하고 이 판결이 관보에 게재되었다 하더라도 그 명령·규칙이 일반적으로 무효로 되는 것은 아니다.
③ 법령보충적 행정규칙뿐만 아니라 재량권 행사의 준칙인 행정규칙이 행정의 자기구속원리에 따라 대외적 구속력을 가지는 경우에는 헌법소원의 대상이 될 수 있다.
④ 행정기관에 행정입법 제정의 법적 의무가 있는 경우에 그 제정의 부작위는 공권력의 불행사에 해당하므로 행정소송법상 부작위위법확인소송의 대상이 된다.

05 행정행위를 행정청의 의사표시를 구성요소로 하는지 여부에 따라 분류할 때 성질이 다른 하나는?

① 행정청이 도시 및 주거환경정비법 등 관련 법령에 의하여 행하는 조합설립인가처분
② 학교법인의 임원에 대한 감독청의 취임승인
③ 토지수용위원회의 토지수용재결
④ 건축물에 대한 준공검사처분

06 재량과 판단여지에 관한 판례의 내용으로 가장 적절하지 않은 것은? (다툼이 있는 경우 판례에 의함)

① 환경오염 발생 우려와 같이 장래에 발생할 불확실한 상황과 파급효과에 대한 예측이 필요한 요건에 관한 허가권자의 재량적 판단은 형평이나 비례의 원칙에 뚜렷하게 배치되는 등의 사정이 없는 한 폭넓게 존중하여야 한다.

② 특정인에게 공유수면 이용권이라는 독점적 권리를 설정하여 주는 것과 같은 재량처분에 있어서는 재량권 행사의 기초가 되는 사실인정에 오류가 있거나 그에 대한 법령적용에 잘못이 없는 한 처분이 위법하다고 할 수 없다.

③ 공무원 임용을 위한 면접전형에서 임용신청자의 능력이나 적격성 등에 관한 판단은 면접위원의 고도의 교양과 학식, 경험에 기초한 자율적 판단에 의존하는 것으로서 오로지 면접위원의 자유재량에 속한다.

④ 「국토의 계획 및 이용에 관한 법률」상 개발행위허가는 허가기준 및 금지요건이 불확정개념으로 규정된 부분이 많다고 하더라도 가능한 한 이를 엄격히 해석하여야 하므로 그 요건에 해당하는지 여부는 행정청의 재량판단의 영역에 속한다고 할 수 없다.

07 행정법의 효력발생시기에 대한 설명 중 옳지 않은 곳은?

① 「행정절차법」제14조 제4항의 공고송달의 경우에는 다른 법령등에 특별한 규정이 있는 경우를 제외하고는 공고일부터 14일이 지난 때에 그 효력이 발생한다. 다만, 긴급히 시행하여야 할 특별한 사유가 있어 효력 발생 시기를 달리 정하여 공고한 경우에는 그에 따른다.

② 「행정 효율과 협업 촉진에 관한 규정」상 공고문서는 그 문서에서 효력발생 시기를 구체적으로 밝히고 있지 않으면 그 고시 또는 공고 등이 있는 날부터 5일이 경과한 때에 효력이 발생한다.

③ 「공익사업을 위한 토지 등의 취득 및 보상에 관한 법률」상 사업인정은 사업인정의 고시에 따라 고시한 날부터 그 효력이 발생한다.

④ 「공익사업을 위한 토지 등의 취득 및 보상에 관한 법률」상 사업시행자가 사업인정의 고시가 된 날부터 1년 이내에 제28조제1항에 따른 재결신청을 하지 아니한 경우에는 사업인정고시가 된 날부터 1년이 되는 날에 사업인정은 그 효력을 상실한다.

08 행정행위의 효력에 대한 설명으로 옳은 것만을 모두 고른 것은? (다툼이 있는 경우 판례에 의함)

ㄱ. 불가변력은 모든 행정행위에 공통되는 것이 아니라 행정심판의 재결 등과 같이 예외적이고 특별한 경우에 처분청 등 행정청에 대한 구속으로 인정되는 실체법적 효력을 의미한다.
ㄴ. 산업재해요양보상급여취소처분이 불복기간의 경과로 인해 확정되면 요양급여청구권 없음이 확정되므로 다시 요양급여를 청구할 수 없다.
ㄷ. 동일한 사유에 관하여 보다 무거운 면허취소처분을 하기 위하여 이미 행하여진 가벼운 면허정지처분을 취소하는 것은 선행 처분에 대한 당사자의 신뢰 및 법적 안정성을 크게 저해하는 것이 되어 허용될 수 없다.
ㄹ. 제소기간이 이미 도과하여 불가쟁력이 생긴 행정처분에 대하여는 개별 법규에서 그 변경을 요구할 신청권을 규정하고 있거나 관계 법령의 해석상 그러한 신청권이 인정될 수 있는 등 특별한 사정이 없는 한 국민에게 그 행정처분의 변경을 구할 신청권이 없다.

① ㄱ, ㄴ
② ㄴ, ㄹ
③ ㄱ, ㄷ, ㄹ
④ ㄱ, ㄴ, ㄷ, ㄹ

09 행정행위에 관한 설명으로 가장 옳지 않은 것은?

① 주유소허가의 양수인은 양도인의 지위를 승계하므로 양도인에게 그 허가를 취소할 법적 사유가 있는 경우 이를 이유로 양수인에게 응분의 제재조치를 할 수 있다.
② 「자동차운수사업법」에 의한 개인택시운송사업 면허는 법령에 특별한 규정이 없는 한 재량행위이고, 그 면허를 위하여 필요한 기준을 정하는 것도 행정청의 재량에 속한다.
③ 특허는 주로 특정인을 대상으로 행해지나 이에 한정 되지 않으며 불특정다수인에게 행해지기도 한다.
④ 재단법인의 임원 취임이 재단법인의 정관에 근거한다 할지라도 이에 대해 주무관청이 당연히 인가하여야 하는 것은 아니며 인가여부를 재량으로 결정할 수 있다.

10 갑은 개발제한구역 내에서의 건축허가를 관할 행정청인 을에게 신청하였고, 을은 갑에게 일정 토지의 기부채납을 조건으로 이를 허가하였다. 이에 대한 설명으로 옳은 것은? (다툼이 있는 경우 판례에 의함)

① 특별한 규정이 없다면 갑에 대한 건축허가는 기속행위로서 건축허가를 하면서 기부채납조건을 붙인 것은 위법하다.
② 갑이 부담인 기부채납조건에 대하여 불복하지 않았고, 이를 이행하지도 않은 채 기부채납조건에서 정한 기부채납기한이 경과하였다면 이로써 갑에 대한 건축허가는 효력을 상실한다.
③ 기부채납조건이 중대하고 명백한 하자로 인하여 무효라 하더라도 갑의 기부채납 이행으로 이루어진 토지의 증여는 그 자체로 사회질서 위반이나 강행규정 위반 등의 특별한 사정이 없는 한 유효하다.
④ 건축허가 자체는 적법하고 부담인 기부채납조건만이 취소사유에 해당하는 위법성이 있는 경우, 갑은 기부채납조건부 건축허가처분 전체에 대하여 취소소송을 제기할 수 있을 뿐이고 기부채납조건만을 대상으로 취소소송을 제기할 수 없다.

11 행정행위의 하자에 관한 판례의 태도로 옳지 않은 것은? • 22. 소방위 승진

① 예비타당성조사를 실시하지 아니한 하자는 그로써 곧바로 당해 처분인 하천공사시행계획의 하자가 인정된다고 할 것이다.
② 과징금을 부과함에 있어 여러 개의 처분사유에 기하여 하나의 과징금 부과처분을 하였으나 그 처분사유들 중 일부에 위법이 있다고 하더라도 위법한 부분이 그 과징금 부과처분에 영향을 미치지 아니하였다면 그 부과처분을 위법하다고 볼 것은 아니다.
③ 양도인이 최초 영업허가를 받을 당시에 '영업장 면적'이 허가(신고) 대상이 아니었더라도 영업자지위승계신고 수리 시점을 기준으로 당시의 식품위생법령에 따른 인적·물적 요건을 갖추어야 하므로 양수인에게 '영업장 면적' 변경신고의무가 있다.
④ 운전면허에 대한 정지처분권한은 경찰청장으로부터 경찰서장에게 권한위임된 것이므로 단속 경찰관이 자신의 명의로 운전면허행정처분통지서를 작성·교부하여 행한 운전면허정지처분은 권한 없는 자에 의하여 행하여진 점에서 무효의 처분에 해당한다.

12 다음 중 행정계획에 관한 판례의 내용으로 가장 적절하지 않은 것은?

① 어떠한 경우라도 토지의 사적 이용권이 배제된 상태에서 토지소유자로 하여금 10년 이상을 아무런 보상없이 수인하도록 하는 것은 공익실현의 관점에서도 정당화될 수 없는 과도한 제한으로서 헌법상의 재산권보장에 위배된다고 보아야 한다.
② 비구속적 행정계획안이나 행정지침이라도 국민의 기본권에 직접적으로 영향을 끼치고, 앞으로 법령의 뒷받침에 의하여 그대로 실시될 것이 틀림없을 것으로 예상될 수 있을 때에는, 공권력행위로서 예외적으로 헌법소원의 대상이 될 수 있다.
③ 장기미집행 도시계획시설결정의 실효제도는 도시계획시설부지로 하여금 도시계획시설결정으로 인한 사회적 제약으로부터 벗어나게 하는 것으로서 이와 같은 보호 제도는 헌법상 재산권으로부터 당연히 도출되는 권리이다.
④ 도시계획시설의 지정으로 말미암아 당해 토지의 이용가능성이 배제되거나 또는 토지소유자가 토지를 종래 허용된 용도대로도 사용할 수 없기 때문에 이로 말미암아 현저한 재산적 손실이 발생하는 경우에는, 원칙적으로 사회적 제약의 범위를 넘는 수용적 효과를 인정하여 국가나 지방자치단체는 이에 대한 보상을 해야 한다.

13 행정지도에 대한 판례의 입장으로 옳은 것(○)과 옳지 않은 것(×)을 바르게 조합한 것은?

> ㄱ. 행정관청이 구 국토이용관리법 소정의 토지거래계약신고에 관하여 공시된 기준시가를 기준으로 매매가격을 신고하도록 행정지도를 하여 그에 따라 허위신고를 한 것이라 하더라도 이와 같은 행정지도는 법에 어긋나는 것으로서 그 범법행위가 정당화될 수 없다.
> ㄴ. 교육인적자원부장관의 국·공립대학총장들에 대한 학칙시정요구는 대학총장의 임의적인 협력을 통하여 사실상의 효과를 발생시키는 행정지도의 일종으로 헌법소원의 대상이 되는 공권력행사라고 볼 수 없다.
> ㄷ. 노동부장관이 공공기관 단체협약내용을 분석하여 불합리한 요소를 개선하라고 요구한 행위는 행정지도로서의 한계를 넘어 규제적·구속적 성격을 강하게 갖는다고 할 수 없어 헌법소원의 대상이 되는 공권력의 행사에 해당한다고 볼 수 없다.

    ㄱ ㄴ ㄷ   ㄱ ㄴ ㄷ
① ○ ○ ○   ② ○ × ×
③ ○ × ○   ④ × × ○

14 판례의 내용으로 옳지 않은 것은?

① 개인택시운송사업자가 음주운전을 하다가 사망한 경우 그 망인에 대하여 음주운전을 이유로 운전면허 취소처분을 하는 것은 불가능할지라도 음주운전을 이유로 한 개인택시운송사업면허의 취소처분은 적법하다.
② 적법하게 공무원임용이 된 이후, 당연퇴직사유가 발생한 뒤에도 사실상 계속 근무해왔다 하더라도 당연퇴직사유 발생 이후의 사실상의 근무기간은 공무원연금법 상의 재직기간에 합산될 수 없다.
③ 처분의 근거나 법적인 효과가 행정규칙에 규정되어 있다고 하더라도, 그 처분이 행정규칙의 내부적 구속력에 의하여 상대방에게 권리의 설정 또는 의무의 부담을 명하거나 기타 법적인 효과를 발생하게 하는 등으로 그 상대방의 권리의무에 직접 영향을 미치는 행위라면, 이 경우에도 항고소송의 대상이 되는 행정처분에 해당한다.
④ 서울특별시 수도조례 및 서울특별시 하수도사용조례에 기한 과태료부과처분은 행정소송의 대상이 되는 행정처분이라고 볼 수 없다.

15 구청장 A는 허가 없이 건축물을 불법으로 축조한 甲에게 시정명령을 내렸으나, 甲이 이에 응하지 않자 「건축법」 제80조 제1항 본문에 근거하여 이행강제금을 부과하였다. 이에 관한 설명 중 옳지 않은 것은? (다툼이 있는 경우 판례에 의함)

① 甲의 무허가 건축행위에 대하여 1천만원의 벌금 부과와 별개로 시정명령의 불이행을 이유로 이행강제금을 부과하더라도 이중처벌에 해당하지 않는다.
② 甲이 이행강제금을 부과받은 후 사망한 경우 이행강제금의 납부의무는 甲의 상속인에게 승계되지 않는다.
③ A는 이행강제금 대신 행정대집행을 선택적으로 활용하여 행정목적을 달성할 수 있다.
④ A의 이행강제금 부과 후 甲이 시정명령을 이행하면 A는 이행강제금의 부과를 즉시 중지해야 하며, 이미 부과된 이행강제금을 징수할 수 없다.

16 「행정절차법」의 내용에 관한 다음 설명 중 가장 적절한 것은? • 23. 군무원 5급

① 행정청은 다수 국민의 이해가 상충되거나 다수 국민에게 불편이나 부담을 주는 처분을 하는 경우 청문주재자를 2명 이상으로 선정 할 수 있다.
② 법령 등에서 당사자가 신청할 수 있는 처분을 규정하고 있는 경우 행정청은 당사자의 신청에 따라 장래에 어떤 처분을 하거나 하지 아니할 것을 내용으로 하는 의사표시인 확약을 할 수 있는바, 이 경우 확약은 문서로 하여야 하는 것이 원칙이나 구술로도 할 수 있다.
③ 온라인 정책토론의 필요성에 대한 인식이 높아져 가고 있지만, 아직까지 「행정절차법」은 '온라인 정책토론'에 관한 규정을 갖고 있지 않다.
④ 행정청이 처분을 할 때에는 문서로 하여야 하며, 당사자 등의 동의가 있는 경우에도 전자문서로는 할 수 없다.

17 행정벌에 대한 설명으로 옳지 않은 것은? (다툼이 있는 경우 판례에 의함) • 22. 국가직 7급

① 「지방자치법」상 사기나 부정한 방법으로 사용료 징수를 면한 자에 대한 과태료의 부과·징수 등의 절차에 관한 사항은 질서위반행위규제법 에 따른다.
② 구 「행형법」에 의한 징벌을 받은 뒤에 형사처벌을 한다고 하여 일사부재리의 원칙에 반하는 것은 아니다.
③ 「도로교통법」상 경찰서장의 통고처분은 행정소송의 대상이 되는 행정처분이 아니다.
④ 「질서위반행위규제법」상 법원의 과태료 재판이 확정된 후에는 법률이 변경되어 그 행위가 질서위반행위에 해당하지 아니하게 된 경우라 하더라도 과태료의 집행을 면제하지 못한다.

18 「국가배상법」의 내용에 대한 설명으로 옳지 않은 것은? (단, 다툼이 있는 경우 판례에 의함)

① 국가나 지방자치단체는 공무를 위탁받은 사인이 직무를 집행하면서 고의 또는 과실로 법령을 위반하여 타인에게 손해를 입힌 때에는 국가배상법에 따라 그 손해를 배상하여야 한다.
② 도로·하천, 그 밖의 공공의 영조물(營造物)의 설치나 관리에 하자(瑕疵)가 있기 때문에 타인에게 손해를 발생하게 하였을 때에는 국가나 지방자치단체는 그 손해를 배상하여야 한다. 이 경우 군인·군무원의 2중배상금지에 관한 규정은 적용되지 않는다.
③ 직무를 집행하는 공무원에게 고의 또는 중대한 과실이 있으면 국가나 지방자치단체는 그 공무원에게 구상(求償)할 수 있다.
④ 군인·군무원이 전투·훈련 등 직무 집행과 관련하여 전사(戰死)·순직(殉職)하거나 공상(公傷)을 입은 경우에 본인이나 그 유족이 다른 법령에 따라 재해보상금·유족연금·상이연금 등의 보상을 지급받을 수 있을 때에는 「국가배상법」 및 「민법」에 따른 손해배상을 청구할 수 없다.

19 공익사업을 위한 토지 등의 취득 및 보상에 관한 법률 (이하 '토지보상법'이라 함)에 대한 설명으로 옳지 않은 것은? (다툼이 있는 경우 판례에 의함)

① 사업인정고시가 된 후 사업시행자가 토지를 사용하는 기간이 3년 이상인 경우 토지소유자는 토지수용위원회에 토지의 수용을 청구할 수 있고, 토지수용위원회가 이를 받아들이지 않는 재결을 한 경우에는 사업시행자를 피고로 하여 토지보상법상 보상금의 증감에 관한 소송을 제기할 수 있다.
② 토지수용위원회의 수용재결이 있은 후라고 하더라도 토지소유자와 사업시행자가 다시 협의하여 토지 등의 취득·사용 및 그에 대한 보상에 관하여 임의로 계약을 체결할 수 있다.
③ 하나의 수용재결에서 여러가지의 토지, 물건, 권리 또는 영업의 손실의 보상에 관하여 심리·판단이 이루어졌을 때, 피보상자는 재결 전부에 관하여 불복하여야 하고 여러 보상항목들 중 일부에 관해서만 개별적으로 불복할 수는 없다.
④ 손실보상금에 관한 당사자 간의 합의가 성립하면, 그 합의내용이 토지보상법에서 정하는 손실보상 기준에 맞지 않는다고 하더라도 합의가 적법하게 취소되는 등의 특별한 사정이 없는 한 추가로 토지보상법상 기준에 따른 손실보상금 청구를 할 수 없다.

20 다음 중 행정심판의 재결의 효력에 관한 설명으로 옳지 않은 것은? (다툼이 있는 경우 판례에 의함)

① 재결의 기속력은 인용재결의 효력이며 기각재결에는 인정되지 않는다.
② 재결이 확정된 경우에는 처분의 기초가 된 사실관계나 법률적 판단이 확정되고 당사자들이나 법원이 이에 기속되어 모순되는 주장이나 판단을 할 수 없게 된다.
③ 당해 처분에 관하여 위법한 것으로 재결에서 판단된 사유와 기본적 사실관계에 있어 동일성이 인정되는 사유를 내세워 다시 동일한 내용의 처분을 하는 것은 허용되지 않는다.
④ 형성력이 인정되는 재결로는 취소재결, 변경재결, 처분재결이 있다.

21 행정심판재결이 취소소송의 대상이 되는 경우에 해당하지 않는 것은? • 21. 서울시 7급

① 인근주민이 체육시설 사업계획승인처분의 취소를 구하는 행정심판을 제기하였는데 인용재결이 내려지자, 그 승인처분의 상대방이 취소소송을 제기하는 경우
② 자기완결적 신고의 수리에 해당하는 골프장 사업시설 착공계획서 수리에 대하여 인근주민이 취소심판을 제기하였는데 인용재결이 내려지자, 해당 착공계획서를 제출한 사업자가 취소소송을 제기하는 경우
③ 적법한 행정심판을 청구하였는데 각하재결이 내려지자, 해당 행정심판청구인이 취소소송을 제기하는 경우
④ 3개월 영업정지처분을 받은 영업자가 해당 처분의 취소를 구하는 행정심판을 제기하여 3개월의 영업정지처분을 2개월의 영업정지처분에 갈음하는 과징금부과처분으로 변경하라는 일부기각(일부인용)의 이행재결이 내려지자, 그 영업자가 취소소송을 제기하는 경우

22 행정소송법 상 집행정지에 대한 설명으로 옳은 것만을 모두 고르면? (다툼이 있는 경우 판례에 의함)

ㄱ. 보조금 교부결정 취소처분에 대하여 법원이 효력정지결정을 하면서 주문에서 그 법원에 계속 중인 본안소송의 판결 선고 시까지 처분의 효력을 정지한다고 선언하였을 경우, 본안소송의 판결 선고에 의하여 정지결정의 효력은 소멸하고 이와 동시에 당초의 보조금 교부결정 취소처분의 효력이 당연히 되살아난다.

ㄴ. 집행정지의 결정이 확정된 후 집행정지가 공공복리에 중대한 영향을 미치거나 그 정지사유가 없어진 때에는 당사자의 신청 또는 직권에 의하여 결정으로써 집행정지의 결정을 취소할 수 있다.

ㄷ. 집행정지결정에 의하여 효력이 정지되는 처분이 당사자의 신청을 거부하는 것을 내용으로 하는 경우에는 그 처분을 행한 행정청은 집행정지결정의 취지에 따라 다시 이전의 신청에 대한 처분을 하여야 한다.

ㄹ. 집행정지의 결정에 대하여는 즉시항고할 수 있으며, 이 경우 집행정지의 결정에 대한 즉시항고에는 결정의 집행을 정지하는 효력이 없다.

① ㄱ, ㄷ
② ㄴ, ㄹ
③ ㄱ, ㄴ, ㄹ
④ ㄴ, ㄷ, ㄹ

23 행정소송법상 허용되는 행정소송의 종류를 모두 고른 것은? (다툼이 있으면 판례에 따름)

㉠ 공법상 신분·지위 확인소송
㉡ 행정청의 처분에 대하여 예방적으로 금지를 구하는 소송
㉢ 신청에 따른 처분에 대하여 절차의 위법을 이유로 하는 취소소송
㉣ 검사의 불기소처분에 대한 항고소송
㉤ 당사자소송에서의 가처분결정
㉥ 무효등확인소송에서의 집행정지결정
㉦ 부작위에 대한 의무이행소송

① ㉠㉣㉤㉥
② ㉢㉣㉥㉦
③ ㉡㉣㉤㉥
④ ㉠㉢㉤㉥

24 판례에 따르면, 처분사유의 추가·변경 시 기본적 사실관계 동일성을 긍정한 사례로 가장 적절한 것은?

· 22. 군무원 9급

① 석유판매업허가신청에 대하여, 주유소 건축예정 토지에 관하여 도시계획법령에 의거하여 행위제한을 추진하고 있다는 당초의 불허가처분 사유와, 항고소송에서 주장한 위 신청이 토지형질변경허가의 요건 불비 및 도심의 환경보전의 공익상 필요라는 사유
② 석유판매업허가신청에 대하여, 관할 군부대장의 동의를 얻지 못하였다는 당초의 불허가 사유와, 토지가 탄약창에 근접한 지점에 있어 공익적인 측면에서 보아 허가신청을 불허한 것은 적법하다는 사유
③ 온천으로서의 이용가치, 기존의 도시계획 및 공공사업에의 지장 여부 등을 고려하여 온천발견신고수리를 거부한 것은 적법하다는 사유와, 규정온도가 미달되어 온천에 해당하지 않는다는 사유
④ 이주대책신청기간이나 소정의 이주대책실시(시행)기간을 모두 도과하여 이주대책을 신청할 권리가 없고, 사업시행자가 이를 받아들여 택지나 아파트공급을 해 줄 법률상 의무를 부담한다고 볼 수 없다는 사유와, 사업지구 내 가옥 소유자가 아니라는 사유

25 다음 중 행정소송법상 집행정지에 대한 설명으로 가장 옳지 않은 것은? (단, 다툼이 있는 경우 판례에 의함)

① 행정처분의 집행정지는 행정처분집행 부정지의 원칙에 대한 예외로서 인정되는 일시적인 응급처분이라 할 것이므로 집행정지결정을 하려면 이에 대한 본안소송이 법원에 제기되어 계속중임을 요건으로 하는 것이므로 집행정지결정을 한 후에라도 본안소송이 취하되어 소송이 계속하지 아니한 것으로 되면 집행정지결정은 당연히 그 효력이 소멸되는 것이고 별도의 취소조치를 필요로 하는 것이 아니다.
② 행정소송법상 집행정지의 장애사유로서의 '공공복리에 중대한 영향을 미칠 우려'라 함은 일반적·추상적인 공익에 대한 침해의 가능성이 아니라 당해 처분의 집행과 관련된 구체적·개별적인 공익에 중대한 해를 입힐 개연성을 말하는 것으로서 이러한 집행정지의 소극적 요건에 대한 주장·소명책임은 행정청에게 있다.
③ 교도소장이 접견을 불허한 처분에 대하여 효력정지를 한다 하여도 이로 인하여 위 교도소장에게 접견의 허가를 명하는 것이 되는 것도 아니고 또 당연히 접견이 되는 것도 아니어서 접견허가거부처분에 의하여 생길 회복할 수 없는 손해를 피하는 데 아무런 보탬도 되지 아니하니 접견허가거부처분의 효력을 정지할 필요성이 없다.
④ 행정처분의 집행정지를 구하는 신청사건에서, 집행정지사건 자체에 의하여도 신청인의 본안청구가 적법한 것이어야 한다는 것을 집행정지의 요건에 포함시키는 것이 옳지 않다.

제11회 행정법총론 최종모의고사

01 행정입법에 대한 설명으로 옳지 않은 것은? (다툼이 있는 경우 판례에 의함)

① 법원이 법규명령이 위헌·위법인지를 심사하려면 '재판의 전제'를 요소로 하는데, 이는 구체적 사건이 법원에 계속 중이고, 위헌·위법인지가 문제된 조항이 해당 소송사건의 재판에 적용 되는 것으로, 그 조항이 위헌·위법인지에 따라 그 사건을 담당하는 법원이 다른 판단을 하게 될 것까지는 요하지 않는다.
② 행정입법이 위법하다는 대법원의 판결이 있는 경우에 해당 행정입법의 효력은 일반적으로 당해 사건에 한하여 적용되지 않는 것으로 본다.
③ 입법부·행정부·사법부에서 제정한 규칙이 별도의 집행행위를 기다리지 않고 직접 기본권을 침해하는 것일 때에는 모두 헌법소원심판의 대상이 될 수 있다.
④ 법규명령의 위헌·위법여부가 해석상 다툼이 없을 정도로 명백하지 않은 상태에서 이에 근거한 행정처분의 하자는 취소사유에 해당한다.

02 행정소송에 대한 설명으로 옳지 않은 것은? (다툼이 있는 경우 판례에 의함)

① 지방자치단체가 건축물을 건축하기 위하여 구 건축법 에 따라 미리 건축물의 소재지를 관할하는 허가권자인 다른 지방자치단체의 장과 건축협의를 한 경우, 허가권자인 지방자치단체의 장이 건축협의를 취소하는 행위는 항고소송의 대상이 되는 처분에 해당한다.
② 불특정 다수인에 대한 행정처분을 고시 또는 공고에 의하여 하는 경우에는 그 행정처분에 이해관계를 갖는 사람이 고시 또는 공고가 있었다는 사실을 현실적으로 알았는지 여부에 관계없이 고시 또는 공고가 효력을 발생한 날에 행정처분이 있음을 알았다고 보아야 한다.
③ 취소소송이 제기된 후에 피고를 경정하는 경우 제소기간의 준수 여부는 피고를 경정한 때를 기준으로 판단한다.
④ 구 도시 및 주거환경정비법 상 조합설립추진위원회 구성승인처분을 다투는 소송 계속 중 조합설립인가처분이 이루어진 경우 조합설립추진위원회 구성승인처분에 대하여 취소 또는 무효확인을 구할 법률상 이익이 없다.

03 공기업·준정부기관이 법령 또는 계약에 근거하여 선택적으로 입찰참가자격 제한 조치를 할 수 있는 경우에 대한 설명 중 옳지 않은 것은? (단, 다툼이 있는 경우 판례에 의함)

① 공기업·준정부기관이 법령 또는 계약에 근거하여 선택적으로 입찰참가자격 제한 조치를 할 수 있는 경우, 계약상대방에 대한 입찰참가자격 제한 조치가 법령에 근거한 행정처분인지 아니면 계약에 근거한 권리행사인지는 원칙적으로 의사표시의 해석 문제이다.
② 한국수력원자력 주식회사는 공공기관의 운영에 관한 법률에 따른 '공기업'으로 지정됨으로써 공공기관의 운영에 관한 법률 제39조 제2항에 따라 입찰참가자격제한처분을 할 수 있는 권한을 부여받았으므로 '법령에 따라 행정처분권한을 위임받은 공공기관'으로서 행정청에 해당한다.
③ 상위법령의 구체적 위임 없이 제정한 '공급자관리지침' 중 등록취소 및 그에 따른 일정 기간의 거래제한조치에 관한 규정들은 대외적 구속력이 없는 행정규칙에 해당한다.
④ 한국수력원자력 주식회사가 자신의 '공급자관리지침'에 근거하여 등록된 공급업체에 대하여 하는 '등록취소 및 그에 따른 일정 기간의 거래제한조치', '계약에 따른 제재조치'는 행정청이 행하는 구체적 사실에 관한 법집행으로서의 공권력의 행사인 '처분'에 해당한다.

04 기간의 계산에 대한 설명 중 옳은 것만을 모두 고른 것은?

> ㉠ 행정기본법상 행정에 관한 기간의 계산에 관하여는 행정기본법 또는 다른 법령등에 특별한 규정이 있는 경우를 제외하고는 「민법」을 준용한다.
> ㉡ 행정기본법상 법령등 또는 처분에서 국민의 권익을 제한하거나 의무를 부과하는 경우 권익이 제한되거나 의무가 지속되는 기간의 계산은 기간을 일, 주, 월 또는 연으로 정한 경우에는 기간의 첫날을 산입하지 아니한다.
> ㉢ 행정기본법상 법령등의 시행일을 정하거나 계산할 때, 법령등을 공포한 날부터 일정 기간이 경과한 날부터 시행하는 경우에는 법령등을 공포한 날을 첫날에 산입하지 아니한다.
> ㉣ 민원 처리에 관한 법률상 민원의 처리기간을 5일 이하로 정한 경우에는 민원의 접수시각부터 "시간" 단위로 계산하되, 공휴일과 토요일은 산입(算入)하지 아니한다. 이 경우 1일은 8시간의 근무시간을 기준으로 한다.
> ㉤ 민원 처리에 관한 법률상 민원의 처리기간을 민원의 처리기간을 6일 이상으로 정한 경우에는 "일" 단위로 계산하고 첫날을 산입하지 아니한다.
> ㉥ 공공기관의 정보공개에 관한 법률 제11조 제1항 및 제2항에 따른 정보공개 여부 결정기간은 "일" 단위로 계산하고 첫날을 산입하되, 공휴일과 토요일은 산입하지 아니한다.

① ㉠㉢㉣㉤
② ㉢㉣㉤㉥
③ ㉠㉢㉣㉥
④ ㉡㉢㉣㉥

05 보충행위 및 설권행위에 대한 다음 설명 중 옳은 것은?

① 국유재산 등의 관리청이 하는 행정재산의 사용·수익에 대한 허가는 순전히 사경제주체로서 행하는 사법상의 행위이므로 영조물 부설 주차장의 위탁관리용역운영계약에 따른 가산금지급채무는 민사소송으로 다투어야 한다.
② 기본행위인 임시이사들에 의한 이사선임결의의 내용 및 그 절차에 하자가 있다는 이유로 이사선임결의의 효력에 관하여 다툼이 있는 경우에는 행정쟁송을 통해 임원취임승인처분의 무효확인이나 그 취소를 구해야 할 것이다.
③ 설권행위는 출원이 필요하나, 이에 행정청이 적정한 행정으로 수정을 가한 뒤 출원과 다른 설권행위를 행하는, 즉 수정특허는 허용되지 않는다.
④ 구 도시 및 주거환경정비법에 따른 주택재건축정비사업조합이 수립한 사업시행계획이 인가·고시를 통해 확정된 후 쟁송방법은 인가된 사업시행계획에 대한 당사자소송이다.

06 긴급조치에 대한 대법원 판례의 내용으로 옳지 않은 것은?

① 헌법재판소에 의한 위헌심사의 대상이 되는 '법률'이란 '국회의 의결을 거친 이른바 형식적 의미의 법률'을 의미하고, 위헌심사의 대상이 되는 규범이 형식적 의미의 법률이 아닌 때에는 그와 동일한 효력을 갖는 데에 국회의 승인이나 동의를 요하는 등 국회의 입법권 행사라고 평가할 수 있는 실질을 갖춘 것이어야 한다.
② 유신헌법에 근거한 긴급조치는 국회의 입법권 행사라는 실질을 전혀 가지지 못한 것으로서, 헌법재판소의 위헌심판대상이 되는 '법률'에 해당한다고 할 수 없고, 긴급조치의 위헌 여부에 대한 심사권은 최종적으로 대법원에 속한다.
③ '유신헌법' 제53조에 근거하여 발령된 대통령 긴급조치 제1호는 그 발동 요건을 갖추지 못한 채 목적상 한계를 벗어나 국민의 자유와 권리를 지나치게 제한함으로써 헌법상 보장된 국민의 기본권을 침해한 것이므로, 위헌이다.
④ 긴급조치가 위헌인지 여부는 유신헌법 당시의 헌법과 법령에 근거하여야 한다. 따라서 유신헌법 제53조 제4항이 "긴급조치는 사법적 심사의 대상이 되지 아니한다."고 규정하고 있고, 긴급조치는 유신헌법에 근거한 것으로서 사법적 심사의 대상이 되지 아니하므로 그 위헌 여부를 다툴 수 없다.

07 법령보충적 행정규칙에 대한 설명으로 옳지 않은 것은? (단, 다툼이 있는 경우 판례에 의함)

• 21. 군무원 5급

① 재산제세사무처리규정이 국세청장의 훈령형식으로 되어 있다 하더라도 이에 의한 거래지정은 소득세법시행령의 위임에 따라 그 규정의 내용을 보충하는 기능을 가지면서 그와 결합하여 대외적 효력을 발생하게 된다 할 것이고 그 보충규정의 내용이 위 법령의 위임한계를 벗어났다는 등 특별한 사정이 없는 한 양도소득세의 실지거래가액에 의한 과세의 법령상의 근거가 된다.

② 사회적 변화에 대응한 입법수요의 급증과 종래의 형식적 권력분립주의로는 현대사회에 대응할 수 없다는 기능적 권력분립론 등을 감안하더라도, 의회가 구체적으로 범위를 정하여 위임한 사항에 관하여는 당해 행정기관이 법정립의 권한을 갖게 되고, 이 경우 입법자가 규율의 형식을 선택할 수는 없다.

③ 법령의 규정이 특정 행정기관에게 법령 내용의 구체적 사항을 정할 수 있는 권한을 부여하면서 권한행사의 절차나 방법을 특정하지 아니한 경우에는 수임 행정기관은 행정규칙이나 규정 형식으로 법령 내용이 될 사항을 구체적으로 정할 수 있다.

④ 행정규칙이 상위법령의 위임범위를 벗어난 경우에는 법규명령으로서 대외적 구속력을 인정할 여지는 없는데, 이는 행정규칙이나 규정 '내용'이 위임범위를 벗어난 경우뿐 아니라 상위법령의 위임규정에서 특정하여 정한 권한행사의 '절차'나 '방식'에 위배되는 경우도 마찬가지이므로, 상위법령에서 세부사항 등을 시행규칙으로 정하도록 위임하였음에도 이를 고시 등 행정규칙으로 정하였다면 그 역시 대외적 구속력을 가지는 법규명령으로서 효력이 인정될 수 없다.

08 판례에 의할 때 행정처분에 관한 설명으로서 타당하지 않은 것은?

① 지목변경신청거부행위나 지적공부 소관청이 직권으로 지목변경한 것에 대한 변경신청거부행위는 국민의 권리의무와 관련 없는 공적장부 기재행위로서 행정처분이 아니다.

② 행정청이 내리는 사실행위로서의 단수조치는 항고소송의 대상이 되는 행정처분이다.

③ 대규모시설이나 장비를 갖추어야 하는 사업 등에 있어 인허가에 앞서 사전에 요건의 일부를 심의하여 적정통보를 받은 자가 시설공사 등을 착수할 수 있게 하는 처분은 행정 내부적 중간행위가 아니라 그 자체로 독립한 행정처분이다.

④ 내인가를 받은 자의 본인가신청에 대하여 행정청이 내인가를 취소하였을 뿐 본인가 신청에 대하여는 별도의 처분을 하지 아니한 경우 그 내인가취소를 본인가 신청거부처분으로 본다.

09 공무원의 신분에 대한 판례의 내용으로 옳지 않은 것은?

① 인사규정 등에서 직위해제처분에 따른 효과로 승진·승급에 제한을 가하는 등의 법률상 불이익을 규정하고 있는 경우에는 직위해제처분을 받은 근로자는 이러한 법률상 불이익을 제거하기 위하여 그 실효된 직위해제처분에 대한 구제를 신청할 이익이 있다.
② 당연퇴직의 통보는 법률상 당연히 발생하는 퇴직사유를 공적으로 확인하여 알려주는 사실의 통보에 불과한 것이지 그 통보자체가 징계파면이나 직권면직과 같이 공무원의 신분을 상실시키는 새로운 형성적 행위는 아니므로 항고소송의 대상이 되는 독립한 행정처분이 될 수는 없다.
③ 학교법인 또는 사립학교 경영자는 교원소청심사위원회의 결정에 대하여 행정소송을 제기할 수 없다.
④ 직위해제처분은 당해 공무원에게 직위를 부여하지 아니함으로써 직무에 종사하지 못하도록 하는 잠정적이고 가처분적인 성격을 갖는 조치이므로, 징벌적 제재로서의 징계 등에서 요구되는 것과 같은 동일한 절차적 보장을 요구할 수는 없다.

10 다음 중 행정행위의 하자에 대한 내용으로 가장 옳지 않은 것은?(다툼이 있는 경우 판례에 의함)

• 21. 해경승진

① 무효인 행정행위에는 공정력, 불가쟁력이 인정되지 않는다.
② 적법한 건축물에 대한 철거명령은 그 하자가 중대하고 명백하여 당연무효이고 그 후행행위인 건축물철거 대집행계고처분 역시 당연무효이다.
③ 「경찰공무원법」에 규정되어 있는 경찰관임용결격사유는 경찰관으로 임용되기 위한 절대적인 소극적인 요건으로서 임용당시 경찰관임용결격사유가 있었다면 비록 임용권자의 과실에 의하여 임용결격자임을 밝혀내지 못하였다 하더라도 그 임용행위는 당연무효로 볼 수 없다.
④ 납세의무자가 부과된 세금을 자진납부하였다고 하더라도 세액산출근거 등의 기재사항이 누락된 납세고지서에 의한 과세처분의 하자는 치유되지 않는다.

11 행정행위의 무효와 취소에 관한 설명으로 옳지 않은 것은? (다툼이 있는 경우 판례에 의함)

① 법률관계나 사실관계에 대하여 그 법령의 규정을 적용할 수 없다는 법리가 명백히 밝혀지지 아니하여 해석에 다툼의 여지가 있는 때에는 과세관청이 이를 잘못 해석하여 과세처분을 하였더라도 그 하자는 명백하다고 할 수 없다.
② 위헌결정의 소급효가 인정된다고 하여 위헌인 법률에 근거한 행정처분이 당연무효가 된다고는 할 수 없고 오히려 이미 취소소송의 제기기간을 경과하여 확정력이 발생한 행정처분에는 위헌결정의 소급효가 미치지 않는다.
③ 법령 규정의 문언만으로는 처분 요건의 의미가 분명하지 아니하여 그 해석에 다툼의 여지가 있었더라도 이에 대한 법원이나 헌법재판소의 분명한 판단이 있었다면 합리적 근거 없이 이에 벗어난 행정처분의 하자는 당연무효이다.
④ 과세처분 이후 조세 부과의 근거가 되었던 법률 규정에 대해서만 위헌결정이 내려진 경우, 그 과세처분과는 별개의 후속 행정처분인 체납처분은 위법하다고 볼 수 없다.

12 다음 중 공법상 계약에 대한 설명으로 가장 적절하지 않은 것은? (다툼이 있는 경우 판례에 의함)

① 시·군조합의 설립은 당사자의 의사합치로 성립한다는 점에서 공법상 계약에 해당된다.
② 공법상 계약의 이행지체, 불완전이행 등 급부장애가 발생될 경우 민법상의 규정을 유추적용한다.
③ 공중보건의사 채용계약 해지의 의사표시에 대하여는 대등한 당사자 간의 소송형식인 공법상의 당사자소송으로 그 의사표시의 무효확인을 청구할 수 있는 것이지, 이를 항고소송의 대상이 되는 행정처분이라는 전제하에서 그 취소를 구하는 항고소송을 제기할 수는 없다.
④ 공법상 계약의 해지 및 그에 따른 환수통보에 있어서 행정청이 일방적인 의사표시로 자신과 상대방 사이의 법률관계를 종료시킨 경우, 이를 행정청이 우월한 지위에서 행하는 공권력의 행사로서 행정처분에 해당한다고 단정할 수 없다.

13 「행정기본법」제23조에 의하면 제재처분의 제척기간은 5년이다. 다음 중 법령등의 위반행위가 종료된 날부터 5년이 지나면 해당 위반행위에 대하여 제재처분을 할 수 없는 경우는?

① 거짓이나 그 밖의 부정한 방법으로 인허가를 받거나 신고를 한 경우
② 당사자가 인허가나 신고의 위법성을 알고 있었거나 경과실로 알지 못한 경우
③ 정당한 사유 없이 행정청의 조사·출입·검사를 기피·방해·거부하여 제척기간이 지난 경우
④ 제재처분을 하지 아니하면 국민의 안전·생명 또는 환경을 심각하게 해치거나 해칠 우려가 있는 경우

14 직접강제와 즉시강제에 대한 설명으로 가장 옳지 않은 것은?

① 직접강제와 즉시강제는 권력적 사실행위로서의 성격을 가지고 있다.
② 즉시강제의 목적과 침해되는 상대방의 권익 사이에는 비례관계가 유지되어야 한다.
③ 행정강제는 행정상 강제집행을 원칙으로 하므로 불법 게임물에 대해서도 관계당사자에게 수거·폐기를 명하고 그 불이행 시 직접강제 등 행정상 강제집행으로 나아가야 한다.
④ 즉시강제는 법치국가의 요청인 예측가능성과 법적 안정성에 반하고 기본권 침해의 소지가 큰 권력작용 이라는 비판이 존재한다.

15 행정질서벌(과태료)에 관한 다음 설명 중 가장 적절한 것은? (다툼이 있는 경우 판례에 의함)

① 행정질서벌인 과태료에 관한 일반법이 없으므로 형법총칙이 적용된다.
② 대법원은 행정형벌과 행정질서벌은 그 성질이나 목적을 달리하는 별개의 것이므로 행정질서벌인 과태료를 납부한 후에 형사처벌을 한다고 하여 이를 일사부재리의 원칙에 반하는 것이라고 할 수는 없다고 보고 있다.
③ 헌법재판소는 행정형벌과 행정질서벌은 서로 다른 성질의 행정벌이므로 동일 법규위반행위에 대하여 형벌을 부과 하면서 행정질서벌인 과태료까지 부과하였다 하더라도 이중처벌금지의 기본정신에 배치되는 것은 아니라고 보고 있다.
④ 행정질서벌 부과의 근거는 국가의 법령에 의하여야 하므로 지방자치단체의 조례에 근거하여 과태료를 부과할 수 없다.

16 국가배상과 관련한 판례의 태도로 옳지 않은 것은? ・12. 국가직 7급

① 토석채취공사 도중 경사지를 굴러 내린 암석이 가스저장시설을 충격하여 화재가 발생한 경우, 토지형질변경허가권자에게 허가 당시 사업자로 하여금 위해방지시설을 설치하게 할 의무는 없다.
② 인감증명사무를 처리하는 공무원은 인감증명이 타인과의 권리·의무에 관계되는 일에 사용되는 것을 예상하여 그 발급된 인감증명으로 인한 부정행위의 발생을 방지할 직무상의 의무가 있다.
③ 주민등록사무를 담당하는 공무원은 개명과 같은 사유로 주민등록상의 성명을 정정한 경우에는 반드시 본적지 관할관청에 그 변경사항을 통보하여 본적지의 호적관서로 하여금 그 정정사항의 진위를 재확인 할 수 있도록 할 직무상의 의무가 있다.
④ 국가 또는 지방자치단체가 법령이 정하는 상수원수 수질기준 유지의무를 다하지 못하고, 법령이 정하는 고도의 정수처리방법이 아닌 일반적 정수처리방법으로 수돗물을 생산·공급하였다는 사유만으로 그 수돗물을 마신 개인에 대하여 손해배상책임을 부담하지 않는다.

17 손실보상에 대한 설명으로 옳지 않은 것은? (다툼이 있는 경우 판례에 의함)

① 사업시행자에게 한 잔여지매수청구의 의사표시는 일반적으로 관할 토지수용위원회에 한 잔여지 수용청구의 의사표시로 볼 수 있다.
② 구 「하천법」의 시행으로 국유로 된 제외지 안의 토지에 대하여는 관리청이 그 손실을 보상하도록 규정하고 있는 동법 부칙 제2조 제1항에 의한 손실보상청구권은 공법상 권리이다.
③ 구 「공익사업을 위한 토지 등의 취득 및 보상에 관한 법률」의 관련 규정에 의하여 취득하는 어업피해에 관한 손실보상청구권은 민사소송의 방법으로 행사할 수는 없고 재결절차를 거치지 않은 채 곧바로 사업시행자를 상대로 손실보상을 청구하는 것도 허용되지 않는다.
④ 한국토지주택공사가 택지개발사업의 시행자로서 일정 기준을 충족하는 손실보상대상자들에 대하여 생활대책을 수립·시행하면서 직권으로 갑이 생활대책대상자에 해당하지 않는다는 결정을 하고 이에 대한 갑의 이의신청에 대하여 재심사 결과로도 생활대책대상자로 선정되지 않았다는 통보를 한 경우 그 재심사 결과의 통보는 독립한 행정처분이다.

18 甲은 乙 군수에게 「식품위생법」에 의한 일반음식점 영업신고를 하고 영업을 하던 중 청소년에게 주류를 판매하였다는 이유로 적발되었다. 관할 행정청인 乙 군수는 「식품위생법시행규칙」 [별표23] 행정처분기준에 따라 사전통지 등 적법절차를 거쳐 1회 위반으로 영업정지 2월의 제재처분을 하였다. 다음 설명 중 옳지 않은 것은? (다툼이 있는 경우 판례에 의함)

① 영업정지 2월의 처분에 대하여 甲이 행정심판을 제기한 경우 행정심판위원회는 심리한 결과 처분청이 경미하게 처분하였다고 판단되면 영업정지 3월의 처분으로 처분을 변경하는 재결을 내릴 수 있다.
② 甲이 취소소송을 제기하기 전 영업정지 2월의 처분이 종료한 경우로서 처분이 발해진 후 1년이 경과하여 후행 처분의 가중사유가 되지 않는 경우라면 甲은 취소소송을 제기할 협의의 소의 이익이 인정되지 않는다.
③ 甲이 제기한 행정심판에서 심리한 결과 처분이 부당하다고 인정되면 행정심판위원회는 재량행위임에도 처분의 일부를 감경하는 재결을 할 수 있다.
④ 행정심판의 경우에도 행정소송과 마찬가지로 처분사유의 추가 변경은 기본적 사실관계의 동일성이 있는 범위 내에서만 허용된다.

19 행정심판법 에 따른 행정심판기관이 아닌 특별행정심판기관에 의하여 처리되는 특별행정심판에 해당하는 것만을 모두 고르면? (다툼이 있는 경우 판례에 의함)
• 22. 국가직 7급

> ㄱ. 「국세기본법」상 조세심판
> ㄴ. 「도로교통법」상 행정심판
> ㄷ. 「국가공무원법」상 소청심사
> ㄹ. 「공익사업을 위한 토지 등의 취득 및 보상에 관한 법률」상 토지수용재결에 대한 이의신청

① ㄱ, ㄴ
② ㄱ, ㄷ, ㄹ
③ ㄴ, ㄷ, ㄹ
④ ㄱ, ㄴ, ㄷ, ㄹ

20 행정소송법 상 '법률상 이익'에 대한 설명으로 옳지 않은 것은? (다툼이 있는 경우 판례에 의함)

① 원천징수의무자에 대한 소득금액변동통지는 원천납세의무의 존부나 범위와 같은 원천납세의무자의 권리나 법률상 지위에 어떠한 영향을 준다고 할 수 없으므로 소득처분에 따른 소득의 귀속자는 법인에 대한 소득금액변동통지의 취소를 구할 법률상 이익이 없다.

② 교육부장관이 사학분쟁조정위원회의 심의를 거쳐 학교법인의 이사와 임시이사를 선임한 데 대하여 그 대학교의 교수협의회와 총학생회는 이사선임처분을 다툴 법률상 이익을 가지지만, 직원으로 구성된 노동조합은 법률상 이익을 가지지 않는다.

③ 채석허가를 받은 자로부터 영업양수 후 명의변경신고 이전에 양도인의 법위반사유를 이유로 채석허가가 취소된 경우, 양수인은 수허가자의 지위를 사실상 양수받았다고 하더라도 그 처분의 취소를 구할 법률상 이익을 가지지 않는다.

④ 사업의 양도행위가 무효라고 주장하는 자가 민사쟁송으로 양도·양수행위의 무효를 구함이 없이 사업양도·양수에 따른 허가관청의 지위승계 신고수리처분의 무효확인을 구할 경우, 그 법률상 이익이 있다.

21 다음 중 항고소송의 소의 이익에 대한 판례의 설명으로 가장 적절하지 않은 것은?

① 부령인 시행규칙 형식으로 정한 처분기준에서 제재적 행정처분을 받은 것을 가중사유나 전제요건으로 삼아 장래의 제재적 행정처분을 하도록 정하고 있는 경우, 선행처분인 제재적 행정처분을 받은 상대방이 그 처분에서 정한 제재기간이 경과하였다 하더라도 그 처분의 취소를 구할 법률상 이익이 있다.

② 권리보호의 필요성 유무를 판단할 때에는 국민의 재판청구권을 보장한 헌법 제27조 제1항의 취지와 행정처분으로 인한 권익침해를 효과적으로 구제하려는 「행정소송법」의 목적 등에 비추어 행정처분의 존재로 인하여 국민의 권익이 실제로 침해되고 있는 경우는 물론이고 권익침해의 구체적·현실적 위험이 있는 경우에도 이를 구제하는 소송이 허용되어야 한다는 요청을 고려하여야 한다.

③ 행정처분과 동일한 사유로 위법한 처분이 반복될 위험성이 있어 행정처분의 위법성 확인 내지 불분명한 법률문제에 대한 해명이 필요한 경우에는 취소를 구할 소의 이익을 인정할 수 있는데, 그 행정처분과 동일한 사유로 위법한 처분이 반복될 위험성이 있는 경우란 해당 사건의 동일한 소송당사자 사이에서 반복될 위험이 있는 경우만을 의미한다.

④ 행정처분의 무효확인 또는 취소를 구하는 소가 제소 당시에는 소의 이익이 있어 적법하였더라도, 소송 계속 중 처분청이 다툼의 대상이 되는 행정 처분을 직권으로 취소하면 그 처분은 효력을 상실하여 더 이상 존재하지 않는 것이므로, 존재하지 않는 그 처분을 대상으로 한 항고소송은 원칙적으로 소의 이익이 소멸하여 부적법하다.

22 행정소송에 대한 설명 중 옳지 않은 것은? (다툼이 있는 경우에는 판례에 의함)

① 국가기관이 다른 국가기관에 대하여 한 조치라도 그것이 일반국민에 대한 행정처분 등과 동등하다고 평가할 수 있을 정도로 권리의무에 직접적이고 구체적인 영향을 미치고 그 조치의 위법성을 제거할 다른 법적 수단이 없는 경우에는, 예외적으로 국가기관의 지위에서 그 조치를 한 국가기관을 상대로 법원에 소를 제기하여 다툴 수 있는 당사자능력과 당사자적격이 있다고 봄이 상당하다.

② 갑 시장이 감사원으로부터 감사원법 제32조에 따라 을에 대하여 징계의 종류를 정직으로 정한 징계 요구를 받게 되자 감사원에 징계 요구에 대한 재심의를 청구하였고, 감사원이 재심의청구를 기각하자 갑 시장이 감사원의 재심의결정 취소를 구하는 소를 제기한 사안에서, 감사원의 징계 요구와 재심의결정은 항고소송의 대상이 되는 행정처분이라고 할 수 없다.

③ 시·도 선거관리위원회 위원장은 국민권익위원회가 그에게 소속직원에 대한 중징계요구를 취소하라는 등의 조치요구를 한 것에 대해서 취소소송을 제기할 원고적격이 인정된다.

④ 국민권익위원회가 소방청장에게 인사와 관련하여 부당한 지시를 한 사실이 인정된다며 이를 취소할 것을 요구하기로 의결하고 그 내용을 통지한 것에 대하여, 소방청장은 기관소송으로 조치요구를 다투어야 하며 항고소송은 제기할 수 없다.

23 「행정소송법」상 취소소송에 대한 설명으로 옳지 않은 것은? (다툼이 있는 경우 판례에 의함)

• 22. 국가직 9급

① 대한민국에서 출생하여 오랜 기간 대한민국 국적을 보유하면서 거주한 재외동포는 사증발급 거부처분의 취소를 구할 법률상 이익이 있다.
② 국민권익위원회가 소방청장에게 일정한 의무를 부과하는 내용의 조치요구를 한 경우 소방청장은 조치요구의 취소를 구할 당사자능력 및 원고적격이 인정되지 않는다.
③ 임용지원자가 특별채용 대상자로서 자격을 갖추고 있고 유사한 지위에 있는 자에 대하여 정규교사로 특별채용한 전례가 있다 하더라도, 교사로의 특별채용을 요구할 법규상 또는 조리상의 권리가 있다고 할 수 없다.
④ 피해자의 의사와 무관하게 주민등록번호가 유출된 경우, 조리상 주민등록번호의 변경을 요구할 신청권을 인정함이 타당하다.

24 다음 사례에 대한 설명으로 옳은 것을 고르시오. (다툼이 있는 경우 판례에 의함)

• 22. 국가직 9급

> A시 시장은 식품접객업주 甲에게 청소년고용금지업소에 청소년을 고용하였다는 사유로 식품위생법령에 근거하여 영업정지 2개월 처분에 갈음하는 과징금부과처분을 하였고, 甲은 부과된 과징금을 납부하였다. 그러나 甲은 이후 과징금부과처분에 하자가 있음을 알게 되었다.

① 甲은 납부한 과징금을 돌려받기 위해 관할 행정법원에 과징금반환을 구하는 당시지소송을 제기할 수 있다.
② A시 시장이 과징금부과처분을 함에 있어 과징금부과통지서의 일부 기재가 누락되어 이를 이유로 甲이 관할 행정법원에 과징금부과처분의 취소를 구하는 소를 제기한 경우, A시 시장은 취소소송 절차가 종결되기 전까지 보정된 과징금부과처분 통지서를 송달하면 일부 기재 누락의 하자는 치유된다.
③ 「식품위생법」이 청소년을 고용한 행위에 대하여 영업허가를 취소하거나 6개월 이내의 기간을 정하여 그 영업의 전부 또는 일부를 정지하거나 영업소 폐쇄를 명할 수 있다고 하면서 행정처분의 세부기준은 총리령으로 위임한다고 정하고 있는 경우에, 총리령에서 정하고 있는 행정처분의 기준은 재판규범이 되지 못한다.
④ 甲이 자신은 청소년을 고용한 적이 없다고 주장하면서 제기한 과징금부과처분의 취소소송 계속 중에 A시 시장은 甲이 유통기한이 경과한 식품을 판매한 사실을 처분사유로 추가·변경할 수 있다.

25 행정심판에 대한 설명으로 옳지 않은 것은? (다툼이 있는 경우 판례에 의함) • 21. 국가직 7급

① 취소심판의 인용재결로서 취소재결, 변경재결, 변경명령재결을 할 수 있다.
② 당사자의 신청을 받아들이지 않은 거부처분이 재결에서 취소된 경우에 행정청은 재결 후에 발생한 새로운 사유를 내세워 다시 거부처분을 할 수 있다.
③ 정보공개명령재결은 행정심판위원회에 의한 직접처분의 대상이 된다.
④ 인용재결의 기속력은 피청구인과 그 밖의 관계 행정청에 미치고, 행정심판위원회의 간접강제 결정의 효력은 피청구인인 행정청이 소속된 국가·지방자치단체 또는 공공단체에 미친다.

제12회 행정법총론 최종모의고사

01 법률유보원칙에 대한 설명 중 옳지 않은 것은? (다툼이 있으면 판례에 의함)

① 법률이 자치적인 사항을 정관에 위임할 경우 원칙적으로 헌법상의 포괄위임입법금지원칙이 적용되지 않는다.
② 각 단체의 대의원의 정수 및 선임방법 등은 정관으로 정하도록 규정하고 있는 국가유공자등단체설립에관한법률 제11조는 국민의 권리와 의무의 형성에 관한 사항이나 국가의 통치조직과 작용에 관한 기본적이고 본질적인 사항이므로 법률유보 내지 의회유보의 원칙을 지켜야 할 영역이다.
③ 헌법재판소는 "사업시행인가 신청시 요구되는 토지등소유자의 동의정족수를 정하는 것은 국민의 권리와 의무의 형성에 관한 기본적이고 본질적인 사항으로 법률유보 내지 의회유보의 원칙이 지켜져야 할 영역이다."라고 판시하였다.
④ 납세의무자에게 조세의 납부의무 외에 과세표준과 세액을 계산하여 신고해야 하는 의무까지 부과하는 경우, 신고의무 이행에 필요한 기본적인 사항과 신고의무불이행 시 납세의무자가 입게 될 불이익 등은 납세의무를 구성하는 기본적, 본질적 내용으로서 법률로 정해야 할 사항에 해당한다.

02 행정법의 일반원칙과 관련한 판례의 태도로 옳은 것은?

① 연구단지 내 녹지구역에 위험물저장시설인 주유소와 LPG충전소 중에서 주유소는 허용하면서 LPG충전소를 금지하는 시행령 규정은 LPG충전소 영업을 하려는 국민을 합리적 이유 없이 자의적으로 차별하여 결과적으로 평등원칙에 위배된다는 것이 헌법재판소의 태도이다.
② 하자 있는 처분이 국민에게 권리나 이익을 부여하는 이른바 수익적 행정행위인 때에는 취소하여야 할 공익상 필요와 취소로 인하여 당사자가 입게 될 기득권과 신뢰보호 및 법률생활안정의 침해 등 불이익을 비교교량한 후 공익상 필요가 당사자가 입을 불이익을 정당화할 만큼 강하지 않아도 이를 취소할 수 있다는 것이 판례의 태도이다.
③ 숙박시설 건축허가 신청을 반려한 처분에 관해 학생들의 교육환경과 인근 주민들의 주거환경 보호라는 공익이 그 신청인이 잃게 되는 이익의 침해를 정당화 할 수 있을 정도로 크므로, 위 반려처분은 신뢰보호의 원칙에 위배되지 않는다는 것이 판례의 태도이다.
④ 옥외집회의 사전신고의무를 규정한 구 「집회 및 시위에 관한 법률」제6조 제1항 중 '옥외집회'에 관한 부분은 과잉금지원칙에 위배하여 집회의 자유를 침해하는 것으로 볼 수 있다는 것이 헌법재판소의 태도이다.

03 손실보상에 대한 설명으로 옳지 않은 것은? (다툼이 있는 경우 판례에 의함)

① 건물의 일부만 수용되어 잔여부분을 보수하여 사용할 수 있는 경우 그 건물 전체의 가격에서 수용된 부분의 비율에 해당하는 금액과 건물 보수비를 손실보상액으로 평가하여 보상하면 되고, 잔여 건물에 대한 가치하락까지 보상해야 하는 것은 아니다.
② 보상은 수용 또는 사용의 대상이 되는 물건별로 하는 것이 아니라 피보상자 개인별로 행하여지는 것이라고 할 것이어서 피보상자는 수용 대상물건 중 전부 또는 일부에 관하여 불복이 있는 경우 그 불복의 사유를 주장하여 행정소송을 제기할 수 있다.
③ 토지수용법에 의한 잔여지수용청구권은 그 요건을 구비한 때에는 토지수용위원회의 특별한 조치를 기다릴 것 없이 청구에 의하여 수용의 효과가 발생하는 형성권적 성질을 가지고, 그 행사기간은 제척기간으로서, 토지소유자가 그 행사기간 내에 잔여지수용청구권을 행사하지 아니하면 그 권리가 소멸한다.
④ 영업손실에 관한 보상에 있어서 영업의 폐지와 휴업의 구별 기준은 영업의 이전 가능성을 종합하여 판단한다.

04 공용수용에 관한 설명 중 옳지 않은 것은? (다툼이 있는 경우 판례에 의함)

① 공공의 이익에 도움이 되는 사업이라도 공익사업으로 실정법에 열거되어 있지 않은 사업은 공용수용이 허용될 수 없다.
② 헌법 제23조 제3항에서 규정하고 있는 공공필요의 개념은 공익성과 필요성이라는 요소로 구성되며, 공익성은 추상적인 공익 일반 또는 국가의 이익 이상의 중대한 공익을 요구하므로 기본권 일반의 제한사유인 공공복리보다 좁게 보는 것이 타당하다. 또한 공익성의 정도를 판단함에 있어서 공익사업이 대중을 상대로 하는 영업인 경우에는 그 사업 시설에 대한 대중의 이용·접근가능성도 아울러 고려하여야 한다.
③ 법이 공용수용할 수 있는 공익사업을 열거하고 있더라도 이는 공공성 유무를 판단하는 일응의 기준을 제시한 것에 불과하므로, 사업인정의 단계에서 개별적·구체적으로 공공성에 관한 심사를 하여야 한다.
④ 민간개발자가 공익성이 낮은 고급 골프장 사업의 시행을 위하여 다른 사람의 재산을 수용할 수 있도록 법이 규정하였더라도, 이는 행정기관의 승인과정에서 사업의 공익성 평가를 엄격하게 하지 않은 데 기인하는 것이므로 해당 법률조항 자체를 헌법 제23조 제3항에 위반하는 것으로 판단할 수는 없다.

05 행정규칙에 대한 설명으로 옳지 않은 것은? (단, 다툼이 있는 경우 판례에 의함)

① 어떠한 처분의 근거나 법적인 효과가 행정규칙에 규정되어 있다면, 그 처분이 행정규칙의 내부적 구속력에 의하여 상대방에게 권리의 설정 또는 의무의 부담을 명하거나 기타 법적인 효과를 발생하게 하는 등으로 그 상대방의 권리 의무에 직접 영향을 미치는 행위라도, 항고소송의 대상이 되는 행정처분에 해당한다고 볼 수 없다.

② 행정규칙은 적당한 방법으로 통보되고 도달하면 효력을 가지며, 반드시 국민에게 공포되어야만 하는 것은 아니다.

③ 행정규칙의 내용이 상위법령이나 법의 일반원칙에 반하는 것이라면 그것은 법질서상 당연무효이고 취소의 대상이 될 수 없다.

④ 행정규칙이 법령의 규정에 의하여 행정관청에 법령의 구체적 내용을 보충할 권한을 부여한 경우나 재량준칙이 그 정한 바에 따라 되풀이 시행되어 행정관행이 이룩되게 되면, 평등의 원칙이나 신뢰보호의 원칙에 따라 행정기관은 그 상대방에 대한 관계에서 그 규칙에 따라야 할 자기구속을 당하게 되는 경우에는 대외적 구속력이 인정되므로 헌법소원의 대상이 될 수 있다.

06 행정기본법상 부관에 대한 설명 중 옳지 않은 것은?

① 행정청은 처분에 재량이 있는 경우에는 부관(조건, 기한, 부담, 철회권의 유보 등을 말한다. 이하 이 조에서 같다)을 붙일 수 있다.

② 행정청은 처분에 재량이 있는 경우에는 법률에 근거가 있는 경우에 부관을 붙일 수 있다.

③ 행정청은 부관을 붙일 수 있는 처분이 1. 법률에 근거가 있는 경우 2. 당사자의 동의가 있는 경우 3. 사정이 변경되어 부관을 새로 붙이거나 종전의 부관을 변경하지 아니하면 해당 처분의 목적을 달성할 수 없다고 인정되는 경우의 어느 하나에 해당하는 경우에는 그 처분을 한 후에도 부관을 새로 붙이거나 종전의 부관을 변경할 수 있다.

④ 부관은 1. 해당 처분의 목적에 위배되지 아니할 것 2. 해당 처분과 실질적인 관련이 있을 것 3. 해당 처분의 목적을 달성하기 위하여 필요한 최소한의 범위일 것의 요건에 적합하여야 한다.

07 허가에 관한 다음 설명 중 옳은 것을 모두 고른 것은? (다툼이 있는 경우 판례에 의함)

ㄱ. 허가된 사업의 성질상 부당하게 짧은 기한을 정한 경우 그 기한은 그 허가의 조건의 존속기간을 정한 것이다.
ㄴ. 허가의 조건의 존속기간이 종료되기 전에 연장신청이 없이 허가기간이 만료된 경우 허가의 효력이 상실되었다고 보아서는 아니 된다.
ㄷ. 종전의 허가가 기한의 도래로 실효되었다고 하여도 종전 허가의 유효기간이 지나서 기간 연장을 신청하였다면 그 신청은 종전 허가의 유효기간을 연장하여 주는 행정처분을 구한 것으로 보아야 하지 종전 허가와는 별개로 새로운 허가를 내용으로 하는 행정처분을 구한 것으로 보아서는 아니 된다.
ㄹ. 행정절차법에 따르면 특정 영업의 허가 신청내용을 모두 그대로 인정하는 허가를 할 경우 그 허가처분의 근거와 이유를 제시하지 않아도 된다.

① ㄱ, ㄷ
② ㄱ, ㄹ
③ ㄴ, ㄷ
④ ㄷ, ㄹ

08 판례의 입장으로 옳지 않은 것은?

• 16. 지방직 9급

① 과세처분 이후 조세 부과의 근거가 되었던 법률규정에 대하여 위헌결정이 내려진 경우, 그 조세채권이 확정되었다 하더라도 위헌결정이 내려진 후 행하여진 체납처분은 당연무효이다.
② 토지수용위원회의 수용재결에 불복하여 취소소송을 제기하는 때에는 이의신청을 거친 경우에도 원칙적으로 수용재결을 한 지방토지수용위원회 또는 중앙토지수용위원회를 피고로 하여 수용재결의 취소를 구하여야 한다.
③ 정보통신매체를 이용하여 원격평생교육을 불특정 다수인에게 학습비를 받고 실시하기 위해 인터넷 침·뜸학습센터를 평생교육시설로 신고한 경우, 관할 행정청은 신고서 기재사항에 흠결이 없고 형식적 요건을 모두 갖추었더라도 신고대상이 된 교육이나 학습이 공익적 기준에 적합하지 않는다는 등의 실체적 사유를 들어 신고수리를 거부할 수 있다.
④ 하나의 납세고지서에 의하여 복수의 과세처분을 함께하는 경우에는 과세처분별로 그 세액과 산출근거 등을 구분하여 기재함으로써 납세의무자가 각 과세처분의 내용을 알 수 있도록 해야 한다.

09 행정행위의 효력에 대한 설명으로 옳지 않은 것은? (단, 다툼이 있는 경우 판례에 의함)

• 21. 군무원 7급

① 행정처분이 아무리 위법하다고 하여도 당연무효인 사유가 있는 경우를 제외하고는 아무도 그 하자를 이유로 무단히 그 효과를 부정하지 못한다.
② 공정력의 근거를 적법성의 추정으로 보아 행정행위의 적법성은 피고인 행정청이 아니라 원고측에 입증책임이 있다.
③ 민사소송에 있어서 어느 행정처분의 당연무효 여부가 선결문제로 되는 때에는 이를 판단하여 당연무효임을 전제로 판결할 수 있고 반드시 행정소송 등의 절차에 의하여 그 취소나 무효확인을 받아야 하는 것은 아니다.
④ 어떤 법률에 의하여 행정청으로부터 시정명령을 받은 자가 이를 위반한 경우 그 때문에 그 법률에서 정한 처벌을 하기 위하여는 그 시정 명령은 적법한 것이라야 한다.

10 〈보기〉의 행정행위의 하자와 행정소송 상호 간의 관계에 관한 설명으로 옳은 것을 모두 고른 것은?

〈 보 기 〉

ㄱ. 취소사유 있는 영업정지처분에 대한 취소소송의 제소기간이 도괴한 경우 처분의 상대방은 국가배상청구소송을 제기하여 재산상 손해의 배상을 구할 수 있다.
ㄴ. 취소사유 있는 과세처분에 의하여 세금을 납부한 자는 과세처분취소소송을 제기하지 않은 채 곧바로 부당이득반환청구소송을 제기하더라도 납부한 금액을 반환받을 수 있다.
ㄷ. 파면처분을 당한 공무원은 그 처분에 취소사유인 하자가 존재하는 경우 파면처분취소소송을 제기하여야 하고 곧바로 공무원지위확인소송을 제기할 수 없다.
ㄹ. 무효인 과세처분에 의하여 세금을 납부한 자는 납부한 금액을 반환받기 위하여 부당이득반환청구소송을 제기하지 않고 곧바로 과세처분무효확인소송을 제기할 수 있다.

① ㄱ, ㄴ
② ㄷ, ㄹ
③ ㄱ, ㄷ, ㄹ
④ ㄴ, ㄷ, ㄹ

11 행정처분의 이유제시에 대한 설명으로 옳은 것은? (다툼이 있는 경우 판례에 의함)

① 행정청은 침익적 행정처분의 경우에만 이유를 제시하여야 하고 수익적 행정처분의 경우에는 이유제시를 하지 않아도 무방하다.
② 교육부장관이 어떤 후보자를 상대적으로 총장 임용에 더 적합하다고 판단하여 임용제청하는 경우, 임용제청 행위 자체로서 「행정절차법」상 이유제시 의무를 다한 것이라 할 수 없다.
③ 행정청은 당사자가 신청 내용을 모두 그대로 인정하는 처분인 경우 처분 후 당사자가 요청하는 경우에는 그 근거와 이유를 제시하여야 한다.
④ 세액산출 근거가 기재되지 아니한 납세고지서에 의한 과세처분을 한 경우에는 늦어도 과세처분에 대한 불복 여부의 결정 및 불복신청에 편의를 줄 수 있는 상당한 기간 내에 보정행위를 하여야 그 하자가 치유된다.

12 「행정절차법」상 청문에 대한 설명으로 옳지 않은 것은? (다툼이 있는 경우 판례에 의함)

· 23. 국회사무처 9급 변형

① 행정청이 특히 침해적 행정처분을 할 때 그 처분의 근거 법령 등에서 청문을 실시하도록 규정하고 있다면, 「행정절차법」 등 관련 법령상 청문을 실시하지 않아도 되는 예외적인 경우에 해당하지 않는 한 반드시 청문을 실시하여야 한다.
② 행정청은 다수 국민의 이해가 상충되는 처분을 하려는 경우에 청문 주재자를 2명 이상으로 선정하여야 한다.
③ 행정청은 청문이 시작되는 날부터 7일 전까지 청문 주재자에게 청문과 관련한 필요한 자료를 미리 통지하여야 한다.
④ 청문 주재자는 독립하여 공정하게 직무를 수행하며, 그 직무수행을 이유로 본인의 의사에 반하여 신분상 어떠한 불이익도 받지 아니한다.

13 「국가배상법」상 국가배상에 대한 설명으로 옳지 않은 것은? (다툼이 있는 경우 판례에 의함)

• 24. 경찰간부후보

① 「경찰관 직무집행법」 제5조의 규정 내용이 형식상 경찰관에게 재량에 의한 직무수행권한을 부여한 것처럼 되어 있더라도 경찰관이 권한을 행사하여 필요한 조치를 하지 아니하는 것이 현저하게 불합리하다고 인정되는 경우에는 그러한 권한의 불행사는 위법하다.
② 국가배상책임은 공무원에 의한 가해행위의 태양이 확정될 수 있으면 성립되고 구체적인 행위자가 반드시 특정될 것을 요하지 않는다.
③ 「국가배상법」 제2조 제1항 단서는 '전투·훈련'뿐만 아니라 경찰공무원의 사고현장 교통정리와 같은 '일반 직무집행'의 경우에도 적용된다.
④ 경찰공무원인 피해자가 구 「공무원연금법」에 따라 공무상 요양비를 지급받는 것은 구 「국가배상법」 제2조 제1항 단서에서 정한 '다른 법령의 규정'에 따라 보상을 지급받는 것에 해당한다.

14 공공기관의 정보공개에 관한 법률에 대한 설명으로 옳지 않은 것은?

① 공공기관의 정보공개 담당자(정보공개 청구 대상 정보와 관련된 업무 담당자를 포함한다)는 정보공개 업무를 성실하게 수행하여야 하며, 공개 여부의 자의적인 결정, 고의적인 처리 지연 또는 위법한 공개 거부 및 회피 등 부당한 행위를 하여서는 아니 된다.
② 공공기관은 정보공개 청구가 1. 공개 청구된 정보가 공공기관이 보유·관리하지 아니하는 정보인 경우 2. 공개 청구의 내용이 진정·질의 등으로 공공기관의 정보공개에 관한 법률에 따른 정보공개 청구로 보기 어려운 경우의 어느 하나에 해당하는 경우로서 「민원 처리에 관한 법률」에 따른 민원으로 처리할 수 있는 경우에는 민원으로 처리할 수 있다.
③ 공공기관은 제7조 제1항에 따른 정보 등 공개를 목적으로 작성되어 이미 정보통신망 등을 통하여 공개된 정보를 청구하는 경우에는 해당 정보의 소재(所在)를 안내하고, 해당 청구를 종결 처리할 수 있다.
④ 정보공개에 관한 정책 수립 및 제도 개선에 관한 사항, 정보공개에 관한 기준 수립에 관한 사항 등을 심의·조정하기 위하여 국무총리 소속으로 정보공개위원회를 둔다.

15 개인정보 보호법상 개인정보 보호에 대한 설명으로 옳지 않은 것은? (다툼이 있는 경우 판례에 의함)

① 헌법재판소는 개인정보자기결정권을 사생활의 비밀과 자유, 일반적 인격권 등을 이념적 기초로 하는 독자적 기본권으로서 헌법에 명시되지 않은 기본권으로 보고 있다.
② 개인정보 보호법에는 개인정보 단체소송을 제기할 수 있는 단체에 대한 제한을 두고 있지 않으므로 법인격이 있는 단체라면 어느 단체든지 권리침해 행위의 금지·중지를 구하는 소송을 제기할 수 있다.
③ 개인정보처리자의 개인정보 보호법 위반행위로 손해를 입은 정보주체는 개인정보처리자에게 손해배상을 청구할 수 있고, 그 개인정보처리자는 고의 또는 과실이 없음을 입증하지 않으면 책임을 면할 수 없다.
④ 개인정보 보호법은 집단분쟁조정제도에 대하여 규정하고 있다.

16 취소소송의 인용판결 중 일부취소에 관한 설명으로 옳지 않은 것은? (다툼이 있으면 판례에 따름)

① 과징금부과처분이 법이 정한 한도액을 초과하여 위법할 경우 법원으로서는 그 전부를 취소할 수밖에 없고, 그 한도액을 초과한 부분이나 법원이 적정하다고 인정되는 부분을 초과한 부분만을 취소할 수 없다.
② 과세처분 취소소송에서 적법하게 부과될 세액이 산출되는 때에는 법원은 과세처분 전부를 취소할 것이 아니라 정당한 세액을 초과하는 부분만 취소하여야 한다.
③ 영업정지처분취소소송에서 일정기간의 영업정지가 정당하다고 판단되면 그 기간을 초과하는 부분만을 취소하여야 한다.
④ 수개의 위반행위에 대하여 하나의 과징금납부명령을 하였는데 수개의 위반행위 중 일부의 위반행위만이 위법하나 소송상 그 일부의 위반행위를 기초로 한 과징금액을 산정할 수 있는 자료가 없는 경우에는 하나의 과징금납부명령 전부를 취소할 수밖에 없다.

17 국가배상에 대한 설명으로 옳지 않은 것은?

① 시·도경찰청장 또는 경찰서장이 지방자치단체의 장으로부터 권한을 위탁받아 설치·관리하는 신호기의 하자로 인해 손해가 발생한 경우 국가배상법 제5조 소정의 배상책임의 귀속 주체는 국가뿐이다.
② 헌법재판소 재판관이 청구기간 내에 제기된 헌법소원심판청구 사건에서 청구기간을 오인하여 각하결정을 한 경우, 이에 대한 불복절차 내지 시정절차가 없는 때에는 배상책임의 요건이 충족되는 한 국가배상책임을 인정할 수 있다.
③ 영조물의 설치·관리자와 비용부담자가 다른 경우 피해자에게 손해를 배상한 자는 내부관계에서 그 손해를 배상할 책임이 있는 자에게 구상할 수 있다.
④ 군 복무 중 사망한 군인 등의 유족이 국가배상법에 따른 손해배상금을 지급받은 경우 그 손해배상금 상당 금액에 대해서는 군인연금법에서 정한 사망보상금을 지급받을 수 없다.

18 행정상 손실보상에 대한 설명으로 옳지 않은 것은? (다툼이 있는 경우 판례에 의함) · 20. 군무원 7급

① 수용에 따른 손실보상액 산정의 경우 헌법 제23조 제3항에 따른 정당한 보상이란 원칙적으로 피수용재산의 객관적인 재산가치를 완전하게 보상하여야 한다는 완진보상을 뜻한다.
② 공익사업을 위한 토지 등의 취득 및 보상에 관한 법률상 잔여지 수용청구를 받아들이지 않은 토지수용위원회의 재결에 대하여 토지소유자가 불복하여 제기하는 소송은 항고소송에 해당하여 토지수용위원회를 피고로 하여야 한다.
③ 공익사업을 위한 토지 등의 취득 및 보상에 관한 법률에 의한 보상합의는 공공기관이 사경제주체로서 행하는 사법상 계약의 실질을 가지는 것이다.
④ 공익사업으로 인하여 영업을 폐지하거나 휴업하는 자는 공익사업을 위한 토지 등의 취득 및 보상에 관한 법률상의 재결절차를 거치지 않은 채 곧바로 사업시행자를 상대로 손실 보상을 청구하는 것은 허용되지 않는다.

19 「행정심판법」에 의해 행정청이 행정심판위원회의 재결의 취지에 따라 재처분을 할 의무가 있음에도 그 의무를 이행하지 않은 경우에 행정심판위원회가 직접 처분을 할 수 있는 재결은?

① 당사자의 신청에 따른 처분을 절차가 부당함을 이유로 취소하는 재결
② 당사자의 신청을 거부한 처분의 이행을 명하는 재결
③ 당사자의 신청을 거부하는 처분을 취소하는 재결
④ 당사자의 신청을 거부하는 처분을 부존재로 확인하는 재결

20 행정심판법에 관한 설명으로 옳은 것은?

① 행정심판위원회는 당사자의 동의가 없더라도 심판청구의 신속하고 공정한 해결을 위하여 조정을 할 수 있다.
② 행정심판위원회는 사정재결시 그 재결의 주문에서 그 처분 또는 부작위가 위법하거나 부당하다는 것을 구체적으로 밝혀야 한다.
③ 집행정지로 목적을 달성할 수 있는 경우에도 임시처분이 허용된다.
④ 처분청이 심판청구기간을 법정기간보다 긴 기간으로 잘못 고지한 경우, 심판청구기간은 당해 처분이 있은 날부터 180일이 된다.

21 행정소송에 대한 설명으로 옳지 않은 것은? (다툼이 있는 경우 판례에 의함)

① 무효확인소송을 제기하였는데 해당 사건에서의 위법이 취소사유에 불과한 때, 법원은 취소소송의 요건을 충족한 경우 취소판결을 내린다.
② 행정청이 금전부과처분을 한 후 감액처분을 한 경우에 감액되고 남은 부분이 위법하다고 다투고자 할 때에는 감액처분자체를 항고소송의 대상으로 삼아야 한다.
③ 취소소송의 대상인 처분은 행정청이 행하는 구체적 사실에 관한 법집행행위이므로 불특정 다수인을 대상으로 하여 반복적으로 적용되는 일반적·추상적 규율은 원칙적으로 처분이 아니다.
④ 상대방이 있는 행정처분에 대하여 행정심판을 거치지 아니하고 바로 취소소송을 제기하는 경우 처분이 있음을 안 날이란 통지, 공고 기타의 방법에 의해 당해 행정처분이 있었다는 사실을 현실적으로 안 날을 의미한다.

22 다음 〈보기〉에 「행정소송법」상 법원이 직권으로 할 수 있는 사항을 있는 대로 고른 것은?

〈 보 기 〉

ㄱ. 처분변경으로 인한 소의 변경
ㄴ. 관련청구소송의 이송
ㄷ. 행정청의 소송참가
ㄹ. 집행정지
ㅁ. 처분 등에 관계되는 권한이 다른 행정청에 승계된 경우에 있어서 피고의 경정

① ㄱ
② ㄴ, ㄷ
③ ㄴ, ㄷ, ㄹ
④ ㄴ, ㄷ, ㄹ, ㅁ

23 항고소송의 대상이 되는 처분에 대한 판례의 입장으로 옳지 않은 것은? (단, 다툼이 있는 경우 판례에 의함)

① 법무사의 사무원 채용승인 신청에 대하여 소속 지방법무사회가 '채용승인을 거부'하는 조치 또는 일단 채용승인을 하였으나 법무사규칙 제37조 제6항을 근거로 '채용승인을 취소'하는 조치는 항고소송의 대상인 '처분'에 해당한다.
② 검찰총장의 경고처분은 검사징계법에 따른 징계처분이 아니기 때문에 항고소송의 대상이 되는 처분에 해당하지 않는다.
③ 법외노조 통보는 이미 법률에 의하여 법외노조가 된 것을 사후적으로 고지하거나 확인하는 행위가 아니라 그 통보로써 비로소 법외노조가 되도록 하는 형성적 행정처분에 해당한다.
④ 지방자치단체의 장이 공유재산 및 물품관리법에 근거하여 기부채납 및 사용·수익허가 방식으로 민간투자사업을 추진하는 과정에서 사업시행자를 지정하기 위한 전 단계에서 공모제안을 받아 일정한 심사를 거쳐 우선협상대상자를 선정하는 행위와 이미 선정된 우선협상대상자를 그 지위에서 배제하는 행위는 항고소송의 대상이 되는 행정처분에 해당한다.

24 항고소송의 판결에 대한 설명으로 옳은 것은? (다툼이 있는 경우 판례에 의함)

① 취소소송에서 법원은 사실심변론종결 당시에 존재하는 사실 및 법률상태를 기준으로 처분의 위법 여부를 판단하여야 한다.
② 행정소송법 제4조 제1호에서 취소소송을 행정청의 위법한 처분 등을 취소 또는 변경하는 소송으로 정의하고 있는데, 여기에서 '변경'은 소극적 변경뿐만 아니라 적극적 변경까지 포함하는 의미로 본다.
③ 처분의 취소소송에서 청구를 기각하는 확정판결의 기판력은 다시 그 처분에 대해 무효확인을 구하는 소송에 대해서는 미치지 않는다.
④ 거부처분의 무효확인판결에 따른 재처분의무를 이행하지 않는 경우에는 법원은 간접강제결정을 할 수 없다.

25 취소소송에서의 판결의 기속력에 대한 설명으로 가장 옳은 것은? • 20. 서울시 7급

① 처분청이 재처분을 하였더라도 기속력에 위반되는 경우에는 간접강제의 대상이 된다.
② 기속력은 취소소송의 인용판결은 물론 기각판결에 대하여도 인정된다.
③ 원고의 신청을 거부하는 처분에 대해 취소판결이 확정되면 기속력의 결과 행정청은 원고의 신청을 인용하는 처분을 하여야 한다.
④ 취소판결의 기속력은 판결의 주문에 대하여서만 발생 한다.

MUST 행정법총론
최종 모의고사
[해설편]

행정법총론 최종모의고사 정답 및 해설

2025 MUST 행정법총론 **최종모의고사**

01	02	03	04	05	06	07	08	09	10
③	①	②	①	③	②	②	④	①	③
11	12	13	14	15	16	17	18	19	20
①	④	③	①	③	④	①	①	①	④
21	22	23	24	25					
③	③	③	②	②					

01 ③

① (○)

> **행정기본법 제16조(결격사유)**
> ① 자격이나 신분 등을 취득 또는 부여할 수 없거나 인가, 허가, 지정, 승인, 영업등록, 신고 수리 등(이하 "인허가"라 한다)을 필요로 하는 영업 또는 사업 등을 할 수 없는 사유(이하 이 조에서 "결격사유"라 한다)는 법률로 정한다.

② (○) 행정기본법 제8조 제1항

③ (×) 사업시행인가 신청시 요구되는 토지등 소유자의 동의정족수를 정하는 것은 국민의 권리와 의무의 형성에 관한 기본적이고 본질적인 사항으로 법률유보 내지 의회유보의 원칙이 지켜져야 할 영역이다. 사업시행자를 지정한다는 면에서 같은 성격을 가지는 조합설립인가에 대해서는 조합설립인가 신청시 필요한 동의정족수에 관해 도시정비법에서 명문으로 규정(제16조 제1항)하고 있는 점을 보아도 토지등소유자가 사업시행인가를 신청하기 위해 얻어야 하는 동의정족수는 자치규약에 정할 것이 아니라 입법자가 스스로 결정하여야 할 사항이라 할 것이다(헌재결 2012.4.24, 2010헌바1).

④ (○) 법외노조 통보는 적법하게 설립된 노동조합의 법적 지위를 박탈하는 중대한 침익적 처분으로서 원칙적으로 국민의 대표자인 입법자가 스스로 형식적 법률로써 규정하여야 할 사항이고, 행정입법으로 이를 규정하기 위하여는 반드시 법률의 명시적이고 구체적인 위임이 있어야 한다. 그런데 노동조합 및 노동관계조정법 시행령은 법률의 위임 없이 법률이 정하지 아니한 법외노조 통보에 관하여 규정함으로써 헌법상 노동3권을 본질적으로 제한하고 있으므로 그 자체로 무효이다(대법원 2020.9.3, 2016두32992 전원합의체).

02 ①

① ㄱ(○), ㄴ(○), ㄷ(○), ㄹ(○)이 올바른 조합이다.

ㄱ (○) 사업양수에 의한 지위승계신고를 수리하는 허가관청의 행위는 단순한 양도·양수자 사이에 발생한 사법상의 사업양도의 법률효과에 의하여 양수자가 사업을 승계하였다는 사실의 신고를 접수하는 행위에 그치는 것이 아니라 실질에 있어서 양도자의 사업허가를 취소함과 아울러 양수자에 적법하게 사업을 할 수 있는 법규상 권리를 설정하여 주는 행위로서 사업허가자의 변경이라는 법률효과를 발생시키는 행위이므로 허가관청이 동법 제7조 제2항에 의한 사업양수에 의한 지위승계신고를 수리하는 행위는 행정처분에 해당한다(대법원 1993.6.8, 91누11544).

ㄴ (○) 사실상 영업이 양도·양수되었지만 아직 승계신고 및 그 수리처분이 있기 이전에는 여전히 종전의 영업자인 양도인이 영업허가자이고, 행정제재처분은 영업허가자인 양도인을 기준으로 판단하여 그 양도인에 대하여 행하여야 할 것이고, 한편 양도인이 그의 의사에 따라 양수인에게 영업을 양도하면서 양수인으로 하여금

영업을 하도록 허락하였다면 그 양수인의 영업 중 발생한 위반행위에 대한 행정적인 책임은 영업허가자인 양도인에게 귀속된다고 보아야 할 것이다(대법원 1995.2.24. 94누9146).

ㄷ. (O) 갑(양도인)과 을(양수인)이 사업양도양수계약을 체결하였으나 지위승계신고 이전에 갑에 대해 영업허가가 취소되었다면, 을(양수인)은 허가의 지위승계를 받을 수 없는 불이익이 발생하므로 취소소송을 청구할 법률상 이익이 인정된다(대법원 2003.7.11. 2001두).

ㄹ. (O) 사업양도·양수에 따른 허가관청의 지위승계신고의 수리는 적법한 사업의 양도·양수가 있었음을 전제로 하는 것이므로 그 수리대상인 사업양도·양수가 존재하지 아니하거나 무효인 때에는 수리를 하였다 하더라도 그 수리는 유효한 대상이 없는 것으로서 당연히 무효라 할 것이고, 사업의 양도행위가 무효라고 주장하는 양도자는 민사쟁송으로 양도·양수행위의 무효를 구함이 없이 막바로 허가관청을 상대로 하여 행정소송으로 위 신고수리처분의 무효확인을 구할 법률상 이익이 있다(대법원 2005.12.23., 2005두3554).

03 ②

① (×) 현행법상 수리를 요하는 신고는 「행정기본법」에, 수리를 요하지 않는 신고는 「행정절차법」에 이원화되어 규정되어 있다.

> 행정기본법 제34조(수리 여부에 따른 신고의 효력) 법령등으로 정하는 바에 따라 행정청에 일정한 사항을 통지하여야 하는 신고로서 법률에 신고의 수리가 필요하다고 명시되어 있는 경우(행정기관의 내부 업무 처리 절차로서 수리를 규정한 경우는 제외한다)에는 행정청이 수리하여야 효력이 발생한다.
>
> 행정절차법 제40조 (신고)
> ① 법령등에서 행정청에 일정한 사항을 통지함으로써 의무가 끝나는 신고를 규정하고 있는 경우 신고를 관장하는 행정청은 신고에 필요한 구비서류, 접수기관, 그 밖에 법령등에 따른 신고에 필요한 사항을 게시(인터넷 등을 통한 게시를 포함한다)하거나 이에 대한 편람을 갖추어 두고 누구나 열람할 수 있도록 하여야 한다.
> ② 제1항에 따른 신고가 다음 각 호의 요건을 갖춘 경우에는 신고서가 접수기관에 도달(발송×)된 때에 신고 의무가 이행된 것으로 본다.
>   1. 신고서의 기재사항에 흠이 없을 것
>   2. 필요한 구비서류가 첨부되어 있을 것
>   3. 그 밖에 법령등에 규정된 형식상(실질상×)의 요건에 적합할 것
> ③ 행정청은 제2항 각 호의 요건을 갖추지 못한 신고서가 제출된 경우에는 지체 없이 상당한 기간을 정하여 신고인에게 보완을 요구하여야 한다(요구 할 수 있다×).

② (O) 인·허가의제 효과를 수반하는 건축신고는 일반적인 건축신고와는 달리, 특별한 사정이 없는 한 행정청이 그 실체적 요건에 관한 심사를 한 후 수리하여야 하는 이른바 '수리를 요하는 신고'로 보는 것이 옳다(대법원 2011.1.20. 2010두14954 전원합의체).

③ (×) 구 유통산업발전법 제12조의2 제1항, 제2항, 제3항은 기존의 대규모점포의 등록된 유형 구분을 전제로 '대형마트로 등록된 대규모점포'를 일체로서 규제 대상으로 삼고자 하는 데 취지가 있고, 대규모점포의 개설 등록은 이른바 '수리를 요하는 신고'로서 행정처분에 해당한다(대법원 2015.11.19. 2015두295 전원합의체).

④ (×) 노동조합의 설립신고는 수리를 요하는 신고에 해당한다. ⇨ 노동조합 및 노동관계조정법이 행정관청으로 하여금 설립신고를 한 단체에 대하여 같은 법 제2조 제4호 각 목에 해당하는지를 심사하도록 한 취지가 노동조합으로서의 실질적 요건을 갖추지 못한 노동조합의 난립을 방지함으로써 근로자의 자주적이고 민주적인 단결권 행사를 보장하려는 데 있는 점을 고려하면, 행정관청은 해당 단체가 노동조합법 제2조 제4호 각 목에 해당하는지 여부를 실질적으로 심사할 수 있다(대법원 2014.4.10., 2011두6998).

04 ①

① (×) 중앙행정기관의 장이 정한 훈령·예규 및 고시 등 행정규칙은 상위법령의 위임이 있는 경우에는 행정기본법 상의 '법령'에 해당한다는 명문규정이 존재한다(행정기본법 제2조). 아울러 감사원규칙은 헌법에는 명문의 규정이 없지만 행정기본법 제2조에는 '법령'에 해당한다는 규정이 있다.

> **행정기본법 제2조(정의)** 이 법에서 사용하는 용어의 뜻은 다음과 같다.
> 1. "법령등"이란 다음 각 목의 것을 말한다.
>   가. 법령: 다음의 어느 하나에 해당하는 것
>   1) 법률 및 대통령령·총리령·부령
>   2) 국회규칙·대법원규칙·헌법재판소규칙·중앙선거관리위원회규칙 및 감사원규칙
>   3) 1) 또는 2)의 위임을 받아 중앙행정기관(「정부조직법」 및 그 밖의 법률에 따라 설치된 중앙행정기관을 말한다. 이하 같다)의 장이 정한 훈령·예규 및 고시 등 행정규칙
>   나. 자치법규: 지방자치단체의 조례 및 규칙

② (○) 행정처분이 법규성이 없는 내부지침 등의 규정에 위배된다고 하더라도 그 이유만으로 처분이 위법하게 되는 것은 아니고, 또 그 내부지침 등에서 정한 요건에 부합한다고 하여 반드시 그 처분이 적법한 것이라고 할 수도 없다(대법원 2018.6.15, 2015두40248).

③ (○) 어떠한 처분의 근거나 법적인 효과가 행정규칙에 규정되어 있다고 하더라도, 그 처분이 행정규칙의 내부적 구속력에 의하여 상대방에게 권리의 설정 또는 의무의 부담을 명하거나 기타 법적인 효과를 발생하게 하는 등으로 그 상대방의 권리 의무에 직접 영향을 미치는 행위라면, 이 경우에도 항고소송의 대상이 되는 행정처분에 해당한다(대법원 2002.7.26, 2001두3532).

④ (○) 행정기관이 소속 공무원이나 하급행정기관에 대하여 세부적인 업무처리절차나 법령의 해석·적용 기준을 정해 주는 '행정규칙'은 상위법령의 구체적 위임이 있지 않는 한 조직 내부에서만 효력을 가질 뿐 대외적으로 국민이나 법원을 구속하는 효력이 없다. 행정규칙이 이를 정한 행정기관의 재량에 속하는 사항에 관한 것인 때에는 그 규정 내용이 객관적 합리성을 결여하였다는 등의 특별한 사정이 없는 한 법원은 이를 존중하는 것이 바람직하다. 그러나 행정규칙의 내용이 상위법령이나 법의 일반원칙에 반하는 것이라면 법치국가원리에서 파생되는 법질서의 통일성과 모순금지 원칙에 따라 그것은 법질서상 당연무효이고, 행정내부적 효력도 인정될 수 없다. 이러한 경우 법원은 해당 행정규칙이 법질서상 부존재하는 것으로 취급하여 행정기관이 한 조치의 당부를 상위법령의 규정과 입법 목적 등에 따라서 판단하여야 한다(대법원 2020. 5. 28. 2017두66541).

05 ③

① (○) 자동차운수사업면허조건 등을 위반한 사업자에 대하여 행정청이 행정제재수단으로 사업 정지를 명할 것인지, 과징금을 부과할 것인지, 과징금을 부과키로 한다면 그 금액은 얼마로 할 것인지에 관하여 재량권이 부여되었다 할 것이므로 과징금부과처분이 법이 정한 한도액을 초과하여 위법할 경우 법원으로서는 그 전부를 취소할 수밖에 없고, 그 한도액을 초과한 부분이나 법원이 적정하다고 인정되는 부분을 초과한 부분만을 취소할 수 없다(대법원 1998.4.10, 98두2270).

② (○) 대법원 2001.2.9, 98두17593

③ (×) ㉠ 판단여지와 재량과의 구별 긍정설 : 전통적인 재량개념이 행위의 선택에 대해서만 인정되는 것과 달리, 판단여지는 행위요건에 관한 인식의 문제로서 법 해석의 문제이며, 행위효과결정에 관한 문제가 아니다. 재량은 입법자에 의하여 부여되는 것이나, 판단여지는 법원에 의해 인정된다는 점에서 판단여지와 재량을 구별한다.

㉡ 판단여지와 재량과의 구별 부정설 : 법규정의 일체성에 의해 요건 판단과 효과 선택의 문제를 구별하기

어렵고, 재량과 판단여지 모두 사법심사의 범위에 있어서는 차이가 없고 양자 모두 재판통제의 범위에서 제외된다는 점에서 재량과 구별되는 판단여지개념을 불필요하다고 보는 입장이다.
ⓒ 판 례 : 판례는 판단여지와 재량을 구별하지 않고 판단여지가 인정되는 분야를 재량의 문제로 보고 있다.
④ (O) 총포·도검·화약류 등 단속법령상 총포 등의 소지허가를 받을 수 있는 자격요건을 정하고 있는 규정은 없으나, 관할 관청의 총포 등 소지허가가 총포·도검·화약류단속법 제13조 제1항 소정의 결격자에 해당되지 아니하는 경우 반드시 허가를 하여야 하는 기속행위라고는 할 수 없고, 같은 법 제13조 제2항의 규정에 비추어 관할 관청에 총포 등 소지허가에 관한 재량권이 유보되어 있는 것이다(대법원 1993.5.14., 92도2179).

06 ②

① (O) 행정절차법은 침해를 받는 제3자에 대한 통지에 관한 직접적인 규정이 없다.
② (×) 행정절차법상 "당사자등"이란 행정청의 처분에 대하여 직접 그 상대가 되는 당사자, 행정청이 직권으로 또는 신청에 따라 행정절차에 참여하게 한 이해관계인을 말한다(행정절차법 제2조 제4호). 제3자인 이해관계인은 당사자등에 해당하지 않으면 사전통지나 청문의 당사자등이 될 수 없다.
③ (O) 행정처분의 상대방이 아닌 제3자는 일반적으로 처분이 있음을 바로 알 수 없으므로, 처분 등이 있음을 안 날로부터 진행되는 제소기간의 제한은 원칙적으로 받지 않는다. 그러나 제3자가 어떠한 경로로든 행정처분이 있었음을 알았을 때에는 그때부터 90일 이내에 소를 제기하여야 한다.
④ (O) 집행정지는 당사자의 신청과 직권에 의한다. 갑(甲)에 대한 건축허가에 의하여 법률상 이익을 침해 받은 인근주민 을(乙)이 취소소송을 제기한 경우 을은 소송당사자에 해당하므로 집행정지를 신청할 수 있다.

07 ②

①③ (O) 도시 및 주거환경정비법에 기초하여 주택재개발정비사업조합이 수립한 사업시행계획은 그것이 인가·고시를 통해 확정되면 이해관계인에 대한 구속적 행정계획으로서 독립된 행정처분에 해당하므로, 사업시행계획을 인가하는 행정청의 행위는 주택재개발정비사업조합의 사업시행계획에 대한 법률상의 효력을 완성시키는 보충행위에 해당한다(대법원 2010.12.9, 2009두4913).
② (×) 기본행위에 취소의 원인이 있는 경우에는 인가가 있은 후에도 취소할 수 있다. 따라서 인가가 있다고 하여 기본행위의 하자가 치유되는 것이 아니다. 따라서 甲이 수립한 기본행위인 사업시행계획에 하자가 있다면 이에 대한 A의 인가가 있다고 하더라도, 甲이 수립한 사업시행계획의 하자는 치유되지 않는다.
④ (O) 기본행위의 하자를 이유로 위법사유가 없는 인가에서 취소소송이나 무효등확인소송 같은 항고소송을 제기할 수는 없다. 따라서 甲이 수립한 기본행위인 사업시행계획에 하자가 있다면, 이를 다투기 위해 기본행위인 사업시행계획에 대하여 무효확인이나 취소를 구하여야 한다.

08 ④

④ ㄴ, ㄷ, ㄹ이 옳다.
ㄱ. (×) 甲이 위 부담을 불이행하였다면 乙시장은 이를 이유로 사업계획승인을 철회할 수 있다. 그러나 기부채납의무는 비대체적 의무라서 그 불이행에 대해 행정대집행을 할 수는 없다.
ㄴ. (O) 부담은 부담에 의해 부과된 의무를 상대방이 불이행한 경우 행정행위의 취소(철회)사유에 해당하는 것이지, 행정행위의 효력이 당연히 상실하는 것은 아님 ⇨ 해제조건부 행정행위는 조건성취에 의해 그 효력을 상실하지만 부담부 행정행위는 상대방이 의무를 이행하지 않은 경우에도 당연히 그 효력이 소멸되지 않는다. 다만, 부담부 행정처분에 있어서 처분의 상대방이 부담을 이행하지 아니한 경우에 처분행정청으로서는 이를 들어 당해 처분을 취소(철회)할 수 있는 것이다(대법원 1989.10.24, 89누2431).
ㄷ. (O) 행정청이 수익적 행정처분을 하면서 부관으로 부담을 붙이는 방법 ⇨ 행정청이 수익적 행정처분을 하면서 부담을 일방적으로 부가할 수도 있지만 상대방과 협의하여 협약의 형식으로 할 수 있음 ⇨ 수익적 행정처

분에 있어서는 법령에 특별한 근거규정이 없다고 하더라도 그 부관으로서 부담을 붙일 수 있고, 그와 같은 부담은 행정청이 행정처분을 하면서 일방적으로 부가할 수도 있지만 부담을 부가하기 이전에 상대방과 협의하여 부담의 내용을 협약의 형식으로 미리 정한 다음 행정처분을 하면서 이를 부가할 수도 있다(대법원 2009.2.12. 2005다65500).

ㄹ. (O) 기속행위나 기속적 재량행위에 붙인 부관의 효력은 당연무효 ⇨ 건축허가를 하면서 일정 토지를 기부채납하도록 하는 내용의 허가조건은 부관을 붙일 수 없는 기속행위 내지 기속적 재량행위인 건축허가에 붙인 부담이거나 또는 법령상 아무런 근거가 없는 부관이어서 무효이다(대법원 1995.6.13., 94다56883).

09 ①

① (×) 민사소송에 있어서 어느 행정처분의 당연무효 여부가 선결문제로 되는 때에는 당해 소송의 수소법원인 민사법원은 행정소송 등의 절차에서 행정처분의 무효나 취소가 없어도 행정처분의 무효여부를 민사법원 스스로 선결심사하여 민사사건에 대하여 판결을 내릴 수 있다. 그러나 행정법원이 아닌 민사법원은 그 행정처분의 무효확인판결을 할 수는 없다.

② (O) 공정력의 객관적 범위에 속하는 행정행위의 하자가 취소사유에 불과한 때에는 그 처분이 취소되지 않는 한 처분의 효력을 부정하여 그로 인한 이득을 법률상 원인 없는 이득이라고 말할 수 없는 것이다(대법원 1994.11.11, 94다28000).

③ (O) 소방시설 설치유지 및 안전관리에 관한 법률 제9조에 의한 소방시설 등의 설치 또는 유지·관리에 대한 명령을 정당한 사유 없이 위반한 자는 같은 법 제48조의2 제1호에 의하여 행정형벌에 처해지는데, 위 명령이 행정처분으로서 하자가 있어 무효인 경우에는 명령에 따른 의무위반이 생기지 아니하므로 행정형벌을 부과할 수 없다(대법원 2011.11.10, 2011도11109).

④ (O) 기판력은 각하판결에서는 인정되지 않고, 기각판결과 인용판결에서 인정 됨 ⇨ 일반적으로 행정처분이나 행정심판재결이 불복기간의 경과로 인하여 확정될 경우, 그 확정력은 그 처분으로 인하여 법률상 이익을 침해받은 자가 당해 처분이나 재결의 효력을 더이상 다툴 수 없다는 의미일 뿐, 더 나아가 판결에 있어서와 같은 기판력이 인정되는 것은 아니어서 그 처분의 기초가 된 사실관계나 법률적 판단이 확정되고 당사자들이나 법원이 이에 기속되어 모순되는 주장이나 판단을 할 수 없게 되는 것은 아니다(대법원 1994.11.8. 93누21927).

10 ③

① (O) 대법원 1995.1.20. 94누6529

② (O) 처분이 주체·내용·절차와 형식의 요건을 모두 갖추고 외부에 표시된 경우에는 처분의 존재가 인정된다. 행정의사가 외부에 표시되어 행정청이 자유롭게 취소·철회할 수 없는 구속을 받게 되는 시점에 처분이 성립하고, 그 성립 여부는 행정청이 행정의사를 공식적인 방법으로 외부에 표시하였는지를 기준으로 판단해야 함 ⇨ 법무부장관의 입국금지결정은 법무부장관의 의사가 공식적인 방법으로 외부에 표시된 것이 아니기 때문에 항고소송의 대상이 되는 '처분'에 해당하지 않는다(대법원 2019.7.11. 2017두38874).

③ (×) 법무사의 사무원 채용승인 신청에 대하여 소속 지방법무사회가 '채용승인을 거부'하는 조치 또는 일단 채용승인을 하였으나 법무사규칙 제37조 제6항을 근거로 '채용승인을 취소'하는 조치는 공법인인 지방법무사회가 행하는 구체적 사실에 관한 법집행으로서 공권력의 행사 또는 그 거부에 해당하므로 항고소송의 대상인 '처분'이라고 보아야 한다(대법원 2020.4.9. 2015다34444).

④ (O) 대법원 2019.1.10. 2017두43319

11 ①

① (×) 행정처분과 형벌은 각각 그 권력적 기초, 대상, 목적이 다르다. 일정한 법규 위반 사실이 행정처분의 전제사실이자 형사법규의 위반 사실이 되는 경우에 동일한 행위에 관하여 독립적으로 행정처분이나 형벌을 부과하거나 이를 병과할 수 있다. 법규가 예외적으로 형사소추 선행 원칙을 규정하고 있지 않은 이상 **형사판결 확정에 앞서 일정한 위반사실을 들어 행정처분을 하였다고 하여 절차적 위반이 있다고 할 수 없다**(대판 2017. 6. 19. 2015두59808).

② (○) 여러 처분사유에 관하여 하나의 제재처분을 하였을 때 그중 일부가 인정되지 않는다고 하더라도 나머지 처분사유들만으로도 처분의 정당성이 인정되는 경우에는 그 처분을 위법하다고 보아 취소하여서는 아니 된다.

행정청이 여러 개의 위반행위에 대하여 하나의 제재처분을 하였으나, 위반행위별로 **제재처분의 내용을 구분하는 것이 가능하고 여러 개의 위반행위 중 일부의 위반행위에 대한 제재처분 부분만이 위법하다면, 법원은 제재처분 중 위법성이 인정되는 부분만 취소하여야 하고 제재처분 전부를 취소하여서는 아니 된다**(대법원 2020. 5. 14. 2019두63515).

③ (○)

> **행정기본법 제14조(법 적용의 기준)**
> ① 새로운 법령등은 법령등에 특별한 규정이 있는 경우를 제외하고는 그 법령등의 효력 발생 전에 완성되거나 종결된 사실관계 또는 법률관계에 대해서는 적용되지 아니한다.
> ② 당사자의 신청에 따른 처분은 법령등에 특별한 규정이 있거나 처분 당시의 법령등을 적용하기 곤란한 특별한 사정이 있는 경우를 제외하고는 처분 당시의 법령등에 따른다.
> ③ 법령등을 위반한 행위의 성립과 이에 대한 제재처분은 법령등에 특별한 규정이 있는 경우를 제외하고는 법령등을 위반한 행위 당시의 법령등에 따른다. 다만, **법령등을 위반한 행위 후 법령등의 변경에 의하여 그 행위가 법령등을 위반한 행위에 해당하지 아니하거나 제재처분 기준이 가벼워진 경우로서 해당 법령등에 특별한 규정이 없는 경우에는 변경된 법령등을 적용한다.**

④ (○) 행정법규 위반에 대한 제재조치(예 : 영업정지처분)는 행정목적의 달성을 위하여 행정법규 위반이라는 **객관적 사실에 착안하여 가하는 제재**이므로, 반드시 현실적인 행위자가 아니라도 법령상 책임자로 규정된 자에게 부과되고, 특별한 사정이 없는 한 위반자에게 **고의나 과실이 없더라도 부과할 수 있다**(대법원 2017. 5. 11. 2014두8773).

12 ④

① (○) 직접 명령이나 강제를 하지 않고 조세감면이나 보조금 지급 등을 통해 유도하는 유도적 행정계획과, 장래의 경제나 사회발전의 추세와 전망 및 각종 자료와 정보를 담은 정보제공적 행정계획은 비구속적 행정계획이다.

② (○) 산업단지개발계획상 산업단지 안의 토지 소유자로서 산업단지개발계획에 적합한 시설을 설치하여 입주하려는 자는 산업단지지정권자 또는 그로부터 권한을 위임받은 기관에 대하여 산업단지개발계획의 변경을 요청할 수 있는 법규상 또는 조리상 신청권이 있고, 이러한 신청에 대한 거부행위는 항고소송의 대상이 되는 행정처분에 해당한다고 보아야 한다(대법원 2017.8.29. 2016두44186).

③ (○) 행정절차법 제40조의4

④ (×) 도시계획법 제12조 소정의 도시계획결정이 고시되면 도시계획구역안의 토지나 건물 소유자의 토지형질변경, 건축물의 신축, 개축 또는 증축 등 권리행사가 일정한 제한을 받게 되는바 이런 점에서 볼 때 고시된 도시계획결정은 특정 개인의 권리 내지 법률상의 이익을 개별적이고 구체적으로 규제하는 효과를 가져오게 하는 행정청의 처분이라 할 것이고, 이는 행정소송의 대상이 되는 것이라 할 것이다(대법원 1982.3.9., 80누105).

13 ③

① (×) 행정청의 관할이 분명하지 아니한 경우에는 해당 행정청을 공통으로 감독하는 상급 행정청이 그 관할을 결정하며, 공통으로 감독하는 상급 행정청이 없는 경우에는 각 상급 행정청이 협의하여 그 관할을 결정한다 (행정절차법 제6조).

② (×) 제재적 행정처분의 기준이 부령의 형식으로 규정되어 있더라도 그것은 행정청 내부의 사무처리준칙을 규정한 것에 지나지 않아 대외적으로 국민이나 법원을 기속하는 효력이 없으므로, 당해 처분의 적법 여부는 위 처분기준만이 아니라 관계 법령의 규정 내용과 취지에 따라 판단하여야 한다. 따라서 그 처분기준에 부합한다 하여 곧바로 당해 처분이 적법한 것이라고 할 수는 없지만, 위 처분기준이 그 자체로 헌법 또는 법률에 합치되지 않거나 그 기준을 적용한 결과가 처분사유인 위반행위의 내용 및 관계 법령의 규정과 취지에 비추어 현저히 부당하다고 인정할 만한 합리적인 이유가 없는 한, 섣불리 그 기준에 따른 처분이 재량권의 범위를 일탈하였다거나 재량권을 남용한 것이라고 판단해서는 안 된다. 또한, 행정처분에 있어 수개의 처분사유 중 일부가 적법하지 않다고 하더라도 다른 처분사유로써 그 처분의 정당성이 인정되는 경우에는 그 처분을 위법하다고 할 수 없다(대법원 2013. 10. 24. 2013두963).

③ (○)

> **행정절차법 제22조(의견청취)**
> ① 행정청이 처분을 할 때 다음 각 호의 어느 하나에 해당하는 경우에는 청문을 한다.
> 　1. 다른 법령등에서 청문을 하도록 규정하고 있는 경우
> 　2. 행정청이 필요하다고 인정하는 경우
> 　3. 다음 각 목의 처분을 하는 경우
> 　　가. 인허가 등의 취소
> 　　나. 신분·자격의 박탈
> 　　다. 법인이나 조합 등의 설립허가의 취소

④ (×) ㉠ 국가공무원법상 직위해제처분은 구 행정절차법 제3조 제2항 제9호, 동법 시행령 제2조 제3호에 의하여 당해 행정작용의 성질상 행정절차를 거치기 곤란하거나 불필요하다고 인정되는 사항 또는 행정절차에 준하는 절차를 거친 사항에 해당하므로, 처분의 사전통지 및 의견청취 등에 관한 행정절차법의 규정이 별도로 적용되지 아니한다고 봄이 상당하다(대법원 2014.5.16., 2012두26180).
㉡ 공무원 인사관계 법령에 의한 처분은 행정절차를 거치기 곤란하거나 불필요하다고 인정되는 처분이나 행정절차에 준하는 절차를 거치도록 하고 있는 처분의 경우에만 행정절차법의 적용을 배제 ⇨ 군인사법령에 의하여 진급예정자명단에 포함된 자에 대하여 의견제출의 기회를 부여하지 아니한 채 진급선발을 취소하는 처분은 위법하다(대법원 2007.9.21., 2006두20631).

14 ①

① (×) 사전구제절차로서 과세전적부심사 제도가 가지는 기능과 이를 통해 권리구제가 가능한 범위, 이러한 제도가 도입된 경위와 취지, 납세자의 절차적 권리 침해를 효율적으로 방지하기 위한 통제방법과 더불어, 헌법 제12조 제1항에서 규정하고 있는 적법절차의 원칙은 형사소송절차에 국한되지 아니하고, 세무공무원이 과세권을 행사하는 경우에도 마찬가지로 준수하여야 하는 점(대법원 2016. 4. 15. 선고 2015두52326 판결 등 참조) 등을 고려하여 보면, 국세기본법 및 국세기본법 시행령이 과세전적부심사를 거치지 않고 곧바로 과세처분을 할 수 있거나 과세전적부심사에 대한 결정이 있기 전이라도 과세처분을 할 수 있는 예외사유로 정하고 있다는 등의 특별한 사정이 없는 한, 과세예고 통지 후 과세전적부심사 청구나 그에 대한 결정이 있기도 전에 과세처분을 하는 것은 원칙적으로 과세전적부심사 이후에 이루어져야 하는 과세처분을 그보다 앞서 함으로써 과세전적부심사 제도 자체를 형해화시킬 뿐만 아니라 과세전적부심사 결정과 과세처분 사이의 관계 및 그

불복절차를 불분명하게 할 우려가 있으므로, 그와 같은 과세처분은 납세자의 절차적 권리를 침해하는 것으로서 그 절차상 하자가 중대하고도 명백하여 무효라고 할 것이다(대법원 2016. 12. 27. 2016두49228).
② (○) 국유재산 무단 점유자에 대하여 변상금을 부과함에 있어서 그 납부고지서에 일정한 사항을 명시하도록 요구한 위 시행령의 취지와 그 규정의 강행성 등에 비추어 볼 때, 처분청이 변상금 부과처분을 함에 있어서 그 납부고지서 또는 적어도 사전통지서에 그 산출근거를 밝히지 아니하였다면 위법한 것이고, 위 시행령 제26조, 제26조의2에 변상금 산정의 기초가 되는 사용료의 산정방법에 관한 규정이 마련되어 있다고 하여 산출근거를 명시할 필요가 없다거나, 부과통지서 등에 위 시행령 제56조를 명기함으로써 간접적으로 산출근거를 명시하였다고는 볼 수 없다(대법원 2001. 12. 14. 2000두86).
③ (○) 대법원 1998. 6. 26. 96누12634
④ (○) 대법원 1983. 7. 26. 82누420

15 ③

① (○) 공공기관의 정보공개에 관한 법률 제9조 제1항 제6호 본문은 "해당 정보에 포함되어 있는 성명·주민등록번호 등 개인에 관한 사항으로서 공개될 경우 사생활의 비밀 또는 자유를 침해할 우려가 있다고 인정되는 정보"를 비공개대상정보의 하나로 규정하고 있다. 여기에서 말하는 **비공개대상정보에는 성명·주민등록번호 등 '개인식별정보'**뿐만 아니라 그 외에 정보의 내용에 따라 '개인에 관한 사항의 공개로 인하여 개인의 내밀한 내용의 비밀 등이 알려지게 되고, 그 결과 인격적·정신적 내면생활에 지장을 초래하거나 자유로운 사생활을 영위할 수 없게 될 위험성이 있는 정보'도 포함된다. 따라서 불기소처분 기록이나 내사기록 중 피의자신문조서 등 조서에 기재된 피의자 등의 인적사항 이외의 진술내용 역시 개인의 사생활의 비밀 또는 자유를 침해할 우려가 인정되는 경우에는 위 비공개대상정보에 해당한다(대법원 2017.9.7. 2017두44558).
② (○) 대법원 2017.9.7. 2017두44558
③ (×) 공공기관의 정보공개에 관한 법률 제9조 제1항 제4호는 '수사에 관한 사항으로서 공개될 경우 그 직무수행을 현저히 곤란하게 한다고 인정할 만한 상당한 이유가 있는 정보'를 비공개대상정보의 하나로 규정하고 있다. 그 취지는 수사의 방법 및 절차 등이 공개되어 수사기관의 직무수행에 현저한 곤란을 초래할 위험을 막고자 하는 것으로서, 수사기록 중의 의견서, 보고문서, 메모, 법률검토, 내사자료 등이 이에 해당하나, **공개청구대상인 정보가 의견서 등에 해당한다고 하여 곧바로 정보공개법 제9조 제1항 제4호에 규정된 비공개대상정보라고 볼 것은 아니고, 의견서 등의 실질적인 내용을 구체적으로 살펴 수사의 방법 및 절차 등이 공개됨으로써 수사기관의 직무수행을 현저히 곤란하게 한다고 인정할 만한 상당한 이유가 있어야만 위 비공개대상정보에 해당**한다. 여기에서 '공개될 경우 그 직무수행을 현저히 곤란하게 한다고 인정할 만한 상당한 이유가 있는 정보'란 당해 정보가 공개될 경우 수사 등에 관한 직무의 공정하고 효율적인 수행에 직접적이고 구체적으로 장애를 줄 고도의 개연성이 있고 그 정도가 현저한 경우를 의미하며, 여기에 해당하는지는 비공개에 의하여 보호되는 업무수행의 공정성 등의 이익과 공개에 의하여 보호되는 국민의 알권리의 보장과 수사절차의 투명성 확보 등의 이익을 비교·교량하여 구체적 사안에 따라 신중히 판단하여야 한다(대법원 2017.9.7. 2017두44558).
④ (○) 모든 국민은 정보의 공개를 청구할 권리를 가진다고 하면서(제5조 제1항) 비공개대상정보에 해당하지 않는 한 공공기관이 보유·관리하는 정보는 공개 대상이 된다고 규정하고 있을 뿐(제9조 제1항) 정보공개 청구권자가 공개를 청구하는 정보와 어떤 관련성을 가질 것을 요구하거나 정보공개청구의 목적에 특별한 제한을 두고 있지 아니하므로 **정보공개 청구권자의 권리구제 가능성 등은 정보의 공개 여부 결정에 아무런 영향을 미치지 못한다**(대법원 2017.9.7. 2017두44558).

16 ④

① (×) 주택건설촉진법 제38조 제2항은 공동주택 및 부대시설·복리시설의 소유자·입주자·사용자 등은 부대시설 등에 대하여 도지사의 허가를 받지 않고 사업계획에 따른 용도 이외의 용도에 사용하는 행위 등을 금지하고, 그 위반행위에 대하여 위 주택건설촉진법 제52조의2 제1호에서 1천만 원 이하의 벌금에 처하도록 하는 벌칙규정만을 두고 있을 뿐, 건축법 제69조 등과 같은 부작위의무 위반행위에 대하여 대체적 작위의무로 전환하는 규정을 두고 있지 아니하므로 위 금지규정으로부터 그 위반결과의 시정을 명하는 원상복구명령을 할 수 있는 권한이 도출되는 것은 아니다. 결국 행정청의 원고에 대한 원상복구명령은 권한 없는 자의 처분으로 무효라고 할 것이고, 위 원상복구명령이 당연무효인 이상 후행처분인 계고처분의 효력에 당연히 영향을 미쳐 그 계고처분 역시 무효로 된다(대법원 1996.6.28., 96누4374). 즉 **부작위의무의 작위의무로의 전환은 법적 근거가 필요하다.**

② (×) 강제집행은 의무를 부과하는 법적 근거와 별도로 법적 근거가 있어야 한다.

③ (×) 행정대집행법상 대집행의 대상이 되는 대체적 작위의무는 공법상 의무이어야 할 것인데, 구 공공용지의 취득 및 손실보상에 관한 특례법에 따른 토지 등의 협의취득은 공공사업에 필요한 토지 등을 그 소유자와의 협의에 의하여 취득하는 것으로서 공공기관이 사경제주체로서 행하는 사법상 매매 내지 사법상 계약의 실질을 가지는 것이므로, 그 협의취득시 건물소유자가 매매대상 건물에 대한 철거의무를 부담하겠다는 취지의 약정을 하였다고 하더라도 이러한 철거의무는 공법상의 의무가 될 수 없고, 이 경우에도 행정대집행법을 준용하여 대집행을 허용하는 별도의 규정이 없는 한 위와 같은 철거의무는 행정대집행법에 의한 대집행의 대상이 되지 않는다(대법원 2006.10.13, 2006두7096).

④ (○) 법외 단체인 전국공무원노동조합의 지부가 당초 공무원 직장협의회의 운영에 이용되던 군(郡) 청사시설인 사무실을 임의로 사용하자 지방자치단체장이 자진폐쇄 요청 후 행정대집행법에 따라 행정대집행을 하였는데, 지부장 등인 피고인들과 위 지부 소속 군청 공무원들이 위 집행을 행하던 공무원들에게 대항하여 폭행 등 행위를 한 사안에서, 위 행정대집행은 주된 목적이 조합의 위 사무실에 대한 사실상 불법사용을 중지시키기 위하여 사무실 내 조합의 물품을 철거하고 사무실을 폐쇄함으로써 군(郡) 청사의 기능을 회복하는 데 있으므로, 전체적으로 대집행의 대상이 되는 대체적 작위의무인 철거의무를 대상으로 한 것으로 적법한 공무집행에 해당한다(대법원 2011.4.28. 2007도 7514).

17 ①

① (×) 지방의회에서의 사무감사·조사를 위한 증인의 동행명령장제도도 증인의 신체의 자유를 억압하여 일정 장소로 인치하는 것으로서 헌법 제12조 제3항의 "체포 또는 구속"에 준하는 사태로 보아야 하고, 거기에 현행범 체포와 같이 사후에 영장을 발부받지 아니하면 목적을 달성할 수 없는 긴박성이 있다고 인정할 수는 없으므로, 헌법 제12조 제3항에 의하여 법관이 발부한 영장의제시가 있어야 함에도 불구하고 동행명령장을 법관이 아닌 지방의회 의장이 발부하고 이에 기하여 증인의 신체의 자유를 침해하여 증인을 일정 장소에 인치하도록 규정된 조례안은 영장주의원칙을 규정한 헌법 제12조 제3항에 위반된 것이다(대법원 1995.6.30, 93추83)

② (○) 심판대상조항은 강제퇴거대상자를 대한민국 밖으로 송환할 수 있을 때까지 보호시설에 인치·수용하여 강제퇴거명령을 효율적으로 집행할 수 있도록 함으로써 외국인의 출입국과 체류를 적절하게 통제하고 조정하여 국가의 안전과 질서를 도모하고자 하는 것으로, 입법목적의 정당성과 수단의 적합성은 인정된다. 그러나 보호기간의 상한을 두지 아니함으로써 강제퇴거대상자를 무기한 보호하는 것을 가능하게 하는 것은 보호의 일시적·잠정적 강제조치로서의 한계를 벗어나는 것이라는 점, 보호기간의 상한을 법에 명시함으로써 보호기간의 비합리적인 장기화 내지 불확실성에서 야기되는 피해를 방지할 수 있어야 하는데, 단지 강제퇴거명령의 효율적 집행이라는 행정목적 때문에 기간의 제한이 없는 보호를 가능하게 하는 것은 행정의 편의성과 획일성만을 강조한 것으로 피보호자의 신체의 자유를 과도하게 제한하는 것인 점, 강제퇴거명령을 받은 사람을 보호함에 있어 그 기간의 상한을 두고 있는 국제적 기준이나 외국의 입법례에 비추어 볼 때 보호기간의

상한을 정하는 것이 불가능하다고 볼 수 없는 점, 강제퇴거명령의 집행 확보는 심판대상조항에 의한 보호 외에 주거지 제한이나 보고, 신원보증인의 지정, 적정한 보증금의 납부, 감독관 등을 통한 지속적인 관찰 등 다양한 수단으로도 가능한 점, 현행 보호일시해제제도나 보호명령에 대한 이의신청, 보호기간 연장에 대한 법무부장관의 승인제도만으로는 보호기간의 상한을 두지 않은 문제가 보완된다고 보기 어려운 점 등을 고려하면, 심판대상조항은 침해의 최소성과 법익균형성을 충족하지 못한다. 따라서 심판대상조항은 과잉금지원칙을 위반하여 피보호자의 신체의 자유를 침해한다.

출입국관리법 제63조 제1항은 헌법에 합치되지 아니한다. 위 법률조항은 2025. 5. 31.을 시한으로 입법자가 개정할 때까지 계속 적용된다(헌재 2023. 3. 23. 2020헌가1).

③ (○) 오늘날의 법치국가에서는 국민의 기본권에 중대한 침해를 가하는 행정상 즉시강제는 자연법적 근거만으로는 합리화할 수 없는 것이므로 엄격한 실정법적 근거가 필요하다. 그리고 행정상 즉시강제는 다음과 같은 조리상의 한계가 존재한다. ⊙ 급박성 : 행정상 즉시강제는 공공의 안녕과 질서에 대한 위해가 현존하거나 사회통념에 비추어 위험발생이 확실히 예견되는 경우 등 급박한 경우에만 가능하다. ⓒ 보충성 : 행정상 즉시강제는 다른 수단으로는 당해 행정목적을 달성할 수 없거나 다른 위해방지조치를 취할 시간적 여유가 없는 경우이어야 한다. ⓒ 비례성 : 행정상 즉시강제로서의 위해방지수단은 행정기관이 의도하는 목적을 달성함에 있어 적합하고 유용한 수단이어야 한다. 또한 이러한 목적을 달성할 수 있는 여러 수단이 있는 경우에도 행정기관은 관계자에게 최소한 침해를 가져오는 수단을 선택하여야 하고, 침해의 정도는 공익의 정도와 상당한 비례가 유지되어야 한다. ② 소극성 : 행정상 즉시강제는 소극적으로 공공의 안녕과 질서를 유지하기 위하여 필요한 범위 내에서 이루어져야 하고, 적극적인 행정의 목적달성을 위해 발동되어서는 안 된다.

④ (○) 정신착란을 일으키거나 술에 취하여 자신 또는 다른 사람의 생명·신체·재산에 위해를 끼칠 우려가 있는 사람, 자살을 시도하는 사람, 미아, 병자, 부상자 등으로서 적당한 보호자가 없으며 응급구호가 필요하다고 인정되는 사람을 경찰관이 발견하였을 때에는 보건의료기관이나 공공구호기관에 긴급구호를 요청하거나 경찰관서에 보호하는 등 적절한 조치를 할 수 있다(「경찰관 직무집행법」 제4조).

18 ①

① (×)

> **행정조사기본법 제17조 (사전통지)**
> ① 행정조사를 실시하고자 하는 행정기관의 장은 제9조에 따른 출석요구서, 제10조에 따른 보고요구서·자료제출요구서 및 제11조에 따른 현장출입조사서를 조사개시 7일 전까지 조사대상자에게 서면으로 통지하여야 한다. 다만, 다음 각 호의 어느 하나에 해당하는 경우에는 행정조사의 개시와 동시에 출석요구서등을 조사대상자에게 제시하거나 행정조사의 목적 등을 조사대상자에게 구두로 통지할 수 있다.
> 1. 행정조사를 실시하기 전에 관련 사항을 미리 통지하는 때에는 증거인멸 등으로 행정조사의 목적을 달성할 수 없다고 판단되는 경우
> 2. 「통계법」 제3조 제2호에 따른 지정통계의 작성을 위하여 조사하는 경우
> 3. **제5조 단서에 따라 조사대상자의 자발적인 협조를 얻어 실시하는 행정조사의 경우**

② (○) 대법원 2014.6.26. 2012두911
③ (○) 과세관청의 질문조사권이 행해지는 세무조사결정이 있는 경우 납세의무자는 세무공무원의 과세자료 수집을 위한 질문에 대답하고 검사를 수인하여야 할 법적 의무를 부담하게 되는 점 등을 종합하면, 세무조사결정은 납세의무자의 권리·의무에 직접 영향을 미치는 공권력의 행사에 따른 행정작용으로서 항고소송의 대상이 된다(대법원 2011.3.10. 2009두23617·23624).
④ (○) 대법원 2016.12.15. 2016두47659

19 ①

① (×) 지방자치단체장이 교통신호기를 설치하여 그 관리권한이 도로교통법 제71조의2 제1항의 규정에 의하여 관할 지방경찰청장에게 위임되어 지방자치단체 소속 공무원과 지방경찰청 소속 공무원이 합동근무하는 교통종합관제센터에서 그 관리업무를 담당하던 중 위 신호기가 고장난 채 방치되어 교통사고가 발생한 경우, 국가배상법 제2조 또는 제5조에 의한 배상책임을 부담하는 것은 지방경찰청장이 소속된 국가가 아니라, 그 권한을 위임한 지방자치단체장이 소속된 지방자치단체라고 할 것이나, 한편 국가배상법 제6조 제1항은 같은 법 제2조, 제3조 및 제5조의 규정에 의하여 국가 또는 지방자치단체가 손해를 배상할 책임이 있는 경우에 공무원의 선임·감독 또는 영조물의 설치·관리를 맡은 자와 공무원의 봉급·급여 기타의 비용 또는 영조물의 설치·관리의 비용을 부담하는 자가 동일하지 아니한 경우에는 그 비용을 부담하는 자도 손해를 배상하여야 한다고 규정하고 있으므로 교통신호기를 관리하는 지방경찰청장 산하 경찰관들에 대한 봉급을 부담하는 국가도 국가배상법 제6조 제1항에 의한 배상책임을 부담한다(대법원 1999.6.25., 99다11120). 즉 국가는 사무의 귀속 주체가 아니고 비용부담자이다.

② (○) 대법원 1981.7.7, 80다2478

③ (○)

> **국가배상법 제6조(비용부담자 등의 책임)**
> ① 제2조·제3조 및 제5조에 따라 국가나 지방자치단체가 손해를 배상할 책임이 있는 경우에 공무원의 선임·감독 또는 영조물의 설치·관리를 맡은 자와 공무원의 봉급·급여, 그 밖의 비용 또는 영조물의 설치·관리 비용을 부담하는 자가 동일하지 아니하면 그 비용을 부담하는 자도 손해를 배상하여야 한다.
> ② 제1항의 경우에 손해를 배상한 자는 내부관계에서 그 손해를 배상할 책임이 있는 자에게 구상할 수 있다.

④ (○) 대법원 1979.1.30, 77다2389

20 ④

① (○) 하천법 제33조에 의한 하천의 점용허가에 따라 해당 하천을 점용할 수 있는 권리와 마찬가지로 특허에 의한 공물사용권의 일종으로서, 양도가 가능하고 이에 대한 민사집행법상의 집행 역시 가능한 독립된 재산적 가치가 있는 구체적인 권리라고 보아야 한다. 따라서 하천법 제50조에 의한 하천수 사용권은 공익사업을 위한 토지 등의 취득 및 보상에 관한 법률 제76조 제1항이 손실보상의 대상으로 규정하고 있는 '물의 사용에 관한 권리'에 해당한다(대법원 2018.12.27, 2014두11601).

② (○)

> **제88조(처분효력의 부정지)**
> 제83조에 따른 이의의 신청이나 제85조에 따른 행정소송의 제기는 사업의 진행 및 토지의 수용 또는 사용을 정지시키지 아니한다.

③ (○) 토지수용법 제14조의 규정에 의한 사업인정은 그 후 일정한 절차를 거칠 것을 조건으로 하여 일정한 내용의 수용권을 설정해 주는 행정처분의 성격을 띠는 것으로서 그 사업인정을 받음으로써 수용할 목적물의 범위가 확정되고 수용권으로 하여금 목적물에 관한 현재 및 장래의 권리자에게 대항할 수 있는 일종의 공법상의 권리로서의 효력을 발생시킨다(대법원 1994.11.11, 93누19375).

④ (×) 피보상자는 관할 토지수용위원회를 상대로 그 재결에 대한 취소소송을 제기할 것이 아니라, 사업시행자를 상대로 구 공익사업을 위한 토지 등의 취득 및 보상에 관한 법률 제85조 제2항에 따른 보상금증감소송을 제기하여야 한다(대법원 2018.7.20., 2015두4044).

21 ③

③ ㄱ, ㄴ, ㄷ이 옳다.

ㄱ. (○) 공유 일반재산의 대부료와 연체료를 납부기한까지 내지 아니한 경우에도 공유재산 및 물품 관리법 제97조 제2항에 의하여 지방세 체납처분의 예에 따라 이를 징수할 수 있다. 이와 같이 공유 일반재산의 대부료의 징수에 관하여도 지방세 체납처분의 예에 따른 간이하고 경제적인 특별한 구제절차가 마련되어 있으므로, 특별한 사정이 없는 한 민사소송으로 공유 일반재산의 대부료의 지급을 구하는 것은 허용되지 아니한다. (대법원 2017. 4. 13. 2013다207941)

ㄴ. (○) 지방재정법 제85조 제1항은, 공유재산을 정당한 이유 없이 점유하거나 그에 시설을 한 때에는 이를 강제로 철거하게 할 수 있다고 규정하고, 그 제2항은, 지방자치단체의 장이 제1항의 규정에 의한 강제철거를 하게 하고자 할 때에는 행정대집행법 제3조 내지 제6조의 규정을 준용한다고 규정하고 있는바, 공유재산의 점유자가 그 공유재산에 관하여 대부계약 외 달리 정당한 권원이 있다는 자료가 없는 경우 그 대부계약이 적법하게 해지된 이상 그 점유자의 공유재산에 대한 점유는 정당한 이유 없는 점유라 할 것이고, 따라서 지방자치단체의 장은 지방재정법 제85조에 의하여 행정대집행의 방법으로 그 지상물을 철거시킬 수 있다(대법원 2001. 10. 12. 2001두4078).

ㄷ. (○) 국·공유재산의 관리청이 행정재산의 사용·수익을 허가한 다음, 그 사용·수익하는 자에 대하여 하는 사용·수익허가취소는 공권력을 가진 우월적 지위에서 행한 것으로서 항고소송의 대상이 되는 행정처분이다(대법원 1997.4.11, 96누17325).

ㄹ. (×) 대부 또는 사용·수익허가 없이 국유재산을 점유하거나 사용·수익하였지만 변상금 부과처분은 할 수 없는 때에도 민사상 부당이득반환청구권은 성립하는 경우가 있으므로, 변상금 부과·징수의 요건과 민사상 부당이득반환청구권의 성립 요건이 일치하는 것도 아니다. 이처럼 구 국유재산법에 의한 변상금 부과·징수권은 민사상 부당이득반환청구권과 법적 성질을 달리하므로, 국가는 무단점유자를 상대로 변상금 부과·징수권의 행사와 별도로 국유재산의 소유자로서 민사상 부당이득반환청구의 소를 제기할 수 있다. 그리고 이러한 법리는 구 국유재산법 제32조제3항, 구 국유재산법 시행령에 의하여 국유재산 중 잡종재산의 관리·처분에 관한 사무를 위탁받은 한국자산관리공사의 경우에도 마찬가지로 적용된다(대법원 2014. 7. 16. 2011다76402 전원합의체).

22 ③

① (○)

> **행정심판법 제29조(청구의 변경)**
> ① 청구인은 청구의 기초에 변경이 없는 범위에서 청구의 취지나 이유를 변경할 수 있다.
> ② 행정심판이 청구된 후에 피청구인이 새로운 처분을 하거나 심판청구의 대상인 처분을 변경한 경우에는 청구인은 새로운 처분이나 변경된 처분에 맞추어 청구의 취지나 이유를 변경할 수 있다

② (○)

> **행정심판법 제30조(집행정지)**
> ① 심판청구는 처분의 효력이나 그 집행 또는 절차의 속행(續行)에 영향을 주지 아니한다.
> ② 위원회는 처분, 처분의 집행 또는 절차의 속행 때문에 중대한 손해가 생기는 것을 예방할 필요성이 긴급하다고 인정할 때에는 직권으로 또는 당사자의 신청에 의하여 처분의 효력, 처분의 집행 또는 절차의 속행의 전부 또는 일부의 정지(이하 "집행정지"라 한다)를 결정할 수 있다. 다만, 처분의 효력정지는 처분의 집행 또는 절차의 속행을 정지함으로써 그 목적을 달성할 수 있을 때에는 허용되지 아니한다.

③ (×) 임시처분은 당사자의 신청이 있는 경우에 한하지 않고 **직권으로** 또는 당사자의 신청에 의하여 할 수 있다.

> 행정심판법 제31조 (임시처분)
> ① 위원회는 처분 또는 부작위가 위법·부당하다고 상당히 의심되는 경우로서 처분 또는 부작위 때문에 당사자가 받을 우려가 있는 중대한 불이익이나 당사자에게 생길 급박한 위험을 막기 위하여 임시지위를 정하여야 할 필요가 있는 경우에는 **직권으로 또는 당사자의 신청**에 의하여 임시처분을 결정할 수 있다.
> ② 제1항에 따른 임시처분에 관하여는 제30조제3항부터 제7항까지를 준용한다. 이 경우 같은 조 제6항 전단 중 "중대한 손해가 생길 우려"는 "중대한 불이익이나 급박한 위험이 생길 우려"로 본다.
> ③ 제1항에 따른 임시처분은 제30조제2항에 따른 집행정지로 목적을 달성할 수 있는 경우에는 허용되지 아니한다.

④ (○)

> 행정심판법 제18조의2 (국선대리인)
> ① 청구인이 경제적 능력으로 인해 대리인을 선임할 수 없는 경우에는 위원회에 국선대리인을 선임하여 줄 것을 신청할 수 있다.
> ② 위원회는 제1항의 신청에 따른 국선대리인 선정 여부에 대한 결정을 하고, 지체 없이 청구인에게 그 결과를 통지하여야 한다. 이 경우 위원회는 심판청구가 명백히 부적법하거나 이유 없는 경우 또는 권리의 남용이라고 인정되는 경우에는 국선대리인을 선정하지 아니할 수 있다.

23 ③

① (○) 행정기본법 제36조 제1항
② (○) 행정기본법 제36조 제3항
③ (×) 과태료 부과 및 징수에 관한 사항은 행정기본법 제36조 제7항 제6호에 의해 행정기본법상 이의신청이 적용되지 않는다. 그러나 과징금의 부과 및 징수에 관한 사항에 대하여는 행정기본법상 이의신청이 적용된다.
④ (○) 행정기본법 제36조 제5항

> 행정기본법 제36조(처분에 대한 이의신청)
> ① 행정청의 처분(「행정심판법」 제3조에 따라 같은 법에 따른 행정심판의 대상이 되는 처분을 말한다. 이하 이 조에서 같다)에 이의가 있는 당사자는 처분을 받은 날부터 30일 이내에 해당 행정청에 이의신청을 할 수 있다.
> ② 행정청은 제1항에 따른 이의신청을 받으면 그 신청을 받은 날부터 14일 이내에 그 이의신청에 대한 결과를 신청인에게 통지하여야 한다. 다만, 부득이한 사유로 14일 이내에 통지할 수 없는 경우에는 그 기간을 만료일 다음 날부터 기산하여 10일의 범위에서 한 차례 연장할 수 있으며, 연장 사유를 신청인에게 통지하여야 한다.
> ③ 제1항에 따라 이의신청을 한 경우에도 그 이의신청과 관계없이 「행정심판법」에 따른 행정심판 또는 「행정소송법」에 따른 행정소송을 제기할 수 있다.
> ④ 이의신청에 대한 결과를 통지받은 후 행정심판 또는 행정소송을 제기하려는 자는 그 결과를 통지받은 날(제2항에 따른 통지기간 내에 결과를 통지받지 못한 경우에는 같은 항에 따른 통지기간이 만료되는 날의 다음 날을 말한다)부터 90일 이내에 행정심판 또는 행정소송을 제기할 수 있다.

⑤ 다른 법률에서 이의신청과 이에 준하는 절차에 대하여 정하고 있는 경우에도 그 법률에서 규정하지 아니한 사항에 관하여는 이 조에서 정하는 바에 따른다.
⑥ 제1항부터 제5항까지에서 규정한 사항 외에 이의신청의 방법 및 절차 등에 관한 사항은 대통령령으로 정한다.
⑦ 다음 각 호의 어느 하나에 해당하는 사항에 관하여는 이 조를 적용하지 아니한다.
  1. 공무원 인사 관계 법령에 따른 징계 등 처분에 관한 사항
  2. 「국가인권위원회법」 제30조에 따른 진정에 대한 국가인권위원회의 결정
  3. 「노동위원회법」 제2조의2에 따라 노동위원회의 의결을 거쳐 행하는 사항
  4. 형사, 행형 및 보안처분 관계 법령에 따라 행하는 사항
  5. 외국인의 출입국·난민인정·귀화·국적회복에 관한 사항
  6. **과태료 부과 및 징수에 관한 사항**

24 ②

① (×) 토지대장에 기재된 일정한 사항을 변경하는 행위는, 그것이 지목의 변경이나 정정 등과 같이 토지소유권 행사의 전제요건으로서 토지소유자의 실체적 권리관계에 영향을 미치는 사항에 관한 것이 아닌 한 행정사무집행의 편의와 사실증명의 자료로 삼기 위한 것일 뿐이어서, 그 소유자 명의가 변경된다고 하여도 이로 인하여 당해 토지에 대한 실체상의 권리관계에 변동을 가져올 수 없고 토지 소유권이 지적공부의 기재만에 의하여 증명되는 것도 아니다. 따라서 소관청이 토지대장상의 소유명의변경신청을 거부한 행위는 이를 항고소송의 대상이 되는 행정처분이라고 할 수 없다(대법원 2012.1.12. 2010두12354).

② (○) 교육공무원법상 승진후보자 명부에 의한 승진심사 방식으로 행해지는 승진임용에서 승진후보자 명부에 포함되어 있던 후보자를 승진임용인사발령에서 제외하는 행위는 불이익처분으로서 항고소송의 대상인 처분에 해당한다고 보아야 한다(대법원 2018.3.27. 2015두47492).

[비교 판례] 경찰공무원법상 시험승진후보자명부에서의 삭제행위는 명부에 등재된 자에 대한 승진 여부를 결정하기 위한 행정청 내부의 준비과정에 불과하고, 행정처분이 아님

구 경찰공무원법에 의하면, 경정 이하 계급에의 승진에 있어서는 승진심사와 함께 승진시험을 병행할 수 있고, 시험승진후보자명부에 등재되어 있던 자가 그 명부에서 삭제됨으로써 승진임용의 대상에서 제외되었다 하더라도, 그와 같은 시험승진후보자명부에서의 삭제행위는 결국 그 명부에 등재된 자에 대한 승진 여부를 결정하기 위한 행정청 내부의 준비과정에 불과하고, 그 자체가 어떠한 권리나 의무를 설정하거나 법률상 이익에 직접적인 변동을 초래하는 별도의 행정처분이 된다고 할 수 없다(대법원 1997.11.14. 97누7325).

③ (×) 무허가건물관리대장에 등재하거나 등재된 내용을 변경 또는 삭제하는 행위로 인하여 당해 무허가 건물에 대한 실체상의 권리관계에 변동을 가져오는 것이 아니고, 무허가건물의 건축시기, 용도, 면적 등이 무허가건물관리대장의 기재에 의해서만 증명되는 것도 아니므로, 관할관청이 무허가건물의 무허가건물관리대장 등재 요건에 관한 오류를 바로잡으면서 당해 무허가건물을 무허가건물관리대장에서 삭제하는 행위는 다른 특별한 사정이 없는 한 항고소송의 대상이 되는 행정처분이 아니다(대법원 2009.3.12. 2008두11525).

④ (×) 군인사법 제53조의2 제6항의 위임을 받은 군인 명예전역수당지급 규정의 각 규정에 의하면, 각 군 참모총장은 군인 명예전역수당 지급신청을 받아 이를 심사하고 수당지급대상자를 선정하여 국방부장관에게 추천하며, 국방부장관은 각 군 참모총장으로부터 수당지급대상자의 추천을 받아 수당지급대상자를 최종적으로 심사·결정하도록 규정되어 있다. 이 규정에 따라 각 군 참모총장이 수당지급대상자 결정절차에 대하여 수당지급대상자를 추천하거나 신청자 중 일부를 추천하지 아니하는 행위는 행정기관 상호간의 내부적인 의사결정과정의 하나일 뿐 그 자체만으로는 직접적으로 국민의 권리·의무가 설정, 변경, 박탈되거나 그 범위가 확정되는 등 기존의 권리상태에 어떤 변동을 가져오는 것이 아니므로 이를 항고소송의 대상이 되는 처분이

라고 할 수는 없다(대법원 2009.12.10. 2009두14231).

25 ②

① (×)

> 공익사업을 위한 토지 등의 취득 및 보상에 관한 법률 제85조(행정소송의 제기)
> ① 사업시행자, 토지소유자 또는 관계인은 제34조에 따른 재결에 불복할 때에는 **재결서를 받은 날부터 90일 이내에, 이의신청을 거쳤을 때에는 이의신청에 대한 재결서를 받은 날부터 60일 이내에** 각각 행정소송을 제기할 수 있다.

② (○)

> 공익사업을 위한 토지 등의 취득 및 보상에 관한 법률 제83조(이의의 신청)
> ② 지방토지수용위원회의 제34조에 따른 재결에 이의가 있는 자는 해당 지방토지수용위원회를 거쳐 중앙토지수용위원회에 이의를 신청할 수 있다.

③ (×) ⓐ 종전 판례는 "토지수용에 관한 중앙 또는 지방토지수용위원회의 수용재결에 대하여 이의가 있는 자는 중앙토지수용위원회에 이의를 신청하여야 하고, 중앙토지수용위원회의 이의신청에 대한 재결에도 불복이 있으면 이의재결의 취소를 구하는 행정소송을 제기하여야 하며, 수용재결에 불복하여 그 취소를 구하는 행정소송은 부적법하다."라고 하여 재결주의를 취한 것으로 보았다(대법원 1990.6.22. 90누1755 ; 대법원 1989.3.28., 88누5198).
ⓑ 즉 구 토지수용법은 이의신청절차가 필요적이지만 현행 「공익사업을 위한 토지 등의 취득 및 보상에 관한 법률」은 이의신청절차가 임의적이다. 따라서 원처분인 수용재결과 이의재결에 대해 각각 항고소송으로 제기할 수 있도록 규정하고 있다.
ⓒ 대법원도 "수용재결에 불복하여 취소소송을 제기하는 때에는 이의신청을 거친 경우에도 수용재결을 한 중앙토지수용위원회 또는 지방토지수용위원회를 피고로 하여 수용재결의 취소를 구하여야 하고, 다만 이의신청에 대한 재결 자체에 고유한 위법이 있음을 이유로 하는 경우에는 그 이의재결을 한 중앙토지수용위원회를 피고로 하여 이의재결의 취소를 구할 수 있다고 보아야 한다(대법원 2010.1.28. 2008두1504)."고 판시하고 있다.

④ (×) 보상금의 증감소송은 형식적 당사자소송이므로 경기도 지방토지수용위원회를 피고로 하는 것이 아니다.

> 공익사업을 위한 토지 등의 취득 및 보상에 관한 법률 제85조(행정소송의 제기)
> ② 제1항에 따라 제기하려는 행정소송이 보상금의 증감에 관한 소송인 경우 그 소송을 제기하는 자가 토지소유자 또는 관계인일 때에는 사업시행자를, 사업시행자일 때에는 토지소유자 또는 관계인을 각각 피고로 한다.

제2회 행정법총론 최종모의고사 정답 및 해설

2025 MUST 행정법총론 **최종모의고사**

01	02	03	04	05	06	07	08	09	10
②	②	④	①	④	③	④	④	④	③
11	12	13	14	15	16	17	18	19	20
②	①	②	④	②	①	③	①	③	④
21	22	23	24	25					
④	④	①	①	④					

01 ②

② (×) 공무원 인사관계 법령에 의한 징계 등 처분에 관한 사항에 대하여도 「행정기본법」상의 이의신청 규정이 적용되지 않는다.

> **행정기본법 제36조(처분에 대한 이의신청)**
> ① 행정청의 처분(「행정심판법」 제3조에 따라 같은 법에 따른 행정심판의 대상이 되는 처분을 말한다. 이하 이 조에서 같다)에 이의가 있는 당사자는 처분을 받은 날부터 30일 이내에 해당 행정청에 이의신청을 할 수 있다.
> ② 행정청은 제1항에 따른 이의신청을 받으면 그 신청을 받은 날부터 14일 이내에 그 이의신청에 대한 결과를 신청인에게 통지하여야 한다. 다만, 부득이한 사유로 14일 이내에 통지할 수 없는 경우에는 그 기간을 만료일 다음 날부터 기산하여 10일의 범위에서 한 차례 연장할 수 있으며, 연장 사유를 신청인에게 통지하여야 한다.
> ③ 제1항에 따라 이의신청을 한 경우에도 그 이의신청과 관계없이 「행정심판법」에 따른 행정심판 또는 「행정소송법」에 따른 행정소송을 제기할 수 있다.
> ④ 이의신청에 대한 결과를 통지받은 후 행정심판 또는 행정소송을 제기하려는 자는 그 결과를 통지받은 날(제2항에 따른 통지기간 내에 결과를 통지받지 못한 경우에는 같은 항에 따른 통지기간이 만료되는 날의 다음 날을 말한다)부터 90일 이내에 행정심판 또는 행정소송을 제기할 수 있다.
> ⑦ 다음 각 호의 어느 하나에 해당하는 사항에 관하여는 이 조를 적용하지 아니한다.
> 1. 공무원 인사 관계 법령에 따른 징계 등 처분에 관한 사항
> 2. 「국가인권위원회법」 제30조에 따른 진정에 대한 국가인권위원회의 결정
> 3. 「노동위원회법」 제2조의2에 따라 노동위원회의 의결을 거쳐 행하는 사항
> 4. 형사, 행형 및 보안처분 관계 법령에 따라 행하는 사항
> 5. 외국인의 출입국·난민인정·귀화·국적회복에 관한 사항
> 6. 과태료 부과 및 징수에 관한 사항
>
> **행정기본법 제37조(처분의 재심사)**
> ① 당사자는 처분(제재처분 및 행정상 강제는 제외한다. 이하 이 조에서 같다)이 행정심판, 행정소송 및 그 밖의 쟁송을 통하여 다툴 수 없게 된 경우(**법원의 확정판결이 있는 경우는 제외**한다)라도 다음 각 호의 어느 하나에 해당하는 경우에는 해당 처분을 한 행정청에 처분을 취소·철회하거나 변경하여 줄 것을 신청할 수

있다.
1. 처분의 근거가 된 사실관계 또는 법률관계가 추후에 당사자에게 유리하게 바뀐 경우
2. 당사자에게 유리한 결정을 가져다주었을 새로운 증거가 있는 경우
3. 「민사소송법」 제451조에 따른 재심사유에 준하는 사유가 발생한 경우 등 대통령령으로 정하는 경우
④ 제1항에 따른 신청은 해당 처분의 절차, 행정심판, 행정소송 및 그 밖의 쟁송에서 당사자가 중대한 과실 없이 제1항 각 호의 사유를 주장하지 못한 경우에만 할 수 있다.
⑤ 제4항에 따른 처분의 재심사 결과 중 처분을 유지하는 결과에 대해서는 행정심판, 행정소송 및 그 밖의 쟁송수단을 통하여 불복할 수 없다.

02 ②

① (×) 대통령이 2016. 2. 10.경 개성공단의 운영을 즉시 전면 중단하기로 결정하고, 피청구인 통일부장관은 피청구인 대통령의 지시에 따라 철수계획을 마련하여 관련 기업인들에게 통보한 다음 개성공단 전면중단 성명을 발표하고, 이에 대응한 북한의 조치에 따라 개성공단에 체류 중인 국민들 전원을 대한민국 영토 내로 귀환하도록 한 일련의 행위로 이루어진 개성공단 전면중단 조치는 국민의 기본권침해와 직접 관련되는 경우에 해당하므로 당연히 헌법재판소의 심판대상이 될 수 있다(헌법재판소 2022.1.27. 2016헌마364).
② (○) 대통령의 비상계엄의 선포나 확대 행위는 고도의 정치적·군사적 성격을 지니고 있는 행위라 할 것이므로, 그것이 누구에게도 일견하여 헌법이나 법률에 위반되는 것으로서 명백하게 인정될 수 있는 등 특별한 사정이 있는 경우라면 몰라도, 그러하지 아니한 이상 그 계엄선포의 요건 구비 여부나 선포의 당·부당을 판단할 권한이 사법부에는 없다고 할 것이나, 비상계엄의 선포나 확대가 국헌문란의 목적을 달성하기 위하여 행하여진 경우에는 법원은 그 자체가 범죄행위에 해당하는지의 여부에 관하여 심사할 수 있다(대법원 1997.4.17. 96도3376).
③ (×) 구 상훈법 제8조는 서훈취소의 요건을 구체적으로 명시하고 있고 절차에 관하여 상세하게 규정하고 있다. 그리고 서훈취소는 서훈수여의 경우와는 달리 이미 발생된 서훈대상자 등의 권리 등에 영향을 미치는 행위로서 관련 당사자에게 미치는 불이익의 내용과 정도 등을 고려하면 사법심사의 필요성이 크다. 따라서 기본권의 보장 및 법치주의의 이념에 비추어 보면, 비록 서훈취소가 대통령이 국가원수로서 행하는 행위라고 하더라도 법원이 사법심사를 자제하여야 할 고도의 정치성을 띤 행위라고 볼 수는 없다(대법원 2015.4.23. 2012두26920).
④ (×) 사면은 형의 선고의 효력 또는 공소권을 상실시키거나, 형의 집행을 면제시키는 국가원수의 고유한 권한을 의미하며, 사법부의 판단을 변경하는 제도로서 권력분립의 원리에 대한 위반이 아니라 권력분립의 원리에 대한 예외에 해당한다(헌법재판소 2000.6.1. 97헌바74).

03 ④

① (×) 식품위생법 제75조는 "6개월 이내에서 영업정지처분을 할 수 있다"고 규정하고 있기 때문에 재량행위에 해당한다.
② (×) 제재적 처분기준이 대통령령일 경우에는 주로 법규명령에 해당하지만, 총리령·부령 형식일 때는 주로 행정규칙에 해당한다.
③ (×) 총리령인 식품위생법시행규칙 제89조 및 별표 23 [행정처분의 기준]은 행정규칙에 해당하므로 가중 감경할 여지가 있다.
④ (○) A구청장이 유사 사례와의 형평성을 고려하지 않고 3개월의 영업정지처분을 하였다면 행정의 자기구속 원칙에 의해 선례에 위반되므로 甲은 위법함을 주장 할 수 있다.

04 ①

① (×) 귀화신청인이 구 국적법에서 정한 귀화요건을 갖추지 못한 경우 법무부장관은 귀화 허부에 관한 재량권을 행사할 여지 없이 귀화불허처분을 하여야 한다(대법원 2018.12.13. 2016두31616).
② (○) 처분을 할 것인지 여부와 처분의 정도에 관하여 재량이 인정되는 과징금 납부명령에 대하여 그 명령이 재량권을 일탈하였을 경우, 법원으로서는 재량권의 일탈 여부만 판단할 수 있을 뿐이지 재량권의 범위 내에서 어느 정도가 적정한 것인지에 관하여는 판단할 수 없어 그 전부를 취소할 수밖에 없고, 법원이 적정하다고 인정하는 부분을 초과한 부분만 취소할 수는 없다(대법원 2009.6.23. 2007두18062).
③ (○) 행정소송법 제27조
④ (○) 재량행위에 해당하는 행정행위에 대한 사법심사는 기속행위에 대한 사법심사와는 달리 행정청의 재량에 기초한 공익 판단의 여지를 감안하여 법원이 독자적인 결론을 내리지 않고 해당 행위에 재량권의 일탈·남용이 있는지 여부만을 심사하게 되고, 이러한 재량권의 일탈·남용 여부에 대한 심사는 사실오인, 비례·평등의 원칙 위배 등을 그 판단 대상으로 하며, 이러한 재량권의 일탈·남용에 대하여는 그 행정행위의 효력을 다투는 사람이 증명책임을 진다(대법원 1987.12.8. 87누861).

05 ④

> **행정절차법**
> 제20조(처분기준의 설정·공표)
> ② 「행정기본법」 제24조에 따른 인허가의제의 경우 관련 인허가 행정청은 관련 인허가의 처분기준을 주된 인허가 행정청에 제출하여야 하고, 주된 인허가 행정청은 제출받은 관련 인허가의 처분기준을 통합하여 공표하여야 한다. 처분기준을 변경하는 경우에도 또한 같다.
>
> **행정기본법**
> 제24조(인허가의제의 기준)
> ① 이 절에서 "인허가의제"란 하나의 인허가(이하 "주된 인허가"라 한다)를 받으면 법률로 정하는 바에 따라 그와 관련된 여러 인허가(이하 "관련 인허가"라 한다)를 받은 것으로 보는 것을 말한다.
> ② 인허가의제를 받으려면 주된 인허가를 신청할 때 관련 인허가에 필요한 서류를 함께 제출하여야 한다. 다만, 불가피한 사유로 함께 제출할 수 없는 경우에는 주된 인허가 행정청이 별도로 정하는 기한까지 제출할 수 있다.
> ③ 주된 인허가 행정청은 주된 인허가를 하기 전에 관련 인허가에 관하여 미리 관련 인허가 행정청과 협의하여야 한다.
> ④ 관련 인허가 행정청은 제3항에 따른 협의를 요청받으면 그 요청을 받은 날부터 20일 이내(제5항 단서에 따른 절차에 걸리는 기간은 제외한다)에 의견을 제출하여야 한다. 이 경우 전단에서 정한 기간(민원 처리 관련 법령에 따라 의견을 제출하여야 하는 기간을 연장한 경우에는 그 연장한 기간을 말한다) 내에 협의 여부에 관하여 의견을 제출하지 아니하면 협의가 된 것으로 본다.
> ⑤ 제3항에 따라 협의를 요청받은 관련 인허가 행정청은 해당 법령을 위반하여 협의에 응해서는 아니 된다. 다만, 관련 인허가에 필요한 심의, 의견 청취 등 절차에 관하여는 법률에 인허가의제 시에도 해당 절차를 거친다는 명시적인 규정이 있는 경우에만 이를 거친다.
>
> 제25조(인허가의제의 효과)
> ① 제24조제3항·제4항에 따라 협의가 된 사항에 대해서는 주된 인허가를 받았을 때 관련 인허가를 받은 것으

로 본다.
② 인허가의제의 효과는 주된 인허가의 해당 법률에 규정된 관련 인허가에 한정된다.

제26조(인허가의제의 사후관리 등)
① 인허가의제의 경우 관련 인허가 행정청은 관련 인허가를 직접 한 것으로 보아 관계 법령에 따른 관리·감독 등 필요한 조치를 하여야 한다.

① (○) 옳은 지문이다.
② (○) 행정절차법 제20조 제1항
③ (○) 행정기본법 제24조 제3·4항
④ (×) 인허가의제의 경우 관련 인허가 행정청은 관련 인허가를 직접 한 것으로 보아 관계 법령에 따른 관리·감독 등 필요한 조치를 하여야 한다(행정기본법 제26조 제1항).

06 ③

① (×) ② (×)
③ (○) 면허정지 기간의 만료일은 권익이 제한되거나 의무가 지속되는 기간이므로 기간의 말일이 토요일 또는 공휴일인 경우에도 기간은 그 날로 만료한다. 그러나 과태료납부의 만료일은 권익이 제한되거나 의무가 지속되는 기간이 아니므로 민법의 규정을 준용하여 공휴일 다음날로 만료한다. 따라서 해당연도의 △△월 18일(화요일)로 만료된다.
④ (×)

행정기본법 제6조(행정에 관한 기간의 계산)
① 행정에 관한 기간의 계산에 관하여는 이 법 또는 다른 법령등에 특별한 규정이 있는 경우를 제외하고는 「민법」을 준용한다.
② 법령등 또는 처분에서 국민의 권익을 제한하거나 의무를 부과하는 경우 권익이 제한되거나 의무가 지속되는 기간의 계산은 다음 각 호의 기준에 따른다. 다만, 다음 각 호의 기준에 따르는 것이 국민에게 불리한 경우에는 그러하지 아니하다.
  1. 기간을 일, 주, 월 또는 연으로 정한 경우에는 기간의 첫날을 산입한다.
  2. 기간의 말일이 토요일 또는 공휴일인 경우에도 기간은 그 날로 만료한다.

07 ④

④ 부담금 부과 및 징수에 관한 사항은 「행정기본법」상 처분의 재심사가 적용된다.

행정기본법 제37조(처분의 재심사)
⑧ 다음 각 호의 어느 하나에 해당하는 사항에 관하여는 이 조를 적용하지 아니한다.
  1. 공무원 인사 관계 법령에 따른 징계 등 처분에 관한 사항
  2. 「노동위원회법」 제2조의2에 따라 노동위원회의 의결을 거쳐 행하는 사항
  3. 형사, 행형 및 보안처분 관계 법령에 따라 행하는 사항
  4. 외국인의 출입국·난민인정·귀화·국적회복에 관한 사항
  5. 과태료 부과 및 징수에 관한 사항
  6. 개별 법률에서 그 적용을 배제하고 있는 경우

08 ④

④ ㄱ, ㄴ, ㄷ, ㄹ 이 옳지 않다.

ㄱ. (×)

> **행정기본법 제6조(행정에 관한 기간의 계산)**
> ② 법령등 또는 처분에서 국민의 권익을 제한하거나 의무를 부과하는 경우 권익이 제한되거나 의무가 지속되는 기간의 계산은 다음 각 호의 기준에 따른다. 다만, 다음 각 호의 기준에 따르는 것이 국민에게 **불리한 경우에는 그러하지 아니하다.**
> 1. 기간을 일, 주, 월 또는 연으로 정한 경우에는 기간의 첫날을 산입한다.
> 2. 기간의 말일이 토요일 또는 공휴일인 경우에도 기간은 그 날로 만료한다.

ㄴ. (×)

> **행정기본법 제7조의2(행정에 관한 나이의 계산 및 표시)**
> 행정에 관한 나이는 다른 법령등에 특별한 규정이 있는 경우를 제외하고는 출생일을 산입하여 만(滿) 나이로 계산하고, 연수(年數)로 표시한다. 다만, 1세에 이르지 아니한 경우에는 월수(月數)로 표시할 수 있다.

ㄷ. (×)

> **행정기본법 제14조(법 적용의 기준)**
> ③ 법령등을 위반한 행위의 성립과 이에 대한 제재처분은 법령등에 특별한 규정이 있는 경우를 제외하고는 법령등을 위반한 행위 당시의 법령등에 따른다. 다만, **법령등을 위반한 행위 후 법령등의 변경에 의하여 그 행위가 법령등을 위반한 행위에 해당하지 아니하거나 제재처분 기준이 가벼워진 경우로서 해당 법령등에 특별한 규정이 없는 경우에는 변경된 법령등을 적용한다.**

ㄹ. (×)

> **행정기본법 제16조(결격사유)**
> ① 자격이나 신분 등을 취득 또는 부여할 수 없거나 인가, 허가, 지정, 승인, 영업등록, 신고 수리 등(이하 "인허가"라 한다)을 필요로 하는 영업 또는 사업 등을 할 수 없는 사유(이하 이 조에서 "결격사유"라 한다)는 **법률로 정한다.**

09 ④

④ ㄱ(○), ㄴ(○), ㄷ(×), ㄹ(○)이 올바른 조합이다.

ㄱ (○) ㄷ(×) 법률에 근거하여 행정처분이 발하여진 후에 헌법재판소가 그 행정처분의 근거가 된 법률을 위헌으로 결정하였다면 결과적으로 위 행정처분은 법률의 근거가 없이 행하여진 것과 마찬가지가 되어 하자가 있는 것이 된다고 할 것이다. 그러나 하자 있는 행정처분이 당연무효가 되기 위하여는 그 하자가 중대할 뿐만 아니라 명백한 것이어야 하는데, 일반적으로 법률이 헌법에 위반된다는 사정이 헌법재판소의 위헌결정이 있기 전에는 객관적으로 명백한 것이라고 할 수는 없으므로 헌법재판소의 위헌결정 전에 행정처분의 근거되는 당해 법률이 헌법에 위반된다는 사유는 특별한 사정이 없는 한 그 행정처분의 취소소송의 전제가 될 수 있을 뿐 당연무효사유는 아니라고 봄이 상당하다. 만일 이와는 달리 위헌인 법률에 근거한 행정처분이 일반적으로 당연무효라고 한다면 이는 법적 안정성을 크게 위협하는 결과를 초래하게 되어 법치주의의 원리에 비추어 보더라도 부당하다고 하지 않을 수 없다.

그리고 이처럼 **위헌인 법률에 근거한 행정처분이 당연무효인지의 여부는 위헌결정의 소급효와는 별개의 문**

제로서, 위헌결정의 소급효가 인정된다고 하여 위헌인 법률에 근거한 행정처분이 당연무효가 된다고는 할 수 없고 오히려 이미 취소소송의 제기기간을 경과하여 확정력이 발생한 행정처분에는 위헌결정의 소급효가 미치지 않는다고 보아야 할 것이므로, 어느 행정처분에 대하여 그 행정처분의 근거가 된 법률이 위헌이라는 이유로 무효확인청구의 소가 제기된 경우에는 다른 특별한 사정이 없는 한 법원으로서는 그 법률이 위헌인지 여부에 대하여는 판단할 필요 없이 위 무효확인청구를 기각하여야 할 것이다(출처 : 대법원 1994. 10. 28. 92누9463).

ㄴ (○) 헌법재판소의 위헌결정의 효력은 위헌제청을 한 당해 사건, 위헌결정이 있기 전에 이와 동종의 위헌 여부에 관하여 헌법재판소에 위헌여부심판제청을 하였거나 법원에 위헌여부심판제청신청을 한 경우의 당해 사건과 따로 위헌제청신청은 아니하였지만 당해 법률 또는 법률의 조항이 재판의 전제가 되어 법원에 계속 중인 사건뿐만 아니라 위헌결정 이후에 위와 같은 이유로 제소된 일반사건에도 미친다(대법원 1993.1.15, 92다12377 ; 대법원 2003.7.24, 2001다48781).

ㄹ (○) 조세 부과의 근거가 되었던 법률규정이 위헌으로 선언된 경우, 비록 그에 기한 과세처분이 위헌결정 전에 이루어졌고, 과세처분에 대한 제소기간이 이미 경과하여 조세채권이 확정되었으며, 조세채권의 집행을 위한 체납처분의 근거규정 자체에 대하여는 따로 위헌결정이 내려진 바 없다고 하더라도, 위와 같은 위헌결정 이후에 조세채권의 집행을 위한 새로운 체납처분에 착수하거나 이를 속행하는 것은 더 이상 허용되지 않고, 나아가 이러한 위헌결정의 효력에 위배하여 이루어진 체납처분은 그 사유만으로 하자가 중대하고 객관적으로 명백하여 당연무효라고 보아야 한다(대법원 2012.2.16, 2010두10907 전원합의체).

10 ③

① (×) ② (×) ③ (○) ④ (×)

> **행정기본법 제18조(위법 또는 부당한 처분의 취소)**
> ① 행정청은 **위법** 또는 **부당**한 처분의 **전부나 일부**를 소급하여 취소할 수 있다. 다만, 당사자의 신뢰를 보호할 가치가 있는 등 정당한 사유가 있는 경우에는 장래를 향하여 취소할 수 있다.
> ② 행정청은 제1항에 따라 당사자에게 권리나 이익을 부여하는 처분을 취소하려는 경우에는 취소로 인하여 당사자가 입게 될 불이익을 취소로 달성되는 공익과 비교·형량(衡量)하여야 한다. 다만, 다음 각 호의 어느 하나에 해당하는 경우에는 그러하지 아니하다.
> 1. 거짓이나 그 밖의 부정한 방법으로 처분을 받은 경우
> 2. 당사자가 처분의 위법성을 알고 있었거나 중대한 과실로 알지 못한 경우
>
> **행정기본법 제19조(적법한 처분의 철회)**
> ① 행정청은 적법한 처분이 다음 각 호의 어느 하나에 해당하는 경우에는 그 처분의 전부 또는 일부를 장래를 향하여 철회할 수 있다.
> 1. 법률에서 정한 철회 사유에 해당하게 된 경우
> 2. 법령등의 변경이나 사정변경으로 처분을 더 이상 존속시킬 필요가 없게 된 경우
> 3. 중대한 공익을 위하여 필요한 경우
> ② 행정청은 제1항에 따라 처분을 철회하려는 경우에는 철회로 인하여 당사자가 입게 될 불이익을 철회로 달성되는 공익과 비교·형량하여야 한다.

11 ②

① (○) 대법원 2017.12.21. 2012다74076
② (×) 지방자치단체의 관할구역 내에 있는 각급 학교에서 학교회계직원으로 근무하는 것을 내용으로 하는 근로계약은 공법상 계약이 아니라 **사법상 계약**이다(대법원 2018.5.11. 2015다237748).
③ (○) 폐기물처리업의 허가를 받은 원고들은 2011.2.1. 피고(진주시)의 시장으로부터 원고들이 진주시에서 발생하는 음식물류 폐기물의 수집·운반, 가로 청소, 재활용품의 수집·운반 업무를 대행할 것을 위탁받고, 각각 피고와 위 대행 업무에 관한 도급계약은 사법상 계약에 해당함 ⇨ 행정사건의 심리절차는 행정소송의 특수성을 감안하여 행정소송법이 정하고 있는 특칙이 적용될 수 있는 점을 제외하면 심리절차 면에서 민사소송 절차와 큰 차이가 없으므로, 특별한 사정이 없는 한 민사사건을 행정소송 절차로 진행한 것 자체가 위법하다고 볼 수 없다(대법원 2018.2.13. 2014두11328).
④ (○) 공법상 계약도 법에 위반되어서는 아니 된다. 그러므로 공법상 계약은 강행법규에 저촉되지 아니하는 범위 안에서 헌법상 평등원칙과 비례의 원칙에 위배되지 않는 등의 한계 내에서 체결할 수 있는 것이라고 할 것이다.

12 ①

① (×) 종전에는 인·허가 등을 취소하는 경우에는 당사자의 신청에 의한 청문을 인정하였다. 그러나 현행법은 행정의 공정성·투명성을 제고하고 국민의 권익을 보호하기 위하여 인허가 등의 취소 등 국민에게 불이익한 처분을 하는 경우 당사자 등의 신청이 없는 경우에도 청문을 하도록 하여 청문의 대상을 확대하였다.
② (○)

> 행정절차법 제23조 (처분의 이유제시)
> ① 행정청은 처분을 할 때에는 다음 각 호의 어느 하나에 해당하는 경우를 제외하고는 당사자에게 그 근거와 이유를 제시하여야 한다. ⇨ 이유제시는 처분시에 하는 것이지 처분전에 하는 것이 아님
> 1. 신청 내용을 모두 그대로 인정하는 처분인 경우
> 2. 단순·반복적인 처분 또는 경미한 처분으로서 당사자가 그 이유를 명백히 알 수 있는 경우
> 3. 긴급히 처분을 할 필요가 있는 경우
> ② 행정청은 제1항 제2호 및 제3호의 경우에 처분 후 당사자가 요청하는 경우에는 그 근거와 이유를 제시하여야 한다.

③ (○) 행정절차법 제22조 제4항
④ (○) 행정절차법 제42조 제2항

13 ②

① (○) 국가공무원법상 직위해제처분은 해당 공무원에게 방어의 준비 및 불복의 기회를 보장하고 임용권자의 판단에 신중함과 합리성을 담보하게 하고 있고, 직위해제처분을 받은 공무원은 사후적으로 소청이나 행정소송을 통하여 충분한 의견진술 및 자료제출의 기회를 보장하고 있으므로 처분의 사전통지 및 의견청취 등에 관한 행정절차법 규정이 적용되지 아니한다고 봄이 상당하다(대법원 2014.5.16. 2012두26180).
② (×) 외국인의 사증발급 신청에 대한 거부처분은 당사자에게 의무를 부과하거나 적극적으로 권익을 제한하는 처분이 아니므로, 행정절차법 제21조 제1항에서 정한 '처분의 사전통지'와 제22조 제3항에서 정한 '의견제출 기회 부여'의 대상은 아니다. 그러나 사증발급 신청에 대한 거부처분이 성질상 행정절차법 제24조에서 정한 '처분서 작성·교부'를 할 필요가 없거나 곤란하다고 일률적으로 단정하기 어렵다. 또한 출입국관리법령에 사증발급 거부처분서 작성에 관한 규정을 따로 두고 있지 않으므로, 외국인의 사증발급 신청에 대한 거부처

분을 하면서 행정절차법 제24조에 정한 절차를 따르지 않고 '행정절차에 준하는 절차'로 대체할 수도 없다(대법원 2019.7.11. 2017두38874).
③ (O) 산업기능요원 편입취소처분은 행정절차법의 적용이 배제되는 사항인 '병역법에 의한 소집에 관한 사항'에 해당하지 아니하므로, 행정절차법상의 '처분의 사전통지'와 '의견제출 기회의 부여' 등의 절차를 거쳐야 한다(대법원 2002.9.6, 2002두554).
④ (O) 생도에 대한 퇴학처분과 같이 신분을 박탈하는 징계처분은 행정절차법의 적용이 제외되는 경우인 행정절차법 시행령 제2조 제8호에 해당하지 아니함 ⇨ 행정절차법 시행령 제2조 제8호는 '학교·연수원 등에서 교육·훈련의 목적을 달성하기 위하여 학생·연수생들을 대상으로 하는 사항'을 행정절차법의 적용이 제외되는 경우로 규정하고 있으나, 이는 교육과정과 내용의 구체적 결정, 과제의 부과, 성적의 평가, 공식적 징계에 이르지 아니한 질책·훈계 등과 같이 교육·훈련의 목적을 직접 달성하기 위하여 행하는 사항을 말하는 것으로 보아야 하고, 생도에 대한 퇴학처분과 같이 신분을 박탈하는 징계처분은 여기에 해당한다고 볼 수 없다(대법원 2018. 3. 13, 2016두33339).

14 ④

① (O) 거부처분을 받은 것 그 자체가 법률상 이익의 침해에 해당 함 ⇒ 추가로 어떤 법률상의 이익을 가질 것을 요구하는 것은 아님
정보공개청구권은 법률상 보호되는 구체적인 권리이므로 청구인이 공공기관에 대하여 정보공개를 청구하였다가 거부처분을 받은 것 자체가 법률상 이익의 침해에 해당한다고 할 것이고, 거부처분을 받은 것 이외에 추가로 어떤 법률상의 이익을 가질 것을 요구하는 것은 아니다 (대법원 2004. 9. 23, 2003두1370)
②③ (O) 정보공개법 제9조 제1항 제6호의 비공개대상정보는 '개인식별정보'뿐만 아니라 피의자 의 인격적·정신적 내면생활에 지장을 초래하거나 자유로운 사생활을 영위할 수 없게 될 위험성이 있는 정보는 비공개대상에 해당
㉠ 공공기관의 정보공개에 관한 법률 9조 제1항 제6호 본문의 규정에 따라 비공개대상이 되는 정보에는 구 공공기관의 정보공개에 관한 법률의 이름·주민등록번호 등 정보 형식이나 유형을 기준으로 비공개대상정보에 해당하는지를 판단하는 '개인식별정보'뿐만 아니라 그 외에 정보의 내용을 구체적으로 살펴 '개인에 관한 사항의 공개로 개인의 내밀한 내용의 비밀 등이 알려지게 되고, 그 결과 인격적·정신적 내면생활에 지장을 초래하거나 자유로운 사생활을 영위할 수 없게 될 위험성이 있는 정보'도 포함된다고 새겨야 한다. 따라서 불기소처분 기록 중 피의자신문조서 등에 기재된 피의자 등의 인적사항 이외의 진술내용 역시 개인의 사생활의 비밀 또는 자유를 침해할 우려가 인정되는 경우 정보공개법 제9조 제1항 제6호 본문 소정의 비공개대상에 해당한다.
㉡ 고소인이, 자신이 고소하였다가 불기소처분된 사건기록의 피의자신문조서, 진술조서 중 피의자 등 개인의 인적사항을 제외한 부분의 정보공개를 청구하였으나 해당 검찰청 검사장이 공공기관의 정보공개에 관한 법률 제9조 제1항 제6호에 해당한다는 이유로 비공개결정을 한 사안에서, 비공개결정한 정보 중 관련자들의 이름을 제외한 주민등록번호, 직업, 주소(주거 또는 직장주소), 본적, 전과 및 검찰 처분, 상훈·연금, 병역, 교육, 경력, 가족, 재산 및 월수입, 종교, 정당·사회단체가입, 건강상태, 연락처 등 개인에 관한 정보는 개인에 관한 사항으로서 공개되면 개인의 내밀한 비밀 등이 알려지게 되고 그 결과 인격적·정신적 내면생활에 지장을 초래하거나 자유로운 사생활을 영위할 수 없게 될 위험성이 있는 정보에 해당한다고 보아 이를 비공개대상정보에 해당한다(대법원 2012.6.18, 2011두2361 전원합의체).
④ (×) 검찰보존사무규칙의 법적 성질은 행정규칙이므로 '법률에 의한 명령에 의하여 비공개사항으로 규정된 경우'에 해당하지 않아, 위 규정을 근거로 비공개 할 수 없음
구 정보공개법 제7조 제1항 제1호 소정의 '법률에 의한 명령'은 법률의 위임규정에 의하여 제정된 대통령령, 총리령, 부령 전부를 의미한다기보다는 정보의 공개에 관하여 법률의 구체적인 위임 아래 제정된 법규명령(위임명령)을 의미한다고 보아야 할 것인바, 검찰보존사무규칙은 비록 법무부령으로 되어 있으나, 그 중 불기

소사건기록 등의 열람·등사에 대하여 제한하고 있는 부분은 위임 근거가 없어 행정기관 내부의 사무처리준칙으로서 행정규칙에 불과하므로, 위 규칙에 의한 열람·등사의 제한을 구 정보공개법 제7조 제1항 제1호의 '다른 법률 또는 법률에 의한 명령에 의하여 비공개사항으로 규정된 경우'에 해당한다고 볼 수 없다(대법원 2004. 3. 12. 2003두13816).

15 ②

① (○) 개인정보 보호법 제3조 제7항
② (×) 개인정보처리자가 이 법에 따른 집단분쟁조정을 거부하거나 집단분쟁조정의 결과를 수락하지 아니한 경우 이 법 소정의 일정한 요건을 갖춘 소비자단체나 비영리단체는 법원에 법원에 권리침해 행위의 금지·중지를 구하는 소송을 제기할 수 있다(개인정보 보호법 제51조 제1항). 즉 법원에 권리침해 행위의 금지·중지를 구하는 소송을 제기하는 것이지 손해배상소송을 제기하는 것이 아니다.
③ (○)

> **개인정보 보호법 제25조의2(이동형 영상정보처리기기의 운영 제한)**
> ① 업무를 목적으로 이동형 영상정보처리기기를 운영하려는 자는 다음 각 호의 경우를 제외하고는 공개된 장소에서 이동형 영상정보처리기기로 사람 또는 그 사람과 관련된 사물의 영상(개인정보에 해당하는 경우로 한정한다. 이하 같다)을 촬영하여서는 아니 된다.
> 1. 제15조제1항 각 호의 어느 하나에 해당하는 경우
> 2. 촬영 사실을 명확히 표시하여 정보주체가 촬영 사실을 알 수 있도록 하였음에도 불구하고 촬영 거부 의사를 밝히지 아니한 경우. 이 경우 정보주체의 권리를 부당하게 침해할 우려가 없고 합리적인 범위를 초과하지 아니하는 경우로 한정한다.

④ (○) 개인정보 보호법 제39조 제1항

16 ①

① (×) 수질오염물질을 측정하는 경우 시료채취의 방법, 오염물질 측정의 방법 등을 정한 구 수질오염공정시험기준(2019. 12. 24. 국립환경과학원고시 제2019-63호로 개정되기 전의 것)은 형식 및 내용에 비추어 행정기관 내부의 사무처리준칙에 불과하므로 일반 국민이나 법원을 구속하는 대외적 구속력은 없다. 따라서 시료채취의 방법 등이 위 고시에서 정한 절차에 위반된다고 하여 그러한 사정만으로 곧바로 그에 기초하여 내려진 행정처분이 위법하다고 볼 수는 없고, 관계 법령의 규정 내용과 취지 등에 비추어 절차상 하자가 채취된 시료를 객관적인 자료로 활용할 수 없을 정도로 중대한지에 따라 판단되어야 한다. 다만 이때에도 시료의 채취와 보존, 검사방법의 적법성 또는 적절성이 담보되어 시료를 객관적인 자료로 활용할 수 있고 그에 따른 실험결과를 믿을 수 있다는 사정은 행정청이 증명책임을 부담하는 것이 원칙이다(대법원 2022.9.16. 2021두58912).
② (○) 행정조사기본법 제5조
③ (○) 행정조사기본법 제15조 제1항
④ (○) 행정조사가 행정행위의 형식을 취하는 경우와 권력적 사실행위의 성격을 갖는 경우는 항고소송의 대상인 행정처분에 해당 할 수 있다.

17 ③

① (○) 건축법상 이행강제금의 법적 성격(=행정상 간접강제) ⇨ 시정명령을 받은 의무자가 시정명령에서 정한 기간이 지났으나 이행강제금이 부과되기 전에 의무를 이행한 경우, 이행강제금을 부과할 수 없음 ⇨ 건축법상의 이행강제금은 시정명령의 불이행이라는 과거의 위반행위에 대한 제재가 아니라, 의무자에게 시정명령

을 받은 의무의 이행을 명하고 그 이행기간 안에 의무를 이행하지 않으면 이행강제금이 부과된다는 사실을 고지함으로써 의무자에게 심리적 압박을 주어 의무의 이행을 간접적으로 강제하는 행정상의 간접강제 수단에 해당한다. 이러한 이행강제금의 본질상 시정명령을 받은 의무자가 이행강제금이 부과되기 전에 그 의무를 이행한 경우에는 비록 시정명령에서 정한 기간을 지나서 이행한 경우라도 이행강제금을 부과할 수 없다(대법원 2018.1.25, 2015두35116).

② (○) 이행명령을 받은 의무자가 그 명령을 이행한 경우에는 이행명령에서 정한 기간을 지나서 이행한 경우라도 최초의 이행강제금을 부과할 수 없다(대법원 2014.12.11, 2013두15750).

③ (×) 구 건축법 제69조의2 제6항, 지방세법 제28조, 제82조, 국세징수법 제23조의 각 규정에 의하면, 이행강제금 부과처분을 받은 자가 이행강제금을 기한 내에 납부하지 아니한 때에는 그 납부를 독촉할 수 있으며, 납부독촉에도 불구하고 이행강제금을 납부하지 않으면 체납절차에 의하여 이행강제금을 징수할 수 있고, 이때 이행강제금 납부의 최초 독촉은 징수처분으로서 항고소송의 대상이 되는 행정처분이 될 수 있다(대법원 2009.12.24, 2009두14507).

④ (○) 대법원 2014.10.15, 2013두5005

18 ①

①
> **행정기본법 제28조(과징금의 기준)**
> ① 행정청은 법령등에 따른 의무를 위반한 자에 대하여 법률로 정하는 바에 따라 그 위반행위에 대한 제재로서 과징금을 부과할 수 있다.
> ② 과징금의 근거가 되는 법률에는 과징금에 관한 다음 각 호의 사항을 명확하게 규정하여야 한다.
>   1. 부과·징수 주체
>   2. 부과 사유
>   3. **상한액**
>   4. 가산금을 징수하려는 경우 그 사항
>   5. 과징금 또는 가산금 체납 시 강제징수를 하려는 경우 그 사항

② 행정기본법 제31조 제3항
③ 행정기본법 제32조 제2항
④ 행정기본법 제33조 제1항

19 ③

① (○) 국가배상법 제2조 제1항의 '직무를 집행함에 당하여'라 함은 직접 공무원의 직무행위이거나 그와 밀접한 관계에 있는 행위를 포함하고, 이를 판단함에 있어서는 행위 그 자체의 외관을 객관적으로 관찰하여 공무원의 직무행위로 보여질 때에는 비록 그것이 실질적으로 직무행위가 아니거나 또는 행위자로서는 주관적으로 공무집행의 의사가 없었다고 하더라도, 그 행위는 공무원이 '직무를 집행함에 당하여' 한 것으로 보아야 한다(대법원 1995.4.21, 93다14240).

② (○) 공무원이 경과실로 손해를 입힌 경우에는 손해배상책임도 전적으로 국가에만 귀속시키고 공무원 개인에게는 그로 인한 책임을 부담시키지 아니하며, 공무원의 위법행위가 고의·중과실에 기한 경우에는 공무원 개인에게도 불법행위로 인한 손해배상책임을 부담시킬 수 있다(대법원 1996.2.15, 95다38677 전원합의체).

③ (×) 어떠한 행정처분이 뒤에 항고소송에서 취소되었다고 할지라도 그 자체만으로 그 행정처분이 곧바로 공무원의 고의 또는 과실로 인한 불법행위를 구성한다고 단정할 수는 없다(대법원 2001.3.13, 2000다20731).

④ (○) 원고는 지방자치단체가 설치·운영하는 폐기물 매립장 인근에 거주하는 주민으로서, 지방자치단체가 폐기물 매립장을 설치하면서 관련 법령에서 정한 입지선정위원회 구성 등 주민의견 수렴절차를 거치지 않은

채 관련 서류를 위조하여 폐기물 매립장을 설치하였고 그 폐기물 매립장을 부실하게 운영하여 원고의 행정절차 참여권, 환경권 등을 침해하였음을 이유로 손해배상을 청구하였다. 이에 대하여 대법원은 "주민들의 행정절차 참여권 침해를 이유로 한 손해배상의 경우 행정절차를 이행하지 않았다는 사실만으로 곧바로 손해배상이 인정되는 것은 아니고, 관련 행정처분이 취소되는 등의 조치로도 주민들의 정신적 고통이 남아 있다고 볼 특별한 사정이 있는 경우에만 손해배상책임이 인정되는 것인데, 이 사건의 경우에는 특별한 사정의 존재 여부에 앞서 원고가 관련 행정절차가 진행될 당시 인근 지역 주민이었는지 여부가 심리·판단되지 않았는데도 피고의 손해배상책임을 인정한 원심판결에 법리오해와 심리미진의 잘못이 있다"고 보아 원심에게 파기환송하였다(대법원 2021.7.29, 2015다221668).

20 ④

① (O) 시가보상의 원칙(동법 제67조) ⇨ ㉠ 보상액의 산정은 협의에 의한 경우에는 협의 성립 당시의 가격을, 재결에 의한 경우에는 수용 또는 사용의 재결 당시의 가격을 기준으로 한다(제1항). ㉡ 보상액의 산정할 경우에 해당 공익사업으로 인하여 토지 등의 가격이 변동되었을 때에는 이를 고려하지 아니한다(제2항).

② (O) ㉠ 잔여지에 대한 수용이나 사용토지에 대한 수용청구등과 같이 확장수용의 경우에는 보상관련근거는 마련되어 있지만 재결의 불복절차에 대하여 아무런 규정이 없어 어떠한 불복방법을 취해야 하는지 문제가 되어 왔다. ㉡ 공익사업을 위한 토지 등의 취득 및 보상에 관한 법률 제72조의 문언, 연혁 및 취지 등에 비추어 보면, 위 규정이 정한 수용청구권은 토지보상법 제74조 제1항이 정한 잔여지 수용청구권과 같이 손실보상의 일환으로 토지소유자에게 부여되는 권리로서 그 청구에 의하여 수용효과가 생기는 형성권의 성질을 지니므로, 토지소유자의 토지수용청구를 받아들이지 아니한 토지수용위원회의 재결에 대하여 토지소유자가 불복하여 제기하는 소송은 토지보상법 제85조 제2항에 규정되어 있는 '보상금의 증감에 관한 소송'에 해당하고, 피고는 토지수용위원회가 아니라 사업시행자로 하여야 한다(대법원 2015.4.9, 2014두46669).

③ (O) 일괄보상 = 동일소유자 동시보상의 원칙(동법 제65조) ⇨ 사업시행자는 동일한 사업지역에 보상시기를 달리하는 동일인 소유의 토지 등이 여러 개 있는 경우 토지소유자나 관계인이 요구할 때에는 한꺼번에 보상금을 지급하도록 하여야 한다.

④ (×) 사업시행이익과의 상계금지의 원칙(동법 제66조) ⇨ 사업시행자는 동일한 토지소유자에게 속하는 일단의 토지의 일부를 취득하거나 사용하는 경우 해당 공익사업의 시행으로 인하여 잔여지의 가격이 증가하거나 그 밖의 이익이 발생한 경우에도 그 이익을 그 취득 또는 사용으로 인한 손실과 상계할 수 없다.

21 ④

① (O) 취소심판에 있어서는 취소소송과 달리 상급행정청인 행정심판위원회의 적극적 변경재결이 가능하다(행정심판법 제43조 제3항).

② (O) 기각재결은 기속력이 없으므로 처분청은 당해 처분을 직권으로 취소 또는 변경할 수 있다.

③ (O) 행정심판법 제50조 제1항.

④ (×) 사정재결은 재결주문에 그 처분 등이 위법 또는 부당함을 명시하여야 한다(형정심판법 제44조 제1항).

22 ④

법원이 원고의 청구를 기각할 때 판결의 주문에서 취소대상인 처분이 위법함을 명시하여야 하는 경우는 통상의 기각판결이 아니라 사정판결이다.

① (O) 사정판결에 관하여는 당사자의 명백한 주장이 없는 경우에도 기록에 나타난 여러 사정을 기초로 직권으로 판단할 수 있는 것이나, 그 요건인 현저히 공공복리에 적합하지 아니한지 여부를 위법한 행정처분을 취소·변경하여야 할 필요와 그 취소·변경으로 인하여 발생할 수 있는 공공복리에 반하는 사태 등을 비교교량하여 판단하여야 한다(대법원 2001.1.19, 99두9674).

② (○) 사정판결을 하여야 할 공익성 판단의 기준시는 변론종결시를 기준으로 한다(대법원 1970.3.23, 69누29). 아울러 사정판결에 따른 손해의 산정시점 역시 처분시가 아니라 변론종결시를 기준으로 한다.
③ (○) 소송비용은 일반적으로 패소자가 부담한다. 그러나 사정판결은 원고의 청구가 이유가 있음에도 불구하고 원고를 패소시키는 것이기 때문에 사정판결에서는 소송비용을 피고가 부담한다(법 제32조).
④ (×) 기속력은 인용판결에서 인정된다. 사정판결은 기각판결이므로 기속력이 인정되지 않는다. 다만 기판력은 인정된다. 사정판결을 하는 경우에는 그 처분의 위법함을 주문에 명시하여야 한다(법 제28조 제1항 후단). 이는 처분의 위법함에 대한 기판력을 미치게 하기 위한 것이다.

23 ①

① (×) 행정소송에서 쟁송의 대상이 되는 행정처분의 존부는 소송요건으로서 직권조사사항이고, 자백의 대상이 될 수 없는 것이므로, 설사 그 존재를 당사자들이 다투지 아니한다 하더라도 그 존부에 관하여 의심이 있는 경우에는 이를 직권으로 밝혀 보아야 할 것이고, 사실심에서 변론종결시까지 당사자가 주장하지 않던 직권조사사항에 해당하는 사항을 상고심에서 비로소 주장하는 경우 그 직권조사사항에 해당하는 사항은 상고심의 심판범위에 해당한다(대법원 2004.12.24, 2003두15195).
② (○) 행정소송의 대상이 되는 행정처분은, 행정청 또는 그 소속기관이나 법령에 의하여 행정권한의 위임 또는 위탁을 받은 공공기관이 국민의 권리의무에 관계되는 사항에 관하여 공권력을 발동하여 행하는 공법상의 행위를 말하며, 그것이 상대방의 권리를 제한하는 행위라 하더라도 행정청 또는 그 소속기관이나 권한을 위임받은 공공기관의 행위가 아닌 한 이를 행정처분이라고 할 수 없다(대법원 2010.11.26., 2010무137).
③ (○) 건축허가권자가 건축불허가처분을 하면서 그 처분사유로 건축불허가 사유뿐만 아니라 구 소방법에 따른 소방서장의 건축부동의 사유를 들고 있다고 하여 그 건축불허가처분 외에 별개로 건축부동의처분이 존재하는 것이 아니므로, 그 건축불허가처분을 받은 사람은 그 건축불허가처분에 관한 쟁송에서 건축법상의 건축불허가 사유뿐만 아니라 소방서장의 부동의 사유에 관하여도 다툴 수 있다(대판 2004.10.15, 2003두6573)
④ (○) 과세관청이 사업자등록을 관리하는 과정에서 위장사업자의 사업명의를 직권으로 실사업자의 명의로 정정하는 행위 또한 당해 사업사실 중 주체에 관한 정정기재일 뿐 그에 의하여 사업자로서의 지위에 변동을 가져오는 것이 아니므로 항고소송의 대상이 되는 행정처분으로 볼 수 없다(대법원 2011.1.27., 2008두2200).

24 ①

① ㄱ이 옳다.
ㄱ. (○) 행정심판법 제3조 제2항
ㄴ. (×)

> 행정심판법 제4조(특별행정심판 등)
> ③ 관계 행정기관의 장이 특별행정심판 또는 이 법에 따른 행정심판 절차에 대한 특례를 신설하거나 변경하는 법령을 제정·개정할 때에는 미리 중앙행정심판위원회(법무부장관 ×)와 협의[주의 : 협의(○) 동의(×), 승인(×)]하여야 한다.

ㄷ. (×) 청구인이란 행정심판의 대상인 행정청의 처분 또는 부작위에 불복하여 그 취소·변경 등을 위해 행정심판을 제기하는 자를 말한다. 청구인은 원칙적으로 자연인 또는 법인이어야 하나, 법인격 없는 사단 또는 재단으로서 그 대표자 또는 관리인이 정하여져 있는 경우에는 그 사단이나 재단의 이름(주의 : 대표자 또는 관리인의 이름이 아님)으로 심판청구를 할 수 있다.
ㄹ. (×) 여러 명의 청구인이 공동으로 심판청구를 할 때에는 청구인들 중에서 3명 이하의 선정대표자를 선정할 수 있다(행정심판법 제15조 제1항).
ㅁ. (×) 선정대표자는 다른 청구인들을 위하여 그 사건에 관한 모든 행위를 할 수 있다. 다만, 심판청구를 취하하

려면 다른 청구인들의 동의를 받아야 하며, 이 경우 동의받은 사실을 서면으로 소명하여야 한다(행정심판법 제15조 제3항).

25 ④

① (×) 도시 및 주거환경정비법상 주택재개발사업조합의 조합설립인가처분이 법원의 재판에 의하여 취소된 경우 그 조합설립인가처분은 소급하여 효력을 상실하고, 이에 따라 당해 주택재개발사업조합 역시 조합설립인가처분 당시로 소급하여 도시정비법상 주택재개발사업을 시행할 수 있는 행정주체인 공법인으로서의 지위를 상실하므로, 당해 주택재개발사업조합이 조합설립인가처분 취소 전에 도시정비법상 적법한 행정주체 또는 사업시행자로서 한 결의 등 처분은 달리 특별한 사정이 없는 한 소급하여 효력을 상실한다고 보아야 한다(대법원 2012.3.29. 2008다95885).

② (×) 행정소송법 제30조 제1항에 의하여 인정되는 취소소송에서 처분 등을 취소하는 확정판결의 기속력은 주로 판결의 실효성 확보를 위하여 인정되는 효력으로서, 판결의 주문뿐만 아니라 그 전제가 되는 처분 등의 구체적 위법사유에 관한 이유 중의 판단에 대하여도 인정된다(대법원 2001.3.23. 99두5238).

③ (×) 징계처분의 취소를 구하는 소에서 징계사유가 될 수 없다고 판결한 사유와 동일한 사유를 내세워 행정청이 다시 징계처분을 한 것은 확정판결에 저촉되는 행정처분을 한 것으로서, 위 취소판결의 기속력이나 확정판결의 기판력에 저촉되어 허용될 수 없다(대법원 1992.7.14. 92누2912).

④ (○) 행정처분을 취소한다는 확정판결이 있으면 그 취소판결의 형성력에 의하여 당해 행정처분의 취소나 취소통지 등의 별도의 절차를 요하지 아니하고 당연히 취소의 효과가 발생한다(대법원 1991.10.11. 90누5443).

행정법총론 최종모의고사 정답 및 해설

2025 MUST 행정법총론 **최종모의고사**

01	02	03	04	05	06	07	08	09	10
①	④	②	③	①	③	②	③	③	④
11	12	13	14	15	16	17	18	19	20
②	③	④	①	③	④	③	①	④	④
21	22	23	24	25					
③	③	④	②	①					

01 ①

㉠ (×) 국민의 자유와 권리를 제한함에 있어서는 규제하려는 쪽에서 국민의 기본권을 보다 덜 제한하는 다른 방법이 있는지를 모색하여야 할 것이지, 제한당하는 국민의 쪽에서 볼 때 그 기본권을 실현할 다른 수단이 있다고 하여 그와 같은 사유만으로 기본권의 제한이 정당화되는 것은 아니다. 보존음료수(생수)를 대신할 수돗물이 있다고 하여 보존음료수 판매를 국내에서 금지하는 식품제조영업허가기준고시는 헌법상 영업의 자유에 대한 중대한 제한이므로 무효임 (대법원 1994.3.8. 92누1728).

㉡ (○) 심판대상조항은 음주운전 금지규정을 반복하여 위반하는 사람에 대한 처벌을 강화하기 위한 규정인데, 가중요건이 되는 과거 위반행위와 처벌대상이 되는 재범 음주운전행위 사이에 아무런 시간적 제한을 두지 않고 있다. 그런데 과거 위반행위가 예컨대 10년 이상 전에 발생한 것이라면 처벌대상이 되는 재범 음주운전이 준법정신이 현저히 부족한 상태에서 이루어진 행위라거나 교통안전 등을 '반복적으로' 위협하는 행위라고 평가하기 어려워 이를 일반적 음주운전 금지규정 위반행위와 구별하여 가중처벌할 필요가 있다고 보기 어렵다. 또한 위험 정도가 비교적 낮은 유형의 재범 음주운전행위도 일률적으로 그 법정형의 하한인 2년 이상의 징역 또는 1천만 원 이상의 벌금을 기준으로 처벌하도록 하고 있어 책임과 형벌 사이의 비례성을 인정하기 어렵다(헌재 2021.11.25. 2019헌바446).

㉢ (○) 대법원 2002. 8. 23. 선고 2000다60890

㉣ (×) 여권의 발급은 헌법이 보장하는 거주·이전의 자유의 내용인 해외여행의 자유를 보장하기 위한 수단적 성격을 갖고 있으며, 해외여행의 자유는 행복을 추구하기 위한 권리이자 이동의 자유로운 보장의 확보를 통하여 의사를 표현할 수 있는 측면에서 인신의 자유 또는 표현의 자유와 밀접한 관련을 가진 기본권이므로 최대한 그 권리가 보장되어야 하고, 따라서 그 권리를 제한하는 것은 최소한에 그쳐야 한다. 여권발급 신청인이 북한 고위직 출신의 탈북 인사로서 신변에 대한 위해 우려가 있다는 이유로 신청인의 미국 방문을 위한 여권 발급을 거부한 것은 여권법 제8조 제1항 제5호에 정한 사유에 해당한다고 볼 수 없고 거주·이전의 자유를 과도하게 제한하는 것으로서 위법하다(대판 2008.1.24. 2007두10846).

㉤ (○) 금치 처분을 받은 수형자는 외부세계와의 교통이 단절된 상태에 있게 되며, 환기가 잘 안 되는 1평 남짓한 징벌실에 최장 2개월 동안 수용된다는 점을 고려할 때, 금치 수형자에 대하여 일체의 운동을 금지하는 것은 수형자의 신체적 건강뿐만 아니라 정신적 건강을 해칠 위험성이 현저히 높다. 따라서 금치 처분을 받은 수형자에 대한 절대적인 운동의 금지는 징벌의 목적을 고려하더라도 그 수단과 방법에 있어서 필요한 최소한도의 범위를 벗어난 것으로서, 수형자의 헌법 제10조의 인간의 존엄과 가치 및 신체의 안전성이 훼손당하지 아니할 자유를 포함하는 제12조의 신체의 자유를 침해하는 정도에 이르렀다고 판단된다(헌재결 2004.12.16., 2002헌마478).

02 ④

① (×) 사관생도는 군 장교를 배출하기 위하여 국가가 모든 재정을 부담하는 특수교육기관인 육군3사관학교의 구성원으로서, 준사관에 준하는 대우를 받는 특수한 신분관계에 있다. 따라서 그 존립 목적을 달성하기 위하여 필요한 한도 내에서 일반 국민보다 상대적으로 기본권이 더 제한될 수 있으나, 그러한 경우에도 법률유보원칙, 과잉금지원칙 등 기본권 제한의 헌법상 원칙들을 지켜야 한다(대법원 2018.8.30. 2016두60591).

② (×) 사법인(私法人)인 학교법인과 학생의 재학관계는 사법상 계약에 따른 법률관계에 해당한다. 지방자치단체가 학교법인이 설립한 사립중학교에 의무교육대상자에 대한 교육을 위탁한 때에 그 학교법인과 해당 사립중학교에 재학 중인 학생의 재학관계도 기본적으로 마찬가지이다(대법원 2018. 12. 28. 2016다33196).

③ (×) 행정처분에 있어서 불이익처분의 상대방은 직접 개인적 이익의 침해를 받은 자로서 원고적격이 인정되지만 수익처분의 상대방은 그의 권리나 법률상 보호되는 이익이 침해되었다고 볼 수 없으므로 달리 특별한 사정이 없는 한 취소를 구할 이익이 없다(대법원 1995.8.22. 94누8129).

④ (○) 공무원연금 수급권과 같은 사회보장수급권은 사회적 기본권 중의 하나로서, 이는 국가에 대하여 적극적으로 급부를 요구하는 것이므로 헌법규정만으로는 이를 실현할 수 없어 법률에 의한 형성이 필요하다(헌재 2013.9.26., 2011헌바272).

03 ②

① (○) 서울특별시지하철공사의 임원과 직원의 근무관계의 성질은 특별권력관계라고는 볼 수 없고 사법관계에 속할 뿐만 아니라, 위 지하철공사의 사장이 그 이사회의 결의를 거쳐 제정된 인사규정에 의거하여 소속직원에 대한 징계처분을 한 경우 위 사장은 행정소송법 제13조 제1항 본문과 제2조 제2항 소정의 행정청에 해당되지 않으므로 공권력발동주체로서 위 징계처분을 행한 것으로 볼 수 없고, 따라서 이에 대한 불복절차는 민사소송에 의할 것이지 행정소송에 의할 수는 없다(대법원 1989.9.12, 89누2103).

② (×)
  ㉠ 공기업·준정부기관이 법령 또는 계약에 근거하여 선택적으로 입찰참가자격 제한 조치를 할 수 있는 경우, 계약상대방에 대한 **입찰참가자격 제한 조치가 법령에 근거한 행정처분인지 아니면 계약에 근거한 권리행사인지는** 원칙적으로 **의사표시의 해석 문제**이다. 이때에는 공기업·준정부기관이 계약상대방에게 통지한 문서의 내용과 해당 조치에 이르기까지의 과정을 객관적·종합적으로 고찰하여 판단하여야 한다. 그럼에도 불구하고 공기업·준정부기관이 법령에 근거를 둔 행정처분으로서의 입찰참가자격 제한 조치를 한 것인지 아니면 계약에 근거한 권리행사로서 입찰참가자격 제한 조치를 한 것인지가 불분명한 경우에는, 중대한 이해관계를 가지는 상대방의 인식가능성 내지 예측가능성을 중요하게 고려하여 규범적으로 확정하여야 한다(대판 2018.10.25. 2016두33537).
  ㉡ 한국수력원자력 주식회사는 행정청에 해당하고 한국수력원자력 주식회사가 하는 '등록취소 및 그에 따른 일정 기간의 거래제한조치'는 '처분'에 해당함 그러나 계약에 따른 제재조치는 처분이 아님 ⇨ 계약당사자 사이에서 계약의 적정한 이행을 위하여 일정한 계약상 의무를 위반하는 경우 계약해지, 위약벌이나 손해배상액 약정, 장래 일정 기간의 거래제한 등의 제재조치를 약정하는 것은 상위법령과 법의 일반원칙에 위배되지 않는 범위에서 허용되며, 그러한 계약에 따른 제재조치는 법령에 근거한 공권력의 행사로서의 제재처분과는 법적 성질을 달리한다(대법원 2020.5.28. 2017두66541).

③ (○) 국·공유재산의 관리청이 행정재산의 사용·수익을 허가한 다음 그 사용·수익하는 자에 대하여 하는 사용·수익허가취소는 순전히 사경제주체로서 행하는 사법상의 행위라 할 수 없고, 이는 관리청이 공권력을 가진 우월적 지위에서 행한 것으로서 항고소송의 대상이 되는 행정처분이다(대법원 1997.4.11., 96누17325). 그리고 특허에 해당한다.

④ (○) 지방자치단체가 구 지방재정법시행령 제71조의 규정에 따라 기부채납받은 공유재산을 무상으로 기부자에게 사용을 허용하는 행위는 사경제주체로서 상대방과 대등한 입장에서 하는 사법상 행위이지 행정청이 공권력의 주체로서 행하는 공법상 행위라고 할 수 없으므로, 기부자가 기부채납한 부동산을 일정기간 무상사용

한 후에 한 사용허가기간 연장신청을 거부한 행정청의 행위도 단순한 사법상의 행위일 뿐 행정처분 기타 공법상 법률관계에 있어서의 행위는 아니다(대법원 1994.1.25., 93누7365).

04 ③

ㄱ. (○) 대법원 2008.3.27, 2006두3742·3759
ㄴ. (×) 헌법이 인정하고 있는 위임입법의 형식은 예시적인 것으로 보아야 할 것이고, 그것은 법률이 행정규칙에 위임하더라도 그 행정규칙은 위임된 사항만을 규율할 수 있으므로, 국회입법의 원칙과 상치되지도 않는다(헌법재판소 2004.10.28, 99헌바91).
ㄷ. (×) 행정규칙이나 규정이 상위법령의 위임범위를 벗어난 경우에는 법규명령으로서 대외적 구속력을 인정할 여지는 없다. 이는 행정규칙이나 규정 '내용'이 위임범위를 벗어난 경우뿐 아니라 상위법령의 위임규정에서 특정하여 정한 권한행사의 '절차'나 '방식'에 위배되는 경우도 마찬가지이므로, 상위법령에서 세부사항 등을 시행규칙으로 정하도록 위임하였음에도 이를 고시 등 행정규칙으로 정하였다면 그 역시 대외적 구속력을 가지는 법규명령으로서 효력이 인정될 수 없다(대법원 2012.7.5, 2010다72076).
ㄹ. (○) C고시가 법규성을 갖는 이유는 A법률의 위임에 따라 상위법령과 결합하여 상위법령을 보충하여 주기 때문이다. 따라서 상위법령인 A법률이 헌법재판소의 위헌결정으로 효력이 상실되면 C고시도 원칙적으로 효력을 상실한다.

05 ①

① (×) **지방자치단체의 장이 공유재산 및 물품관리법에 근거하여 기부채납 및 사용·수익허가 방식으로 민간투자사업을 추진하는 과정에서 사업시행자를 지정하기 위한 전 단계에서 공모제안을 받아 일정한 심사를 거쳐 우선협상대상자를 선정하는 행위와 이미 선정된 우선협상대상자를 그 지위에서 배제하는 행위는 항고소송의 대상이 되는 행정처분에 해당함** ⇨ 공유재산 및 물품관리법(이하 '공유재산법'이라 한다) 제2조 제1호, 제7조 제1항, 제20조 제1항, 제2항 제2호의 내용과 체계에 관련 법리를 종합하면, 지방자치단체의 장이 공유재산법에 근거하여 기부채납 및 사용·수익허가 방식으로 민간투자사업을 추진하는 과정에서 사업시행자를 지정하기 위한 전 단계에서 공모제안을 받아 일정한 심사를 거쳐 우선협상대상자를 선정하는 행위와 이미 선정된 우선협상대상자를 그 지위에서 배제하는 행위는 민간투자사업의 세부내용에 관한 협상을 거쳐 공유재산법에 따른 공유재산의 사용·수익허가를 우선적으로 부여받을 수 있는 지위를 설정하거나 또는 이미 설정한 지위를 박탈하는 조치이므로 모두 항고소송의 대상이 되는 행정처분으로 보아야 한다(대법원 2020.4.29, 2017두31064).
② (○) **부지사전승인처분 후 건설허가가 있게 되면 종국처분인 건설허가에 대하여 쟁송하여야 하며 부지사전승인처분의 취소를 구하는 쟁송은 소의 이익이 없어 인정되지 않음** ⇨ 원자로 및 관계 시설의 부지사전승인처분은 건설허가 전에 신청자의 편의를 위하여 미리 그 건설허가의 일부 요건을 심사하여 행하는 사전적 부분 건설허가처분의 성격을 갖고 있는 것이어서 나중에 건설허가처분이 있게 되면 그 건설허가처분에 흡수되어 독립된 존재가치를 상실함으로써 그 건설허가처분만이 쟁송의 대상이 되는 것이므로, 부지사전승인처분의 취소를 구하는 소는 소의 이익을 잃게 되고, 따라서 부지사전승인처분의 위법성은 나중에 내려진 건설허가처분의 취소를 구하는 소송에서 이를 다투면 된다(대법원 1998.9.4, 97누19588).
③ (○) **공정거래위원회가 과징금 부과처분(선행처분)을 한 뒤, 다시 과징금 감면처분(후행처분)을 한 경우에, 선행처분은 후행처분에 흡수되어 소멸하므로 선행처분의 취소를 구하는 것은 부적법함** ⇨ 공정거래위원회가 부당한 공동행위를 행한 사업자로서 독점규제법 제22조의2에서 정한 자진신고자나 조사협조자에 대하여 과징금 부과처분(선행처분)을 한 뒤, 독점규제법 시행령 제35조에 따라 다시 자진신고자 등에 대한 사건을 분리하여 자진신고 등을 이유로 한 과징금 감면처분(후행처분)을 하였다면, 후행처분은 자진신고 감면까지 포함하여 처분 상대방이 실제로 납부하여야 할 최종적인 과징금액을 결정하는 종국적 처분이고, 선행처분은 이러한 종국적 처분을 예정하고 있는 일종의 잠정적 처분으로서 후행처분이 있을 경우 선행처분은 후행처분에

흡수되어 소멸한다. 따라서 위와 같은 경우에 선행처분의 취소를 구하는 소는 이미 효력을 잃은 처분의 취소를 구하는 것으로 부적법하다(대법원 2015.2.12., 2013두987).
[비교 판례] 공정거래위원회가 부당한 공동행위의 시정명령 및 과징금 부과와 자진신고자 또는 조사협조자에 대한 감면 여부를 분리 심리하여 별개로 의결한 후 과징금 등 처분과 별도의 처분서로 감면기각처분을 한 경우, 각 처분에 대하여 함께 또는 별도로 불복할 수 있음 ⇨ 과징금 등 처분과 감면기각처분의 취소를 구하는 소를 함께 제기한 경우, 감면기각처분의 취소를 구할 소의 이익이 인정됨

④ (○) 내인가(확약)의 취소는 인가신청 자체를 거부하는 것이므로 행정처분에 해당함 ⇨ 자동차운송사업양도양수계약에 기한 양도양수인가신청에 대하여 피고 시장이 내인가를 한 후 위 내인가에 기한 본인가신청이 있었으나 자동차운송사업 양도양수인가신청서가 합의에 의한 정당한 신청서라고 할 수 없다는 이유로 위 내인가를 취소한 경우, 위 내인가의 법적 성질이 행정행위의 일종으로 볼 수 있든 아니든 그것이 행정청의 상대방에 대한 의사표시임이 분명하고, 피고가 위 내인가를 취소함으로써 다시 본인가에 대하여 따로이 인가 여부의 처분을 한다는 사정이 보이지 않는다면 위 내인가취소를 인가신청을 거부하는 처분으로 보아야 할 것이다(대법원 1991.6.28, 90누4402).

06 ③

① (○) 구 주택법 제17조 제1항에 인허가 의제 규정을 둔 입법 취지는, 주택건설사업을 시행하는 데 필요한 각종 인허가 사항과 관련하여 주택건설사업계획 승인권자로 그 창구를 단일화하고 절차를 간소화함으로써 각종 인허가에 드는 비용과 시간을 절감하여 주택의 건설·공급을 활성화하려는 데에 있다. 이러한 인허가 의제 규정의 입법 취지를 고려하면, 주택건설사업계획 승인권자가 구 주택법 제17조 제3항에 따라 도시·군관리계획 결정권자와 협의를 거쳐 관계 주택건설사업계획을 승인하면 같은 조 제1항 제5호에 따라 도시·군관리계획결정이 이루어진 것으로 의제되고, 이러한 협의 절차와 별도로 국토의 계획 및 이용에 관한 법률 제28조 등에서 정한 도시·군관리계획 입안을 위한 주민 의견청취 절차를 거칠 필요는 없다(대법원 2018. 11. 29. 2016두38792).

② (○) ③ (×) 구 주택법 제17조 제1항에 따르면, 주택건설사업계획 승인권자가 관계 행정청의 장과 미리 협의한 사항에 한하여 승인처분을 할 때에 인허가 등이 의제될 뿐이고, 각호에 열거된 모든 인허가 등에 관하여 일괄하여 사전협의를 거칠 것을 주택건설사업계획 승인처분의 요건으로 규정하고 있지 않다. 따라서 인허가 의제 대상이 되는 처분에 어떤 하자가 있더라도, 그로써 해당 인허가 의제의 효과가 발생하지 않을 여지가 있게 될 뿐이고, 그러한 사정이 주택건설사업계획 승인처분 자체의 위법사유가 될 수는 없다. 또한 의제된 인허가는 통상적인 인허가와 동일한 효력을 가지므로, 적어도 '부분 인허가 의제'가 허용되는 경우에는 그 효력을 제거하기 위한 법적 수단으로 의제된 인허가의 취소나 철회가 허용될 수 있고, 이러한 직권 취소·철회가 가능한 이상 그 의제된 인허가에 대한 쟁송취소 역시 허용된다.
따라서 주택건설사업계획 승인처분에 따라 의제된 인허가가 위법함을 다투고자 하는 이해관계인은, 주택건설사업계획 승인처분의 취소를 구할 것이 아니라 의제된 인허가의 취소를 구하여야 하며, 의제된 인허가는 주택건설사업계획 승인처분과 별도로 항고소송의 대상이 되는 처분에 해당한다(대법원 2018. 11. 29. 2016두38792).

④ (○) 사업계획승인으로 의제된 인허가는 통상적인 인허가와 동일한 효력을 가지므로, 그 효력을 제거하기 위한 법적 수단으로 의제된 인허가의 취소나 철회가 허용될 필요가 있다. 이와 같이 사업계획승인으로 의제된 인허가 중 일부를 취소 또는 철회하면, 취소 또는 철회된 인허가를 제외한 나머지 인허가만 의제된 상태가 된다. 이 경우 당초 사업계획승인을 하면서 사업 관련 인허가 사항 중 일부에 대하여만 인허가가 의제되었다가 의제되지 않은 사항에 대한 인허가가 불가한 경우 사업계획승인을 취소할 수 있는 것처럼, 취소 또는 철회된 인허가 사항에 대한 재인허가가 불가한 경우 사업계획승인 자체를 취소할 수 있다(대법원 2018.7.12. 2017두48734).

07 ②

① (○) 친일반민족행위자 결정과 독립유공자법 적용배제자 결정은 서로 독립하여 별개의 효과를 목적으로 하는 경우이지만 선행처분의 하자를 이유로 후행처분의 효력을 다툴 수 없게 하는 것은 수인한도를 넘는 불이익을 주고 그 결과가 예측가능한 것이라고 할 수 없어 선행처분의 후행처분에 대한 구속력을 인정할 수 없으므로 선행처분의 위법을 이유로 후행처분의 효력을 다툴 수 있다(대법원 2013.3.14, 2012두6964).
② (×) 권한유월의 행위는 무권한 행위로서 원칙적으로 무효이다. 그러나 공무원의 사직의사를 수리하는 소극적 행정행위에 불과한 경우는 취소사유 ➡ 당해 5급 이상의 국가정보원 직원에 대한 의원면직처분이 임면권자인 대통령이 아닌 국가정보원장에 의해 행해진 것은 하자가 취소사유에 해당한다(대법원 2007.7.26. 2005두15748).
③ (○) 외형상 하나의 행정처분이라 하더라도 가분성이 있거나 그 처분대상의 일부가 특정될 수 있다면 그 일부만의 취소도 가능하고 그 일부의 취소는 당해 취소부분에 관하여 효력이 생긴다고 할 것인 점 등을 종합하면, 여러 개의 상이에 대한 국가유공자요건비해당처분에 대한 취소소송에서 그 중 일부 상이가 국가유공자요건이 인정되는 상이에 해당하더라도 나머지 상이에 대하여 위 요건이 인정되지 아니하는 경우에는 국가유공자요건비해당처분 중 위 요건이 인정되는 상이에 대한 부분만을 취소하여야 할 것이고, 그 비해당처분 전부를 취소할 수는 없다고 할 것이다(대법원 2012. 3. 29. 2011두9263).
④ (○) 폐기물처리시설 입지선정위원회가 규정에 위배하여 군수와 주민대표가 선정·추천한 전문가를 포함시키지 않은 채 임의로 구성되어 의결한 경우, 그에 터잡아 이루어진 폐기물처리시설 입지결정처분의 하자는 중대한 것이고 객관적으로도 명백하므로 무효사유에 해당한다(대법원 2007.4.12., 2006두20150).

08 ③

① (×) 행정행위를 한 처분청은 그 행위에 하자가 있는 경우에는 별도의 법적 근거가 없더라도 스스로 이를 취소할 수 있다(대법원 1986.2.25, 85누664). 따라서 관할 행정청 A가 甲에 대해 공장등록을 취소하려면 별도의 법적 근거는 필요없다.
② (×) 甲에 대한 공장등록 취소는 권익제한에 해당하므로 「행정절차법」상 사전통지 및 의견제출절차를 거쳐야 된다.
③ (○) 사안에서 수임인 乙이 등록서류를 위조하여 공장등록을 한 것은 귀책사유가 존재한 경우에 해당하고, 수임인 乙의 귀책사유는 甲의 귀책사유로 볼 수 있으므로 甲의 신뢰는 보호가치가 없다. 따라서 관할 행정청 A는 甲에 대해 공장등록을 취소하면서 甲의 신뢰이익을 고려하지 아니할 수 있다.
④ (×) 판례는 부담적 행정행위의 취소의 취소에 대해 소극설의 입장에서 부담적 행정행위를 취소한 뒤 재차 취소함으로써 원행정행위를 소생시킬 수 없다고 하였고(대법원 1995.3.10, 94누7027), 수익적 행정행위의 취소의 취소에 있어서는 처음의 취소처분을 한 후 새로운 이해관계인이 생기기 전까지는 다시 직권 취소하여 수익적 행정행위의 효력을 회복시킬 수 있다고 하여 절충설의 입장을 취하는 것으로 보인다(대법원 1967.10.23, 67누126). 사안에서 甲에 대한 공장등록 취소처분을 취소하면 하면 공장등록이 다시 효력을 발생할 수 있으므로 직권취소의 취소가 인정된다.

09 ③

ㄱ, ㄷ, ㄹ이 옳다.
ㄱ. (○) 불가변력은 모든 행정행위에서 인정되는 것이 아니라 준사법적 행정행위나 확인행위 등에서 인정된다. 그리고 불가쟁력과 비교한다면, 불가쟁력은 쟁송법상의 효력이고 불가변력은 행정행위의 성질에서 연유하는 실체법상의 효력이라는 점이 다르다.
ㄴ. (×) 종전의 산업재해요양보상급여취소처분이 불복기간의 경과로 인하여 확정되었더라도 요양급여청구권이 없다는 내용의 법률관계까지 확정된 것은 아니며 소멸시효에 걸리지 아니한 이상 다시 요양급여를 청구할

수 있고 그것이 거부된 경우 이는 새로운 거부처분으로서 위법 여부를 소구할 수 있다(대법원 1993. 4. 13. 선고 92누17181).
- ㄷ. (O) 운전면허 취소사유에 해당하는 음주운전을 적발한 경찰서장이 착오로 운전면허정지처분을 한 상태에서 관할지방경찰청장이 운전면허취소처분을 한 것은 선행처분에 대한 당사자의 신뢰를 크게 저해하는 것으로 허용될 수 없다(대법원 2000.2.25, 99두10520).
- ㄹ. (O) 대법원 2017. 2.9. 선고 2014두43264

10 ④

① (O) 국세기본법 제22조의2의 시행 이후에도 증액경정처분이 있는 경우, 당초 신고나 결정은 증액경정처분에 흡수됨으로써 독립된 존재가치를 잃게 된다고 보아야 하므로, 원칙적으로는 당초 신고나 결정에 대한 불복기간의 경과 여부 등에 관계없이 증액경정처분만이 항고소송의 심판대상이 된다(대법원 2009.5.14, 2006두17390).

② (O) 압류처분권한을 시장으로부터 내부위임을 받은데 불과한 자가 자신의 명의로 한 압류처분은 대리권 없는 자의 행위로서 무효이다(대법원 1993.5.27, 93누6621).

③ (O) 서훈취소가 처분권한자인 대통령이 아니라 그 보좌기관에 의하여 이루어졌다고 하더라도, 위 통지의 주체나 형식에 하자가 있다고 볼 수 없음 ⇨ 이 사건 서훈취소 처분의 통지가 처분권한자인 대통령이 아니라 그 보좌기관인 피고에 의하여 이루어졌다고 하더라도, 그 처분이 대통령의 인식과 의사에 기초하여 이루어졌고, 앞서 보았듯이 그 통지로 이 사건 서훈취소 처분의 주체(대통령)와 내용을 알 수 있으므로, 이 사건 서훈취소 처분의 외부적 표시의 방법으로서 위 통지의 주체나 형식에 어떤 하자가 있다고 보기도 어렵다. 원고들은 이 사건 소로써 피고를 상대로 서훈취소의 통지행위 자체의 취소를 구하는 것이 아니라 그 통지의 내용인 망인에 대한 서훈취소결정 자체의 취소를 구하고 있으므로, 결국 그 처분을 행한 행정청(대통령)이 아니라 그 처분이 있음을 알린 기관에 불과한 피고를 상대로 제기한 이 사건 소는 피고를 잘못 지정한 경우에 해당한다(대법원 2014. 9. 26. 2013두2518).

④ (X) 위헌결정 이후에 조세채권의 집행을 위한 새로운 체납처분에 착수하거나 이를 속행하는 것은 더 이상 허용되지 않고, 나아가 이러한 위헌결정의 효력에 위배하여 이루어진 체납처분은 그 사유만으로 하자가 중대하고 객관적으로 명백하여 당연무효라고 보아야 한다(대법원 2012.2.16, 2010두10907 전원합의체).

11 ②

① (O) 건설부장관의 개발제한구역의 지정·고시가 공권력의 행위로서 헌법소원심판의 대상이 됨은 물론이나 헌법소원심판은 다른 법률에 구제절차가 있는 경우에는 그 절차를 모두 거친 후가 아니면 청구할 수 없으므로 건설부장관의 개발제한구역의 지정·고시에 대한 헌법소원심판청구는 행정쟁송절차를 모두 거친 후가 아니면 부적법하다(헌법재판소 1991. 7. 22. 89헌마174).

② (X) 2012년도와 2013년도 대학교육역량강화사업 기본계획은 대학교육역량강화 지원사업을 추진하기 위한 국가의 기본방침을 밝히고 국가가 제시한 일정 요건을 충족하여 높은 점수를 획득한 대학에 대하여 지원금을 배분하는 것을 내용으로 하는 행정계획일 뿐, 위 계획에 따를 의무를 부과하는 것은 아니다. 총장직선제를 개선하지 않을 경우 지원금을 받지 못하게 될 가능성이 있어 대학들이 이 계획에 구속될 여지가 있다 하더라도, 이는 사실상의 구속에 불과하고 이에 따를지 여부는 전적으로 대학의 자율에 맡겨져 있다. 더구나 총장직선제를 개선하려면 학칙이 변경되어야 하므로, 계획 자체만으로는 대학의 구성원인 청구인들의 법적 지위나 권리의무에 어떠한 영향도 미친다고 보기 어렵다. 따라서 2012년도와 2013년도 계획 부분은 헌법소원의 대상이 되는 공권력 행사에 해당하지 아니한다(헌법재판소 2016. 10. 27. 2013헌마576).

③ (O) 장래 일정한 기간 내에 관계 법령이 규정하는 시설 등을 갖추어 일정한 행정처분을 구하는 신청을 할 수 있는 법률상 지위에 있는 자의 국토이용계획변경신청을 거부하는 것이 실질적으로 당해 행정처분 자체를 거부하는 결과가 되는 경우에는 예외적으로 그 신청인에게 국토이용계획변경을 신청할 권리가 인정된다고 봄

이 상당하므로, 이러한 신청에 대한 거부행위는 항고소송의 대상이 되는 행정처분에 해당한다(대법원 2003.9.23, 2001두10936).
④ (○) 도시기본계획은 도시의 기본적인 공간구조와 장기발전방향을 제시하는 종합계획으로서 그 계획에는 토지이용계획, 환경계획, 공원녹지계획 등 장래의 도시개발의 일반적인 방향이 제시되지만, 그 계획은 도시계획입안의 지침이 되는 것에 불과하여 일반 국민에 대한 직접적인 구속력은 없는 것이다(대법원 2002.10.11, 2000두8226). 따라서 도시기본계획은 취소소송의 대상이 되지 않는다.

12 ③

① (○) 구 공공용지의 취득 및 손실보상에 관한 특례법상 협의취득에 대하여 다수설은 공법상 계약으로 보나, 판례는 사경제주체로서 행하는 사법상 매매내지 사법상 계약의 실질을 가진다(대법원 2004. 9. 24. 선고 2002다68713).
② (○) 중소기업기술정보진흥원장이 갑 주식회사와 중소기업 정보화지원사업 지원대상인 사업의 지원에 관한 협약을 체결하였는데, 협약의 해지 및 그에 따른 환수통보는 공법상 계약에 따라 행정청이 대등한 당사자의 지위에서 하는 의사표시로 보아야 하고, 이를 행정청이 우월한 지위에서 행하는 공권력의 행사로서 행정처분에 해당한다고 볼 수는 없다(대법원 2015.08.27. 2015두41449).
③ (×) 계약직공무원에 대한 채용계약해지의 의사표시에서 행정처분과 같이 행정절차법에 의하여 근거와 이유를 제시하여야 하는 것은 아니다(대법원 2002.11.26, 2002두5948).
④ (○) 구 산업집적활성화 및 공장설립에 관한 법률의 규정들에서 알 수 있는 피고의 지위, 입주계약해지의 절차, 그 해지통보에 수반되는 법적 의무 및 그 의무를 불이행한 경우의 형사적 내지 행정적 제재 등을 종합적으로 고려하면, 이 사건 해지통보는 단순히 대등한 당사자의 지위에서 형성된 공법상계약을 계약당사자의 지위에서 종료시키는 의사표시에 불과하다고 볼 것이 아니라 행정청인 관리권자로부터 관리업무를 위탁받은 피고가 우월적 지위에서 원고에게 일정한 법률상 효과를 발생하게 하는 것으로서 항고소송의 대상이 되는 행정처분에 해당한다고 보아야 할 것이다(대법원 2011. 6. 30. 2010두23859).

13 ④

④ ㄴ, ㄷ이 옳지 않다.
ㄱ. (○) 헌법상 법치국가원리와 적법절차원칙에 비추어 징계와 같은 불이익처분절차에서 징계심의대상자에게 변호사를 통한 방어권의 행사를 보장하는 것이 필요하고, 징계심의대상자가 선임한 변호사가 징계위원회에 출석하여 징계심의대상자를 위하여 필요한 의견을 진술하는 것은 방어권 행사의 본질적 내용에 해당하므로, 행정청은 특별한 사정이 없는 한 이를 거부할 수 없다. 육군3사관학교 사관생도에 대한 징계절차에서 징계심의대상자가 대리인으로 선임한 변호사가 징계위원회 심의에 출석하여 진술하는 것을 막은 경우, 징계처분은 위법하여 취소되어야 한다(대법원 2018.3.13, 2016두33339).
ㄴ. (×) 행정청은 처분을 하는 때에는 원칙적으로 당사자에게 근거와 이유를 제시하여야 한다(행정절차법 제23조 제1항). 당사자가 신청하는 허가 등을 거부하는 처분을 하면서 당사자가 그 근거를 알 수 있을 정도로 이유를 제시한 경우에는 처분의 근거와 이유를 구체적으로 명시하지 않았더라도 그로 말미암아 그 처분이 위법하다고 볼 수는 없다. 이때 '이유를 제시한 경우'는 처분서에 기재된 내용과 관계 법령 및 해당 처분에 이르기까지의 전체적인 과정 등을 종합적으로 고려하여, 처분 당시 당사자가 어떠한 근거와 이유로 처분이 이루어진 것인지를 충분히 알 수 있어서 그에 불복하여 행정구제절차로 나아가는 데 별다른 지장이 없었다고 인정되는 경우를 뜻한다(대법원 2017.8.29, 2016두44186).
ㄷ. (×) 교육부장관이 어떤 후보자를 총장 임용에 부적격하다고 판단하여 배제하고 다른 후보자를 임용제청하는 경우라면 배제한 후보자에게 연구윤리 위반, 선거부정, 그 밖의 비위행위 등과 같은 부적격사유가 있다는 점을 구체적으로 제시할 의무가 있다. 그러나 부적격사유가 없는 후보자들 사이에서 어떤 후보자를 상대적으로 더욱 적합하다고 판단하여 임용제청하는 경우라면, 이는 후보자의 경력, 인격, 능력, 대학운영계획 등 여

러 요소를 종합적으로 고려하여 총장 임용의 적격성을 정성적으로 평가하는 것으로 그 판단 결과를 수치화하거나 이유제시를 하기 어려울 수 있다. 이 경우에는 교육부장관이 어떤 후보자를 총장으로 임용제청하는 행위 자체에 그가 총장으로 더욱 적합하다는 정성적 평가 결과가 당연히 포함되어 있는 것으로, 이로써 행정절차법상 이유제시의무를 다한 것이라고 보아야 한다. 여기에서 나아가 교육부장관에게 개별 심사항목이나 고려요소에 대한 평가 결과를 더 자세히 밝힐 의무까지는 없다(대법원 2018.6.15. 2016두57564).

ㄹ. (○) 국방·군사시설 사업에 관한 법률 및 구 산림법에서 보전임지를 다른 용도로 이용하기 위한 사업에 대하여 승인 등 처분을 하기 전에 미리 산림청장과 협의를 하라고 규정한 의미는 그의 자문을 구하라는 것이지 그 의견에 따라 처분을 하라는 의미는 아니라 할 것이므로, 이러한 협의를 거치지 아니하였다고 하더라도 이는 당해 승인처분을 취소할 수 있는 원인이 되는 하자 정도에 불과하고 그 승인처분이 당연무효가 되는 하자에 해당하는 것은 아니라고 봄이 상당하다(대법원 2006.6.30., 2005두14363).

14 ①

① (○) 정보공개 청구인에게는 특정한 정보공개방법을 지정하여 청구할 수 있는 법령상 신청권이 있음 ⇨ 공공기관이 공개청구의 대상이 된 정보를 청구인이 신청한 공개방법 이외의 방법으로 공개하기로 하는 결정을 한 경우, 정보공개방법에 관한 부분에 대하여 일부 거부처분을 한 것에 해당하고, 이에 대하여 항고소송으로 다툴 수 있음 ⇨ 신청한 정보공개방법인 전자파일의 형태로 정보통신망을 통하여 송신하는 방법을 취하지 아니하고 직접 방문하여 수령하거나 열람하라는 것이므로, 이는 원고의 정보공개청구 중 일부를 거부한 것으로서 항고소송의 대상이 되는 행정처분에 해당한다고 보아야 한다(대법원 2016.11.10, 2016두44674).

② (×) 공개청구의 대상이 되는 정보가 이미 다른 사람에게 공개되어 널리 알려져 있다거나 인터넷 등을 통하여 공개되어 인터넷검색 등을 통하여 쉽게 알 수 있다는 사정만으로는 소의 이익이 없다거나 비공개결정이 정당화될 수 없다(대법원 2010.12.23, 2008두13101).

③ (×) 공개를 구하는 정보를 공공기관이 한 때 보유·관리하였으나 후에 그 정보가 담긴 문서등이 폐기되어 존재하지 않게 된 것이라면 그 정보를 더 이상 보유·관리하고 있지 아니하다는 점에 대한 증명책임은 공공기관에게 있다(대법원 2004.12.9, 2003두12707).

④ (×) 손해배상소송에 제출할 증거자료를 획득하기 위한 목적으로 정보공개를 청구한 경우, 오로지 상대방을 괴롭힐 목적으로 정보공개를 구하고 있다는 등의 특별한 사정이 없는 한, 권리남용에 해당하지 아니한다(대법원 2004. 9. 23., 선고, 2003두1370).

15 ③

① (○) 개인정보자기결정권이라는 인격적 법익을 침해·제한한다고 주장되는 행위의 내용이 이미 정보주체의 의사에 따라 공개된 개인정보를 그의 별도의 동의 없이 영리 목적으로 수집·제공하였다는 것인 경우에는, 정보처리 행위로 침해될 수 있는 정보주체의 인격적 법익과 그 행위로 보호받을 수 있는 정보처리자 등의 법적 이익이 하나의 법률관계를 둘러싸고 충돌하게 된다. 이때는 정보주체가 공적인 존재인지, 개인정보의 공공성과 공익성, 원래 공개한 대상 범위, 개인정보 처리의 목적·절차·이용형태의 상당성과 필요성, 개인정보 처리로 침해될 수 있는 이익의 성질과 내용 등 여러 사정을 종합적으로 고려하여, 개인정보에 관한 인격권 보호에 의하여 얻을 수 있는 이익과 정보처리 행위로 얻을 수 있는 이익 즉 정보처리자의 '알 권리'와 이를 기반으로 한 정보수용자의 '알 권리' 및 표현의 자유, 정보처리자의 영업의 자유, 사회 전체의 경제적 효율성 등의 가치를 구체적으로 비교 형량하여 어느 쪽 이익이 더 우월한 것으로 평가할 수 있는지에 따라 정보처리 행위의 최종적인 위법성 여부를 판단하여야 하고, 단지 정보처리자에게 영리 목적이 있었다는 사정만으로 곧바로 정보처리 행위를 위법하다고 할 수는 없다(대법원 2016. 8. 17. 2014다235080).

② (○) 대법원 2016. 8. 17. 2014다235080

③ (×) 변호사 정보 제공 웹사이트 운영자가 변호사들의 개인신상정보를 기반으로 **변호사들의 인맥지수를 산출하여 공개하는 서비스를 제공한 사안**에서, 인맥지수의 사적·인격적 성격, 산출과정에서 왜곡 가능성, 인맥

지수 이용으로 인한 변호사들의 이익 침해와 공적 폐해의 우려, 그에 반하여 이용으로 달성될 공적인 가치의 보호 필요성 정도 등을 종합적으로 고려하면, 운영자가 변호사들의 개인신상정보를 기반으로 한 인맥지수를 공개하는 표현행위에 의하여 얻을 수 있는 법적 이익이 이를 공개하지 않음으로써 보호받을 수 있는 변호사들의 인격적 법익에 비하여 우월하다고 볼 수 없어, 결국 운영자의 인맥지수 서비스 제공행위는 변호사들의 개인정보에 관한 인격권을 침해하는 위법한 것이다(대법원 2011.9.2. 2008다42430, 전원합의체).
④ (○) 대법원 2011.9.2. 2008다42430, 전원합의체

16 ④

① (○) 이행강제금(집행벌)이란 행정법상 의무 중 작위의무 또는 부작위의무를 의무자가 이행하지 아니한 경우에 행정청이 그 의무의 이행을 현재 또는 장래에 간접적·심리적으로 강제하기 위하여 과하는 금전적 부담을 말한다.

② (○)

> **행정기본법 제32조(직접강제)**
> ① 직접강제는 행정대집행이나 이행강제금 부과의 방법으로는 행정상 의무 이행을 확보할 수 없거나 그 실현이 불가능한 경우에 실시하여야 한다.

③ (○)

> **행정기본법 제33조(즉시강제)**
> ① 즉시강제는 다른 수단으로는 행정목적을 달성할 수 없는 경우에만 허용되며, 이 경우에도 최소한으로만 실시하여야 한다.

④ (×) 구 건축법에 따른 시정명령은 대지나 건축물이 건축 관련 법령 또는 건축 허가 조건을 위반한 상태를 해소하기 위한 조치를 명하는 처분으로, 건축 관련 법령 등을 위반한 객관적 사실이 있으면 할 수 있고, 원칙적으로 시정명령의 상대방에게 고의·과실을 요하지 아니하며 대지 또는 건축물의 위법상태를 직접 초래하거나 또는 그에 관여한 바 없다고 하더라도 부과할 수 있다(대법원 2022.10.14. 2021두45008).

17 ③

① (×) 학원의설립·운영에관한법률 제2조 제1호와 제6조 및 제19조 등의 관련 규정에 의하면, 같은 법상의 학원을 설립·운영하고자 하는 자는 소정의 시설과 설비를 갖추어 등록을 하여야 하고, 그와 같은 등록절차를 거치지 아니한 경우에는 관할 행정청이 직접 그 무등록 학원의 폐쇄를 위하여 출입제한 시설물의 설치와 같은 조치를 취할 수 있게 되어 있으나, 달리 무등록 학원의 설립·운영자에 대하여 그 폐쇄를 명할 수 있는 것으로는 규정하고 있지 아니하고, 위와 같은 폐쇄조치에 관한 규정이 그와 같은 폐쇄명령의 근거 규정이 된다고 할 수도 없다(대법원 2001. 2. 23. 99두6002). 즉

② (×) 전통적으로 행정대집행은 대체적 작위의무에 대한 강제집행수단으로, 이행강제금은 부작위의무나 비대체적 작위의무에 대한 강제집행수단으로 이해되어 왔으나, 이는 이행강제금제도의 본질에서 오는 제약은 아니며, 이행강제금은 대체적 작위의무의 위반에 대하여도 부과될 수 있다. 현행 건축법상 위법건축물에 대한 이행강제수단으로 대집행과 이행강제금이 인정되고 있는데, 양 제도는 각각의 장단점이 있으므로 행정청은 개별사건에 있어서 위반내용, 위반자의 시정의지 등을 감안하여 대집행과 이행강제금을 선택적으로 활용할 수 있으며, 이처럼 그 합리적인 재량에 의해 선택하여 활용하는 이상 중첩적인 제재에 해당한다고 볼 수 없다(헌재결 2004.2.26. 2001헌바80).

③ (○) 행정대집행법 제3조 제1항은 행정청이 의무자에게 대집행영장으로써 대집행할 시기 등을 통지하기 위하여는 그 전제로서 대집행계고처분을 함에 있어서 의무이행을 할 수 있는 상당한 기간을 부여할 것을 요구하

고 있으므로, 행정청인 피고가 의무이행기한이 1988.5.24.까지로 된 이 사건 대집행계고서를 5.19. 원고에게 발송하여 원고가 그 이행종기인 5.24. 이를 수령하였다면, 설사 피고가 대집행영장으로써 대집행의 시기를 1988.5.27 15:00로 늦추었더라도 위 대집행계고처분은 상당한 이행기한을 정하여 한 것이 아니어서 대집행의 적법절차에 위배한 것으로 위법한 처분이라고 할 것이다(대법원 1990.9.14. 90누2048).
④ (×) 공매결정은 체납에 대한 관계에서는 공법상 대리로서의 성질을 가지는바, 판례는 "과세관청이 체납처분으로 행하는 공매는 우월한 공권력의 행사로서 행정소송의 대상이 되는 공법상의 행정처분이다(대법원 1984.9.25, 84누201)."라고 하여 처분성을 인정하고 있다. 다만 공매결정·공매통지·공매공고로는 소유권의 변동이 없으므로 처분성이 부정된다.

18 ①

① (×) 과태료 사건은 다른 법령에 특별한 규정이 있는 경우를 제외하고는 당사자의 주소지의 지방법원 또는 그 지원의 관할로 한다(질서위반행위규제법 제25조). 과태료는 행정소송의 대상이 되는 행정처분이 아니기 때문에 "행정청의 소재지를 관할하는 행정법원의 관할"이라는 지문은 옳지 않다.
② (○) 질서위반행위규제법 제20조
③ (○) 질서위반행위규제법 제21조 제1항
④ (○) 질서위반행위규제법 제19조 제1항

19 ④

① (○) 공익사업을 위한 토지 등의 취득 및 보상에 관한 법률 제72조의 문언, 연혁 및 취지 등에 비추어 보면, 위 규정이 정한 수용청구권은 토지보상법 제74조 제1항이 정한 잔여지 수용청구권과 같이 손실보상의 일환으로 토지소유자에게 부여되는 권리로서 그 청구에 의하여 수용효과가 생기는 형성권의 성질을 지니므로, 토지소유자의 토지수용청구를 받아들이지 아니한 토지수용위원회의 재결에 대하여 토지소유자가 불복하여 제기하는 소송은 토지보상법 제85조 제2항에 규정되어 있는 '보상금의 증감에 관한 소송'에 해당하고, 피고는 토지수용위원회가 아니라 사업시행자로 하여야 한다(대법원 2015.4.9, 2014두46669).
② (○) ⓐ 종전 판례는 "토지수용에 관한 중앙 또는 지방토지수용위원회의 수용재결에 대하여 이의가 있는 자는 중앙토지수용위원회에 이의를 신청하여야 하고, 중앙토지수용위원회의 이의신청에 대한 재결에도 불복이 있으면 이의재결의 취소를 구하는 행정소송을 제기하여야 하며, 수용재결에 불복하여 그 취소를 구하는 행정소송은 부적법하다."라고 하여 재결주의를 취한 것으로 보았다(대법원 1990.6.22, 90누1755 ; 대법원 1989.3.28., 88누5198).
ⓑ 즉 구법인 토지수용법은 이의신청절차가 필요적이지만 현행 「공익사업을 위한 토지 등의 취득 및 보상에 관한 법률」은 이의신청절차가 임의적이다. 따라서 원처분주의를 취하는 현행법은 원칙적으로 원처분인 수용재결이 취소소송의 대상이나, 이의재결 자체에 위법이 있다면 이의재결도 항고소송의 대상이 될 수 있다.
③ (○) 사업시행자·토지소유자 또는 관계인은 재결서를 받은 날부터 90일 이내에, 이의신청을 거친 때에는 이의신청에 대한 재결서를 받은 날부터 60일 이내에 각각 행정소송을 제기할 수 있다(동법 제85조 제1항).
④ (×) 도시계획사업허가의 공고시에 토지세목의 고시를 누락하거나 사업인정을 함에 있어 수용 또는 사용할 토지의 세목을 공시하는 절차를 누락한 경우, 이는 절차상의 위법으로서 수용재결 단계 전의 사업인정 단계에서 다툴 수 있는 취소사유에 해당하기는 하나 더 나아가 그 사업인정 자체를 무효로 할 중대하고 명백한 하자라고 보기는 어렵고, 따라서 이러한 위법을 들어 수용재결처분의 취소를 구하거나 무효확인을 구할 수는 없다(대법원 2000.10.13. 2000두5142).

20 ④

①②③ 개별법상 필요적 행정심판전치절차를 채택한 경우

> ⊙ 국세에 대한 불복절차(국세기본법)
> 국세기본법상 행정심판에 해당하는 국세청장에게 심사청구와 조세심판원장에 대한 조세심판청구는 필요적 행정심판전치주의이다. 다만 국세청장에게 하는 심사청구와 조세심판원장에 대한 조세심판청구는 중복하여 제기할 수 없고, 둘 중 하나의 절차만 거치면 행정소송을 제기할 수 있다.
> ⓒ 지방세에 대한 불복
> 지방세 과세처분에 불복하는 경우에도 조세심판원의 심판청구 또는 「감사원법」에 따른 감사원에 심사청구가 필요적 전치이다.
> ⓒ 관세처분에 대한 불복
> 관세법 제120조 제2항에 따르면 "관세법에 따른 심사청구 또는 심판청구와 그에 대한 결정을 거치지 아니하면 행정소송은 제기할 수 없다."고 하여 필요적 행정심판전치주의를 취하고 있다.
> ② 공무원징계처분에 대한 전치절차
> 징계처분 기타 본인의 의사에 반하는 불이익처분을 받은 국가공무원 또는 지방공무원은 먼저 처분사유설명서를 받은 날, 이 설명서가 교부되지 않은 경우에는 그 처분이 있은 날로부터 30일 내에 소청심사위원회에 심사를 청구하고(국가공무원법 제16조, 지방공무원법 제20조의2, 교육공무원법 제53조), 이로써 구제 받지 못하면 소청결정서의 정본을 송달받은 날로부터 90일 내에 소송을 제기할 수 있다(법 제20조).
> ⓜ 도로교통법상 처분에 대한 불복
> 도로교통법에 따른 처분으로서 해당 처분에 대한 행정소송은 행정심판의 재결을 거치지 아니하면 제기할 수 없다(도로교통법 제142조).
> ⓗ 「노동위원회법」상 지방노동위원회의 부당해고 구제처분
> 관계 법령에 특별한 규정이 있는 경우를 제외하고는 지방노동위원회 또는 특별노동위원회가 한 처분을 송달받은 날부터 10일 이내에 중앙노동위원회에 재심을 신청하여야 한다(노동위원회법 제26조).

④ 「국토의 계획 및 이용에 관한 법률」상 개발행위허가처분은 임의적 행정심판전치주의이다.

21 ③

① (×) 취소심판은 행정청의 위법 또는 부당한 처분을 취소하거나 변경하는 행정심판을 말한다. 행정소송에서 취소소송이 적극적 변경이 허용되지 않는 것과 다르게 취소심판에서의 변경은 적극적 변경도 가능하다. 따라서 영업정지 2개월에 갈음하여 과징금으로 변경할 수 있다.
② (×) 각하가 아니고 기각이다. 행정소송법 제19조는 취소소송은 행정청의 원처분을 대상으로 하되(원처분주의), 다만 "재결 자체에 고유한 위법이 있음을 이유로 하는 경우"에 한하여 행정심판의 재결도 취소소송의 대상으로 삼을 수 있도록 규정하고 있으므로 재결취소소송의 경우 재결 자체에 고유한 위법이 있는지 여부를 심리할 것이고, 재결 자체에 고유한 위법이 없는 경우에는 원처분의 당부와는 상관없이 당해 재결취소소송은 이를 기각하여야 한다(대법원 1994.1.25, 93누16901).
③ (○) 乙행정청은 피고적격이므로 乙은 이 인용재결의 취소를 구하는 행정소송을 제기할 수 없다. 즉 원고가 될 수 없다.
④ (×) 위원회는 심판청구의 대상이 되는 처분보다 청구인에게 불리한 재결을 하지 못한다(행정심판법 제47조 제2항). 따라서 乙의 2개월 영업정지와는 별도로 1개월 영업정지를 추가하여 부과하는 재결을 할 수 없다.

22 ③

① (○) 대법원 2018.4.26. 2015두53824
② (○) 대법원 2006.3.16. 2006두330 전원합의체
③ (×) 외국인에게 사증(VISA)발급 거부처분의 취소를 구할 법률상 이익은 없다. 그러나 국적법상 귀화불허가처분이나 출입국관리법상 체류자격변경 불허가처분, 강제퇴거명령 등을 다투는 외국인은 법률상 이익이 인정됨 ⇨ 체류자격 및 사증발급의 기준과 절차에 관한 출입국관리법과 그 하위법령의 위와 같은 규정들은, 대한민국의 출입국 질서와 국경관리라는 공익을 보호하려는 취지일 뿐, 외국인에게 대한민국에 입국할 권리를 보장하거나 대한민국에 입국하고자 하는 외국인의 사익까지 보호하려는 취지로 해석하기는 어렵다. 사증발급 거부처분을 다투는 외국인은, 아직 대한민국에 입국하지 않은 상태에서 대한민국에 입국하게 해달라고 주장하는 것으로, 대한민국과의 실질적 관련성 내지 대한민국에서 법적으로 보호가치 있는 이해관계를 형성한 경우는 아니어서, 해당 처분의 취소를 구할 법률상 이익을 인정하여야 할 법정책적 필요성도 크지 않다. 반면, 국적법상 귀화불허가처분이나 출입국관리법상 체류자격변경 불허가처분, 강제퇴거명령 등을 다투는 외국인은 대한민국에 적법하게 입국하여 상당한 기간을 체류한 사람이므로, 이미 대한민국과의 실질적 관련성 내지 대한민국에서 법적으로 보호가치 있는 이해관계를 형성한 경우이어서, 해당 처분의 취소를 구할 법률상 이익이 인정된다고 보아야 한다(대법원 2018.5.15. 2014두42506).
④ (○) 국민권익위원회가 소방청장에게 인사와 관련하여 부당한 지시를 한 사실이 인정된다며 이를 취소할 것을 요구하기로 의결하고 그 내용을 통지한 것에 대하여 소방청장으로서는 조치요구의 취소를 구하는 항고소송을 제기하는 것이 유효·적절한 수단으로 볼 수 있으므로 소방청장은 예외적으로 당사자능력과 원고적격을 가진다(대법원 2018.8.1. 2014두35379).

23 ④

① (×) 종전 대법원의 다수의견은 당해 불이익처분이 부령형식의 행정규칙에 규정되어 있는 경우에는 이 규정의 법적 성질을 행정규칙으로 보고, 소의 이익이 없다고 보았다(대법원 1995.10.7. 94누14148). 그러나 2003두1684 전원합의체 판결은 가중처벌을 받을 위험이 현실적으로 존재하는 경우에는, 부령형식의 행정규칙으로 규정되어 있는 경우에도, 법적성질이 행정규칙인지 법규명령인지 불문하고 선행저분의 취소를 구할 법률상 이익이 있다고 보아야 한다(대법원 2006.6.22. 2003두1684)."고 판시하여 종전의 견해를 변경하였다.
② (×) 행정청이 식품위생법령에 따라 영업자에게 행정제재처분을 한 후 그 처분을 영업자에게 유리하게 변경하는 처분을 한 경우, 변경처분에 의하여 당초 처분은 소멸하는 것이 아니고 당초부터 유리하게 변경된내용의 처분으로 존재하는 것이므로, 변경처분에 의하여 유리하게 변경된 내용의 행정제재가 위법하다 하여 그 취소를 구하는 경우 그 취소소송의 대상은 변경된 내용의 당초 처분이지 변경처분은 아니고, 제소기간의 준수 여부도 변경처분이 아닌 변경된 내용의 당초 처분을 기준으로 판단하여야 한다(대법원 2007.4.27. 2004두9302).
③ (×) ④ (○) **행정법규 위반에 대하여 가하는 제재조치(영업정지처분)는 반드시 현실적인 행위자가 아니라도 법령상 책임자로 규정된 자에게 부과되고, 특별한 사정이 없는 한 위반자에게 고의나 과실이 없더라도 부과할 수 있음** ⇨ 행정법규 위반에 대한 제재조치는 행정목적의 달성을 위하여 행정법규 위반이라는 객관적 사실에 착안하여 가하는 제재이므로, 반드시 현실적인 행위자가 아니라도 법령상 책임자로 규정된 자에게 부과되고, 특별한 사정이 없는 한 위반자에게 고의나 과실이 없더라도 부과할 수 있다. 이러한 법리는 (구) 대부업 등의 등록 및 금융이용자 보호에 관한 법률 제13조 제1항이 정하는 대부업자 등의 불법추심행위를 이유로 한 영업정지 처분에도 마찬가지로 적용된다(대법원 2017.5.11., 2014두8773).

24 ②

① (○) 건축허가권자가 건축불허가처분을 하면서 그 처분사유로 건축불허가 사유뿐만 아니라 구 소방법에 따른 소방서장의 건축부동의 사유를 들고 있다고 하여 그 건축불허가처분 외에 별개로 건축부동의처분이 존재하는 것이 아니므로, 그 건축불허가처분을 받은 사람은 그 건축불허가처분에 관한 쟁송에서 건축법상의 건축불허가 사유뿐만 아니라 소방서장의 부동의 사유에 관하여도 다툴 수 있다(대법원 2004.10.15. 2003두6573).

② (×) 부가가치세법상의 사업자등록은 과세관청으로 하여금 부가가치세의 납세의무자를 파악하고 그 과세자료를 확보하게 하려는 데 제도의 취지가 있는바, 이는 단순한 사업사실의 신고로서 사업자가 관할세무서장에게 소정의 사업자등록신청서를 제출함으로써 성립하는 것이고, 사업자등록증의 교부는 이와 같은 등록사실을 증명하는 증서의 교부행위에 불과한 것이다. 나아가 구 부가가치세법 제5조 제5항에 의한 과세관청의 사업자등록 직권말소행위도 폐업사실의 기재일 뿐 그에 의하여 사업자로서의 지위에 변동을 가져오는 것이 아니라는 점에서 항고소송의 대상이 되는 행정처분으로 볼 수 없다. 이러한 점에 비추어 볼 때, 과세관청이 사업자등록을 관리하는 과정에서 위장사업자의 사업자명의를 직권으로 실사업자의 명의로 정정하는 행위 또한 당해 사업사실 중 주체에 관한 정정기재일 뿐 그에 의하여 사업자로서의 지위에 변동을 가져오는 것이 아니므로 항고소송의 대상이 되는 행정처분으로 볼 수 없다(대법원 2011.1.27, 2008두2200).

③ (○) 행정소송에서 쟁송의 대상이 되는 행정처분의 존부는 소송요건으로서 직권조사사항이고, 자백의 대상이 될 수 없는 것이므로, 설사 그 존재를 당사자들이 다투지 아니한다 하더라도 그 존부에 관하여 의심이 있는 경우에는 이를 직권으로 밝혀 보아야 할 것이고, 사실심에서 변론종결시까지 당사자가 주장하지 않은 직권조사사항에 해당하는 사항을 상고심에서 비로소 주장하는 경우 그 직권조사사항에 해당하는 사항은 상고심의 심판범위에 해당한다(대법원 2004.12.24, 2003두15195).

④ (○) 감사원의 변상판정처분에 대하여서는 행정소송을 제기할 수 없고, 재결에 해당하는 재심의 판정에 대하여서만 감사원을 피고로 하여 행정소송을 제기할 수 있다(대법원 1984.4.10, 84누91).

25 ①

① (×) 대법원은 "과세처분의 무효선언을 구하는 의미에서 취소를 구하는 소송이라도 필요적 행정심판전치주의의 요건을 충족하여야 하고 제소기간의 준수 등을 갖추어야 한다고 보고 있다(대법원 1990.8.28, 90누1892).

② (○) 의무이행심판은 당사자의 신청에 대한 행정청의 위법 또는 부당한 거부처분이나 부작위에 대하여 일정한 처분을 하도록 하는 행정심판이다(행정심판법 제5조 제3호). 따라서 거부처분은 취소심판도 가능하고 의무이행심판도 가능하다.

③ (○) 행정처분의 당연무효를 구하는 소송에 있어서는 그 무효를 구하는 사람에게(원고) 그 행정처분에 존재하는 하자가 중대하고 명백하다는 것을 주장, 입증할 책임이 있으니, 원심이 위 과세처분에 중대하고 명백한 하자있는 행정처분이라는 사실에 대한 입증책임이 원고에게 있음을 전제로 판단하였음은 정당하다(대법원 1984.2.28, 82누154).

④ (○) 사정판결은 취소소송에서만 인정되며 무효등확인소송, 부작위위법확인소송에서는 인정되지 않는다. 무효등확인소송에서 사정판결이 인정되지 않는 이유는 처분의 하자가 중대하고 명백한 경우까지 법적 안정성과 공공복리를 우선시하는 것은 법치국가원리와 국민의 권익구제에 반하기 때문이다(대법원 1996.3.22, 95누5509).

제4회 행정법총론 최종모의고사 정답 및 해설

2025 MUST 행정법총론 **최종모의고사**

01	02	03	04	05	06	07	08	09	10
②	③	②	①	②	①	②	④	④	④
11	12	13	14	15	16	17	18	19	20
②	③	④	④	④	④	④	①	②	②
21	22	23	24	25					
④	①	④	④	④					

01 ②

① (○)

> **행정기본법 제7조(법령등 시행일의 기간 계산)**
> 법령등(훈령·예규·고시·지침 등을 포함한다. 이하 이 조에서 같다)의 **시행일을 정하거나 계산할 때에는** 다음 각 호의 기준에 따른다.
> 1. 법령등을 **공포한 날부터 시행**하는 경우에는 **공포한 날을 시행일**로 한다.
> 2. 법령등을 공포한 날부터 **일정 기간이 경과한 날부터 시행**하는 경우 법령등을 공포한 날을 첫날에 산입하지 아니한다.
> 3. 법령등을 공포한 날부터 **일정 기간이 경과한 날부터 시행**하는 경우 그 기간의 말일이 **토요일 또는 공휴일**인 때에는 그 말일로 기간이 만료한다.

② (×)

> **제20조(자동적 처분)**
> 행정청은 법률로 정하는 바에 따라 완전히 자동화된 시스템(인공지능 기술을 적용한 시스템을 포함한다)으로 처분을 할 수 있다. 다만, 처분에 재량이 있는 경우는 그러하지 아니하다.

③ (○)

> **행정기본법 제22조(제재처분의 기준)**
> ① 제재처분의 근거가 되는 법률에는 제재처분의 주체, 사유, 유형 및 상한을 명확하게 규정하여야 한다. 이 경우 제재처분의 유형 및 상한을 정할 때에는 해당 위반행위의 특수성 및 유사한 위반행위와의 형평성 등을 종합적으로 고려하여야 한다.

④ (○)

> **행정기본법 제17조(부관)**
> ① 행정청은 처분에 **재량이 있는 경우**에는 부관(조건, 기한, 부담, 철회권의 유보 등을 말한다. 이하 이 조에서 같다)을 붙일 수 있다.
> ② 행정청은 처분에 **재량이 없는 경우**에는 법률에 근거가 있는 경우에 부관을 붙일 수 있다.

02 ③

③ ㄱ(×), ㄴ(○), ㄷ(○), ㄹ(○)이 올바른 조합이다.

ㄱ. (×) 이 사건 도시관리계획을 고시한 것만으로는 피고가 이 사건 도시관리계획의 유지나 원고들의 이 사건 사업 시행에 관한 공적인 견해를 표명하였다고 보기 어렵고, 일반적으로 기존 행정계획의 존속에 대한 특정인의 기대이익을 행정계획의 변경에 대한 공익보다 항상 우선시할 수도 없으므로, 이 사건 처분은 신뢰보호원칙에 반하지 않는다(대법원 2018.10.12, 2015두50382).

ㄴ. (○) 상급행정기관이 하급행정기관에 대하여 업무처리지침이나 법령의 해석적용에 관한 기준을 정하여 발하는 이른바 '행정규칙이나 내부지침'은 일반적으로 행정조직 내부에서만 효력을 가질 뿐 대외적인 구속력을 갖는 것은 아니므로 행정처분이 그에 위반하였다고 하여 그러한 사정만으로 곧바로 위법하게 되는 것은 아니다. 다만, 재량권 행사의 준칙인 행정규칙이 그 정한 바에 따라 되풀이 시행되어 행정관행이 이루어지게 되면 평등의 원칙이나 신뢰보호의 원칙에 따라 행정기관은 그 상대방에 대한 관계에서 그 규칙에 따라야 할 자기구속을 받게 되므로, 이러한 경우에는 특별한 사정이 없는 한 그를 위반하는 처분은 평등의 원칙이나 신뢰보호의 원칙에 위배되어 재량권을 일탈·남용한 위법한 처분이 된다.
시장이 농림수산식품부에 의하여 공표된 '2008년도 농림사업시행지침서'에 명시되지 않은 '시·군별 건조저장시설 개소당 논 면적' 기준을 충족하지 못하였다는 이유로 신규 건조저장시설 사업자 인정신청을 반려한 사안에서, 위 지침이 되풀이 시행되어 행정관행이 이루어졌다거나 그 공표만으로 신청인이 보호가치 있는 신뢰를 갖게 되었다고 볼 수 없고, 쌀 시장 개방화에 대비한 경쟁력 강화 등 우월한 공익상 요청에 따라 위 지침상의 요건 외에 '시·군별 건조저장시설 개소당 논 면적 1,000ha 이상' 요건을 추가할 만한 특별한 사정을 인정할 수 있어, 그 처분이 행정의 자기구속의 원칙 및 행정규칙에 관련된 신뢰보호의 원칙에 위배되거나 재량권을 일탈·남용한 위법이 없다(대법원 2009.12.24, 2009두7967).

ㄷ. (○) 신뢰보호원칙은 국가관리의 입시제도와 같은 국·공립대학의 입시전형을 구속하여 국민의 권리에 직접 영향을 미치는 제도운영지침의 개폐에도 적용됨 ⇨ 종합생활기록부에 의하여 절대평가와 상대평가를 병행·활용하도록 한 교육부장관 지침은 교육개혁위원회의 교육개혁방안에 따라 절대평가가 이루어질 것으로 믿고 특수목적고등학교에 입학한 학생들의 신뢰이익을 침해한 것은 아니다(헌법재판소 1997.7.16, 97헌마38).

ㄹ. (○) 대법원 2020.6.25, 2018두34732

03 ②

① (○) 판례는 행정사무처리기준이 총리령과 부령(시행규칙)에 규정되어 있는 경우에는 주로 법규성을 부인하고 행정규칙에 불과하다고 보면서, 대통령령(시행령)에 규정되어 있는 경우에는 주로 법규명령으로 보고 있다. 행정사무처리기준인 [별표 23]은 총리령인 「식품위생법 시행규칙」에 규정되어 있기 때문에 행정규칙에 해당한다.

② (×) 설문의 [별표 23]은 총리령에 규정되어 있기 때문에 행정규칙에 해당한다. 따라서 행정처분이 이를 위반한 처분이라 하더라도 바로 위법하게 되는 것은 아니고, 이에 부합한다고 하여 곧바로 적법한 것도 아니다. 추가적으로 상위법령의 위반여부나 행정법의 일반원칙의 위반여부를 검토하여 판단할 수 있을 것이다.

③ (○) 위 처분기준이 그 자체로 헌법 또는 법률에 합치되지 아니하거나 위 처분기준에 따른 제재적 행정처분이 그 처분사유가 된 위반행위의 내용 및 관계 법령의 규정 내용과 취지에 비추어 현저히 부당하다고 인정할 만한 합리적인 이유가 없는 한 섣불리 그 처분이 재량권의 범위를 일탈하였거나 재량권을 남용한 것이라고 판단해서는 안 된다(대법원 2007.9.20, 2007두6946).

④ (○) A시장이 [별표 23]을 따르지 아니하고 甲에게만 위 처분기준을 과도하게 초과하는 처분을 한 경우에는 평등의 원칙이나 비례원칙에 위배되어 재량권의 한계를 일탈하였다고 볼 수 있다.

04 ①

① (○) 시립종합문화회관 내의 일반음식점은 행정재산의 목적외사용관계이므로 특허에 해당한다.
② (×) 토지에 주차장을 설치하게 하는 부관은 부담에 해당하므로 부관만에 대하여 행정소송을 제기하는 진정일부취소소송을 제기하여야 한다.
③ (×) 부관의 사후변경은, 법률에 명문의 규정이 있거나 그 변경이 미리 유보되어 있는 경우 또는 상대방의 동의가 있는 경우에 한하여 허용되는 것이 원칙이지만, 사정변경으로 인하여 당초에 부담을 부가한 목적을 달성할 수 없게 된 경우에도 그 목적 달성에 필요한 범위 내에서 예외적으로 허용된다(대법원 1997.5.30, 96누2627).
④ (×) 행정처분과 부관 사이에 실제적 관련성이 있다고 볼 수 없는 경우 공법상의 제한을 회피할 목적으로 사법상 계약을 체결하는 형식을 취하였다면 위법함 ⇨ 공무원이 인·허가 등 수익적 행정처분을 하면서 상대방에게 그 처분과 관련하여 이른바 부관으로서 부담을 붙일 수 있다 하더라도, 그러한 부담은 법치주의와 사유재산 존중, 조세법률주의 등 헌법의 기본원리에 비추어 비례의 원칙이나 부당결부의 원칙에 위반되지 않아야만 적법한 것인바, 행정처분과 부관 사이에 실제적 관련성이 있다고 볼 수 없는 경우 공무원이 위와 같은 공법상의 제한을 회피할 목적으로 행정처분의 상대방과 사이에 사법상 계약을 체결하는 형식을 취하였다면 이는 법치행정의 원리에 반하는 것으로서 위법하다(대법원 2009.12.10., 2007다63966).

05 ②

① (○) 위헌결정 이후에 조세채권의 집행을 위한 새로운 체납처분에 착수하거나 이를 속행하는 것은 더 이상 허용되지 않고, 나아가 이러한 위헌결정의 효력에 위배하여 이루어진 체납처분은 그 사유만으로 하자가 중대하고 객관적으로 명백하여 당연무효라고 보아야 한다(대법원 2012.2.16, 2010두10907 전원합의체).
② (×) 지방자치단체의 규칙으로 정하여야 할 기관위임사무에 대하여 당해 지방자치단체의 조례로 정한 것은 **조례제정권의 범위를 벗어나 무효인 조례에 해당한다. 그러나 무효인 조례에 근거하여 이루어진 행정처분은 취소사유에 해당함** ⇨ 조례 제정권의 범위를 벗어나 국가사무를 대상으로 한 무효인 서울특별시행정권한위임조례의 규정에 근거하여 구청장이 건설업영업정지처분을 한 경우, 그 처분은 결과적으로 적법한 위임없이 권한 없는 자에 의하여 행하여진 것과 마찬가지가 되어 그 하자가 중대하나, **지방자치단체의 사무에 관한 조례와 규칙은 조례가 보다 상위규범이라고 할 수 있고, 또한 헌법 제107조 제2항의 "규칙"에는 지방자치단체의 조례와 규칙이 모두 포함되는 등 이른바 규칙의 개념이 경우에 따라 상이하게 해석되는 점 등에 비추어 보면 위 처분의 위임 과정의 하자가 객관적으로 명백한 것이라고 할 수 없으므로 이로 인한 하자는 결국 당연무효사유는 아니라고 봄이 상당**하다(대법원 1995.7.11, 94누4615).
③ (○) 행정행위를 한 처분청은 그 행위에 하자가 있는 경우에 별도의 법적 근거가 없더라도 스스로 이를 취소할 수 있는 것이며, 다만 그 행위가 국민에게 권리나 이익을 부여하는 이른바 수익적 행정행위인 때에는 그 행위를 취소하여야 할 공익상 필요와 그 취소로 인하여 당사자가 입을 기득권과 신뢰보호 및 법률생활 안정의 침해 등 불이익을 비교교량한 후 공익상 필요가 당사자의 기득권침해 등 불이익을 정당화할 수 있을 만큼 강한 경우에 한하여 취소할 수 있다(대법원 1986.2.25., 85누664).

> **행정기본법 제18조(위법 또는 부당한 처분의 취소)**
> ① 행정청은 위법 또는 부당한 처분의 전부나 일부를 소급하여 취소할 수 있다. 다만, 당사자의 신뢰를 보호할 가치가 있는 등 정당한 사유가 있는 경우에는 장래를 향하여 취소할 수 있다.
> ② 행정청은 제1항에 따라 당사자에게 권리나 이익을 부여하는 처분을 취소하려는 경우에는 취소로 인하여 당사자가 입게 될 불이익을 취소로 달성되는 공익과 비교·형량(衡量)하여야 한다. 다만, 다음 각 호의 어느 하나에 해당하는 경우에는 그러하지 아니하다.
> 1. 거짓이나 그 밖의 부정한 방법으로 처분을 받은 경우
> 2. 당사자가 처분의 위법성을 알고 있었거나 중대한 과실로 알지 못한 경우

④ (○) 무효인 행정처분은 항상 하자가 승계되므로 무효인 행정처분에 기한 후속 행정처분도 당연무효이다.

06 ①

① (×) 통설과 판례에 의하면 행정행위의 공정력이란 비록 행정행위에 하자가 있더라도 중대하고 명백하여 당연무효가 아닌 경우에는 권한 있는 기관(처분청·행정심판위원회·행정법원)에 의하여 취소될 때까지 일응 유효한 것으로 추정되어 누구든지 그 효력을 부인할 수 없는 힘을 말한다. 즉 유효하다고 통용될 뿐이지 적법하다고까지는 통용되지 않는다.
② (○) 국세 등의 부과 및 징수처분 등과 같은 행정처분이 당연무효임을 전제로 하여 민사소송을 제기한 때에는 그 행정처분의 당연무효인지의 여부가 선결문제이므로 법원은 이를 심사하여 그 행정처분의 하자가 중대하고 명백하여 당연무효라고 인정될 경우에는 이를 전제로 하여 판단할 수 있으나, 그 하자가 단순한 취소사유에 그칠 때에는 법원은 그 효력을 부인(취소)할 수 없다(대법원 1973.7.10, 70다1439).
③ (○) 처분이 위법임을 이유로 배상을 청구하는 경우에는 미리 그 행정처분의 취소판결이 있어야만 그 행정처분의 위법임을 이유로 청구할 수 있는 것은 아니다(대법원 1972.4.28, 72다337).
④ (○) 자동차관리법령을 종합하면, 시·도지사 또는 시장·군수·구청장은 자동차 소유자 또는 자동차 소유자로부터 자동차의 운행 등에 관한 사항을 위탁받은 사람에 해당하지 아니하는 사람이 정당한 사유 없이 자동차를 운행하는 경우에 운행정지명령을 하여야 하고, 이러한 요건을 갖추지 못하였다면 그 운행정지명령은 적법요건을 갖추지 못하였다고 보아야 한다. 나아가 시장 등이 한 운행정지명령을 위반하여 자동차를 운행하였다는 이유로 같은 법 제82조 제2호의2에 따른 처벌을 하기 위해서는 그 운행정지명령이 적법한 것이어야 하고, 그 운행정지명령이 당연무효는 아니더라도 위법한 처분으로 인정된다면 같은 법 제82조 제2호의2 위반죄는 성립할 수 없다(대법원 2023.4.27. 2020도17883).

07 ②

① (○) 부담금 부과처분 후에 해당 조항이 위헌결정 되었다면 부담금부과처분은 취소사유에 해당하고, 공정력 때문에 유효하다고 통용된다. 또한 이미 불가쟁력이 발생하였으므로 위헌결정의 소급효가 미치지 않는다(대법원 2002.11.8., 2001두3181). 따라서 이미 납부한 부담금을 반환받을 수 없다.
② (×) 헌법재판소의 위헌결정의 효력은 위헌제청을 한 당해 사건, 위헌결정이 있기 전에 이와 동종의 위헌 여부에 관하여 헌법재판소에 위헌여부심판제청을 하였거나 법원에 위헌여부심판제청신청을 한 경우의 당해 사건과 따로 위헌제청신청은 아니하였지만 당해 법률 또는 법률의 조항이 재판의 전제가 되어 법원에 계속 중인 사건뿐만 아니라 위헌결정 이후에 위와 같은 이유로 제소된 일반사건에도 미친다(대법원 1993.1.15, 92다12377 ; 대법원 2003.7.24, 2001다48781).
③ (○) **재결이 확정된 경우, 재결은 판결에서와 같은 기판력이 인정되는 것은 아니기 때문에 당사자들이나 법원은 모순되는 주장이나 판단을 할 수 있음** ⇨ 행정심판의 재결은 피청구인인 행정청을 기속하는 효력을 가지므로 재결청이 취소심판의 청구가 이유 있다고 인정하여 처분청에 처분을 취소할 것을 명하면 처분청으로서는 재결의 취지에 따라 처분을 취소하여야 하지만, 나아가 재결에 판결에서와 같은 기판력이 인정되는 것은 아니어서 재결이 확정된 경우에도 처분의 기초가 된 사실관계나 법률적 판단이 확정되고 당사자들이나 법원이 이에 기속되어 모순되는 주장이나 판단을 할 수 없게 되는 것은 아니다(대법원 2015.11.27., 2013다6759). 따라서 행정심판청구에서 기각재결일지라도 재결은 기판력이 인정되지 않기 때문에 취소소송에서 인용될 수 있다.
④ (○) 조세 부과의 근거가 되었던 법률규정이 위헌으로 선언된 경우, 비록 그에 기한 과세처분이 위헌결정 전에 이루어졌고, 과세처분에 대한 제소기간이 이미 경과하여 조세채권이 확정되었으며, 조세채권의 집행을 위한 체납처분의 근거규정 자체에 대하여는 따로 위헌결정이 내려진 바 없다고 하더라도, 위와 같은 **위헌결정 이후에 조세채권의 집행을 위한 새로운 체납처분에 착수하거나 이를 속행하는 것은 더 이상 허용되지 않고**,

나아가 이러한 위헌결정의 효력에 위배하여 이루어진 체납처분은 그 사유만으로 하자가 중대하고 객관적으로 명백하여 당연무효라고 보아야 한다(대법원 2012.2.16, 2010두10907 전원합의체).

08 ④

① (○) ② (○) ③ (○)

> **행정기본법 제24조(인허가의제의 기준)**
> ① 이 절에서 "인허가의제"란 하나의 인허가(이하 "주된 인허가"라 한다)를 받으면 법률로 정하는 바에 따라 그와 관련된 여러 인허가(이하 "관련 인허가"라 한다)를 받은 것으로 보는 것을 말한다.
> ② 인허가의제를 받으려면 주된 인허가를 신청할 때 관련 인허가에 필요한 서류를 함께 제출하여야 한다. 다만, 불가피한 사유로 함께 제출할 수 없는 경우에는 주된 인허가 행정청이 별도로 정하는 기한까지 제출할 수 있다.
> ③ 주된 인허가 행정청은 주된 인허가를 하기 전에 관련 인허가에 관하여 미리 관련 인허가 행정청과 협의하여야 한다.
> ④ 관련 인허가 행정청은 제3항에 따른 협의를 요청받으면 그 요청을 받은 날부터 20일 이내(제5항 단서에 따른 절차에 걸리는 기간은 제외한다)에 의견을 제출하여야 한다. 이 경우 전단에서 정한 기간(민원 처리 관련 법령에 따라 의견을 제출하여야 하는 기간을 연장한 경우에는 그 연장한 기간을 말한다) 내에 협의 여부에 관하여 의견을 제출하지 아니하면 협의가 된 것으로 본다.
> ⑤ 제3항에 따라 협의를 요청받은 관련 인허가 행정청은 해당 법령을 위반하여 협의에 응해서는 아니 된다. 다만, 관련 인허가에 필요한 심의, 의견 청취 등 절차에 관하여는 법률에 인허가의제 시에도 해당 절차를 거친다는 명시적인 규정이 있는 경우에만 이를 거친다.

④ (×) A와 B 사이에 협의가 되었을 때 건축허가와 산지전용허가를 모두 받은 것으로 보는 것이 아니고, 주된 인허가를 받았을 때 관련 인허가를 받은 것으로 본다.

> **행정기본법 제25조(인허가의제의 효과)**
> ① 제24조 제3항·제4항에 따라 협의가 된 사항에 대해서는 주된 인허가를 받았을 때 관련 인허가를 받은 것으로 본다.
> ② 인허가의제의 효과는 주된 인허가의 해당 법률에 규정된 관련 인허가에 한정된다.

09 ④

① (○) 목욕장 영업을 하기 위한 건물의 부지인 토지가 국토의계획및이용에관한법률에 의하여 일반상업지역으로 용도지역이 되어 있고, 일반상업지역에는 1종 근린생활시설인 일반목욕장을 설치할 수 있다고 하더라도, 당초 상세계획에 위 토지 상에 일반목욕장을 설치할 수 없도록 되어 있다면, 위 토지 위에 건축된 건물의 용도를 판매시설인 슈퍼마켓에서 1종 근린생활시설인 일반목욕장으로 변경할 수는 없다. 따라서 피고가 원고에 대하여 한 목욕장 영업신고 반려처분 및 영업소폐쇄명령처분은 적법한 처분이라 할 것이다(서울행정법원 2005.03.23. 2004구합28532).

② (○) 대법원 2007.1.25, 2004두12063

③ (○) 건설부장관이 발표한 '개발제한구역제도 개선방안'은 장차 이루어질 개발제한구역의 해제 또는 재지정 등의 처분을 위한 사실상의 준비행위 또는 사전발표로서 행정쟁송의 대상이 될 수 있는 행정처분이나 공권력의 행사는 될 수 없지만, 그 내용이 국민의 기본권에 직접 영향을 끼치는 내용이고 앞으로 구체적 처분의 뒷받침에 의해 그대로 실시될 것이 틀림없을 것으로 예상되어, 그로 인하여 직접적으로 기본권침해를 받게

되는 사람에게는 사실상의 규범작용으로 인한 위험성이 이미 현실적으로 발생하였다고 보아야 할 것이므로 이는 헌법소원의 대상이 되는 헌법재판소법 제68조 제1항 소정의 공권력행사에 해당된다(헌법재판소 2000. 6.1. 99헌마538).

④ (×) 문화재보호구역 내에 있는 토지소유자 등으로서는 위 보호구역의 지정해제를 요구할 수 있는 법규상 또는 조리상의 신청권이 있다고 할 것이고, 이러한 신청에 대한 거부행위는 항고소송의 대상이 되는 행정처분에 해당한다(대법원 2004.4.27., 2003두8821).

10 ④

① (×) 「지방재정법」에 의하여 준용되는 국가계약법에 따라 지방자치단체가 당사자가 되는 이른바 공공계약은 사경제의 주체로서 상대방과 대등한 위치에서 체결하는 사법상의 계약으로서 그 본질적인 내용은 사인 간의 계약과 다를 바가 없으므로, 그에 관한 법령에 특별한 정함이 있는 경우를 제외하고는 **사적자치와 계약자유의 원칙 등 사법의 원리가 그대로 적용**된다 할 것이다(대법원 2018.2.13, 2014두11328).

② (×) 국립의료원 부설주차장에 관한 이 사건 위탁관리용역운영계약에 대하여 관리청이 순전히 사경제주체로서 행한 사법상 계약임을 전제로, 가산금에 관한 별도의 약정이 없는 이상 원고에게 가산금을 지급할 의무가 없다고 주장하여 그 부존재의 확인을 구한다는 것이다. 그러나 기록에 의하면, 위 운영계약의 실질은 행정재산인 위 부설주차장에 대한 국유재산법 제24조 제1항에 의한 사용·수익 허가로서 이루어진 것임을 알 수 있으므로, 이는 위 **국립의료원이 원고의 신청에 의하여 공권력을 가진 우월적 지위에서 행한 행정처분으로서 특정인에게 행정재산을 사용할 수 있는 권리를 설정하여 주는 강학상 특허에 해당**한다 할 것이고 순전히 사경제주체로서 원고와 대등한 위치에서 행한 사법상의 계약으로 보기 어렵다고 할 것이다(대법원 2006.3.9. 2004다31074).

③ (×) 대법원은 지방자치단체장의 지방전문직공무원 채용계약해지의 의사표시, 서울특별시 무용단원의 해촉, 공중보건의사 채용계약해지의 의사표시 등에 대하여는 공무원과 유사한 지위를 가진 공법상 계약관계 또는 지방자치단체장이 채용계약관계의 한쪽 당사자로서 대등한 지위에서 행하는 의사표시라는 이유로 그 무효확인을 구하는 **당사자소송을 인정**하고 있다(대법원 1996.5.31, 95누10617).

④ (○) 갑 지방자치단체가 을 주식회사 등 4개 회사로 구성된 공동수급체를 **자원회수시설과 부대시설의 운영·유지관리 등**을 위탁할 민간사업자로 선정하고 을 회사 등의 공동수급체와 위 시설에 관한 위·수탁 운영 협약을 체결하였는데, 위 협약은 갑 지방자치단체가 사인인 을 회사 등에 위 시설의 운영을 위탁하고 그 위탁운영비용을 지급하는 것을 내용으로 하는 용역계약으로서 **상호 대등한 입장에서 당사자의 합의에 따라 체결한 사법상 계약에 해당**한다(대법원 2019.10.17., 2018두60588).

11 ②

① (×) 행정절차법 제3조 제2항 제4호
② (○) 행정기관이 그 소관 사무의 범위에서 일정한 행정목적을 실현하기 위하여 특정인에게 일정한 행위를 하도록 조언 등을 하는 사항은 행정지도이다. 처분, 신고, 확약, 위반사실 등의 공표, 행정계획, 행정상 입법예고, 행정예고 및 **행정지도**의 절차는 행정절차법이 적용된다.
③ (×) 행정절차법 제3조 제2항 제5호
④ (×) 행정절차법 제3조 제2항 제8호

> **행정절차법 제3조(적용 범위)**
> ① 처분, 신고, 확약, 위반사실 등의 공표, 행정계획, 행정상 입법예고, 행정예고 및 **행정지도**의 절차(이하 "행정절차"라 한다)에 관하여 다른 법률에 특별한 규정이 있는 경우를 제외하고는 이 법에서 정하는 바에 따른다.

② 이 법은 다음 각 호의 어느 하나에 해당하는 사항에 대하여는 적용하지 아니한다.
  1. 국회 또는 지방의회의 의결을 거치거나 동의 또는 승인을 받아 행하는 사항
  2. 법원 또는 군사법원의 재판에 의하거나 그 집행으로 행하는 사항
  3. 헌법재판소의 심판을 거쳐 행하는 사항
  4. 각급 선거관리위원회의 의결을 거쳐 행하는 사항
  5. 감사원이 감사위원회의의 결정을 거쳐 행하는 사항
  6. 형사(刑事), 행형(行刑) 및 보안처분 관계 법령에 따라 행하는 사항
  7. 국가안전보장·국방·외교 또는 통일에 관한 사항 중 행정절차를 거칠 경우 국가의 중대한 이익을 현저히 해칠 우려가 있는 사항
  8. 심사청구, 해양안전심판, 조세심판, 특허심판, 행정심판, 그 밖의 불복절차에 따른 사항
  9. 「병역법」에 따른 징집·소집, 외국인의 출입국·난민인정·귀화, 공무원 인사 관계 법령에 따른 징계와 그 밖의 처분, 이해 조정을 목적으로 하는 법령에 따른 알선·조정·중재(仲裁)·재정(裁定) 또는 그 밖의 처분 등 해당 행정작용의 성질상 행정절차를 거치기 곤란하거나 거칠 필요가 없다고 인정되는 사항과 행정절차에 준하는 절차를 거친 사항으로서 대통령령으로 정하는 사항

12 ③

① (○) 의무이행심판의 대상은 거부처분과 부작위이다. 따라서 거부처분은 취소심판의 대상도 될 수 있고, 의무이행심판의 대상도 될 수 있다.
② (○) 취소심판의 피청구인은 행정청이므로 피청구인은 A교도소장이 된다.
③ (×) 행정심판법 제50조 위원회의 직접처분은 제49조 제3항이 적용되므로 의무이행심판만 직접처분권이 가능하고 거부처분 취소심판은 직접처분권이 인정되지 않는다. 그러나 행정심판법 제50조의2 위원회의 간접강제는 행정심판법 제49조 제2항 또는 제3항이 적용되므로 의무이행심판과 거부처분 취소심판 모두 간접강제가 가능하나. 즉 거부처분취소심판은 간접강제만 가능하다. 그러나 의무이행심판은 직접처분과 간접강제 모두 가능하다.

> **행정심판법 제49조(재결의 기속력 등)**
> ① 심판청구를 인용하는 재결은 피청구인과 그 밖의 관계 행정청을 기속(羈束)한다.
> ② 재결에 의하여 취소되거나 무효 또는 부존재로 확인되는 처분이 당사자의 신청을 거부하는 것을 내용으로 하는 경우에는 그 처분을 한 행정청은 재결의 취지에 따라 다시 이전의 신청에 대한 처분을 하여야 한다.
> ③ 당사자의 신청을 거부하거나 부작위로 방치한 처분의 이행을 명하는 재결이 있으면 행정청은 지체 없이 이전의 신청에 대하여 재결의 취지에 따라 처분을 하여야 한다.
>
> **제50조(위원회의 직접 처분)**
> ① 위원회는 피청구인이 제49조 제3항에도 불구하고 처분을 하지 아니하는 경우에는 당사자가 신청하면 기간을 정하여 서면으로 시정을 명하고 그 기간에 이행하지 아니하면 직접 처분을 할 수 있다. 다만, 그 처분의 성질이나 그 밖의 불가피한 사유로 위원회가 직접 처분을 할 수 없는 경우에는 그러하지 아니하다.
> ② 위원회는 제1항 본문에 따라 직접 처분을 하였을 때에는 그 사실을 해당 행정청에 통보하여야 하며, 그

통보를 받은 행정청은 위원회가 한 처분을 자기가 한 처분으로 보아 관계 법령에 따라 관리·감독 등 필요한 조치를 하여야 한다.

제50조의2(위원회의 간접강제)
① 위원회는 피청구인이 **제49조 제2항(제49조제4항에서 준용하는 경우를 포함한다) 또는 제3항**에 따른 처분을 하지 아니하면 청구인의 신청에 의하여 결정으로 상당한 기간을 정하고 피청구인이 그 기간 내에 이행하지 아니하는 경우에는 그 지연기간에 따라 일정한 배상을 하도록 명하거나 즉시 배상을 할 것을 명할 수 있다.

④ (○) 처분사유의 추가변경은 기본적 사실관계가 동일한 경우에 허용된다. 근무보고서의 공개가 교정업무의 수행을 현저히 곤란하게 할 우려가 있다는 사유와 사생활의 비밀을 침해할 우려가 있는 정보가 포함되어 있다는 사유는 기본적 사실관계가 동일하지 않기 때문에 처분사유 변경이 허용될 수 없다.

13 ④

① (×)

개인정보 보호법 제25조 (고정형 영상정보처리기기의 설치·운영 제한)
② 누구든지 불특정 다수가 이용하는 목욕실, 화장실, 발한실(發汗室), 탈의실 등 개인의 사생활을 현저히 침해할 우려가 있는 장소의 내부를 볼 수 있도록 고정형 영상정보처리기기를 설치·운영하여서는 아니 된다. 다만, 교도소, 정신보건 시설 등 법령에 근거하여 사람을 구금하거나 보호하는 시설로서 대통령령으로 정하는 시설에 대하여는 그러하지 아니하다.

② (×) 개인정보 보호법 제72조 제2호에 규정된 '거짓이나 그 밖의 부정한 수단이나 방법'이란 개인정보를 취득하거나 또는 그 처리에 관한 동의를 받기 위하여 사용하는 위계 기타 사회통념상 부정한 방법이라고 인정되는 것으로서 개인정보 취득 또는 그 처리에 동의할지에 관한 정보주체의 의사결정에 영향을 미칠 수 있는 적극적 또는 소극적 행위를 뜻한다. 그리고 거짓이나 그 밖의 부정한 수단이나 방법으로 개인정보를 취득하거나 그 처리에 관한 동의를 받았는지를 판단할 때에는 개인정보처리자가 그에 관한 동의를 받는 행위 자체만을 분리하여 개별적으로 판단하여서는 안 되고, 개인정보처리자가 개인정보를 취득하거나 처리에 관한 동의를 받게 된 전 과정을 살펴보아 거기에서 드러난 개인정보 수집 등의 동기와 목적, 수집 목적과 수집 대상인 개인정보의 관련성, 수집 등을 위하여 사용한 구체적인 방법, 개인정보 보호법 등 관련 법령을 준수하였는지 및 취득한 개인정보의 내용과 규모, 특히 민감정보·고유식별정보 등의 포함 여부 등을 **종합적으로 고려하여 사회통념에 따라 판단**하여야 한다(대법원 2017.4.7. 2016도13263).

③ (×)

개인정보 보호법 제38조 (권리행사의 방법 및 절차)
① 정보주체는 제35조에 따른 열람, 제35조의2에 따른 전송, 제36조에 따른 정정·삭제, 제37조에 따른 처리정지 및 동의 철회, 제37조의2에 따른 거부·설명 등의 요구(이하 "열람등요구"라 한다)를 문서 등 대통령령으로 정하는 방법·절차에 따라 **대리인에게 하게 할 수 있다.**

④ (○) 대법원 2022.11.10. 2018도1966

14 ④

① (○) 원상복구명령은 권익을 제한하거나 의무를 부과하는 처분이므로 사전통지나 의견제출의 생략사유가 아니라면 사전통지나 의견제출의 기회를 주지 않고 한 처분은 취소의 하자가 있다.
② (○) 원칙적으로 계고는 의무를 명하는 행정행위와 동시에 결합되어 행해질 수 없다. 그러나 의무를 부과하는 처분을 할 때에 이미 대집행요건이 충족될 것이 확실하고 또는 그 급속한 실시를 위해 긴급한 필요가 있는 경우에는 행정처분과 계고가 결합될 수 있다(대법원 1992.6.12. 91누13564).
③ (○) 무효인 처분은 하자가 항상 승계되므로 선행처분인 원상복구명령이 당연무효라면 후행처분인 대집행영장통지도 당연무효이다.
④ (×) 컨테이너를 설치하여 사무실 등으로 사용하는 갑 등에게 관할 시장이 건축법 제2조 제1항 제2호의 건축물에 해당함에도 같은 법 제11조의 따른 건축허가를 받지 않고 건축하였다는 이유로 원상복구명령 및 계고처분을 하였다가 이에 대한 취소소송에서 같은 법 제20조 제3항 위반을 처분사유로 추가한 사안에서, 당초 처분사유인 '건축법 제11조 위반'과 추가한 추가사유인 '건축법 제20조 제3항 위반'은 위반행위의 내용이 다르고 위법상태를 해소하기 위하여 거쳐야 하는 절차, 건축기준 및 허용가능성이 달라지므로 그 기초인 사회적 사실관계가 동일하다고 볼 수 없어 처분사유의 추가·변경이 허용되지 않는다(대법원 2021.7.29. 2021두34756).

15 ④

① (○) 행정기관은 법령등에서 행정조사를 규정하고 있는 경우에 한하여 행정조사를 실시할 수 있다. 다만, 조사대상자의 자발적인 협조를 얻어 실시하는 행정조사의 경우에는 그러하지 아니하다(행정조사기본법 제5조).
② (○) 행정조사는 원칙적으로 조사개시 7일 전까지 서면으로 사전통지를 하여야 한다. 그러나 자발적인 협조를 얻어 행정조사를 실시하는 경우에는 미리 서면으로 통지하지 않고 행정조사의 개시와 동시에 이를 조사대상자에게 제시할 수 있다.

> **행정조사기본법 제17조(조사의 사전통지)**
> ① 행정조사를 실시하고자 하는 행정기관의 장은 제9조에 따른 출석요구서, 제10조에 따른 보고요구서·자료제출요구서 및 제11조에 따른 현장출입조사서를 조사개시 **7일 전까지 조사대상자에게 서면으로 통지**하여야 한다. 다만, 다음 각 호의 어느 하나에 해당하는 경우에는 **행정조사의 개시와 동시에** 출석요구서등을 조사대상자에게 제시하거나 행정조사의 목적 등을 조사대상자에게 **구두로 통지**할 수 있다.
>   1. 행정조사를 실시하기 전에 관련 사항을 미리 통지하는 때에는 증거인멸 등으로 행정조사의 목적을 달성할 수 없다고 판단되는 경우
>   2. 「통계법」 제3조제2호에 따른 지정통계의 작성을 위하여 조사하는 경우
>   3. 제5조 단서에 따라 조사대상자의 자발적인 협조를 얻어 실시하는 행정조사의 경우

③ (○) 대법원 2014.6.26. 2012두911
④ (×) 부과처분을 위한 과세관청의 질문조사권이 행해지는 세무조사결정이 있는 경우 납세의무자는 세무공무원의 과세자료 수집을 위한 질문에 대답하고 검사를 수인하여야 할 법적 의무를 부담하게 되는 점 등을 종합하면, 세무조사결정은 납세의무자의 권리·의무에 직접 영향을 미치는 공권력의 행사에 따른 행정작용으로서 항고소송의 대상이 된다(대법원 2011.3.10., 2009두23617·23624).

16 ④

④ (×) 행정청의 과태료 부과에 불복하는 당사자는 제17조 제1항에 따른 과태료 부과 통지를 받은 날부터 60일 이내에 해당 행정청에 서면으로 이의제기를 할 수 있다. 이의제기가 있는 경우에는 행정청의 과태료 부과처분은 그 효력을 상실한다(질서위반행위규제법 제20조). 따라서 "행정청의 과태료 부과처분의 효력에는 영향을 미치지 아니한다."는 지문은 옳지 않다.
① (○) 질서위반행위규제법 제38조
② (○) 과태료재판의 경우, 법원으로서는 기록상 현출되어 있는 사항에 관하여 직권으로 증거조사를 하고 이를 기초로 하여 판단할 수 있는 것이나, 그 경우 행정청의 과태료부과처분사유와 기본적 사실관계에서 동일성이 인정되는 한도 내에서만 과태료를 부과할 수 있다(대법원 2012.10.19, 2012마1163).
③ (○) 질서위반행위규제법 제12조

17 ④

①③ (○) 대법원 2004.2.26, 2002두10643
② (○) 대법원 2005.4.15, 2003두4089
④ (×) 세법상 가산세는 과세권의 행사 및 조세채권의 실현을 용이하게 하기 위하여 납세자가 정당한 이유 없이 법에 규정된 신고, 납세 등 각종 의무를 위반한 경우에 개별 세법이 정하는 바에 따라 부과되는 행정상의 제재로서 납세자의 고의, 과실은 고려되지 않는 반면, 납세의무자가 그 의무를 알지 못한 것이 무리가 아니었다고 할 수 있어 그를 정당시할 수 있는 사정이 있거나 그 의무의 이행을 당사자에게 기대하는 것이 무리라고 하는 사정이 있을 때 등 그 의무해태를 탓할 수 없는 정당한 사유가 있는 경우에는 이를 과할 수 없으나, 납세의무자가 세무공무원의 잘못된 설명을 믿고 그 신고납부의무를 이행하지 아니하였다 하더라도 그것이 관계 법령에 어긋나는 것임이 명백한 때에는 그러한 사유만으로 정당한 사유가 있다고 볼 수 없다(대법원 2003.1.10., 2001두7886).

18 ①

① (×) 헌법은 배상책임자를 '국가 또는 공공단체'로 하고 있다. 그러나 국가배상법은 '국가 또는 지방자치단체'로 한정하여, 지방자치단체 이외의 공공단체의 배상책임은 민법의 규정에 맡기고 있다.
② (○) 피해자가 손해를 입은 동시에 이익을 얻은 경우에는 손해배상액에서 그 이익에 상당하는 금액을 공제하여야 한다(국가배상법 제3조의2 제1항).
③ (○) 국가배상법 제9조
④ (○) 소멸시효는 국가배상법에 규정이 없으므로 민법을 준용한다(국가배상법 제8조). 따라서 국가배상청구권은 피해자나 그 법정대리인이 손해 및 가해자를 안 날로부터 3년간 이를 행사하지 않으면 시효로 인하여 소멸한다(민법 제776조 제1항).

19 ②

① (○) 헌법재판소는 헌법 제23조 제3항에서 규정하고 있는 '공공필요'의 의미를 "국민의 재산권을 그 의사에 반하여 강제적으로라도 취득해야 할 공익적 필요성"으로 해석하여 왔다. 즉 '공공필요'의 개념은 '공익성'과 '필요성'이라는 요소로 구성되어 있다. 오늘날 공익사업의 범위가 확대되는 경향에 대응하여 재산권의 존속 보장과의 조화를 위해서는, '공공필요'의 요건에 관하여, 공익성은 추상적인 공익 일반 또는 국가의 이익 이상의 중대한 공익을 요구하므로 기본권 일반의 제한사유인 '공공복리'보다 좁게 보는 것이 타당하다(헌법재판소 2014.10.30, 2011헌바129).
② (×) 이 사건 토지는 철새 도래지로서 자연 문화적인 학술가치를 지녔다 하더라도 문화적, 학술적 가치는 특

별한 사정이 없는 한 그 토지의 부동산으로서의 경제적·재산적 가치를 높여 주는 것은 아니므로 손실보상의 대상이 될 수 없다(대법원 1989.9.12, 88누11216).
③ (○) 옳은 설명이다.
④ (○) 도축장 사용정지·제한명령은 구제역과 같은 가축전염병의 발생과 확산을 막기 위한 것이고, 도축장 사용정지·제한명령이 내려지면 국가가 도축장 영업권을 강제로 취득하여 공익 목적으로 사용하는 것이 아니라 소유자들이 일정기간 동안 도축장을 사용하지 못하게 되는 효과가 발생할 뿐이다. 이와 같은 재산권에 대한 제약의 목적과 형태에 비추어 볼 때, 도축장 사용정지·제한명령은 공익목적을 위하여 이미 형성된 구체적 재산권을 박탈하거나 제한하는 헌법 제23조 제3항의 수용·사용 또는 제한에 해당하는 것이 아니라, 도축장 소유자들이 수인하여야 할 사회적 제약으로서 헌법 제23조 제1항의 재산권의 내용과 한계에 해당한다. 따라서 이에 대한 보상금은 도축장 사용정지·제한명령으로 인한 도축장 소유자들의 경제적인 부담을 완화하고 그러한 명령의 준수를 유도하기 위하여 지급하는 시혜적인 급부에 해당한다(헌법재판소 2015.10.21, 2012헌바367)

20 ②

① (×) 국회사무총장·법원행정처장·헌법재판소사무처장 및 중앙선거관리위원회사무총장이 행한 처분은 '중앙행정심판위원회'가 아니고 당해 행정청 소속의 행정심판위원회가 담당한다.
② (○) 거부처분이나 부작위에 대하여 이행명령재결이 있는 경우, 위원회는 당해 행정청이 처분을 하지 아니하는 경우에는 당사자가 신청(직권 ×)하면 기간을 정하여 서면으로 시정을 명하고 그 기간에 이행하지 아니하면 직접 처분을 할 수 있다(행정심판법 제 50조). 그리고 행정심판위원회의 재결의 실효성을 높이기 위하여 행정심판 인용재결에 따른 행정청의 재처분 의무에도 불구하고 행정청이 인용재결에 따른 처분을 하지 아니하면 행정심판위원회는 당사자의 신청에 의하여 결정으로 상당한 기간을 정하고, 행정청이 그 기간 내에 이행하지 아니하는 경우에는 지연기간에 따라 일정한 배상을 하도록 명하거나 즉시 배상을 할 것을 명할 수 있도록 간접강제제도를 도입하였다.
③ (×) 특정인에 대한 행정처분을 주소불명 등의 이유로 송달할 수 없어 관보 등에 공고한 경우는 상대방이 당해 처분이 있었다는 사실을 현실적으로 안 날에 그 처분이 있음을 알았다고 봄 ⇨ 행정소송법 제20조 제1항 소정의 제소기간 기산점인 '처분이 있음을 안 날'이라 함은 당사자가 통지, 공고 기타의 방법에 의하여 당해 처분이 있었다는 사실을 현실적으로 안 날을 의미하는바, 특정인에 대한 행정처분을 주소불명 등의 이유로 송달할 수 없어 관보·공보·게시판·일간신문 등에 공고한 경우에는, 공고가 효력을 발생하는 날에 상대방이 그 행정처분이 있음을 알았다고 볼 수는 없고, 상대방이 당해 처분이 있었다는 사실을 현실적으로 안 날에 그 처분이 있음을 알았다고 보아야 한다(대법원 2006.4.28, 2005두14851).
④ (×) 회사의 노사 간에 임금협정을 체결함에 있어 운전기사의 합승행위 등으로 회사에 대하여 과징금이 부과되면 당해 운전기사에 대한 상여금지급시 그 금액상당을 공제하기로 함으로써 과징금의 부담을 당해 운전기사에게 전가하도록 규정하고 있고 이에 따라 당해 운전기사의 합승행위를 이유로 회사에 대하여 한 과징금부과처분으로 말미암아 당해 운전기사의 상여금지급이 제한되었다고 하더라도, 과징금부과처분의 직접 당사자 아닌 당해 운전기사로서는 그 처분의 취소를 구할 직접적이고 구체적인 이익이 있다고 볼 수 없다(대법원 1994.4.12, 93누24247).

21 ④

① (○) 행정심판법상의 고지의무 불이행이 당해 처분의 하자가 되는 것은 아님 ⇨ 고지절차에 관한 규정은 행정처분의 상대방이 그 처분에 대한 행정심판의 절차를 밟는 데 있어 편의를 제공하려는 데 있으며, 처분청이 위 규정에 따른 고지의무를 이행하지 아니하였다고 하더라도 경우에 따라서는 행정심판의 제기기간이 연장될 수 있는 것에 그치고, 이로 인하여 심판의 대상이 되는 행정처분에 어떤 하자가 수반된다고 할 수 없다(대법원 1987.11.24, 87누529).

② (O)

> **행정심판법 제25조(피청구인의 직권취소등)**
> ① 제23조제1항·제2항 또는 제26조제1항에 따라 심판청구서를 받은 피청구인은 그 **심판청구가 이유 있다**고 인정하면 심판청구의 취지에 따라 직권으로 처분을 취소·변경하거나 확인을 하거나 신청에 따른 처분(이하 이 조에서 "직권취소등"이라 한다)을 할 수 있다. 이 경우 서면으로 청구인에게 알려야 한다.

③ (O) 행정심판의 청구인이 처분 또는 부작위 때문에 당사자가 받을 우려가 있는 중대한 불이익이나 당사자에게 생길 급박한 위험이 생긴 경우에 종전의 집행정지제도만으로는 구제하기가 어려웠다. 이에 2010년 행정심판법은 행정청의 처분이나 부작위 때문에 발생할 수 있는 당사자의 중대한 불이익이나 급박한 위험을 막기 위하여 당사자에게 임시지위를 부여할 수 있는 임시처분제도를 도입하였다

④ (×)

> **행정심판법 제50조의2(위원회의 간접강제)**
> ① 위원회는 피청구인이 제49조 제2항(제49조 제4항에서 준용하는 경우를 포함한다) 또는 제3항에 따른 처분을 하지 아니하면 **청구인의 신청에 의하여(직권 ×)** 결정으로 상당한 기간을 정하고 피청구인이 그 기간 내에 이행하지 아니하는 경우에는 그 지연기간에 따라 일정한 배상을 하도록 명하거나 즉시 배상을 할 것을 명할 수 있다.
> ② 위원회는 사정의 변경이 있는 경우에는 당사자의 신청에 의하여 제1항에 따른 결정의 내용을 변경할 수 있다.
> ③ 위원회는 제1항 또는 제2항에 따른 결정을 하기 전에 신청 상대방의 의견을 들어야 한다.
> ④ 청구인은 제1항 또는 제2항에 따른 결정에 불복하는 경우 그 결정에 대하여 행정소송을 제기할 수 있다.

22 ①

① 감액처분의 항고소송의 대상은 처음의 부과처분 중 감액처분에 의하여 취소되지 않고 남은 부분이고 감액처분은 항고소송의 대상이 아님 ⇨ 과징금 부과처분에서 행정청이 납부의무자에 대하여 부과처분을 한 후 그 부과처분의 하자를 이유로 과징금의 액수를 감액하는 경우에 그 감액처분은 감액된 과징금 부분에 관하여만 법적 효과가 미치는 것으로서 처음의 부과처분과 별개 독립의 과징금 부과처분이 아니라 그 실질은 당초 부과처분의 변경이고, 그에 의하여 과징금의 일부취소라는 납부의무자에게 유리한 결과를 가져오는 처분이므로 처음의 부과처분이 전부 실효되는 것은 아니며, 그 감액처분으로도 아직 취소되지 않고 남아 있는 부분이 위법하다고 하여 다투는 경우 항고소송의 대상은 처음의 부과처분 중 감액처분에 의하여 취소되지 않고 남은 부분이고 감액처분이 항고소송의 대상이 되는 것은 아니다(대법원 2008.2.15. 2006두3957). 따라서 700만 원으로 감액된 당초의 처분인 2024. 2. 5. 자 과징금부과처분이 소의 대상이고, 제소기간은 행정심판을 거쳤기 때문에 행정심판의 재결서 정본이 송달 된 2024. 4. 24.이다.

23 ④

①②③ (O)

> **행정소송법 제16조(제3자의 소송참가)**
> ① 법원은 소송의 결과에 따라 권리 또는 이익의 침해를 받을 제3자가 있는 경우에는 **당사자 또는 제3자의 신청 또는 직권에 의하여** 결정으로써 그 제3자를 소송에 참가시킬 수 있다.
> ② 법원이 제1항의 규정에 의한 결정을 하고자 할 때에는 **미리 당사자 및 제3자의 의견**을 들어야 한다.

행정소송법 제17조(행정청의 소송참가)
① 법원은 다른 행정청을 소송에 참가시킬 필요가 있다고 인정할 때에는 **당사자 또는 당해 행정청의 신청 또는 직권**에 의하여 결정으로써 그 행정청을 소송에 참가시킬 수 있다.

④ (×) 소의 변경은 원고의 신청에 의하는 것이지 직권이 아니다.

행정소송법 제21조(소의 변경)
① 법원은 취소소송을 당해 처분등에 관계되는 사무가 귀속하는 국가 또는 공공단체에 대한 당사자소송 또는 취소소송외의 항고소송으로 변경하는 것이 상당하다고 인정할 때에는 **청구의 기초에 변경이 없는 한 사실심의 변론종결시까지 원고의 신청**에 의하여 결정으로써 소의 변경을 허가할 수 있다.

24 ④

①②③
■ 행정심판법과 행정소송법의 가구제 비교 ⇨ 헹정심판법과 행정소송법은 가구제의 사유가 다르다.

구분	행정심판	행정소송
가구제 사유	중대한 불이익이나 당사자에게 생길 급박한 위험	회복하기 어려운 손해발생의 우려
집행정지 절차	당사자의 신청 또는 직권	당사자의 신청 또는 직권
종류	① 집행정지와 임시처분 둘 다 행정심판법에 명문의 규정이 있음 ② 가구제 중에서 집행정지가 우선 ③ 임시처분은 집행정지로 목적을 달성할 수 있는 경우에는 허용되지 아니한다. 따라서 집행정지로 구제될 수 없는 거부처분이나 부작위에 대하여 대해서 임시처분이 인정된다. ④ 임시처분결정절차에는 집행정지결정의 절차에 관한 규정이 준용된다.	① 집행정지만 인정 ② 가처분은 행정소송법에 명문 규정이 없고 판례도 가처분을 부정함

④ 행정심판법 제31조(임시처분)
① 위원회는 처분 또는 부작위가 위법·부당하다고 상당히 의심되는 경우로서 처분 또는 부작위 때문에 당사자가 받을 우려가 있는 중대한 불이익이나 당사자에게 생길 급박한 위험을 막기 위하여 임시지위를 정하여야 할 필요가 있는 경우에는 **직권으로 또는 당사자의 신청**에 의하여 임시처분을 결정할 수 있다.
② 제1항에 따른 임시처분에 관하여는 **제30조 제3항부터 제7항까지를 준용**한다. 이 경우 같은 조 제6항 전단 중 "중대한 손해가 생길 우려"는 "중대한 불이익이나 급박한 위험이 생길 우려"로 본다.
③ 제1항에 따른 **임시처분은 제30조제2항에 따른 집행정지로 목적을 달성할 수 있는 경우에는 허용되지 아니한다.** ⇨ 집행정지가 우선하고 임시처분은 보충적

25 ④

① (○) 영업의 금지를 명한 영업허가취소처분 자체가 나중에 행정쟁송절차에 의하여 취소되었다면 그 영업허가취소처분은 그 처분시에 소급하여 효력을 잃게 되며, 그 영업허가취소처분에 복종할 의무가 원래부터 없었음이 확정되었다고 봄이 타당하고, 영업허가취소처분이 장래에 향하여서만 효력을 잃게 된다고 볼 것은 아니므로 그 영업허가취소처분 이후의 영업행위를 무허가영업이라고 볼 수는 없다(대법원 1993.6.25. 93도277).

② (○) 행정처분을 취소하는 확정판결이 제3자에 대하여도 효력이 있다고 하더라도 일반적으로 판결의 효력은 주문에 포함한 것에 한하여 미치는 것이니 그 취소판결 자체의 효력으로써 그 행정처분을 기초로 하여 새로 형성된 제3자의 권리까지 당연히 그 행정처분 전의 상태로 환원되는 것이라고는 할 수 없고, 단지 취소판결의 존재와 취소판결에 의하여 형성되는 법률관계를 소송당사자가 아니었던 제3자라 할지라도 이를 용인하지 않으면 아니된다는 것을 의미하는 것에 불과하다 할 것이며, 따라서 취소판결의 확정으로 인하여 당해 행정처분을 기초로 새로 형성된 제3자의 권리관계에 변동을 초래하는 경우가 있다 하더라도 이는 취소판결 자체의 형성력에 기한 것이 아니라 취소판결의 위와 같은 의미에서의 제3자에 대한 효력의 반사적 효과로서 그 취소판결이 제3자의 권리관계에 대하여 그 변동을 초래할 수 있는 새로운 법률요건이 되는 까닭이라 할 것이다.

그러므로 이 사건에 있어서 위 환지계획변경처분을 취소하는 판결이 확정됨으로써 이 사건 토지들에 대한 원고들 명의의 소유권이전등기가 그 원인없는 것으로 환원되는 결과가 초래되었다 하더라도 동 소유권이전등기는 위 취소판결 자체의 효력에 의하여 당연히 말소되는 것이 아니라 소외 이석구가 위 취소판결의 존재를 법률요건으로 주장하여 원고들에게 그 말소를 구하는 소송을 제기하여 승소의 확정판결을 얻어야 비로소 말소될 수 있는 것이다(대법원 1986.8.19. 83다카2022).

③ (○) 행정소송법 제30조 제1항에 의하여 인정되는 취소소송에서 처분 등을 취소하는 확정판결의 기속력은 주로 판결의 실효성 확보를 위하여 인정되는 효력으로서, **판결의 주문뿐만 아니라 그 전제가 되는 처분 등의 구체적 위법사유에 관한 이유 중의 판단에 대하여도 인정**된다(대법원 2001.3.23. 99두5238).

④ (×) 종전 처분이 판결에 의하여 취소되었더라도 종전 처분과 다른 사유를 들어서 새로이 처분을 하는 것은 기속력에 저촉되지 않는다. 새로운 처분의 처분사유가 종전처분의 처분사유와 기본적 사실관계에서 동일하지 않은 다른 사유에 해당하는 이상, 처분사유가 종전 처분 당시 이미 존재하고 있었고 당사자가 이를 알고 있었더라도 이를 내세워 새로이 처분을 하는 것은 확정판결의 기속력에 저촉되지 않는다(대판 2016.3.24., 2015두48235).

제5회 행정법총론 최종모의고사 정답 및 해설

2025 MUST 행정법총론 **최종모의고사**

01	02	03	04	05	06	07	08	09	10
①	③	①	③	②	④	④	③	②	①
11	12	13	14	15	16	17	18	19	20
③	①	②	①	④	④	④	②	②	①
21	22	23	24	25					
③	③	②	②	①					

01 ①

① (○) 법률유보의 원칙은 '법률에 의한 규율'만을 요청하는 것이 아니라 '법률에 근거한 규율'을 요청하는 것이기 때문에 기본권의 제한에는 법률의 근거가 필요할 뿐이고 기본권제한의 형식이 반드시 법률의 형식일 필요는 없다. 법률에 근거를 두면서도 헌법 제75조가 요구하는 위임의 구체성과 명확성을 구비하기만 하면 위임입법에 의하여도 기본권을 제한 할 수 있다(헌법재판소 2016.4.28., 2012헌마549, 2005.3.31. 2003헌마87).

② (×) 종래 독일은 즉시강제를 국가긴급이론에서, 영·미법에서는 불법방해와 자력제거법리에서 찾아 즉시강제는 법적 근거가 필요 없다고 보았다. 그러나 오늘날의 법치국가에서는 국민의 기본권에 중대한 침해를 가하는 행정상 즉시강제는 자연법적 근거만으로는 합리화할 수 없는 것이므로 엄격한 실정법적 근거가 필요하다.

③ (×) 법률이 자치적인 사항을 정관에 위임할 경우 원칙적으로 헌법상의 포괄위임입법금지원칙이 적용되지 않는다 하더라도, 그 사항이 국민의 권리·의무에 관련되는 것일 경우에는, 적어도 국민의 권리와 의무의 형성에 관한 사항을 비롯하여 국가의 통치조직과 작용에 관한 기본적이고 본질적인 사항은 반드시 국회가 정하여야 할 것인바, 각 단체의 대의원의 정수 및 선임방법 등은 국민의 권리와 의무의 형성에 관한 사항이나 국가의 통치조직과 작용에 관한 기본적이고 본질적인 사항이라고 볼 수 없으므로, 법률유보 내지 의회유보의 원칙이 지켜져야 할 영역이라고 할 수 없다(헌법재판소 2006.3.30, 2005헌바31).

④ (×) 예산은 일종의 법규범이고 법률과 마찬가지로 국회의 의결을 거쳐 제정되지만 법률과 달리 국가기관만을 구속할 뿐 일반국민을 구속하지 않는다. 국회가 의결한 예산 또는 국회의 예산안 의결은 헌법재판소법 제68조 제1항 소정의 '공권력의 행사'에 해당하지 않고 따라서 헌법소원의 대상이 되지 아니한다(헌법재판소 2006.4.25., 2006헌마409).

02 ③

① (○) ② (○) ③ (×) ④ (○)

> **행정기본법 제6조(행정에 관한 기간의 계산)**
> ① 행정에 관한 **기간의 계산**에 관하여는 이 법 또는 다른 법령등에 특별한 규정이 있는 경우를 제외하고는 「**민법**」을 준용한다.
> ② 법령등 또는 처분에서 국민의 권익을 제한하거나 의무를 부과하는 경우 권익이 제한되거나 의무가 지속되는 **기간의 계산**은 다음 각 호의 기준에 따른다. 다만, 다음 각 호의 기준에 따르는 것이 국민에게 불리한 경우에는 그러하지 아니하다.
> 1. 기간을 일, 주, 월 또는 연으로 정한 경우에는 기간의 **첫날을 산입**한다.
> 2. 기간의 말일이 토요일 또는 공휴일인 경우에도 **기간은 그 날로 만료**한다.

> 행정기본법 제7조(법령등 시행일의 기간 계산) 법령등(훈령·예규·고시·지침 등을 포함한다. 이하 이 조에서 같다)의 시행일을 정하거나 계산할 때에는 다음 각 호의 기준에 따른다.
> 1. 법령등을 공포한 날부터 시행하는 경우에는 공포한 날을 시행일로 한다.
> 2. 법령등을 공포한 날부터 일정 기간이 경과한 날부터 시행하는 경우 법령등을 공포한 날을 첫날에 산입하지 아니한다.
> 3. 법령등을 공포한 날부터 일정 기간이 경과한 날부터 시행하는 경우 그 기간의 말일이 토요일 또는 공휴일인 때에는 그 말일로 기간이 만료한다.

03 ①

① (×) ② (○) ③ (○) ④ (○)

> 행정기본법 제23조 (제재처분의 제척기간)
> ① 행정청은 법령등의 위반행위가 종료된 날부터 5년이 지나면 해당 위반행위에 대하여 제재처분(인허가의 정지·취소·철회, 등록 말소, 영업소 폐쇄와 정지를 갈음하는 과징금 부과를 말한다. 이하 이 조에서 같다)을 할 수 없다.
> ② 다음 각 호의 어느 하나에 해당하는 경우에는 제1항을 적용하지 아니한다.
> 1. 거짓이나 그 밖의 부정한 방법으로 인허가를 받거나 신고를 한 경우
> 2. 당사자가 인허가나 신고의 위법성을 알고 있었거나 중대한 과실로 알지 못한 경우
> 3. 정당한 사유 없이 행정청의 조사·출입·검사를 기피·방해·거부하여 제척기간이 지난 경우
> 4. 제재처분을 하지 아니하면 국민의 안전·생명 또는 환경을 심각하게 해치거나 해칠 우려가 있는 경우
> ③ 행정청은 제1항에도 불구하고 행정심판의 재결이나 법원의 판결에 따라 제재처분이 취소·철회된 경우에는 재결이나 판결이 확정된 날부터 1년(합의제행정기관은 2년)이 지나기 전까지는 그 취지에 따른 새로운 제재처분을 할 수 있다.
> ④ 다른 법률에서 제1항 및 제3항의 기간보다 짧거나 긴 기간을 규정하고 있으면 그 법률에서 정하는 바에 따른다.

04 ③

① (○) 자동차관리법상 자동차관리사업자로 구성하는 사업자단체인 조합 또는 협회의 설립인가처분은 국토해양부장관 또는 시·도지사가 자동차관리사업자들의 단체결성행위를 보충하여 효력을 완성시키는 인가처분에 해당한다(대법원 2015.5.29. 2013두635).

② (○) 조합설립추진위원회의 구성을 승인하는 처분은 조합의 설립을 위한 주체에 해당하는 비법인 사단인 추진위원회를 구성하는 행위를 보충하여 그 효력을 부여하는 처분이다(대법원 2013.12.26. 2011두8291).

③ (×) 구 도시 및 주거환경정비법(2013. 12. 24. 법률 제12116호로 개정되기 전의 것)에 기초하여 주택재개발정비사업조합이 수립한 사업시행계획은 관할 행정청의 인가·고시가 이루어지면 이해관계인들에게 구속력이 발생하는 독립된 행정처분에 해당하고, 관할 행정청의 사업시행계획 인가처분은 사업시행계획의 법률상 효력을 완성시키는 보충행위에 해당한다. 따라서 기본행위인 사업시행계획에는 하자가 없는데 보충행위인 인가처분에 고유한 하자가 있다면 그 인가처분의 무효확인이나 취소를 구하여야 할 것이지만, 인가처분에는 고유한 하자가 없는데 사업시행계획에 하자가 있다면 사업시행계획의 무효확인이나 취소를 구하여야 할 것이지 사업시행계획의 무효를 주장하면서 곧바로 그에 대한 인가처분의 무효확인이나 취소를 구하여서는 아니 된다(대법원 2021.2.10. 2020두48031).

④ (○) 조합이 시행하는 도시환경정비사업에서 사업시행인가처분의 법적 성격은 인가이다. 그러나 토지 등 소유자들이 조합을 따로 설립하지 않고 직접 시행하는 도시환경정비사업에서 사업시행인가처분의 법적 성격은 설권적 처분에 해당한다(대법원 2013.6.13., 2011두19994, 대법원 2010.12.9, 2009두4913).

05 ②

② ㄱ, ㄴ, ㄷ이 옳다.
ㄱ. (○) 일반적으로 행정처분이 주체·내용·절차와 형식이라는 내부적 성립요건과 외부에 대한 표시라는 외부적 성립요건을 모두 갖춘 경우에는 행정처분이 존재한다고 할 수 있다. 행정처분의 외부적 성립은 행정의사가 외부에 표시되어 행정청이 자유롭게 취소·철회할 수 없는 구속을 받게 되는 시점을 확정하는 의미를 가지므로, 어떠한 처분의 외부적 성립 여부는 행정청에 의해 행정의사가 공식적인 방법으로 외부에 표시되었는지를 기준으로 판단하여야 한다.
ㄴ. (○) 구 공중위생관리법 및 같은 법 시행규칙의 규정은 공중위생영업의 양도가 가능함을 전제로 한 것이라 할 것이므로, 양수인이 그 양수 후 행정청에 새로운 영업소개설통보를 하였다 하더라도, 그로 인하여 영업양도·양수로 영업소에 관한 권리의무가 양수인에게 이전하는 법률효과까지 부정되는 것은 아니라 할 것인 바, 만일 어떠한 공중위생영업에 대하여 그 영업을 정지할 위법사유가 있다면, 관할 행정청은 그 영업이 양도·양수되었다 하더라도 그 업소의 양수인에 대하여 영업정지처분을 할 수 있다고 봄이 상당하다(대판 2001.6.29, 2001두1611).
ㄷ. (○) 조합설립결의는 조합설립인가처분이라는 행정처분을 하는 데 필요한 요건 중 하나에 불과한 것이어서, 조합설립결의에 하자가 있다면 그 하자를 이유로 직접 항고소송의 방법으로 조합설립인가처분의 취소 또는 무효확인을 구하여야 하고, 이와는 별도로 조합설립결의 부분만을 따로 떼어내어 그 효력 유무를 다투는 확인의 소를 제기하는 것은 원고의 권리 또는 법률상의 지위에 현존하는 불안·위험을 제거하는 데 가장 유효·적절한 수단이라 할 수 없어 특별한 사정이 없는 한 확인의 이익은 인정되지 아니한다(대법원 2009.9.24, 2008다60568).
ㄹ. (×) 공정거래위원회가 과징금 부과처분(선행처분)을 한 뒤, 다시 과징금 감면처분(후행처분)을 한 경우에, 선행처분은 후행처분에 흡수되어 소멸하므로 선행처분의 취소를 구하는 것은 부적법함 ⇨ 공정거래위원회가 부당한 공동행위를 행한 사업자로서 독점규제법 제22조의2에서 정한 자진신고자나 조사협조자에 대하여 과징금 부과처분(선행처분)을 한 뒤, 독점규제법 시행령 제35조에 따라 다시 자진신고자 등에 대한 사건을 분리하여 자진신고 등을 이유로 한 과징금 감면처분(후행처분)을 하였다면, 후행처분은 자진신고 감면까지 포함하여 처분 상대방이 실제로 납부하여야 할 최종적인 과징금액을 결정하는 종국적 처분이고, 선행처분은 이러한 종국적 처분을 예정하고 있는 일종의 잠정적 처분으로서 후행처분이 있을 경우 선행처분은 후행처분에 흡수되어 소멸한다. 따라서 위와 같은 경우에 선행처분의 취소를 구하는 소는 이미 효력을 잃은 처분의 취소를 구하는 것으로 부적법하다(대법원 2015.2.12., 2013두987).

06 ④

① (○) 서울특별시장 또는 도지사의 의료유사업자 자격증 갱신발급행위는 유사의료업자의 자격을 부여 내지 확인하는 것이 아니라 특정한 사실 또는 법률관계의 존부를 공적으로 증명하는 소위 공증행위에 속하는 행정행위라 할 것이다(대법원 1977.5.24, 76누295).
② (○) 건설업면허증 및 건설업면허수첩의 재교부는 그 면허증 등의 분실, 헐어 못쓰게 된 때, 건설업의 면허이전 등 면허증 및 면허수첩 그 자체의 관리상의 문제로 인하여 종전의 면허증 및 면허수첩과 동일한 내용의 면허증 및 면허수첩을 새로이 또는 교체하여 발급하여 주는 것으로서, 이는 건설업의 면허를 받았다고 하는 특정사실에 대하여 형식적으로 그것을 증명하고 공적인 증거력을 부여하는 행정행위(강학상의 공증행위)이므로, 그로 인하여 면허의 내용 등에는 아무런 영향이 없이 종전의 면허의 효력이 그대로 지속하고, 면허증 및 면허수첩의 재교부에 의하여 재교부 전의 면허는 실효되고 새로운 면허가 부여된 것이라고 볼 수 없다(대

법원 1994.10.25, 93누21231).
③ (○) 특허청장의 상표사용권설정등록행위는 사인간의 법률관계의 존부를 공적으로 증명하는 준법률행위적 행정행위임이 분명하다(대법원 1991.8.13, 90누9414).
④ (×) 친일반민족행위자 재산의 국가귀속에 관한 특별법 제3조 제1항 본문, 제9조 규정들의 취지와 내용에 비추어 보면, 같은 법 제2조 제2호에 정한 친일재산은 친일반민족행위자재산조사위원회가 국가귀속결정을 하여야 비로소 국가의 소유로 되는 것이 아니라 특별법의 시행에 따라 그 취득·증여 등 원인행위시에 소급하여 당연히 국가의 소유로 되고, 위 위원회의 국가귀속결정은 당해 재산이 친일재산에 해당한다는 사실을 확인하는 이른바 준법률행위적 행정행위의 성격을 가진다(대법원 2008.11.13., 2008두13491).

07 ④

① (×) 변상금 부과처분에 대한 취소소송이 진행중이라도 그 부과권자로서는 위법한 처분을 스스로 취소하고 그 하자를 보완하여 다시 적법한 부과처분을 할 수도 있는 것이어서 그 권리행사에 법률상의 장애사유가 있는 경우에 해당한다고 할 수 없으므로, 그 처분에 대한 취소소송이 진행되는 동안에도 그 부과권의 소멸시효가 진행된다(대법원 2006.2.10, 2003두5686).
② (×) 수익적 행정처분에 대한 취소권 등의 행사는 기득권의 침해를 정당화할 만한 중대한 공익상의 필요 또는 제3자의 이익보호의 필요가 있는 때에 한하여 허용될 수 있다는 법리는, 처분청이 수익적 행정처분을 직권으로 취소·철회하는 경우에 적용되는 법리일 뿐 쟁송취소의 경우에는 적용되지 않는다(대법원 2019.10.17, 2018두104).
③ (×) 대법원 2006.6.30. 2004두701
④ (○) 일정한 행정처분으로 국민이 일정한 이익과 권리를 취득하였을 경우에 종전 행정처분에 하자가 있음을 전제로 직권으로 이를 취소하는 행정처분은 이미 취득한 국민의 기존 이익과 권리를 박탈하는 별개의 행정처분으로, 취소될 행정처분에 하자가 있어야 하고, 나아가 행정처분에 하자가 있다고 하더라도 취소해야 할 공익상 필요와 취소로 당사자가 입게 될 기득권과 신뢰보호 및 법률생활안정의 침해 등 불이익을 비교·교량한 후 공익상 필요가 당사자가 입을 불이익을 정당화할 만큼 강한 경우에 한하여 취소할 수 있는 것이며, 하자나 취소해야 할 필요성에 관한 증명책임은 기존 이익과 권리를 침해하는 처분을 한 행정청에 있다(대법원 2014.11.27., 2014두9226).

08 ③

① (○) 국세징수법 제9조 등의 각 규정에 의하여 증여세의 납세고지서에 과세표준과 세액의 계산명세가 기재되어 있지 아니하거나 그 계산명세서를 첨부하지 아니하였다면 그 납세고지는 위법하다고 할 것이나, 한편 과세관청이 과세처분에 앞서 납세의무자에게 보낸 과세예고통지서 등에 납세고지서의 필요적 기재사항이 제대로 기재되어 있어 납세의무자가 그 처분에 대한 불복 여부의 결정 및 불복신청에 전혀 지장을 받지 않았음이 명백하다면, 이로써 납세고지서의 하자가 보완되거나 치유될 수 있다(대법원 2001.3.27, 99두8039).
② (○) 압류처분권한을 시장으로부터 내부위임을 받은데 불과한 자가 자신의 명의로 한 압류처분은 대리권 없는 자의 행위로서 무효이다(대법원 1993.5.27, 93누6621).
③ (×) 이 사건 서훈취소 처분의 통지가 처분권한자인 대통령이 아니라 그 보좌기관인 피고에 의하여 이루어졌다고 하더라도, 그 처분이 대통령의 인식과 의사에 기초하여 이루어졌고, 앞서 보았듯이 그 통지로 이 사건 서훈취소 처분의 주체(대통령)와 내용을 알 수 있으므로, 이 사건 서훈취소 처분의 외부적 표시의 방법으로서 위 통지의 주체나 형식에 어떤 하자가 있다고 보기도 어렵다(대법원 2014.9.26, 2013두2518).
④ (○) 환경영향평가를 거쳐야 할 대상사업에 대하여 환경영향평가를 거치지 아니하였음에도 불구하고 승인 등 처분이 이루어진다면, 사전에 환경영향평가를 함에 있어 평가대상지역 주민들의 의견을 수렴하고 그 결과를 토대로 하여 환경부장관과의 협의내용을 사업계획에 미리 반영시키는 것 자체가 원천적으로 봉쇄되는바,

이렇게 되면 환경파괴를 미연에 방지하고 쾌적한 환경을 유지·조성하기 위하여 환경영향평가제도를 둔 입법취지를 달성할 수 없게 되는 결과를 초래할 뿐만 아니라 환경영향평가대상지역 안의 주민들의 직접적이고 개별적인 이익을 근본적으로 침해하게 되므로, 이러한 행정처분의 하자는 법규의 중요한 부분을 위반한 중대한 것이고 객관적으로도 명백한 것이라고 하지 않을 수 없어, 이와 같은 행정처분은 당연무효이다(대법원 2006.6.30, 2005두14363).

09 ②

① (○) 공정력은 취소에서 인정되고 무효에서는 인정되지 않는다. 취소할 수 있는 행정행위는 유효하다고 통용되어 민사소송에서 선결문제로서 그 효력을 부인할 수 없지만, 무효인 행정행위는 유효하다고 통용되지 않으므로 민사소송에서 그 선결문제로서 무효를 확인할 수 있다.
② (×) 대법원은 "무효선언을 구하는 의미에서 취소를 구하는 소송이라도 전심절차와 그 제소기간의 준수 등 취소소송의 제소요건을 갖추어야 한다."라고 하여 무효선언을 구하는 의미에서 취소소송에서도 필요적 행정심판전치주의의 요건을 충족하여야 하고 제소기간의 준수 등을 갖추어야 한다고 보고 있다(대법원 1976.2.24, 75누128 ; 대법원 1990.8.28, 90누1892).
③ (○) 필요적 행정심판 전치주의는 무효등확인소송에는 적용되지 않는다(법 제18조, 제38조 제2항).
④ (○) 하자의 치유는 취소할 수 있는 행정행위에 대하여서만 인정된다. 무효인 행정행위에서는 하자의 치유가 아니라 전환이 인정된다.

10 ①

① (×) ② (○)

> 행정절차법 제40조의2 (확약)
> ① 법령등에서 당사자가 신청할 수 있는 처분을 규정하고 있는 경우 행정청은 당사자의 신청에 따라 장래에 어떤 처분을 하거나 하지 아니할 것을 내용으로 하는 의사표시(이하 "확약"이라 한다)를 할 수 있다.
> ② 확약은 문서로 하여야 한다.
> ③ 행정청은 다른 행정청과의 협의 등의 절차를 거쳐야 하는 처분에 대하여 확약을 하려는 경우에는 확약을 하기 전에 그 절차를 거쳐야 한다.
> ④ 행정청은 다음 각 호의 어느 하나에 해당하는 경우에는 확약에 기속되지 아니한다.
>   1. 확약을 한 후에 확약의 내용을 이행할 수 없을 정도로 법령등이나 사정이 변경된 경우
>   2. 확약이 위법한 경우
> ⑤ 행정청은 확약이 제4항 각 호의 어느 하나에 해당하여 확약을 이행할 수 없는 경우에는 지체 없이 당사자에게 그 사실을 통지하여야 한다.

③ (○) 행정청이 상대방에게 장차 어떤 처분을 하겠다고 확약 또는 공적인 의사 표명을 하였다고 하더라도 그 자체에서 상대방으로 하여금 언제까지 처분의 발령을 신청하도록 유효기간을 두었는데도 그 기간 내에 상대방의 신청이 없었다거나 확약 또는 공적인 의사표명이 있은 후에 사실적·법률적 상태가 변경되었다면 그와 같은 확약 또는 공적인 의사명은 행정청의 별다른 의사표시를 기다리지 않고 실효된다(대법원 1996.8.20, 95누10877).
④ (○) 어업권면허에 선행하는 우선순위결정은 행정청이 우선권자로 결정된 자의 신청이 있으면 어업권면허처분을 하겠다는 것을 약속하는 행위로서 강학상 확약에 불과하고 행정처분은 아니므로, 우선순위결정에 공정력이나 불가쟁력과 같은 효력은 인정되지 아니하며, 따라서 우선순위결정이 잘못되었다는 이유로 종전의 어업권면허처분이 취소되면 행정청은 종전의 우선순위결정을 무시하고 다시 우선순위를 결정한 다음 새로운 우선순위결정에 기하여 새로운 어업권면허를 할 수 있다(대법원 1995.1.20., 94누6529).

11 ③

① (○) 대법원 2004.7.22. 2003두7607
② (○) 행정처분을 한 처분청은 그 처분의 성립에 하자가 있는 경우 이를 취소할 별도의 법적근거가 없다고 하더라도 직권으로 이를 취소할 수 있는바, 지방병무청장은 군의관의 신체등위판정이 금품수수에 따라 위법 또는 부당하게 이루어졌다고 인정하는 경우에는 그 위법 또는 부당한 신체등위판정을 기초로 자신이 한 병역처분을 직권으로 취소할 수 있다(대법원 2002.5.28. 2001두9653).
③ (×) 행정청이 행한 공사중지명령의 상대방은 그 명령 이후에 그 원인사유가 소멸하였음을 들어 행정청에게 공사중지명령의 철회를 요구할 수 있는 조리상의 신청권이 있다 할 것이고, 상대방으로부터 그 신청을 받은 행정청으로서는 상당한 기간 내에 그 신청을 인용하는 적극적 처분을 하거나 각하 또는 기각하는 등의 소극적 처분을 하여야 할 법률상의 응답의무가 있다(대법원 2005.4.14. 2003두7590).
④ (○) 외형상 하나의 행정처분이라 하더라도 가분성이 있거나 그 처분대상의 일부가 특정될 수 있다면 그 일부만의 취소도 가능하고 그 일부의 취소는 당해 취소부분에 관하여 효력이 생긴다고 할 것인바, 이는 한 사람이 여러 종류의 자동차 운전면허를 취득한 경우 그 각 운전면허를 취소하거나 그 운전면허의 효력을 정지함에 있어서도 마찬가지이다(대법원 1995.11.16., 95누8850).

12 ①

① ㄱ, ㄴ이 공법상계약에 해당한다.
ㄱ. 지방자치단체와 유한회사 간 체결한 터널 민간투자사업 실시협약은 공법상계약에 해당함 ⇨ 갑 광역자치단체가 을 유한회사와 터널 민간투자사업 실시협약을 체결하였는데, 2002년에 법인세법이 개정되어 법인세율이 인하되자 갑 자치단체가 법인세율 인하 효과를 반영하여 산정한 재정지원금액을 지급한 사안에서, 민간투자사업 실시협약을 체결한 당사자가 공법상 당사자소송에 의하여 그 실시협약에 따른 재정지원금의 지급을 구하는 경우에, 수소법원은 단순히 주무관청이 재정지원금액을 산정한 절차 등에 위법이 있는지 여부를 심사하는 데 그쳐서는 아니 되고, 실시협약에 따른 적정한 재정지원금액이 얼마인지를 구체적으로 심리·판단하여야 한다(대법원 2019.1.31. 2017두46455). 즉 공법상 당사자소송이므로 공법상 계약에 해당한다.
ㄴ. 중소기업기술정보진흥원장이 갑 주식회사와 중소기업 정보화지원사업 지원대상인 사업의 지원에 관한 협약을 체결하였는데, 협약이 갑 회사에 책임이 있는 사업실패로 해지되었다는 이유로 협약에서 정한 대로 지급받은 정부지원금을 반환할 것을 통보한 사안에서, 협약의 해지 및 그에 따른 환수통보는 공법상 계약에 따라 행정청이 대등한 당사자의 지위에서 하는 의사표시로 보아야 하고, 이를 행정청이 우월한 지위에서 행하는 공권력의 행사로서 행정처분에 해당한다고 볼 수는 없다(대법원 2015.8.27. 2015두41449).
ㄷ. 공공용지의 취득 및 손실보상에 관한 특례법(현행 공익사업을 위한 토지 등의 취득 및 보상에 관한 법률)에 의한 협의취득 또는 보상합의는 공공기관이 사경제주체로서 행하는 사법상 매매 내지 사법상 계약의 실질을 가지는 것으로서, 당사자간의 합의로 같은 법 소정의 손실보상의 요건을 완화하는 약정을 할 수 있고, 그와 같은 당사자간의 합의로 같은 법 소정의 손실보상의 기준에 의하지 아니한 매매대금을 정할 수 있다(대법원 1999.3.23. 98다48866).
ㄹ. 잡종재산(현재는 일반재산)인 국유림 대부행위와 대부료의 납입고지는 사법관계에 해당함
잡종재산인 국유림을 대부하는 행위는 국가가 사경제주체로서 상대방과 대등한 위치에서 행하는 사법상의 법률행위라 할 것이고, … 잡종재산인 국유림에 관한 대부료의 납입고지 역시 사법상의 이행청구에 해당한다고 할 것이어서 행정소송의 대상으로 되지 아니한다(대법원 1993.12.21., 93누13735).

13 ②

① (○) 행정청이 행정절차법 제20조 제1항의 **처분기준 사전공표 의무**를 위반하여 미리 공표하지 아니한 기준을 적용하여 처분을 하였다고 하더라도, 그러한 사정만으로 곧바로 해당 처분에 취소사유에 이를 정도의 흠이

존재한다고 볼 수는 없다. 다만 해당 처분에 적용한 기준이 상위법령의 규정이나 신뢰보호의 원칙 등과 같은 법의 일반원칙을 위반하였거나 객관적으로 합리성이 없다고 볼 수 있는 구체적인 사정이 있다면 해당 처분은 위법하다고 평가할 수 있다(대법원 2020.12.24. 2018두45633).

② (×) 처분이나 민원의 처리기간을 정하는 것은 신청에 따른 사무를 가능한 한 조속히 처리하도록 하기 위한 것이다. 처리기간에 관한 규정은 훈시규정에 불과할 뿐 강행규정이라고 볼 수 없다. 행정청이 처리기간이 지나 처분을 하였더라도 이를 처분을 취소할 절차상 하자로 볼 수 없다. 민원처리법 시행령 제23조에 따른 민원처리진행상황 통지도 민원인의 편의를 위한 부가적인 제도일 뿐, 그 통지를 하지 않았더라도 이를 처분을 취소할 절차상 하자로 볼 수 없다(대법원 2019.12.13. 2018두41907).

③ (○)

> **행정절차법 제40조의3 (위반사실 등의 공표)**
> ① 행정청은 법령에 따른 의무를 위반한 자의 **성명·법인명, 위반사실, 의무 위반을 이유로 한 처분사실 등** (이하 "위반사실등"이라 한다)을 **법률**로 정하는 바에 따라 **일반에게 공표**할 수 있다.
> ④ 제3항에 따라 의견제출의 기회를 받은 당사자는 공표 전에 관할 **행정청에 서면이나 말 또는 정보통신망**을 이용하여 의견을 제출할 수 있다.

④ (○)

> **행정절차법 제11조 (대표자)**
> ① 다수의 당사자등이 공동으로 행정절차에 관한 행위를 할 때에는 대표자를 선정할 수 있다.
> ② 행정청은 제1항에 따라 당사자등이 대표자를 선정하지 아니하거나 대표자가 지나치게 많아 행정절차가 지연될 우려가 있는 경우에는 그 이유를 들어 상당한 기간 내에 **3인 이내의 대표자를 선정할 것을 요청**할 수 있다. 이 경우 당사자등이 그 요청에 따르지 아니하였을 때에는 행정청이 **직접 대표자를 선정할 수 있다.**
> ⑥ 다수의 대표자가 있는 경우 그 중 1인에 대한 행정청의 행위는 모든 당사자등에게 **효력이 있다.** 다만, **행정청의 통지는 대표자 모두에게 하여야 그 효력이 있다.**

14 ①

① (×) 보안관찰법 소정의 보안관찰 관련 통계자료의 분석에 의하여 대남공작활동이 유리한 지역으로 보안관찰처분대상자가 많은 지역을 선택하는 등으로 위 정보가 북한정보기관에 의한 간첩의 파견, 포섭, 선전선동을 위한 교두보의 확보 등 북한의 대남전략에 있어 매우 유용한 자료로 악용될 우려가 없다고 할 수 없으므로, 위 정보는 공공기관의 정보공개에 관한 법률 제9조 제1항 제2호 소정의 공개될 경우 국가안전보장·국방·통일·외교관계 등 국가의 중대한 이익을 해할 우려가 있는 정보, 또는 제3호 소정의 공개될 경우 국민의 생명·신체 및 재산의 보호 기타 공공의 안전과 이익을 현저히 해할 우려가 있다고 인정되는 정보에 해당한다(대법원 2004.3.18. 2001두8254).

② (○) 한·일 군사정보보호협정 및 한·일 상호군수지원협정과 관련하여 각종 회의자료 및 회의록 등의 정보는 정보공개법상 공개가 가능한 부분과 공개가 불가능한 부분을 쉽게 분리하는 것이 불가능한 비공개정보에 해당한다. 그리고 목록의 공개만으로도 한·일 양국 간의 논의 주제와 논의 내용, 그에 대한 우리나라의 입장 및 전략을 추론할 수 있는 가능성이 충분하여 목록의 부분공개도 가능하지 않다(대법원 2019.1.17. 2015두46512).

③ (○) 정보공개심의회는 정보공개 여부 등을 심의하는 기관이다. 이런 점에서 정보공개에 관한 정책 수립 및 제도 개선에 관한 사항 등을 심의·조정하기 위하여 설치한 정보공개위원회(법 제22조 제1항)와 다르다.

④ (○) 공공기관의 비공개결정은 행정소송의 대상인 처분에 해당한다. 따라서 헌법소원의 보충성을 고려한다면 행정소송 등 구제절차를 거치지 않고 직접 헌법소원을 청구하는 것은 허용되지 않는다.

15 ④

① (○) ② (○) ③ (○) ④ (×)

> ■ 근로복지공단이 사업주에 대하여 하는 '개별 사업장의 사업종류 변경결정'은 '처분'에 해당함 ⇨ 사업종류 변경결정에 기초하여 이루어진 각각의 산재보험료 부과처분에 대한 쟁송절차에서는 선행처분인 사업종류 변경결정의 위법성을 주장할 수 없음 그러나 사업주에게 방어권행사 및 불복의 기회가 보장되지 않은 경우에는 사업종류 변경결정에 대해 제소기간 내에 취소소송을 제기하지 않았다고 하더라도 후행처분인 각각의 산재보험료 부과처분에 대한 쟁송절차에서 위법성을 다투는 것이 허용됨
> ⊙ 행정청의 행위가 '처분'에 해당하는지가 불분명한 경우에는 그에 대한 불복방법 선택에 중대한 이해관계를 가지는 상대방의 인식가능성과 예측가능성을 중요하게 고려하여 규범적으로 판단하여야 한다(대법원 2018. 10. 25. 선고 2016두33537 판결 참조).
> ⓒ 고용노동부장관의 고시에 의하면, 개별 사업장의 사업종류 결정은 구체적 사실에 관한 법집행으로서 공권력을 행사하는 '확인적 행정행위'라고 보아야 한다.
> ⓒ 근로복지공단의 사업종류 변경결정에 따라 국민건강보험공단이 사업주에 대하여 하는 각각의 산재보험료 부과처분도 항고소송의 대상인 처분에 해당하므로, 사업주는 각각의 산재보험료 부과처분을 별도의 항고소송으로 다툴 수 있다. 이 경우 사업주가 행정심판법 및 행정소송법에서 정한 기간 내에 불복하지 않아 불가쟁력이 발생한 때에는 그 사업종류 변경결정이 중대·명백한 하자가 있어 당연무효가 아닌 한, 사업주는 그 사업종류 변경결정에 기초하여 이루어진 각각의 산재보험료 부과처분에 대한 쟁송절차에서는 선행처분인 사업종류 변경결정의 위법성을 주장할 수 없다고 봄이 타당하다.
> ⓔ 다만 근로복지공단이 사업종류 변경결정을 하면서 실질적으로 행정절차법에서 정한 처분절차를 준수하지 않아 사업주에게 방어권행사 및 불복의 기회가 보장되지 않은 경우에는 이를 항고소송의 대상인 처분으로 인정하는 것은 사업주에게 조기의 권리구제기회를 보장하기 위한 것일 뿐이므로, 이 경우에는 사업주가 사업종류 변경결정에 대해 제소기간 내에 취소소송을 제기하지 않았다고 하더라도 후행처분인 각각의 산재보험료 부과처분에 대한 쟁송절차에서 비로소 선행처분인 사업종류 변경결정의 위법성을 다투는 것이 허용되어야 한다(대법원 2020.4.9. 2019두61137).

16 ④

ㄱ. (×) 아무런 권원 없이 국유재산에 설치한 시설물에 대하여 행정청이 행정대집행을 할 수 있음에도 민사소송의 방법으로 그 시설물의 철거를 구하는 것은 허용되지 아니함 ⇨ 피고들이 아무런 권원 없이 이 사건 시설물을 설치함으로써 이 사건 토지를 불법점유 하고 있는 이상, 특별한 사정이 없는 한, 국가로서는 소유권에 기한 방해배제청구권을 행사하여 피고들에 대하여 이 사건 시설물의 철거 및 이 사건 토지의 인도를 구할 수 있다고 할 것이나, 이 사건 토지는 잡종재산인 국유재산으로서, 국유재산법 제52조는 "정당한 사유 없이 국유재산을 점유하거나 이에 시설물을 설치한 때에는 행정대집행법을 준용하여 철거 기타 필요한 조치를 할 수 있다."고 규정하고 있으므로, 관리권자인 보령시장으로서는 행정대집행의 방법으로 이 사건 시설물을 철거할 수 있고, 이러한 행정대집행의 절차가 인정되는 경우에는 따로 민사소송의 방법으로 피고들에 대하여 이 사건 시설물의 철거를 구하는 것은 허용되지 않는다고 할 것이다(대법원 2009.6.11. 2009다1122).

ㄴ. (×) 건축법상의 이행강제금은 시정명령의 불이행이라는 과거의 위반행위에 대한 제재가 아니라, 의무자에게 시정명령을 받은 의무의 이행을 명하고 그 이행기간 안에 의무를 이행하지 않으면 이행강제금이 부과된다는 사실을 고지함으로써 의무자에게 심리적 압박을 주어 의무의 이행을 간접적으로 강제하는 행정상의 간접강제 수단에 해당한다. 이러한 이행강제금의 본질상 시정명령을 받은 의무자가 이행강제금이 부과되기 전

에 그 의무를 이행한 경우에는 비록 시정명령에서 정한 기간을 지나서 이행한 경우라도 이행강제금을 부과할 수 없다(대법원 2018.1.25, 2015두35116).

ㄷ. (○) [사실관계] 피고는 주식회사 현대에이치씨엔경북방송(이하 '경북방송'이라 한다)의 모회사인 원고가 포항종합케이블방송사의 주식 98.58%를 취득한 기업결합이 독점규제 및 공정거래에 관한 법률(이하 '공정거래법'이라 한다) 제7조 제1항의 규정에 위반한다고 판단하여, 2013. 3. 14. 경북방송에 일정기간 수신료를 소비자물가상승률을 초과하여 인상하는 행위를 금지하는 내용 등의 시정조치(이하 '이 사건 시정조치'라 한다)를 하였다. 2) 피고는 2016. 11. 21. 경북방송에 이 사건 시정조치를 이행하지 않았다는 이유로 이행강제금 부과처분을 하였다.
[대법원 판단] 부작위 의무자가 시정조치를 위반한 이상 일정한 기간 동안의 부작위 의무 불이행 후 의무 불이행을 중단한다고 하더라도 시장에 미친 경쟁제한의 영향력이 없다고 보기 어려우므로 '기업결합에 따른 경쟁제한의 폐해 방지'라는 공정거래법 제16조 제1항에 따른 시정조치의 목적은 이미 일정한 범위에서 달성되지 못하게 된다.
만약 일정한 기간 동안의 부작위 의무를 불이행한 후 의무 불이행을 중단하였다고 하여 불이행기간에 대하여 이행강제금을 부과할 수 없다고 해석한다면, 공정거래법 제7조 제1항을 위반하여 같은 법 제16조 제1항 제7호에 따라 일정한 부작위 의무를 명하는 시정조치를 받은 사업자는 피고의 시정조치에 따른 부작위 의무를 이행하지 않고 있다가 공정거래위원회가 이행강제금 부과처분을 위한 심사에 착수하면 그 때 불이행을 중단함으로써 이행강제금 부과를 면할 수 있게 되고, 그 경우 공정거래법상 이행강제금 규정은 규제의 실효성을 가지지 못하게 된다.
따라서 독점규제 및 공정거래에 관한 법률 등에 따른 시정조치를 그 정한 기간 내에 이행하지 아니하는 자에 대하여 이행강제금을 부과할 수 있는 근거 규정이고, 시정조치가 공정거래법 제16조 제1항 제7호에 따른 부작위 의무를 명하는 내용이더라도 마찬가지로 보아야 한다. 나아가 이러한 이행강제금이 부과되기 전에 시정조치를 이행하거나 부작위 의무를 명하는 시정조치 불이행을 중단한 경우 과거의 시정조치 불이행기간에 대하여 이행강제금을 부과할 수 있다고 봄이 타당하다(대법원 2019.12.12. 2018두63563).

ㄹ. (○) 비록 건축주 등이 장기간 시정명령을 이행하지 아니하였더라도, 그 기간 중에는 시정명령의 이행 기회가 제공되지 아니하였다가 뒤늦게 시정명령의 이행 기회가 제공된 경우라면, 시정명령의 이행 기회 제공을 전제로 한 1회분의 이행강제금만을 부과할 수 있고, 시정명령의 이행 기회가 제공되지 아니한 과거의 기간에 대한 이행강제금까지 한꺼번에 부과할 수는 없다. 그리고 이를 위반하여 이루어진 이행강제금 부과처분은 과거의 위반행위에 대한 제재가 아니라 행정상의 간접강제 수단이라는 이행강제금의 본질에 반하여 구 건축법 제80조 제1항, 제4항 등 법규의 중요한 부분을 위반한 것으로서, 그러한 하자는 중대할 뿐만 아니라 객관적으로도 명백하다(대법원 2016.7.14., 2015두46598).

ㅁ. (×) 성업공사가 당해 부동산을 공매하기로 한 결정 자체는 내부적인 의사결정에 불과하여 항고소송의 대상이 되는 행정처분이라고 볼 수 없고, 또한 위 공사가 한 공매통지는 공매의 요건이 아니고 공매사실 그 자체를 체납자에게 알려주는데 불과한 것으로서 통지의 상대방인 골프장업자의 법적 지위나 권리의무에 직접 영향을 주는 것이 아니라고 할 것이므로 이것 역시 행정처분에 해당한다고 할 수 없다(대법원 1998.6.26, 96누12030).

17 ④

① (○) 개별 법령 등에서 행정조사를 규정하고 있는 경우에도, 행정기관이 행정조사기본법 제5조 단서에서 정한 '조사대상자의 자발적인 협조를 얻어 실시하는 행정조사'를 실시할 수 있음 ⇨ 행정조사기본법 제5조에 의하면 행정기관은 법령 등에서 행정조사를 규정하고 있는 경우에 한하여 행정조사를 실시할 수 있으나(본문), 한편 '조사대상자의 자발적인 협조를 얻어 실시하는 행정조사'의 경우에는 그러한 제한이 없이 그 실시가 허용된다(단서). 행정조사기본법 제5조는 행정기관이 정책을 결정하거나 직무를 수행하는 데에 필요한 정보나 자료를 수집하기 위하여 행정조사를 실시할 수 있는 근거에 관하여 정한 것으로서, 이러한 위 규정의 취지와 아울러 그 문언에 비추어 보면, 그 단서에서 정한 '조사대상자의 자발적인 협조를 얻어 실시하는 행정조

사'는 개별 법령 등에서 행정조사를 규정하고 있는 경우에도 실시할 수 있다고 해석함이 타당하다(대법원 2016.10.27. 2016두41811).

② (O) 우편물 통관검사절차에서 이뤄지는 우편물의 개봉, 시료채취, 성분분석 등의 검사는 수출입물품에 대한 적정한 통관 등을 목적으로 한 행정조사"이며, "수사기관의 강제처분이 아니므로" 압수·수색영장 없이 검사가 진행됐더라도 이를 위법하다고 볼 수 없다(대법원 2013도7718).

③ (O) 수사기관이 범죄 증거를 수집할 목적으로 운전자의 동의 없이 혈액을 취득·보관하는 행위는 형사소송법상 '감정에 필요한 처분' 또는 '압수'로서 법원의 감정처분허가장이나 압수영장이 있어야 가능하고, 다만 음주운전 중 교통사고를 야기한 후 운전자가 의식불명 상태에 빠져 있는 등으로 호흡조사에 의한 음주측정이 불가능하고 채혈에 대한 동의를 받을 수도 없으며 법원으로부터 감정처분허가장이나 사전 압수영장을 발부받을 시간적 여유도 없는 긴급한 상황이 발생한 경우에는 수사기관은 예외적인 요건하에 음주운전 범죄의 증거 수집을 위하여 운전자의 동의나 사전 영장 없이 혈액을 채취하여 압수할 수 있으나 이 경우에도 형사소송법에 따라 사후에 지체 없이 법원으로부터 압수영장을 받아야 한다.
따라서 음주운전 여부에 대한 조사 과정에서 **운전자 본인의 동의를 받지 아니하고 또한 법원의 영장도 없이 채혈조사를 한 결과를 근거로 한 운전면허 정지·취소 처분은 도로교통법 제44조 제3항을 위반한 것으로서 특별한 사정이 없는 한 위법한 처분으로 볼 수밖에 없다**(대법원 2016.12.27. 2014두46850).

④ (×) **세무조사가 과세자료의 수집 또는 신고내용의 정확성 검증이라는 본연의 목적이 아니라 부정한 목적을 위하여 행하여진 경우, 세무조사에 의하여 수집된 과세자료를 기초로 한 과세처분은 위법함** ⇨ 세무조사가 과세자료의 수집 또는 신고내용의 정확성 검증이라는 본연의 목적이 아니라 부정한 목적을 위하여 행하여진 것이라면 이는 세무조사에 중대한 위법사유가 있는 경우에 해당하고 이러한 세무조사에 의하여 수집된 과세자료를 기초로 한 과세처분 역시 위법하다. 세무조사가 국가의 과세권을 실현하기 위한 행정조사의 일종으로서 과세자료의 수집 또는 신고내용의 정확성 검증 등을 위하여 필요불가결하며, 종국적으로는 조세의 탈루를 막고 납세자의 성실한 신고를 담보하는 중요한 기능을 수행하더라도 만약 남용이나 오용을 막지 못한다면 납세자의 영업활동 및 사생활의 평온이나 재산권을 침해하고 나아가 과세권의 중립성과 공공성 및 윤리성을 의심받는 결과가 발생할 것이기 때문이다(대법원 2016.12.15. 2016두47659,).

18 ②

① (O) 피보상자별로 어떤 토지, 물건, 권리 또는 영업이 손실보상대상에 해당하는지, 나아가 보상금액이 얼마인지를 심리·판단하는 기초 단위를 보상항목이라고 한다. 편입토지·물건 보상, 지장물 보상, 잔여 토지·건축물 손실보상 또는 수용청구의 경우에는 원칙적으로 개별물건별로 하나의 보상항목이 되지만, 잔여 영업시설 손실보상을 포함하는 영업손실보상의 경우에는 '전체적으로 단일한 시설 일체로서의 영업' 자체가 보상항목이 되고, 세부 영업시설이나 영업이익, 휴업기간 등은 영업손실보상금 산정에서 고려하는 요소에 불과하다. 그렇다면 영업의 단일성·동일성이 인정되는 범위에서 보상금 산정의 세부요소를 추가로 주장하는 것은 하나의 보상항목 내에서 허용되는 공격방법일 뿐이므로, 별도로 재결절차를 거쳐야 하는 것은 아니다(대법원 2018.7.20. 2015두4044).

② (×) 토지보상법 제85조 제2항에 따른 보상금 증액청구의 소는 토지소유자 등이 사업시행자를 상대로 제기하는 당사자소송의 형식을 취하고 있지만, 토지수용위원회의 재결 중 보상금 산정에 관한 부분에 불복하여 그 증액을 구하는 소이므로 실질적으로는 재결을 다투는 항고소송의 성질을 가진다.

③ (O) 의상자 및 의사자의 유족에 대하여 보상금 등을 지급 및 실시하는 제도는 의상자 및 의사자의 유족의 생활안정과 복지향상을 도모한다는 사회보장적 성격을 가질 뿐만 아니라 그들의 국가 및 사회를 위한 공헌이나 희생에 대한 국가적 예우를 시행하는 것으로서 손해를 배상하는 제도와는 그 취지나 목적을 달리 하는 등 손실 또는 손해를 전보하기 위하여 시행하는 제도가 아니라 할 것이므로, 의사상자예우에관한법률에 의해 지급되거나 지급될 보상금, 의료보호, 교육보호 등의 혜택을 국가배상법에 의하여 배상하여야 할 손해액에서 공제할 수는 없다(대법원 2001.2.23. 2000다46894).

④ (○) 공익사업의 시행자가 사전보상을 하지 않은 채 공사에 착수함으로써 토지소유자와 관계인이 손해를 입은 경우, 토지소유자와 관계인이 입은 손해는 손실보상청구권이 침해된 데에 따른 손해이므로, 사업시행자가 배상해야 할 손해액은 원칙적으로 손실보상금이다. 다만 그 과정에서 토지소유자와 관계인에게 손실보상금에 해당하는 손해 외에 별도의 손해가 발생하였다면, 사업시행자는 그 손해를 배상할 책임이 있으나, 이와 같은 손해배상책임의 발생과 범위는 이를 주장하는 사람에게 증명책임이 있다(대법원 2021.11.11. 2018다204022).

19 ②

① (○)

> **행정심판법 제30조(집행정지)**
> ① 심판청구는 처분의 효력이나 그 집행 또는 절차의 속행(續行)에 영향을 주지 아니한다.
> ② 위원회는 처분, 처분의 집행 또는 절차의 속행 때문에 중대한 손해가 생기는 것을 예방할 필요성이 긴급하다고 인정할 때에는 직권으로 또는 당사자의 신청에 의하여 처분의 효력, 처분의 집행 또는 절차의 속행의 전부 또는 일부의 정지(이하 "집행정지"라 한다)를 결정할 수 있다. 다만, **처분의 효력정지는 처분의 집행 또는 절차의 속행을 정지함으로써 그 목적을 달성할 수 있을 때에는 허용되지 아니한다.**

② (×) 임시처분은 집행정지로 목적을 달성할 수 있는 경우에는 허용되지 아니한다. 따라서 집행정지로 구제될 수 없는 거부처분이나 부작위에 대하여 대해서 임시처분이 인정된다.

③ (○)

> **행정심판법 제47조(재결의 범위)**
> ① 위원회는 심판청구의 대상이 되는 처분 또는 부작위 외의 사항에 대하여는 재결하지 못한다. ⇨ 불고불리원칙
> ② 위원회는 심판청구의 대상이 되는 처분보다 청구인에게 불리한 재결을 하지 못한다. ⇨ 불이익변경금지의 원칙

④ (○) 행정심판법은 "위원회는 사건을 심리하기 위하여 **필요하면** 직권으로 또는 당사자의 신청에 의하여 다음 각 호의 방법에 따라 증거조사를 할 수 있고(행정심판법 제36조 제1항), 위원회는 필요하면 당사자가 주장하지 아니한 사실에 대하여도 심리할 수 있다(법 제39조)."고 하여 직권심리주의를 취하고 있다.

20 ①

① (○) 행정심판법 제50조 제2항
② (×) 임시처분은 보충적이다. 임시처분은 집행정지로 목적을 달성할 수 있는 경우에는 허용되지 아니한다. 따라서 집행정지로 구제될 수 없는 거부처분이나 부작위에 대하여 대해서만 임시처분이 인정된다.
③ (×) 취소심판의 인용재결에는 취소재결, 변경재결, 변경명령재결이 있다. 구법에서 존재하였던 취소명령재결은 국민의 권리구제를 위하여 삭제되어 현행 행정심판법에는 존재하지 않는다.
④ (×) 행정심판법의 개정으로 행정심판에서도 간접강제가 도입되었다.

21 ③

③ (×) 乙행정청이 국토이용계획변경 신청을 거부하였다면 갑은 쟁송에 의한 구제가 가능하다. 즉 乙행정청이 국토이용계획변경신청을 거부하는 것이 실질적으로 당해 행정처분 자체를 거부하는 결과가 되는 경우에는 예외적으로 그 신청인에게 국토이용계획 변경을 신청할 권리가 인정된다는 것이 판례의 입장이다.
① (○) 폐기물처리업의 적정·부적정통보는 행정소송의 대상이 되는 행정처분으로 사전결정 또는 예비결정에 해당한다.

④ (○) 대판 2005. 4. 28. 2004두8828.

22 ③

① (○) 행정소송법 제35조에 규정된 '무효확인을 구할 법률상 이익'이 있는지를 판단할 때 무효등확인소송은 보충성이 인정되지 않기 때문에 행정처분의 무효를 전제로 한 이행소송 등과 같은 직접적인 구제수단이 있는지 여부를 따질 필요가 없음 ⇨ 무효인 과세처분은 공정력이 인정되지 않기 때문에 곧바로 민사법원에 부당이득반환청구소송을 제기할 수도 있다. 또한 무효등확인소송은 보충성이 요구되지 않기 때문에 직접적인 구제방법인 부당이득반환소송을 제기하지 않고도 곧바로 행정법원에 과세처분무효확인소송을 제기할 수 있다(대법원 2008.3.20, 2007두6342 전원합의체).

② (○) 국토의 계획 및 이용에 관한 법률 제130조 제3항에서 정한 토지의 소유자·점유자 또는 관리인이 사업시행자의 일시 사용에 대하여 정당한 사유 없이 동의를 거부하는 경우, 사업시행자는 해당 토지의 소유자 등을 상대로 동의의 의사표시를 구하는 소를 제기할 수 있다. 이와 같은 **토지의 일시 사용에 대한 동의의 의사표시를 할 의무는 '국토의 계획 및 이용에 관한 법률'에서 특별히 인정한 공법상의 의무**이므로, 그 의무의 존부를 다투는 소송은 '공법상의 법률관계에 관한 소송으로서 그 법률관계의 한쪽 당사자를 피고로 하는 소송' 즉 행정소송법 제3조 제2호에서 규정한 당사자소송이라고 보아야 한다(대법원 2019.9.9. 2016다262550).

③ (×) 공정거래위원회, 토지수용위원회, 방송위원회, 공직자윤리위원회, 노동위원회, 교육징계심의위원회 등 각종 합의제 행정기관이 한 처분에 대하여는 그 합의제의 대표가 아닌 합의제 행정청 자체가 피고가 된다. ⅱ) 다만, 특별한 규정이 있는 경우, 예를 들어 **중앙노동위원회의 처분에 대한 소는 중앙노동위원회위원장을 피고로 하고**(노동위원회법 제27조), 중앙해난심판원의 재결에 관한 소는 중앙심판원장을 피고로 하여 합의제 행정청 자체가 아니라 그 대표가 피고가 되는 경우도 있다.

④ (○) 권한의 내부위임의 경우에는 권한의 귀속이 변경되는 것이 아니므로, 수임기관이 그 권한을 행사할 때에는 자신의 명의로 행사할 수 없고 위임관청의 명의로 행사하여야 하며, 그 행위는 위임관청 스스로 행한 행위로 인정된다. 따라서 그 행위에 대한 항고소송의 피고는 위임관청이 된다(대법원 1989.3.14, 88누10985). 그러나 내부위임에도 불구하고 수임관청 자신의 명의로 행정처분을 하였다면 그 행정처분은 권한 없는 자에 의한 처분이 되므로 위법하다. 이때 그 처분을 다투고자 하는 자는 위임관청을 피고로 하여야 하는 것이 아니라 수임관청을 피고로 하여야 한다(대법원 1994.6.14, 94누1197 등 다수).

23 ②

② ㄱ, ㄴ, ㄹ이 옳다.

ㄱ. (○) 건축물대장상의 용도를 '창고'에서 '위험물저장 및 처리시설'로 변경해 달라는 건축물대장의 용도변경신청을 거부한 행위는 행정처분에 해당함 ⇨ 건축물대장의 용도는 건축물의 소유권을 제대로 행사하기 위한 전제요건으로서 건축물 소유자의 실체적 권리관계에 밀접하게 관련되어 있으므로, 건축물대장 소관청의 용도변경신청 거부행위는 국민의 권리관계에 영향을 미치는 것으로서 항고소송의 대상이 되는 행정처분에 해당한다(대법원 2009.1.30, 2007두7277).

ㄴ. (○) 자동차운전면허대장상의 등재행위는 운전면허행정사무집행의 편의와 사실증명의 자료로 삼기 위한 것일 뿐 운전면허 취득자에게 권리가 부여되거나 변동 또는 상실되는 효력이 발생하는 것은 아니므로 행정소송의 대상이 되는 독립한 행정처분으로 볼 수 없다(대법원1991.9.24, 91누1400).

ㄷ. (×) 관할 지방병무청장이 병역의무 기피를 이유로 그 인적사항 등을 공개할 대상자를 1차로 결정하고 그에 이어 병무청장의 최종 공개결정이 있는 경우, 지방병무청장의 1차 공개결정은 병무청장의 최종 공개결정과는 별도로 항고소송의 대상이 되지 않는다. ⇨ 그러나 병무청장이 병역법 제81조의2 제1항에 따라 병역의무 기피자의 인적사항 등을 인터넷 홈페이지에 게시하는 등의 방법으로 공개한 경우, 병무청장의 공개결정은 항고소송의 대상이 되는 행정처분에 해당한다(대법원 2019.6.27, 2018두49130).

ㄹ. (○) 한국마사회가 조교사 또는 기수의 면허를 부여하거나 취소하는 것은 경마를 독점적으로 개최할 수 있는

지위에서 우수한 능력을 갖추었다고 인정되는 사람에게 경마에서의 일정한 기능과 역할을 수행할 수 있는 자격을 부여하거나 이를 박탈하는 것에 지나지 아니하므로, 이는 국가 기타 행정기관으로부터 위탁받은 행정권한의 행사가 아니라 일반 사법상의 법률관계에서 이루어지는 단체 내부에서의 징계 내지 제재처분이다(대법원 2008.1.31. 2005두8269).

24 ②

② ㄴ, ㄹ 이 옳다.
ㄱ. (×) 구 군인연금법령상 급여를 받으려고 하는 사람은 우선 관계 법령에 따라 국방부장관 등에게 급여지급을 청구하여 국방부장관 등이 이를 거부하거나 일부 금액만 인정하는 급여지급결정을 하는 경우 그 결정을 대상으로 항고소송을 제기하는 등으로 구체적 권리를 인정받은 다음 비로소 당사자소송으로 그 급여의 지급을 구해야 한다. 이러한 구체적인 권리가 발생하지 않은 상태에서 곧바로 국가를 상대로 한 당사자소송으로 급여의 지급을 소구하는 것은 허용되지 않는다(대법원 2021.12.16. 2019두45944).
ㄴ. (○) 구 공익사업법 제91조에 규정된 환매권은 상대방에 대한 의사표시를 요하는 형성권의 일종으로 재판상이든 재판외든 위 규정에 따른 기간 내에 행사하면 매매의 효력이 생기는 바, 이러한 환매권의 존부에 관한 확인을 구하는 소송 및 구 공익사업법 제91조 제4항에 따라 환매금액의 증감을 구하는 소송 역시 민사소송에 해당한다(대법원 2013.2.28. 2010두22368).
ㄷ. (×) 도시 및 주거환경정비법상 행정주체인 주택재건축정비사업조합을 상대로 관리처분계획안에 대한 조합총회결의 효력 등을 다투는 소송은 행정처분에 이르는 절차적 요건의 존부나 효력 유무에 관한 소송으로서 그 소송결과에 따라 행정처분의 위법 여부에 직접 영향을 미치는 공법상 법률관계에 관한 것이므로, 이는 행정소송법의 당사자소송에 해당한다.
ㄹ. (○) 지방소방공무원의 초과근무수당 지급청구권은 법령의 규정에 의하여 직접 그 존부나 범위가 정하여지고 법령에 규정된 수당의 지급요건에 해당하는 경우에는 곧바로 발생한다고 할 것이므로, 지방소방공무원이 자신이 소속된 지방자치단체를 상대로 초과근무수당의 지급을 구하는 청구에 관한 소송은 행정소송법 제3조 제2호에 규정된 당사자소송의 절차에 따라야 한다(대법원 2013.3.28. 2012다102629).

25 ①

① (×) 행정소송법 제43조는 "국가를 상대로 하는 당사자소송의 경우에는 가집행선고를 할 수 없다"고 규정하고 있었는데, 해당 조항은 최근 헌법재판소에 의하여 헌법에 위반된다고 하여 위헌결정이 선고되었다(헌재 2022.2.24. 2020헌가12).

> 심판대상조항은 재산권의 청구에 관한 당사자소송 중에서도 피고가 공공단체 그 밖의 권리주체인 경우와 국가인 경우를 다르게 취급한다. 가집행의 선고는 불필요한 상소권의 남용을 억제하고 신속한 권리실행을 하게 함으로써 국민의 재산권과 신속한 재판을 받을 권리를 보장하기 위한 제도이고, 당사자소송 중에는 사실상 같은 법률조항에 의하여 형성된 공법상 법률관계라도 당사자를 달리 하는 경우가 있다. **동일한 성격인 공법상 금전지급 청구소송임에도 피고가 누구인지에 따라 가집행선고를 할 수 있는지 여부가 달라진다면 상대방 소송 당사자인 원고로 하여금 불합리한 차별을 받도록 하는 결과**가 된다. 재산권의 청구가 공법상 법률관계를 전제로 한다는 점만으로 국가를 상대로 하는 당사자소송에서 국가를 우대할 합리적인 이유가 있다고 할 수 없고, 집행가능성 여부에 있어서도 국가와 지방자치단체 등이 실질적인 차이가 있다고 보기 어렵다는 점에서, **심판대상조항은 국가가 당사자소송의 피고인 경우 가집행의 선고를 제한하여, 국가가 아닌 공공단체 그 밖의 권리주체가 피고인 경우에 비하여 합리적인 이유 없이 차별하고 있으므로 평등원칙에 반한다**(헌재 2022.2.24. 2020헌가12).

② (○) 행정소송법 제41조
③ (○) 행정소송법 제39조, 「국가를 당사자로 하는 소송에 관한 법률」 제2조, 지방자치법 제92조

④ (○) 당사자소송의 제1심 관할법원은 항고소송에 있어서와 마찬가지로 피고의 소재지를 관할하는 행정법원이다. 이 경우 국가·공공단체가 피고인 때에는 관계행정청의 소재지를 피고의 소재지로 한다.

제6회 행정법총론 최종모의고사 정답 및 해설

2025 MUST 행정법총론 **최종모의고사**

01	02	03	04	05	06	07	08	09	10
④	③	③	③	②	④	②	①	①	④
11	12	13	14	15	16	17	18	19	20
④	④	①	④	③	③	①	①	②	③
21	22	23	24	25					
④	②	③	①	①					

01 ④

① (○) 국가나 지방자치단체를 당사자로 하는 금전채권은 다른 법률에 특별한 규정이 없는 한 5년간 이를 행사하지 않을 때에는 시효로 인하여 소멸한다(국가재정법 제96조, 지방재정법 제82조). 그리고 당해 규정은 공법상의 금전채권뿐만 아니라 사법상의 금전채권에도 적용된다(대법원 1962.12.27, 62다700).

② (○) ③ (○)

> **행정기본법 제23조 (제재처분의 제척기간)**
> ① 행정청은 법령등의 위반행위가 종료된 날부터 5년이 지나면 해당 위반행위에 대하여 제재처분(인허가의 정지·취소·철회, 등록 말소, 영업소 폐쇄와 정지를 갈음하는 과징금 부과를 말한다. 이하 이 조에서 같다)을 할 수 없다.
> ② 다음 각 호의 어느 하나에 해당하는 경우에는 제1항을 적용하지 아니한다.
>   1. 거짓이나 그 밖의 부정한 방법으로 인허가를 받거나 신고를 한 경우
>   2. 당사자가 인허가나 신고의 위법성을 알고 있었거나 중대한 과실로 알지 못한 경우
>   3. 정당한 사유 없이 행정청의 조사·출입·검사를 기피·방해·거부하여 제척기간이 지난 경우
>   4. 제재처분을 하지 아니하면 국민의 안전·생명 또는 환경을 심각하게 해치거나 해칠 우려가 있는 경우
> ③ 행정청은 제1항에도 불구하고 행정심판의 재결이나 법원의 판결에 따라 제재처분이 취소·철회된 경우에는 재결이나 판결이 확정된 날부터 1년(합의제행정기관은 2년)이 지나기 전까지는 그 취지에 따른 새로운 제재처분을 할 수 있다.
> ④ 다른 법률에서 제1항 및 제3항의 기간보다 짧거나 긴 기간을 규정하고 있으면 그 법률에서 정하는 바에 따른다.

④ (×) 국가가 공권력의 주체로서가 아니라 사법상 재산권의 주체로서 국민을 대하는 사법관계에 있어서는 사인과 국가가 본질적으로 다르다고 할 수 없으므로, 국가를 부동산 점유취득시효의 주체로 인정한다고 하여 부동산 소유자의 평등권을 침해하지 아니한다(헌법재판소 2015.6.25, 2014헌바404).

02 ③

① (○) 조세법률주의 원칙은 과세요건 등 국민의 납세의무에 관한 사항을 국민의 대표기관인 국회가 제정한 법률로써 규정하여야 하고, 법률을 집행하는 경우에도 이를 엄격하게 해석·적용하여야 하며, 행정편의적인 확장해석이나 유추적용을 허용하지 아니함을 뜻한다. 그러므로 법률의 위임 없이 명령 또는 규칙 등의 행정입법으로 과세요건 등에 관한 사항을 규정하거나 법률에 규정된 내용을 함부로 유추·확장하는 내용의 해석규정을 마련하는 것은 조세법률주의 원칙에 위배된다(대법원 2017.4.20, 2015두45700, 전원합의체).

② (○) 건축법 제80조 제1항 제2호, 지방세법 제4조 제2항, 지방세법 시행령 제4조 제1항 제1호의 내용, 형식 및 취지 등을 종합하면, '2014년도 건물 및 기타 물건 시가표준액 조정기준'의 각 규정들은 일정한 유형의 위반건축물에 대한 이행강제금의 산정기준이 되는 시가표준액에 관하여 행정자치부장관으로 하여금 정하도록 한 위 건축법 및 지방세법령의 위임에 따른 것으로서 그 법령 규정의 내용을 보충하고 있으므로, 그 법령 규정과 결합하여 대외적인 구속력이 있는 법규명령으로서의 효력을 가지고, 그중 증·개축 건물과 대수선 건물에 관한 특례를 정한 '증·개축 건물 등에 대한 시가표준액 산출요령'의 규정들도 마찬가지라고 보아야 한다(대법원 2017.5.31. 2017두30764).

③ (×) 의료기관의 명칭표시판에 진료과목을 함께 표시하는 경우 글자 크기를 제한하고 있는 구 의료법 시행규칙 제31조는 그 자체로서 국민의 구체적인 권리의무나 법률관계에 직접적인 변동을 초래하지 아니하므로 항고소송의 대상이 되는 처분법규에 해당하지 아니함 ⇨ 의료법 시행규칙 제31조가 의료기관의 명칭표시판에 진료과목을 함께 표시하는 경우 그 글자의 크기를 의료기관 명칭을 표시하는 글자 크기의 2분의 1 이내로 제한하고 있지만, 위 규정은 그 위반자에 대하여 과태료를 부과하는 등의 별도의 집행행위 매개 없이는 그 자체로서 국민의 구체적인 권리의무나 법률관계에 직접적인 변동을 초래하지 아니하므로 항고소송의 대상이 되는 행정처분이라고 할 수 없다(대법원 2007.4.12. 2005두15168).

④ (○) 보건복지부 고시인 약제급여·비급여목록 및 급여상한금액표는 다른 집행행위의 매개 없이 그 자체로서 국민건강보험가입자, 국민건강보험공단, 요양기관 등의 법률관계를 직접 규율하는 성격을 가지므로 항고소송의 대상이 되는 행정처분에 해당한다(대법원 2006.9.22. 2005두2506).

03 ③

① (○) ② (○) 건축허가는 대물적 성질을 갖는 것이어서 행정청으로서는 허가를 할 때에 건축주 또는 토지 소유자가 누구인지 등 인적 요소에 관하여는 형식적 심사만 한다. 건축주가 토지 소유자로부터 토지사용승낙서를 받아 그 토지 위에 건축물을 건축하는 대물적(對物的) 성질의 건축허가를 받았다가 착공에 앞서 건축주의 귀책사유로 해당 토지를 사용할 권리를 상실한 경우, 건축허가의 존재로 말미암아 토지에 대한 소유권 행사에 지장을 받을 수 있는 토지 소유자로서는 건축허가의 철회를 신청할 수 있다고 보아야 한다. 따라서 토지 소유자의 위와 같은 신청을 거부한 행위는 항고소송의 대상이 된다(대법원 2017.3.15. 2014두41190).

③ (×) ④ (○) 처분청은 처분 당시에 그 행정처분이 별다른 하자가 없었고 또 처분 후에 이를 취소할 별도의 법적 근거가 없다 하더라도, 원래의 처분을 그대로 존속시킬 필요가 없게 된 사정변경이 생겼거나 또는 중대한 공익상의 필요가 발생한 경우에는 별개의 행정행위로 이를 철회하거나 변경할 수 있다(대법원 1997.9.12. 96누6219).

04 ③

① (×) 행정청의 의사표시를 요소로 하는 법률행위적 행정행위 중에서 명령적 행위에는 하명, 허가, 면제가 속한다.

② (×) 상대방에게 권리, 능력, 법적 지위, 포괄적 법률관계를 설정하는 특허는 형성적 행정행위이며 원칙적으로 재량행위이다.

③ (○) 기본행위가 부존재하거나 무효인 경우에는 인가 자체는 적법하다 할지라도 그 대상을 결여하므로 보충성에 비추어 인가도 무효이며, 기본행위는 당연히 효력을 발생할 수 없다.

④ (×) 특정의 사실 또는 법률관계의 존재를 공적으로 증명하여 공적 증거력을 부여하는 행정행위는 확인이 아니고 공증행위이다. 당선인결정, 장애등급결정, 행정심판의 재결 등은 확인의 사례이다.

05 ②

② ㄴ, ㄷ이 옳다.

ㄱ. (×) 행정청이 어느 법률관계나 사실관계에 대하여 어느 법률의 규정을 적용하여 행정처분을 한 경우에 그 법

률관계나 사실관계에 대하여는 그 법률의 규정을 적용할 수 없다는 법리가 명백히 밝혀져 그 해석에 다툼의 여지가 없음에도 불구하고 행정청이 위 규정을 적용하여 처분을 한 때에는 그 하자가 중대하고도 명백하다고 할 것이나, 그 법률관계나 사실관계에 대하여 그 법률의 규정을 적용할 수 없다는 법리가 명백히 밝혀지지 아니하여 그 해석에 다툼의 여지가 있는 때에는 행정관청이 이를 잘못 해석하여 행정처분을 하였더라도 이는 그 처분요건사실을 오인한 것에 불과하여 그 하자가 명백하다고 할 수 없는 것이다(대법원 2004.10.15, 2002다68485).

ㄴ. (O) 하자있는 행정처분이 당연무효가 되기 위해서는 그 하자가 법규의 중요한 부분을 위반한 중대한 것으로서 객관적으로 명백한 것이어야 하며, 하자가 중대하고 명백한 것인지 여부를 판별함에 있어서는 **그 법규의 목적, 의미, 기능 등을 목적론적으로 고찰함과 동시에 구체적 사안자체의 특수성에 관하여도 합리적으로 고찰함을 요한다**(대법원 1986. 9. 23, 86누112).

ㄷ. (O) 권한의 범위를 넘어서는 권한유월의 행위는 무권한 행위로서 원칙적으로 무효라고 할 것이나, 행정청의 공무원에 대한 의원면직처분은 공무원의 사직의사를 수리하는 소극적 행정행위에 불과하고, 당해 공무원의 사직의사를 확인하는 확인적 행정행위의 성격이 강하며 재량의 여지가 거의 없기 때문에 의원면직처분에서의 행정청의 권한유월행위를 다른 일반적인 행정행위에서의 그것과 반드시 같이 보아야 할 것은 아니다. 따라서 5급 이상의 국가정보원 직원에 대한 의원면직처분이 임면권자인 대통령이 아닌 국가정보원장에 의해 행해진 것으로 위법하고, 나아가 국가정보원 직원의 명예퇴직원 내지 사직서제출이 직위해제 후 1년여에 걸친 국가정보원장 측의 종용에 의한 것이었다는 사정을 감안한다 하더라도 그러한 하자가 중대한 것이라고 볼 수는 없으므로, 대통령의 내부결재가 있었는지에 관계없이 당연무효는 아니라고 할 것이다(대판 2007.7.26, 2005두15748).

ㄹ. (X) 국세기본법 및 국세기본법 시행령이 과세전적부심사를 거치지 않고 곧바로 과세처분을 할 수 있거나 과세전적부심사에 대한 결정이 있기 전이라도 과세처분을 할 수 있는 예외사유로 정하고 있다는 등의 특별한 사정이 없는 한, 과세예고 통지 후 과세전적부심사 청구나 그에 대한 결정이 있기도 전에 과세처분을 하는 것은 원칙적으로 과세전적부심사 이후에 이루어져야 하는 과세처분을 그보다 앞서 함으로써 **과세전적부심사 제도 자체를 형해화시킬 뿐만 아니라** 과세전적부심사 결정과 과세처분 사이의 관계 및 불복절차를 불분명하게 할 우려가 있으므로, 그와 같은 과세처분은 납세자의 절차적 권리를 침해하는 것으로서 절차상 하자가 중대하고도 명백하여 무효이다(대법원 2016.12.27, 2016두49228).

06 ④

① (O) 취소할 수 있는 행정행위는 제소기간의 제한을 받는다. 그러나 무효인 행정행위는 언제든지 소송이 가능하므로 제소기간의 제한을 받지 않는다.
② (O) 행정쟁송의 방식에 있어서 무효인 행정행위는 무효확인소송 외에 무효선언을 구하는 취소소송의 형식으로 제기할 수 있다. 무효등확인소송은 제소기간과 필요적 행정심판전치주의가 적용되지 않지만, 무효선언을 구하는 취소소송의 형식으로 제기하는 경우에는 제소기간과 필요적 행정심판전치주의가 적용된다.
③ (O) 선행행정행위에 무효인 하자가 있는 경우에는 동일효과가 목적인지, 별개의 효과가 목적인지를 불문하고 모두 후행행위에의 하자승계가 인정된다.
④ (X) 하자있는 행정행위의 전환은 무효인 행정행위에서 인정되고, 하자의 치유는 취소할 수 있는 행정행위에서 인정된다.

07 ②

① (O)

> 행정기본법 제18조(위법 또는 부당한 처분의 취소)
> ① 행정청은 위법 또는 부당한 처분의 전부나 일부를 소급하여 취소할 수 있다. 다만, **당사자의 신뢰를 보호할 가치가 있는 등 정당한 사유가 있는 경우에는 장래를 향하여 취소할 수 있다.**

② (×) 당사자가 1. 거짓이나 그 밖의 부정한 방법으로 처분을 받은 경우 2. 당사자가 처분의 위법성을 알고 있었거나 중대한 과실로 알지 못한 경우 등 부정한 방법으로 수익적 처분을 받은 경우에는 당사자에게 귀책사유가 존재하므로 보호가치 없는 신뢰에 해당한다. 이 경우에는 취소로 인하여 당사자가 입게 될 불이익을 취소로 달성되는 공익과 비교·형량하지 아니한다.

> **행정기본법 제18조(위법 또는 부당한 처분의 취소)**
> ② 행정청은 제1항에 따라 **당사자에게 권리나 이익을 부여하는 처분을 취소**하려는 경우에는 취소로 인하여 당사자가 입게 될 불이익을 취소로 달성되는 공익과 비교·형량(衡量)하여야 한다. **다만, 다음 각 호의 어느 하나에 해당하는 경우에는 그러하지 아니하다.**
> 1. 거짓이나 그 밖의 부정한 방법으로 처분을 받은 경우
> 2. 당사자가 처분의 위법성을 알고 있었거나 중대한 과실로 알지 못한 경우

③ (○)

> **행정기본법 제19조(적법한 처분의 철회)**
> ① 행정청은 적법한 처분이 다음 각 호의 어느 하나에 해당하는 경우에는 그 처분의 전부 또는 일부를 장래를 향하여 철회할 수 있다.
> 1. 법률에서 정한 철회 사유에 해당하게 된 경우
> 2. 법령등의 변경이나 사정변경으로 처분을 더 이상 존속시킬 필요가 없게 된 경우
> **3. 중대한 공익을 위하여 필요한 경우**
> ② 행정청은 제1항에 따라 처분을 철회하려는 경우에는 철회로 인하여 당사자가 입게 될 불이익을 철회로 달성되는 공익과 비교·형량하여야 한다.

④ (○)

> **행정기본법 제15조(처분의 효력)**
> 처분은 권한이 있는 기관이 취소 또는 철회하거나 기간의 경과 등으로 소멸되기 전까지는 유효한 것으로 통용된다. 다만, 무효인 처분은 처음부터 그 효력이 발생하지 아니한다.

08 ①

① (×) 서울대학교 "1994학년도 대학입학고사주요요강"은 행정쟁송의 대상이 되는 행정처분은 될 수 없지만, 헌법소원의 대상이 되는 공권력의 행사에는 해당한다(헌재결 1992.10.1, 92헌마68).
② (○) 행정주체는 구체적인 행정계획을 입안·결정함에 있어서 비교적 광범위한 형성의 자유를 가지는 것이지만, 행정주체가 가지는 이와 같은 형성의 자유는 무제한적인 것이 아니라 그 행정계획에 관련되는 자들의 이익을 공익과 사익 사이에서는 물론이고 공익 상호 간과 사익 상호 간에도 정당하게 비교교량하여야 한다는 제한이 있으므로, 행정주체가 행정계획을 입안·결정함에 있어서 이익형량을 전혀 행하지 아니하거나 이익형량의 고려 대상에 마땅히 포함시켜야 할 사항을 누락한 경우 또는 이익형량을 하였으나 정당성과 객관성이 결여된 경우에는 위법하다(대법원 2006.9.8, 2003두5426).
③ (○) 대법원 1997.6.24., 96누1313
④ (○) 도시재개발법에 의한 재개발조합은 조합원에 대한 법률관계에서 적어도 특수한 존립목적을 부여받은 특수한 행정주체로서 국가의 감독하에 그 존립 목적인 특정한 공공사무를 행하고 있다고 볼 수 있는 범위 내에서는 공법상의 권리의무 관계에 서 있는 것이므로 분양신청 후에 정하여진 관리처분계획의 내용에 관하여 다툼이 있는 경우에는 그 관리처분계획은 토지 등의 소유자에게 구체적이고 결정적인 영향을 미치는 것으로서 조합이 행한 처분에 해당하므로 항고소송의 방법으로 그 무효확인이나 취소를 구할 수 있다(대법원 2002.12.10., 2001두6333).

09 ①

① (×) 퇴직연금수급권의 기초가 되는 급여의 사유가 이미 발생한 후에 그 퇴직연금수급권을 대상으로 하지만, 이미 발생하여 이행기에 도달한 퇴직연금수급권의 내용을 변경함이 없이 장래 이행기가 도래하는 퇴직연금수급권의 내용만을 변경하는 것에 불과하여, 이미 완성 또는 종료된 과거 사실 또는 법률관계에 새로운 법률을 소급적으로 적용하여 과거를 법적으로 새로이 평가하는 것이 아니므로 소급입법에 의한 재산권 침해가 될 수 없다(대법원 2014.4.26. 2013두26552).

② (○) 공무원연금법이나 근로기준법에 의한 퇴직금은 적법한 공무원으로서의 신분취득 또는 근로고용관계가 성립되어 근무하다가 퇴직하는 경우에 지급되는 것이고, 당연무효인 임용결격자에 대한 임용행위에 의하여서는 공무원의 신분을 취득하거나 근로고용관계가 성립될 수 없는 것이므로 임용결격자가 공무원으로 임용되어 사실상 근무하여 왔다고 하더라도 그러한 피임용자는 위 법률소정의 퇴직금청구를 할 수 없다(대법원 1987.4.14. 86누459).

③ (○) 대법원 2002.2.5. 2001두5286

④ (○) 대법원 2007.9.21. 2006두20631

10 ④

① (○)

의의		사실행위란 직접적으로 권리의무의 변동을 의도하는 것이 아니라 즉, 일정한 법률적 효과의 발생을 의도하는 것이 아니라, 일정한 사실상 결과의 발생만을 목적으로 하는 행정주체의 일체의 행위를 말한다.
사실행위에 대한 권리구제	행정쟁송 / 권력적 사실행위	① 권력적 사실행위는 행정쟁송법상의 처분에 해당하므로 그에 대한 행정쟁송이 가능하다는 것이 일반적인 견해이다. ② 무허가건물의 철거·대집행의 실행 등 행정법상의 의무이행을 확보하기 위한 강제적 집행행위, 경찰관의 무기사용, 전염병환자의 강제격리, 강제검열 단수조치, 미결수용자의 교도소이송조치등이 권력적 사실행위에 해당한다.
	행정쟁송 / 비권력적 사실행위	① 행정상 권고 또는 추천·시사의 경우와 같은 비권력 사실행위는 상대방 기타 관계자들의 권리·의무에 직접적인 법적 효과를 발생하는 것은 아니기 때문에 통설은 처분성을 부인함 ② 비권력적 사실행위는 공권력의 행사와 관계없는 사실행위로서, 행정지도, 건설부장관이 행한 경계측량 및 표지의 설치, 명단공개 등이 이에 속함

② (○) 위법 건축물에 대한 단전 및 전화통화 단절조치를 요청하는 것은 권고적 성격의 행정지도에 해당하기 때문에 행정처분이 아니다.

③ (○) 대법원 2008.2.14., 2007두13203.

④ (×) **교도소 수형자에게 소변을 받아 제출하게 한 것은**, 교도소 내의 안전과 질서유지를 위하여 실시하였고, 일방적으로 강제하는 측면이 존재하며, 응하지 않을 경우 직접적인 징벌 등의 제재는 없다고 하여도 불리한 처우를 받을 수 있다는 심리적 압박이 존재하리라는 것을 충분히 예상할 수 있는 점에 비추어, **권력적 사실행위로서 헌법재판소법 제68조 제1항의 공권력의 행사에 해당**한다(헌재 2006.7.27. 2005헌마277).

11 ④

① (×) 행정처분이나 행정심판 재결이 불복기간의 경과로 인하여 확정될 경우 확정력은 처분으로 인하여 법률

상 이익을 침해받은 자가 처분이나 재결의 효력을 더 이상 다툴 수 없다는 의미일 뿐 판결에 있어서와 같은 기판력이 인정되는 것은 아니어서 처분의 기초가 된 사실관계나 법률적 판단이 확정되고 당사자들이나 법원이 이에 기속되어 모순되는 주장이나 판단을 할 수 없게 되는 것은 아니다. 종전의 산업재해요양보상급여취소처분이 불복기간의 경과로 인하여 확정되었더라도 요양급여청구권이 없다는 내용의 법률관계까지 확정된 것은 아니며 소멸시효에 걸리지 아니한 이상 다시 요양급여를 청구할 수 있고 그것이 거부된 경우 이는 새로운 거부처분으로서 위법 여부를 소구할 수 있다(대법원 1993.4.13. 92누17181).

② (×) 수익적 행정행위 신청에 대한 거부처분은 당사자의 신청에 대하여 관할 행정청이 거절하는 의사를 대외적으로 명백히 표시함으로써 성립되고, 거부처분이 있은 후 당사자가 다시 신청을 한 경우에는 신청의 제목 여하에 불구하고 그 내용이 새로운 신청을 하는 취지라면 관할 행정청이 이를 다시 거절하는 것은 새로운 거부처분으로 봄이 원칙이다(대법원 2019.4.3. 2017두52764).

③ (×) 판례는 "계고처분이 위법임을 이유로 배상을 청구하는 경우에는 미리 그 행정처분의 취소판결이 있어야만 그 행정처분의 위법임을 이유로 청구할 수 있는 것은 아니다(대법원 1972.4.28, 72다337)."라고 하고 또한 물품세 과세대상이 아닌 것을 세무공무원이 직무상 과실로 과세대상으로 오인하여 과세처분을 행함으로써 손해가 발생된 경우에는 동 과세처분이 취소되지 아니하였다 하더라도 국가는 이로 인한 손해를 배상할 책임이 있다라고 하여 일관되게 민사법원이 선결문제로서 행정행위의 위법성 여부를 판단할 수 있다고 한다(대법원 1979.4.11. 79다262).

④ (○) 행정처분에 붙은 부담인 부관이 제소기간의 도과로 확정되어 이미 불가쟁력이 생겼다면 그 하자가 중대하고 명백하여 당연 무효로 보아야 할 경우 외에는 누구나 그 효력을 부인할 수 없을 것이지만, 부담의 이행으로서 하게 된 사법상 매매 등의 법률행위는 부담을 붙인 행정처분과는 어디까지나 별개의 법률행위이므로 그 부담의 불가쟁력의 문제와는 별도로 법률행위가 사회질서 위반이나 강행규정에 위반되는지 여부 등을 따져보아 그 법률행위의 유효 여부를 판단하여야 한다(대법원 2009.6.25., 2006다18174).

12 ④

① (○) 행정절차법 제23조 (이유제시)

의의	① 판례는 행정절차법 시행 이전부터 이유부기를 불문법의 일반법원리로 인정한다. ② 이유제시는 원칙적으로 침익적 처분뿐만 아니라 수익적 행정작용, 거부처분에도 필요하다.
생략	① 행정청은 처분을 할 때(처분전×)에는 다음 각 호의 어느 하나에 해당하는 경우를 제외하고는 당사자에게 그 근거와 이유를 제시하여야 한다. 　1. 신청 내용을 모두 그대로 인정하는 처분인 경우 　2. 단순·반복적인 처분 또는 경미한 처분으로서 당사자가 그 이유를 명백히 알 수 있는 경우 　3. 긴급히 처분을 할 필요가 있는 경우 ② 행정청은 제1항 제2호 및 제3호의 경우에 처분 후 당사자가 요청하는 경우에는 그 근거와 이유를 제시하여야 한다. ⇨　2. 단순·반복적인 처분 또는 경미한 처분으로서 당사자가 그 이유를 명백히 알 수 있는 경우 　　3. 긴급히 처분을 할 필요가 있는 경우에는 처분 후 당사자가 요청하는 경우에는 그 근거와 이유를 제시하여야 한다. 그러나 1. 신청 내용을 모두 그대로 인정하는 처분인 경우는 당사자가 요청하는 경우에도 그 근거와 이유를 제시하지 아니할 수 있다.

② (○) 행정절차법 제22조

③ (○) 행정절차법 42조 제2항

④ (×) 인허가 등의 취소 또는 신분·자격의 박탈, 법인이나 조합 등의 설립허가의 취소시 종전에는 의견제출기한 내에 당사자 등의 신청이 있는 경우에 청문을 개최하였다. 그러나 개정 행정절차법은 당사자의 신청을 삭제하여 직권으로 청문을 개최한다.

13 ①

① (×) 한·일 군사정보보호협정은 가서명만 이루어진 단계였고, 한·일 상호군수지원협정은 합의문이 도출되지 않은 단계였다. 따라서 이 사건 쟁점 정보가 공개된다면 이해관계자들의 각종 요구 등으로 협정문이 당초 예정과 다르게 수정되거나 협정 자체가 무산되는 결과를 초래할 가능성이 있고, 그 과정에서 실무자들의 발언 내용이 외부에 공표된다면, 협상에 임하는 실무자들은 견해를 달리하는 사람들이나 단체 등으로부터 거센 공격을 받을 가능성이 크므로 그에 따른 심리적 압박으로 인하여 특정한 입장에 영합하는 쪽으로 발언을 하거나 아예 침묵으로 일관하는 등의 상황이 발생함으로써 국익에 반하는 결과를 초래할 가능성이 충분한 점 등에 비추어 보면, 이 사건 쟁점 정보는 구 정보공개법 제9조 제1항 제5호에서 정한 비공개대상정보에도 해당한다.
나아가 이 사건 쟁점 정보는 상호 유기적으로 결합되어 있어 공개가 가능한 부분과 공개가 불가능한 부분을 용이하게 분리하는 것이 불가능하고, 이 사건 쟁점 정보에 관한 목록에는 '문서의 제목, 생산 날짜, 문서 내용을 추론할 수 있는 목차 등'이 포함되어 있어 목록의 공개만으로도 한·일 양국 간의 논의 주제와 논의 내용, 그에 대한 우리나라의 입장 및 전략을 추론할 수 있는 가능성이 충분하여 부분공개도 가능하지 않다(대법원 2019. 1. 17. 2015두46512).

② (○) 대법원 2010.2.11. 2009두6001

③ (○) 외국 또는 외국 기관으로부터 비공개를 전제로 정보를 입수하였다는 이유만으로 이를 공개할 경우 업무의 공정한 수행에 현저한 지장을 받을 것이라고 단정할 수는 없다. 다만 위와 같은 사정은 정보 제공자와의 관계, 정보 제공자의 의사, 정보의 취득 경위, 정보의 내용 등과 함께 업무의 공정한 수행에 현저한 지장이 있는지를 판단할 때 고려하여야 할 형량 요소이다(대법원 2018.9.28. 2017두69892).

④ (○) 정보공개 청구인에게는 특정한 정보공개방법을 지정하여 청구할 수 있는 법령상 신청권이 있음 ⇨ 공공기관이 공개청구의 대상이 된 정보를 청구인이 신청한 공개방법 이외의 방법으로 공개하기로 하는 결정을 한 경우, 정보공개방법에 관한 부분에 대하여 일부 거부처분을 한 것에 해당하고, 이에 대하여 항고소송으로 다툴 수 있다(대법원 2016.11.10., 2016두44674).

14 ③

①②④ (○)

정보주체의 권리(제4조)	① 개인정보의 처리에 관한 정보를 제공받을 권리 ② 개인정보의 처리에 관한 동의 여부, 동의 범위 등을 선택하고 결정할 권리 ③ 개인정보의 처리 여부를 확인하고 개인정보에 대하여 열람(사본의 발급을 포함)을 요구할 권리 ④ 개인정보의 처리 정지, 정정·삭제 및 파기를 요구할 권리 ⑤ 개인정보의 처리로 인하여 발생한 피해를 신속하고 공정한 절차에 따라 구제받을 권리

③ (×)

가명정보의 처리 등 (제28조의2)	① 개인정보처리자는 **통계작성, 과학적 연구, 공익적 기록보존 등을 위하여 정보주체의 동의 없이 가명정보를 처리**할 수 있다. ② 개인정보처리자는 제1항에 따라 가명정보를 제3자에게 제공하는 경우에는 특정 개인을 알아보기 위하여 사용될 수 있는 정보를 포함해서는 아니 된다.

15 ③

① (○) 사람이 점유하고 있는 토지·건물 등의 인도는 실력으로 점유를 풀어 점유이전을 하지 행하지 않으면 목적을 달성할 수 없으므로 대집행에 의한 강제는 할 수 없다(대법원 1998.10.23. 97누157).

② (O) 원칙적으로 계고는 의무를 명하는 행정행위와 동시에 결합되어 행해질 수 없다. 그러나 의무를 부과하는 처분을 할 때에 이미 대집행요건이 충족될 것이 확실하고 또는 그 급속한 실시를 위해 긴급한 필요가 있는 경우에는 행정처분과 계고가 결합될 수 있다(대법원 1992.6.12. 91누13564).

③ (X) 대한주택공사가 구 대한주택공사법 및 구 대한주택공사법 시행령에 의하여 대집행권한을 위탁받아 공무인 대집행을 실시하기 위하여 지출한 비용을 행정대집행법 절차에 따라 국세징수법의 예에 의하여 징수할 수 있음에도 민사소송절차에 의하여 그 비용의 상환을 청구한 사안에서, 행정대집행법이 대집행비용의 징수에 관하여 민사소송절차에 의한 소송이 아닌 간이하고 경제적인 특별구제절차를 마련해 놓고 있으므로, 위 청구는 소의 이익이 없어 부적법하다(대법원 2011.9.8. 2010다48240).

④ (O) 대집행의 상대방은 대집행의 대상이 되는 의무를 부담하는 자이므로, 예컨대 위법한 건물이 다수의 공유인 경우에는 그 공유자 1인에 대한 계고처분은 다른 공유자에 대하여는 그 효력이 없다(대법원 1994.10.28., 94주5144).

16 ③

③ ㄱ, ㄴ, ㄷ이 옳다.

ㄱ. (O) 공정거래위원회가 하도급거래 공정화에 관한 법률 제25조 제1항에 의한 시정명령을 하는 경우에는 단순히 하도급대금의 발생 및 지급지연과 같은 제13조 등의 위반행위가 있었는가를 확인함에 그쳐서는 안 되고, 나아가 그 위반행위로 인한 결과가 그 당시까지 계속되고 있는지를 확인하여 비록 법 위반행위가 있었더라도 하도급대금 채무의 불발생 또는 변제, 상계, 정산 등 사유 여하를 불문하고 위반행위의 결과가 더 이상 존재하지 아니한다면, 그 결과의 시정을 명하는 내용의 시정명령을 할 여지는 없다고 보아야 한다(대법원 2010.1.14. 2009두11843).

ㄴ. (O) 대법원 1997. 8. 22. 96누15404

ㄷ. (O) 행정법규 위반에 대한 제재조치는 행정목적의 달성을 위하여 행정법규 위반이라는 객관적 사실에 착안하여 가하는 제재이므로, 반드시 현실적인 행위자가 아니라도 법령상 책임자로 규정된 자에게 부과되고, 특별한 사정이 없는 한 위반자에게 고의나 과실이 없더라도 부과 할 수 있다. 이러한 법리는 (구)대부업 등의 등록 및 금융이용자 보호에 관한 법률 제13조 제1항이 정하는 대부업자 등의 불법추심행위를 이유로 한 영업정지 처분에도 마찬가지로 적용된다(대법원 2017.5.11., 2014두8773).

ㄹ. (X) 자동차운수사업면허조건 등을 위반한 사업자에 대하여 행정청이 행정제재수단으로 사업정지를 명할 것인지, 과징금을 부과할 것인지, 과징금을 부과키로 한다면 그 금액은 얼마로 할 것인지에 관하여 재량권이 부여되었다 할 것이므로, 과징금부과처분이 법이 정한 한도액을 초과하여 위법할 경우 법원으로서는 그 전부를 취소할 수밖에 없고, 그 한도액을 초과한 부분이나 법원이 적정하다고 인정되는 부분을 초과한 부분만을 취소할 수 없다(대법원 1998.4.10., 98두2270).

17 ①

① (X) 별도의 국가보상을 받지 못하는 경우에는 국가배상을 청구할 수 있음 ⇨ 군인 또는 경찰공무원으로서 교육훈련 또는 직무수행 중 상이(공무상의 질병 포함)를 입고 전역 또는 퇴직한 자라고 하더라도 국가유공자예우등에 관한 법률에 의하여 국가보훈처장이 실시하는 신체검사에서 대통령령이 정하는 상이등급에 해당하는 신체의 장애를 입지 않은 것으로 판명된 자는 같은 법의 적용 대상에서 제외되고, 따라서 그러한 자는 국가배상법 제2조 제1항 단서의 적용을 받지 않아 국가배상을 청구할 수 있다(대법원 1996.12.20. 96다42178).

② (O) 대법원 1997.3.28. 97다4036

③ (O) 헌법재판소는 "국가배상법 제2조 제1항 단서 중 군인에 관련되는 부분을, 일반국민이 직무집행 중인 군인과의 공동불법행위로 직무집행 중인 다른 군인에게 공상을 입혀 그 피해자에게 공동의 불법행위로 인한 손해를 배상한 다음 공동불법행위자인 군인의 부담부분에 관하여 국가에 대하여 구상권을 행사하는 것을 허용하지 않는다고 해석한다면, 비례의 원칙에 위배하여 일반국민의 재산권을 과잉 제한하는 경우에 해당하여

헌법에 위반된다(헌법재판소 1994.12.29, 93헌바21)."고 하여 한정위헌으로 해석하였다. 헌법재판소결정에 따르면 구상권이 인정된다.

④ (O) 헌법재판소의 한정위헌결정 후 한정위헌결정의 기속력을 부정하는 대법원은 종래의 판결을 변경하여 "공동불법행위자 등이 부진정연대채무자로서 각자 피해자의 손해 전부를 배상할 의무를 부담하는 공동불법행위의 일반적인 경우와는 달리 예외적으로 민간인은 피해군인 등에 대하여 그 손해 중 국가 등이 민간인에 대한 구상의무를 부담한다면 그 내부적인 관계에서 부담하여야 할 부분을 제외한 나머지 자신의 부담부분에 한하여 손해배상의무를 부담시키고, 국가 등에 대하여서는 그 귀책부분의 구상을 청구할 수 없다(대법원 2001.2.15, 96다42420)."고 판시하였다. 본 판례에 따르면 민간인은 내부적인 자기의 부담부분에 한정하여 책임지며, 국가에게 구상권을 행사할 수 없게 된다. 따라서 D는 국가를 상대로 C의 귀책부분을 넘는 B의 부담부분에 대한 구상을 청구할 수 없다.

18 ①

① (O)

> **행정심판법 제43조(재결의 구분)**
> ① 위원회는 심판청구가 적법하지 아니하면 그 심판청구를 각하(却下)한다.
> ② 위원회는 심판청구가 이유가 없다고 인정하면 그 심판청구를 기각(棄却)한다.
> ③ 위원회는 취소심판의 청구가 이유가 있다고 인정하면 처분을 취소 또는 다른 처분으로 변경하거나 처분을 다른 처분으로 변경할 것을 피청구인에게 명한다.
> ④ 위원회는 무효등확인심판의 청구가 이유가 있다고 인정하면 처분의 효력 유무 또는 처분의 존재 여부를 확인한다.
> ⑤ 위원회는 의무이행심판의 청구가 이유가 있다고 인정하면 지체 없이 **신청에 따른 처분을 하거나 처분을 할 것을 피청구인에게 명한다.**

② (X) 행정청이 심판청구기간을 착오로 법정기간(처분이 있음을 알게 된 날부터 90일)보다 긴 기간으로 잘못 고지한 때에는 그 잘못 고지된 기간 내에 심판청구를 할 수 있다(법 제27조 제5항).

③ (X) 시·도지사의 처분에 대한 심판청구는 시·도지사 소속으로 두는 행정심판위원회에서 심리·재결하는 것이 아니고 중앙행정심판위원회에서 심리·재결한다.

④ (X) 행정심판법은 종전의 서면심리주의를 폐지하고 "행정심판의 심리는 구술심리나 서면심리로 한다. 다만, 당사자가 구술심리를 신청한 경우에는 서면심리만으로 결정할 수 있다고 인정되는 경우 외에는 구술심리를 하여야 한다(법 제40조 제1항)."고 규정하여 구술심리주의 또는 서면심리주의를 채택하고 있다.

19 ②

① (X) 국세에 대한 독촉, 압류, 공매처분에 대하여는 특별심판인 국세기본법상의 행정심판이 적용되므로 필요적 행정심판전치주의이다. 다만 필요적 행정심판전치주의는 무효등확인소송에는 적용되지 않는다(법 제18조, 제38조 제2항).

② (O) 조세 부과의 근거가 되었던 법률규정이 위헌으로 선언된 경우, 비록 그에 기한 과세처분이 위헌결정 전에 이루어졌고, 과세처분에 대한 제소기간이 이미 경과하여 조세채권이 확정되었으며, 조세채권의 집행을 위한 체납처분의 근거규정 자체에 대하여는 따로 위헌결정이 내려진 바 없다고 하더라도, 위와 같은 위헌결정 이후에 조세채권의 집행을 위한 새로운 체납처분에 착수하거나 이를 속행하는 것은 더 이상 허용되지 않고, 나아가 이러한 **위헌결정의 효력에 위배하여 이루어진 체납처분은 그 사유만으로 하자가 중대하고 객관적으로 명백하여 당연무효**라고 보아야 한다(대법원 2012.2.16, 2010두10907 전원합의체).

③ (×) 행정처분의 무효확인을 구하는 소에는 특단의 사정이 없는 한 그 취소를 구하는 취지도 포함되어 있다고 보아야 하는 점 등에 비추어 볼 때, 동일한 행정처분에 대하여 무효확인의 소를 제기하였다가 그 후 그 처분의 취소를 구하는 소를 추가적으로 병합된 취소청구의 소도 적법하게 제기된 것으로 봄이 상당하다(대법원 2005.12.23, 2005두3554).

④ (×) 소의 종류를 변경하는 경우, 제소기간의 준수 여부는 **소제기시가 기준**이 된다(대법원 1992.12.24., 92누3335).

20 ③

① (○) 검사의 불기소결정에 대하여는 다른 절차에 의하여 불복할 것을 예정하고 있으므로 행정소송법상 항고소송을 제기할 수는 없음 ⇨ 행정소송법 제2조의 처분의 개념 정의에는 해당한다고 하더라도 그 처분의 근거 법률에서 행정소송 이외의 다른 절차에 의하여 불복할 것을 예정하고 있는 처분은 항고소송의 대상이 될 수 없다. 검사의 불기소결정에 대해서는 검찰청법에 의한 항고와 재항고, 형사소송법에 의한 재정신청에 의해서만 불복할 수 있는 것이므로, 이에 대해서는 행정소송법상 항고소송을 제기할 수 없다(대법원 2018.9.28, 2017두47465).

② (○) 서훈은 서훈대상자의 특별한 공적에 의하여 수여되는 고도의 일신전속적 성격을 가지는 것이다. 이러한 서훈의 일신전속적 성격은 서훈취소의 경우에도 마찬가지이므로, 망인에게 수여된 서훈의 취소에서도 유족은 그 처분의 상대방이 되는 것이 아니다(대법원 2014.9.26, 2013두2518).

③ (×) '부분 인허가 의제'가 허용되는 경우에는 그 효력을 제거하기 위한 법적 수단으로 의제된 인허가의 취소나 철회가 허용될 수 있고, 이러한 직권 취소·철회가 가능한 이상 그 의제된 인허가에 대한 쟁송취소 역시 허용됨 ⇨ 구 주택법 제17조 제1항에 따르면, 주택건설사업계획 승인권자가 관계 행정청의 장과 미리 협의한 사항에 한하여 승인처분을 할 때에 인허가 등이 의제될 뿐이고, 각호에 열거된 모든 인허가 등에 관하여 일괄하여 사전협의를 거칠 것을 주택건설사업계획 승인처분의 요건으로 규정하고 있지 않다. 따라서 인허가 의제 대상이 되는 처분에 어떤 하자가 있더라도, 그로써 해당 인허가 의제의 효과가 발생하지 않을 여지가 있게 될 뿐이고, 그러한 사정이 주택건설사업계획 승인처분 자체의 위법사유가 될 수는 없다. 또한 의제된 인허가는 통상적인 인허가와 동일한 효력을 가지므로, 적어도 '부분 인허가 의제'가 허용되는 경우에는 그 효력을 제거하기 위한 법적 수단으로 의제된 인허가의 취소나 철회가 허용될 수 있고, 이러한 직권 취소·철회가 가능한 이상 그 의제된 인허가에 대한 쟁송취소 역시 허용된다.
따라서 주택건설사업계획 승인처분에 따라 의제된 인허가가 위법함을 다투고자 하는 이해관계인은, 주택건설사업계획 승인처분의 취소를 구할 것이 아니라 의제된 인허가의 취소를 구하여야 하며, 의제된 인허가는 주택건설사업계획 승인처분과 별도로 항고소송의 대상이 되는 처분에 해당한다(대법원 2018.11.29, 2016두38792).

④ (○) 개발제한구역 안에서의 공장설립을 승인한 처분이 위법하다는 이유로 쟁송취소되었다고 하더라도 그 승인처분에 기초한 공장건축허가처분이 잔존하는 이상, 공장설립승인처분이 취소되었다는 사정만으로 인근 주민들의 환경상 이익이 침해되는 상태나 침해될 위험이 종료되었다거나 이를 시정할 수 있는 단계가 지나 버렸다고 단정할 수는 없고, 인근 주민들은 여전히 공장건축허가처분의 취소를 구할 법률상 이익이 있다고 보아야 한다(대법원 2018.7.12, 2015두3485).

21 ④

① (○) 행정처분에 대한 무효확인과 취소청구는 서로 양립할 수 없는 청구로서 주위적·예비적 청구로서만 병합이 가능하고 선택적 청구로서의 병합이나 단순 병합은 허용되지 아니한다(대법원 1999.8.20, 97누6889).

② (○) 행정처분의 무효확인을 구하는 소에는 특단의 사정이 없는 한 그 취소를 구하는 취지도 포함되어 있다고 보아야 하는 점 등에 비추어 볼 때, 동일한 행정처분에 대하여 무효확인의 소를 제기하였다가 그 후 그 처분의 취소를 구하는 소를 추가적으로 병합된 취소청구의 소도 적법하게 제기된 것으로 봄이 상당하다(대법

원 2005.12.23, 2005두3554)
③ (O) 하자 있는 행정처분을 놓고 이를 무효로 볼 것인지 아니면 단순히 취소할 수 있는 처분으로 볼 것인지는 동일한 사실관계를 토대로 한 법률적 평가의 문제에 불과하고, 행정처분의 무효확인을 구하는 소에는 특단의 사정이 없는 한 그 취소를 구하는 취지도 포함되어 있다고 보아야 하는 점 등에 비추어 볼 때, 동일한 행정처분에 대하여 무효확인의 소를 제기하였다가 그 후 그 처분의 취소를 구하는 소를 추가적으로 병합된 취소청구의 소도 적법하게 제기된 것으로 봄이 상당하다(대법원 2005.12.23, 2005두3554).
④ (X) 무효확인소송의 보충성을 규정하고 있는 외국의 일부 입법례와는 달리 우리나라 행정소송법에는 명문의 규정이 없어 이로 인한 명시적 제한이 존재하지 않는다. 이와 같은 사정을 비롯하여 행정에 대한 사법통제, 권익구제의 확대와 같은 행정소송의 기능 등을 종합하여 보면, 행정처분의 근거 법률에 의하여 보호되는 직접적이고 구체적인 이익이 있는 경우에는 행정소송법 제35조에 규정된 '무효확인을 구할 법률상 이익'이 있다고 보아야 하고, 이와 별도로 무효확인소송의 보충성이 요구되는 것은 아니므로 행정처분의 무효를 전제로 한 이행소송 등과 같은 직접적인 구제수단이 있는지 여부를 따질 필요가 없다고 해석함이 상당하다(대법원 2008.3.20, 2007두6342 전원합의체).

22 ②

① (X) 행정심판법상 행정청의 부작위에 대해서는 의무이행심판뿐만 청구할 수 있고, 부작위위법확인심판을 청구할 수는 없다.
② (O) 위원회는 피청구인이 제49조 제2항(제49조제 4항에서 준용하는 경우를 포함한다) 또는 제3항에 따른 처분을 하지 아니하면 청구인의 신청에 의하여 결정으로 상당한 기간을 정하고 피청구인이 그 기간 내에 이행하지 아니하는 경우에는 그 지연기간에 따라 일정한 배상을 하도록 명하거나 즉시 배상을 할 것을 명할 수 있다(행정심판법 제50조의2).
③ (X) 부작위위법확인의 소는 부작위상태가 계속되는 한 그 위법의 확인을 구할 이익이 있다고 보아야 하므로 원칙적으로 제소기간의 제한을 받지 않는다. 그러나 행정심판을 거친 경우에는 제소기간에 관한 제20조를 준용하고 있으므로 취소소송의 제소기간이 적용된다.
④ (X) 甲은 A시장의 부작위에 대해 행정심판을 거친 후 부작위위법확인의 소를 제기하려면 행정심판 재결서의 정본을 송달받은 날부터 90일 이내에 제기하여야 한다.

23 ③

③ ㉣, ㉤이 항고소송으로 불복할 수 없는 경우이다.
㉠ 감염병환자의 강제입원은 즉시강제에 해당하고, 즉시강제는 권력적 사실행위에 해당하므로 행정소송의 대상인 처분에 해당한다. 위법 또는 부당한 즉시강제로 인해 권리·이익을 침해당한 경우에는 행정심판이나 행정소송을 통해 그의 취소 또는 변경을 구할 수 있다.
㉡ 「건축법」상 이행강제금 부과처분은 일반 행정불복절차에 따라 행정소송을 제기하면 된다.
㉢ 체납처분으로서 공매처분: 과세관청이 체납처분으로서 행하는 공매는 우월한 공권력의 행사로서 행정소송의 대상이 되는 공법상의 행정처분이며 공매에 의하여 재산을 매수한 자는 그 공매처분이 취소된 경우에 그 취소처분의 위법을 주장하여 행정소송을 제기할 법률상 이익이 있다(대법원 1984.9.25, 84누201).
㉣ 불법주차된 차량의 견인조치 : 불법주차된 차량의 견인조치는 행정상 즉시강제에 해당하므로 처분성은 인정된다. 그러나 불법주차된 차량의 견인조치 그 실행이 완료된 이후에 있어서는 그 행위의 위법을 이유로 하는 손해배상 또는 원상회복의 청구를 하는 것은 몰라도 그 사실행위의 취소를 구하는 것은 권리보호의 이익이 없다(대법원 1965.5.31, 65누25).
㉤ 경찰서장의 통고처분 : 도로교통법 제118조에서 규정하는 경찰서장의 통고처분은 행정소송의 대상이 되는 행정처분이 아니므로 그 처분의 취소를 구하는 소송은 부적법하고 도로교통법상의 통고처분을 받은 자가 그 처분에 대하여 이의가 있는 경우에는 통고처분에 따른 범칙금의 납부를 이행하지 아니함으로써 경찰서장의

즉결심판청구에 의하여 법원의 심판을 받을 수 있게 될 뿐이다(대법원 1995.6.29. 95누4674).

24 ①

㉠이 옳은 지문이다.
㉠ (○) 갑은 취소소송에 손해배상청구소송을 병합하여 제기할 수 있다.

> **제10조(관련청구소송의 이송 및 병합)**
> ① 취소소송과 다음 각호의 1에 해당하는 소송(이하 "관련청구소송"이라 한다)이 각각 다른 법원에 계속되고 있는 경우에 관련청구소송이 계속된 법원이 상당하다고 인정하는 때에는 **당사자의 신청 또는 직권**에 의하여 이를 취소소송이 계속된 법원으로 이송할 수 있다.
>   1. 당해 처분등과 관련되는 손해배상·부당이득반환·원상회복등 청구소송
>   2. 당해 처분등과 관련되는 취소소송

㉡ (×) 담배 일반소매인의 지정기준으로서 일반소매인의 영업소 간에 일정한 거리제한을 두고 있는 것은 담배 유통구조의 확립을 통하여 국민의 건강과 관련되고 국가 등의 주요 세원이 되는 담배산업 전반의 건전한 발전 도모 및 국민경제에의 이바지라는 공익목적을 달성하고자 함과 동시에 일반소매인 간의 과당경쟁으로 인한 불합리한 경영을 방지함으로써 일반소매인의 경영상 이익을 보호하는 데에도 그 목적이 있다고 보이므로, 일반소매인으로 지정되어 영업을 하고 있는 기존업자의 신규 일반소매인에 대한 이익은 단순한 사실상의 반사적 이익이 아니라 법률상 보호되는 이익이라고 해석함이 상당하다(대법원 2008.03.27. 2007두23811).
㉢ (×) 거부처분은 그 효력이 정지되더라도 그 처분이 없었던 것과 같은 상태를 만드는 것에 지나지 아니하는 것이고 그 이상으로 행정청에 대하여 어떠한 처분을 명하는 등 적극적인 상태를 만들어 내는 경우를 포함하지 아니하는 것이므로, 거부처분은 집행정지 대상이 되지 않는다(대법원 1991.05.02. 91두15).
㉣ (×) 처분등을 취소하는 판결에 의하여 권리 또는 이익의 침해를 받은 제3자는 자기에게 책임없는 사유로 소송에 참가하지 못함으로써 판결의 결과에 영향을 미칠 공격 또는 방어방법을 제출하지 못한 때에는 이를 이유로 확정된 종국판결에 대하여 재심의 청구를 할 수 있다(행정심판법 제31조 제1항). 재심청구는 제3자가 소송에 참가하지 못한 경우이다. 그러나 사안에서 丁은 소송에 참가하였으므로 재심을 청구할 수 없다.
㉤ (×) 형성력이라 함은 판결의 취지에 따라 기존의 법률관계 또는 법률상태를 변동시키는 힘을 말한다. 즉, 처분 등의 취소판결이 확정되면 처분 등의 효력이 처분청의 별도의 행위를 기다릴 것이 없이 처분시에 소급하여 소멸되고, 그로써 처분 등에 기하여 형성된 기존의 법률관계나 법률상태에 변동을 가져 오는 효력을 말한다. 사안에서 행정심판위원회의 취소재결의 형성력에 의하여 담배소매인지정처분은 효력이 상실되므로 B가 丁에게 한 담배소매인지정처분의 취소통지는 행정처분성이 인정되지 않는다. 따라서 행정소송의 대상이 되지 않는다.

25 ①

① (×) 대학의 추천을 받은 총장 후보자는 교육부장관으로부터 정당한 심사를 받을 것이라는 기대를 하게 된다. 만일 교육부장관이 자의적으로 대학에서 추천한 복수의 총장 후보자들 전부 또는 일부를 임용제청하지 않는다면 대통령으로부터 임용을 받을 기회를 박탈하는 효과가 있다. 이를 항고소송의 대상이 되는 처분으로 보지 않는다면, 침해된 권리 또는 법률상 이익을 구제받을 방법이 없다. 따라서 교육부장관이 대학에서 추천한 복수의 총장 후보자들 전부 또는 일부를 임용제청에서 제외하는 행위는 제외된 후보자들에 대한 불이익처분으로서 항고소송의 대상이 되는 처분에 해당한다고 보아야 한다(대법원 2018.6.15. 2016두57564).
② (○) 교육부장관이 특정 후보자를 임용제청에서 제외하고 다른 후보자를 임용제청함으로써 대통령이 임용제청된 다른 후보자를 총장으로 임용한 경우에는, 임용제청에서 제외된 후보자는 대통령이 자신에 대하여 총장

임용 제외처분을 한 것으로 보아 이를 다투어야 한다. 이러한 경우에는 교육부장관의 임용제청 제외처분을 별도로 다툴 소의 이익이 없어진다(대법원 2018.6.15. 2016두57564).

③ (○) ④ (○) 교육부장관이 어떤 후보자를 총장 임용에 부적격하다고 판단하여 배제하고 다른 후보자를 임용제청하는 경우라면 배제한 후보자에게 연구윤리 위반, 선거부정, 그 밖의 비위행위 등과 같은 부적격사유가 있다는 점을 구체적으로 제시할 의무가 있다. 그러나 부적격사유가 없는 후보자들 사이에서 어떤 후보자를 상대적으로 더욱 적합하다고 판단하여 임용제청하는 경우라면, 이는 후보자의 경력, 인격, 능력, 대학운영계획 등 여러 요소를 종합적으로 고려하여 총장 임용의 적격성을 정성적으로 평가하는 것으로 그 판단 결과를 수치화하거나 이유제시를 하기 어려울 수 있다. 이 경우에는 교육부장관이 어떤 후보자를 총장으로 임용제청하는 행위 자체에 그가 총장으로 더욱 적합하다는 정성적 평가 결과가 당연히 포함되어 있는 것으로, 이로써 행정절차법상 이유제시의무를 다한 것이라고 보아야 한다. 여기에서 나아가 교육부장관에게 개별 심사항목이나 고려요소에 대한 평가결과를 더 자세히 밝힐 의무까지는 없다.(대법원 2018.6.15. 2016두57564).

제7회 행정법총론 최종모의고사 정답 및 해설

2025 MUST 행정법총론 **최종모의고사**

01	02	03	04	05	06	07	08	09	10
④	③	①	②	②	③	①	③	③	④
11	12	13	14	15	16	17	18	19	20
②	③	②	①	②	④	①	②	①	③
21	22	23	24	25					
①	④	①	②	③					

01 ④

① (○) **조약에 위반되는 지방자치단체의 조례는 상위법 우선원칙에 따라 무효** ⇨ 특정 지방자치단체의 초·중·고등학교에서 실시하는 학교급식을 위해 위 지방자치단체에서 생산되는 우수 농수축산물을 우선적으로 사용하도록 하고 있는 조례안은 '1994년 관세 및 무역에 관한 일반협정'(General Agreement on Tariffs and Trade 1994)에 위반되어 그 효력이 없다(대법원 2005.9.9, 2004추10).

② (○) **국민의 권리제한 또는 의무부과와 직접 관련되는 법령은 긴급히 시행하여야 할 특별한 사유가 없는 한, 공포일로부터 적어도 30일이 경과**한 날로부터 시행되도록 하여야 한다(「법령 등 공포에 관한 법률」 제13조의2).

③ (○) **진정소급효는 원칙상 금지되지만 예외적으로 허용** ⇨ 진정소급입법은 개인의 신뢰보호와 법적 안정성을 내용을 하는 법치국가원리에 의하여 특단의 사정이 없는 한 헌법적으로 허용되지 아니하는 것이 원칙이며, 진정소급입법이 허용되는 예외적인 경우로는 일반적으로 국민이 소급입법을 예상할 수 있었거나 법적 상태가 불확실하고 혼란스러웠거나 하여 보호할만한 신뢰의 이익이 적은 경우와 소급입법에 의한 당사자의 손실이 없거나 아주 경미한 경우 그리고 신뢰보호의 요청에 우선하는 심히 중대한 공익상의 사유가 소급입법을 정당화하는 경우 등을 들 수 있다(헌재결 1998.9.30, 97헌바38).

④ (×) **법령이 변경된 경우 특별한 사정이 없는 한 변경 전에 발생한 사항은 변경 후의 신 법령이 아니라 변경 전의 구 법령이 적용됨** ⇨ 개발제한구역의 지정 및 관리에 관한 특별조치법 제11조 제3항 및 같은 법 시행규칙 관련 조항의 신설로 허가나 신고 없이 개발제한구역 내 공작물 설치행위를 할 수 있도록 법령이 개정된 경우, 그 법령의 시행 전에 이미 범하여진 개발제한구역 내 비닐하우스 설치행위에 대한 가벌성이 소멸하는 것은 아니다(대법원 2007.9.6., 2007도4197).

02 ③

① (○) 원칙적으로 선행조치는 권한 있는 행정기관에 의해 이루어진 것이어야 한다. 그러나 행정조직상의 형식적인 권한분장에 구애될 것은 아니고 담당자의 조직상의 지위와 업무, 당해 언동을 하게 된 구체적인 경위 및 그에 대한 상대방의 신뢰가능성에 비추어 실질(= 형식 ×)에 의하여 판단하여야 한다(대법원 1997.9.12, 96누18380).

② (○) 신뢰보호의 원칙은 행정청이 공적인 견해를 표명할 당시의 사정이 그대로 유지됨을 전제로 적용되는 것이 원칙이므로, 사후에 그와 같은 사정이 변경된 경우에는 그 공적 견해가 더 이상 개인에게 신뢰의 대상이 된다고 보기 어려운 만큼, 특별한 사정이 없는 한 행정청이 그 견해표명에 반하는 처분을 하더라도 신뢰보호의 원칙에 위반된다고 할 수 없다(대법원 2020.6.25, 2018두34732).

③ (×) 하자가 있음을 알았거나 중대한 과실로 알지 못한 경우에는 甲에게 귀책사유가 존재하므로 보호가치 없는 신뢰에 해당한다. 甲은 신뢰보호원칙을 원용할 수 없다.

④ (O) 일반적으로 행정상의 법률관계에 있어서 행정청의 행위에 대하여 신뢰보호의 원칙이 적용되기 위해서는, 첫째 행정청이 개인에 대하여 신뢰의 대상이 되는 공적인 견해표명을 하여야 하고, 둘째 행정청의 견해표명이 정당하다고 신뢰한 데에 대하여 그 개인에게 귀책사유가 없어야 하며, 셋째 그 개인이 그 견해표명을 신뢰하고 이에 상응하는 어떠한 행위를 하였어야 하고, 넷째 행정청이 위 견해표명에 반하는 처분을 함으로써 그 견해표명을 신뢰한 개인의 이익이 침해되는 결과가 초래되어야 하며, 마지막으로 위 견해표명에 따른 행정처분을 할 경우 이로 인하여 공익 또는 제3자의 정당한 이익을 현저히 해할 우려가 있는 경우가 아니어야 한다(대법원 2006.2.24, 2004두13592).

03 ①

① (O) 임용당시 공무원임용 결격사유가 있었다면 비록 국가의 과실에 의하여 임용 결격자임을 밝혀내지 못하였다 하더라도 그 임용행위는 당연무효로 보아야 한다. 국가가 공무원임용결격사유가 있는 자에 대하여 결격사유가 있는 것을 알지 못하고 공무원으로 임용하였다가 사후에 결격사유가 있는 자임을 발견하고 공무원 임용행위를 취소하는 것은 당사자에게 원래의 임용행위가 당초부터 당연무효이었음을 통지하여 확인시켜 주는 행위에 지나지 아니하는 것이므로, 그러한 의미에서 당초의 임용처분을 취소함에 있어서는 신의칙 내지 신뢰의 원칙을 적용할 수 없고 또 그러한 의미의 취소권은 시효로 소멸하는 것도 아니다(대법원 1987.4.14, 86누459).

② (X) 직위해제처분은 공무원에 대하여 불이익한 처분이긴 하나 징계처분과 같은 성질의 처분이라고는 볼 수 없으므로 동일한 사유에 대한 직위해제처분이 있은 후 다시 해임처분이 있었다 하여 일사부재리의 법리에 어긋난다고 할 수 없다(대법원 1984.2.28, 83누489).

③ (X) 국가공무원법상 당연퇴직은 결격사유가 있을 때 법률상 당연히 퇴직하는 것이지, 공무원관계를 소멸시키기 위한 별도의 행정처분을 요하는 것이 아니며, 당연퇴직의 인사발령은 법률상 당연히 발생하는 퇴직사유를 공적으로 확인하여 알려주는 이른바 관념의 통지에 불과하고 공무원의 신분을 상실시키는 새로운 형성적 행위가 아니므로 행정소송의 대상이 되는 독립한 행정처분이라고 할 수 없다(대법원 1995.11.14, 95누2036).

④ (X) 국가공무원법 제73조의3 제1항에 규정한 직위해제는 법 제75조 및 제76조 제1항에서 공무원에 대하여 직위해제를 할 때에는 그 처분권자 또는 처분제청권자는 처분사유를 적은 설명서를 교부하도록 하고, 처분사유 설명서를 받은 공무원이 그 처분에 불복할 때에는 그 설명서를 받은 날부터 30일 이내에 소청심사청구를 할 수 있도록 함으로써 임용권자가 직위해제처분을 행함에 있어서 구체적이고도 명확한 사실의 적시가 요구되는 처분사유 설명서를 반드시 교부하도록 하여 해당 공무원에게 방어의 준비 및 불복의 기회를 보장하고 임용권자의 판단에 신중함과 합리성을 담보하게 하고 있고, 직위해제처분을 받은 공무원은 사후적으로 소청이나 행정소송을 통하여 충분한 의견진술 및 자료제출의 기회를 보장하고 있다. 그렇다면 국가공무원법상 직위해제처분은 구 행정절차법 제3조 제2항 제9호, 동법 시행령 제2조 제3호에 의하여 당해 **행정작용의 성질상 행정절차를 거치기 곤란하거나 불필요하다고 인정되는 사항 또는 행정절차에 준하는 절차를 거친 사항에 해당하므로, 처분의 사전통지 및 의견청취 등에 관한 행정절차법의 규정이 별도로 적용되지 아니한다고 봄이 상당**하다(대법원 2014.5.16, 2012두26180).

04 ②

① (X) (구) 청소년보호법 제49조 제1항, 제2항에 따른 같은 법 시행령 제40조 [별표 6]의 위반행위의 종별에 따른 과징금처분기준은 법규명령이기는 하나 모법의 위임규정의 내용과 취지 및 헌법상의 과잉금지의 원칙과 평등의 원칙 등에 비추어 같은 유형의 위반행위라 하더라도 그 규모나 기간·사회적 비난 정도·위반행위로 인하여 다른 법률에 의하여 처벌받은 다른 사정·행위자의 개인적 사정 및 위반행위로 얻은 불법이익의 규모 등 여러 요소를 종합적으로 고려하여 사안에 따라 적정한 과징금의 액수를 정하여야 할 것이므로 그 수액은 정액이 아니라 최고한도액이다(대법원 2001.3.9, 99두5207).

② (O) 구 여객자동차 운수사업법 시행규칙 제31조 제2항 제1호, 제2호, 제6호는 구 여객자동차 운수사업법 제11

조 제4항의 위임에 따라 시외버스운송사업의 사업계획변경에 관한 절차, 인가기준 등을 구체적으로 규정한 것으로서, 대외적인 구속력이 있는 법규명령이라고 할 것이고, 그것을 행정청 내부의 사무처리준칙을 규정한 행정규칙에 불과하다고 할 수는 없다(대법원 2006.6.27. 2003두4355).

③ (×) 국토교통부장관이 국토교통부 훈령으로 정한 '개발행위허가운영지침'은 국토계획법 시행령 제56조 제4항에 따라 정한 개발행위허가기준에 대한 세부적인 검토기준으로, 상급행정기관인 국토교통부장관이 소속 공무원이나 하급행정기관에 대하여 개발행위허가업무와 관련하여 국토계획법령에 규정된 개발행위허가기준의 해석·적용에 관한 세부 기준을 정하여 둔 행정규칙에 불과하여 대외적 구속력이 없다(대법원 2023.2.2. 2020두43722).

④ (×) 신용협동조합법령, 금융위원회의 설치 등에 관한 법률, 금융위원회 고시 '금융기관 검사 및 제재에 관한 규정'의 규정 체계와 내용, 입법 취지 등을 종합하면, 위 고시 제18조 제1항은 금융위원회법의 위임에 따라 법령의 내용이 될 사항을 구체적으로 정한 것으로서 금융위원회 법령의 위임 한계를 벗어나지 않으므로 그와 결합하여 대외적으로 구속력이 있는 법규명령의 효력을 가진다고 보아야 한다(대법원 2019.5.30. 2018두52204).

05 ②

① (○) 법률에서 주된 인·허가가 있으면 다른 법률에 의한 인·허가를 받은 것으로 의제한다는 규정을 둔 경우, 주된 인·허가가 있으면 다른 법률에 의하여 인·허가를 받았음을 전제로 한 다른 법률의 모든 규정들이 적용되는 것은 아니다(대법원 2015.4.23. 2014두2409).

② (×) 효율적인 사업시행을 위하여 주된 인·허가를 받는 경우 의제되는 인·허가도 모두 함께 받는 것이 타당할 것이다. 그러나 개발사업을 단계적으로 추진할 필요가 있는 경우 등에는 부분 인·허가 의제가 필요한 경우도 있다. 부분 인·허가의제에서는 협의가 완료되지 않은 경우에는 인·허가를 받은 것으로 보지 않는다. 그러나 중요한 인·허가에 관하여 협의가 잘 되지 않는 경우 주된 인·허가 전에 미리 의제되는 인·허가를 받도록 하기도 하고, 아직 인·허가가 의제되지 않는 경우에는 협의가 완료되는 대로 순차적으로 의제되기도 한다. 경우에 따라서는 인·허가 신청자가 의제되는 인·허가사항을 먼저 받고 주된 인·허가기관을 압박하는 경우도 있다. 인·허가 의제제도에도 불구하고 개별적으로 인·허가를 받는 것을 굳이 금지할 것도 아니므로 일부 인·허가만 받고 나머지는 개별적으로 받는 것도 가능하다. 대법원은 부분 인·허가 의제제도를 인정하고 있다(대법원 2012.2.9. 2009두16305).

③ (○) 건축법에서 인·허가의제 제도를 둔 취지는, 인·허가의제사항과 관련하여 건축허가 또는 건축신고의 관할 행정청으로 그 창구를 단일화하고 절차를 간소화하며 비용과 시간을 절감함으로써 국민의 권익을 보호하려는 것이지, 인·허가의제사항 관련 법률에 따른 각각의 인·허가 요건에 관한 일체의 심사를 배제하려는 것으로 보기는 어렵다. 왜냐하면, 건축법과 인·허가의제사항 관련 법률은 각기 고유한 목적이 있고, 건축신고와 인·허가의제사항도 각각 별개의 제도적 취지가 있으며 그 요건 또한 달리하기 때문이다(대법원 2011.1.20. 2010두14954 전원합의체).

④ (○) 인·허가 의제 대상이 되는 처분에 어떤 하자가 있더라도, 그로써 해당 인·허가 의제의 효과가 발생하지 않을 여지가 있게 될 뿐이고, 그러한 사정이 주택건설사업계획 승인처분 자체의 위법사유가 될 수는 없다. 또한 의제된 인·허가는 통상적인 인·허가와 동일한 효력을 가지므로, 적어도 '부분 인·허가 의제'가 허용되는 경우에는 그 효력을 제거하기 위한 법적 수단으로 의제된 인·허가의 취소나 철회가 허용될 수 있고, 이러한 직권 취소·철회가 가능한 이상 그 의제된 인·허가에 대한 쟁송취소 역시 허용된다. 따라서 주택건설사업계획 승인처분에 따라 의제된 인·허가가 위법함을 다투고자 하는 이해관계인은, 주택건설사업계획 승인처분의 취소를 구할 것이 아니라 의제된 인·허가의 취소를 구하여야 하며, 의제된 인·허가는 주택건설사업계획 승인처분과 별도로 항고소송의 대상이 되는 처분에 해당한다(대법원 2018.11.29., 2016두38792).

06 ③

① (○) 기본행위가 부존재하거나 무효인 경우에는 인가 자체는 적법하다 할지라도 그 대상을 결여하므로 보충성에 비추어 인가도 무효이며, 기본행위는 당연히 효력을 발생할 수 없다(대법원 1987. 8. 18, 86누152).
② (○) 유효하게 성립된 인가일지라도 기본행위가 적법하게 취소되거나 실효되면 인가도 당연히 효력을 상실한다(대법원 1983. 12. 27, 82누491).
③ (×) 기본행위의 하자가 있음을 이유로 하자가 없는 인가를 항고소송의 대상으로 할 수 없음 ⇨ 기본이 되는 정관변경결의에 하자가 있을 때에는 그에 대한 인가가 있었다 하여도 기본행위인 정관변경결의가 유효한 것으로 될 수 없으므로, 기본행위인 정관변경결의가 적법·유효하고 보충행위인 인가처분 자체에만 하자가 있다면 그 인가처분의 무효나 취소를 주장할 수 있지만, 인가처분에 하자가 없다면 기본행위에 하자가 있다 하더라도 기본행위의 무효를 내세워 바로 그에 대한 행정청의 인가처분의 취소 또는 무효확인을 소구할 법률상의 이익이 없다(대법원 1996. 5. 16, 95누4810).
④ (○) 재개발조합설립인가신청에 대한 행정청의 조합설립인가처분은 단순히 사인들의 조합설립행위에 대한 보충행위로서의 성질을 가지는 것이 아니라 법령상 일정한 요건을 갖추는 경우 행정주체(공법인)의 지위를 부여하는 일종의 설권적 처분의 성질을 가진다고 보아야 한다(대법원 2010.1.28. 2009두4845).

07 ①

① ㄱ, ㄴ이 옳다.

ㄱ. (○) 일반적으로 행정처분에 효력기간이 정하여져 있는 경우에는 그 기간의 경과로 그 행정처분의 효력은 상실되고, 다만 허가에 붙은 기한이 그 허가된 사업의 성질상 부당하게 짧은 경우에는 이를 그 허가 자체의 존속기간이 아니라 그 허가조건의 존속기간으로 보아 그 기한이 도래함으로써 그 조건의 개정을 고려한다는 뜻으로 해석할 수는 있지만, 그와 같은 경우라 하더라도 그 허가기간이 연장되기 위하여는 그 종기가 도래하기 전에 그 허가기간의 연장에 관한 신청이 있어야 하며, 만일 그러한 연장신청이 없는 상태에서 허가기간이 만료하였다면 그 허가의 효력은 상실된다(대법원 2007.10.11, 2005두12404).
ㄴ. (○) 토지소유자가 토지형질변경행위허가에 붙은 기부채납의 부관에 따라 토지를 국가나 지방자치단체에 기부채납(증여)한 경우, **기부채납의 부관이 당연무효이거나 취소되지 아니한 이상 토지소유자는 위 부관으로 인하여 증여계약의 중요부분에 착오가 있음을 이유로 증여계약을 취소할 수 없다**(대법원 1999.5.25, 98다53134).
ㄷ. (×) 행정청이 수익적 행정처분을 하면서 부가한 부담의 위법 여부는 처분 당시 법령을 기준으로 판단 ⇨ 행정청이 수익적 행정처분을 하면서 사전에 상대방과 체결한 협약상의 의무를 부담으로 부가하였는데 부담의 전제가 된 주된 행정처분의 근거 법령이 개정되어 부관을 붙일 수 없게 된 경우, 위 협약의 효력이 소멸하는 것은 아니다(대법원 2009.2.12, 2005다65500).
ㄹ. (×) 행정처분과 부관 사이에 실제적 관련성이 있다고 볼 수 없는 경우 공법상의 제한을 회피할 목적으로 사법상 계약을 체결하는 형식을 취하였다면 위법 ⇨ 공무원이 인·허가 등 수익적 행정처분을 하면서 상대방에게 그 처분과 관련하여 이른바 부관으로서 부담을 붙일 수 있다 하더라도, 그러한 부담은 법치주의와 사유재산 존중, 조세법률주의 등 헌법의 기본원리에 비추어 비례의 원칙이나 부당결부의 원칙에 위반되지 않아야만 적법한 것인바, 행정처분과 부관 사이에 실제적 관련성이 있다고 볼 수 없는 경우 공무원이 위와 같은 공법상의 제한을 회피할 목적으로 행정처분의 상대방과 사이에 사법상 계약을 체결하는 형식을 취하였다면 이는 법치행정의 원리에 반하는 것으로서 위법하다(대법원 2009.12.10., 2007다63966).

08 ③

① (○) 자동화된 행정결정은 동일 또는 동종의 행정작용이 자동화된 기계장치에 의하여 행해지는 경우를 말한다. 신호등에 의한 교통신호, 컴퓨터를 통한 중·고등학교학생의 학교배정, 자동기기를 통한 주차요금계산 등

을 들 수 있다.
② (○) 공무원이 입력한 프로그램에 따라 행해지는 것 역시 본질적으로 공무원이 직접 행하는 행정결정과 다르지 않다는 점에서, 행정행위의 일반적 징표를 갖추는 한 행정행위라고 보는 것이 일반적 견해이다. 따라서 행정기본법상 자동적 처분은 항고소송의 대상이 된다.
③ (×) ④ (○)

> **행정기본법 제20조(자동적 처분)**
> 행정청은 법률로 정하는 바에 따라 **완전히 자동화된 시스템(인공지능 기술을 적용한 시스템을 포함한다)**으로 처분을 할 수 있다. 다만, 처분에 **재량이 있는 경우**는 그러하지 아니하다.

09 ③

① (○) 해제조건부 행정행위는 조건성취에 의해 그 효력을 상실하지만 부담부 행정행위는 상대방이 의무를 이행하지 않은 경우에도 당연히 그 효력이 소멸되지 않고, 부담부행정행위의 철회사유가 될 수 있다.
② (○) 대법원 2009.2.12, 2005다65500
③ (×) 행정청이 한 공유수면매립준공인가 중 매립지 일부에 대하여 한 국가귀속처분은 매립준공인가를 함에 있어서 매립의 면허를 받은 자의 매립지에 대한 소유권취득을 규정한 공유수면매립법 제14조의 효과 일부를 배제하는 부관을 붙인 것이므로 이러한 행정행위의 부관에 대하여는 독립하여 행정소송의 대상으로 삼을 수 없다(대법원 1993.10.8, 90누8503).
④ (○) 이사회소집승인 행위가 기속행위 내지 기속적 재량행위에 해당함은 위에서 설시한 바에 비추어 분명하므로, 여기에는 부관을 붙이지 못한다 할 것이며, 기사 부관을 붙였다 하더라도 이는 무효의 것으로서 당초부터 부관이 붙지 아니한 소집승인 행위가 있었던 것으로 보아야 할 것이다(대법원 1988.04.27. 87누1106).

10 ④

① (○) ② (○) ③ (○) ④ (×)

> **행정기본법 제37조(처분의 재심사)**
> ① 당사자는 처분(제재처분 및 행정상 강제는 제외한다. 이하 이 조에서 같다)이 **행정심판, 행정소송 및 그 밖의 쟁송을 통하여 다툴 수 없게 된 경우**(법원의 확정판결이 있는 경우는 제외한다)라도 다음 각 호의 어느 하나에 해당하는 경우에는 해당 처분을 한 행정청에 처분을 취소·철회하거나 변경하여 줄 것을 신청할 수 있다.
>   1. 처분의 근거가 된 **사실관계 또는 법률관계가 추후에 당사자에게 유리하게 바뀐 경우**
>   2. 당사자에게 유리한 결정을 가져다주었을 **새로운 증거가 있는 경우**
>   3. 「민사소송법」 제451조에 따른 재심사유에 준하는 사유가 발생한 경우 등 대통령령으로 정하는 경우
> ② 제1항에 따른 신청은 해당 처분의 절차, 행정심판, 행정소송 및 그 밖의 쟁송에서 당사자가 중대한 과실 없이 제1항 각 호의 사유를 주장하지 못한 경우에만 할 수 있다.
> ③ 제1항에 따른 신청은 당사자가 제1항 각 호의 사유를 안 날부터 **60일 이내**에 하여야 한다. 다만, 처분이 있은 날부터 5년이 지나면 신청할 수 없다.
> ④ 제1항에 따른 신청을 받은 행정청은 특별한 사정이 없으면 신청을 받은 날부터 90일(합의제행정기관은 180일) 이내에 처분의 재심사 결과(재심사 여부와 처분의 유지·취소·철회·변경 등에 대한 결정을 포함한다)를 신청인에게 통지하여야 한다. 다만, 부득이한 사유로 90일(합의제행정기관은 180일) 이내에 통지할 수 없는 경우에는 그 기간을 만료일 다음 날부터 기산하여 90일(합의제행정기관은 180일)의 범위에서 한

차례 연장할 수 있으며, 연장 사유를 신청인에게 통지하여야 한다.
⑤ 제4항에 따른 처분의 재심사 결과 중 **처분을 유지하는 결과에 대해서는 행정심판, 행정소송 및 그 밖의 쟁송수단을 통하여 불복할 수 없다.**

11 ②

① (○) 판례는 "두 개 이상의 행정처분이 연속적으로 행하여지는 경우 선행처분과 후행처분이 서로 결합하여 1개의 법률효과를 완성하는 때에는 선행처분에 하자가 있으면 그 하자는 후행처분에 승계되므로, 선행처분에 불가쟁력이 생겨 그 효력을 다툴 수 없게 된 경우에도 선행처분의 하자를 이유로 후행처분의 효력을 다툴 수 있다. 반면에 선행처분과 후행처분이 서로 독립하여 별개의 법률효과를 목적으로 하는 때에 선행처분에 불가쟁력이 생겨 그 효력을 다툴 수 없게 된 경우에는 선행처분의 하자가 중대하고 명백하여 당연무효인 경우를 제외하고는 선행처분의 하자를 이유로 후행처분의 효력을 다툴 수 없다(대법원 1994.1.25. 93누8542).

② (×) 대법원은 서로 독립하여 별개의 효과를 목적으로 하는 경우에도, 선행처분의 불가쟁력이나 구속력이 당사자에게 예측가능한 것이 아닌 경우나 수인한도를 초과하는 경우에는 국민의 재판받을 권리를 보장하기 위하여 하자승계를 인정한다(대법원 1994.1.25. 93누8542).

③ (○) 원천징수의무자인 법인이 원천징수하는 소득세의 납세의무를 이행하지 아니함에 따라 과세관청이 하는 납세고지는 확정된 세액의 납부를 명하는 징수처분에 해당하므로 선행처분인 소득금액변동통지에 하자가 존재하더라도 당연무효 사유에 해당하지 않는 한 후행처분인 징수처분에 그대로 승계되지 아니한다. 따라서 과세관청의 소득처분과 그에 따른 소득금액변동통지가 있는 경우 원천징수하는 소득세의 납세의무에 관하여는 이를 확정하는 소득금액변동통지에 대한 항고소송에서 다투어야 하고, 소득금액변동통지가 당연무효가 아닌 한 징수처분에 대한 항고소송에서 이를 다툴 수는 없다(대법원 2012.1.26. 2009두14439).

④ (○) 표준지공시지가 결정의 하자와 수용재결 ⇒ 수용보상금의 증액을 구하는 소송에서 비교표준공시지가의 위법을 주장할 수 있음
표준지공시지가결정에 위법이 있는 경우에는 그 자체를 행정소송의 대상이 되는 행정처분으로 보아 그 위법여부를 다툴 수 있음은 물론 수용보상금의 증액을 구하는 소송에서도 선행처분으로서 그 수용대상 토지 가격 산정의 기초가 된 비교표준지공시지가결정의 위법을 독립된 사유로 주장할 수 있다(대법원 2008.8.21., 2007두13845).

12 ③

① (○) 대법원 1991.4.12. 90누9520
② (○) 구 국민연금법을 종합하여 보면, 위 조항에 따라 급여를 받은 당사자로부터 잘못 지급된 급여액에 해당하는 금액을 환수하는 처분을 할 때에는 급여의 수급에 관하여 당사자에게 고의 또는 중과실 등 귀책사유가 있는지, 지급된 급여의 액수·연금지급결정일과 지급결정 취소 및 환수처분일 사이의 시간적 간격·수급자의 급여액 소비 여부 등에 비추어 이를 다시 원상회복하는 것이 수급자에게 가혹한지, 잘못 지급된 급여액에 해당하는 금액을 환수하는 처분을 통하여 달성하고자 하는 공익상 필요의 구체적 내용과 그 처분으로 말미암아 당사자가 입게 될 불이익의 내용 및 정도와 같은 여러 사정을 두루 살펴, 잘못 지급된 급여액에 해당하는 금액을 환수하는 처분을 하여야 할 공익상 필요와 그로 인하여 당사자가 입게 될 기득권과 신뢰의 보호 및 법률생활 안정의 침해 등의 불이익을 비교·교량한 후, 공익상 필요가 당사자가 입게 될 불이익을 정당화할 만큼 강한 경우에 한하여 잘못 지급된 급여액에 해당하는 금액을 환수하는 처분을 하여야 한다.

③ (×) 국세기본법 제26조 제1호는 부과의 취소를 국세납부의무 소멸사유의 하나로 들고 있으나, 그 부과의 취소에 하자가 있는 경우의 부과의 취소의 취소에 대하여는 법률이 명문으로 그 취소요건이나 그에 대한 불복절차에 대하여 따로 규정을 둔 바도 없으므로, 설사 부과의 취소에 위법사유가 있다고 하더라도 당연무효가 아닌 한 일단 유효하게 성립하여 부과처분을 확정적으로 상실시키는 것이므로, 과세관청은 부과의 취소를 다

시 취소함으로써 원부과처분을 소생시킬 수는 없고 납세의무자에게 종전의 과세대상에 대한 납부의무를 지우려면 다시 법률에서 정한 부과절차에 좇아 동일한 내용의 새로운 처분을 하는 수밖에 없다(대법원 1995.3.10, 94누7027).

④ (○) 수익적 행정처분에 대한 취소권 등의 행사는 기득권의 침해를 정당화할 만한 중대한 공익상의 필요 또는 제3자의 이익보호의 필요가 있는 때에 한하여 허용될 수 있다는 법리는, 처분청이 수익적 행정처분을 직권으로 취소·철회하는 경우에 적용되는 법리일 뿐 쟁송취소의 경우에는 적용되지 않는다(대법원 2019.10.17, 2018두104).

13 ②

① ④ (○)

> **행정절차법 제40조의3 (위반사실 등의 공표)**
> ① 행정청은 법령에 따른 의무를 위반한 자의 성명·법인명, 위반사실, 의무 위반을 이유로 한 처분사실 등을 법률로 정하는 바에 따라 일반에게 공표할 수 있다.
> ② 행정청은 위반사실등의 공표를 하기 전에 사실과 다른 공표로 인하여 당사자의 명예·신용 등이 훼손되지 아니하도록 객관적이고 타당한 증거와 근거가 있는지를 확인하여야 한다.
> ③ 행정청은 위반사실등의 공표를 할 때에는 미리 당사자에게 그 사실을 통지하고 의견제출의 기회를 주어야 한다. 다만, 다음 각 호의 어느 하나에 해당하는 경우에는 그러하지 아니하다.
> ㉠ 공공의 안전 또는 복리를 위하여 긴급히 공표를 할 필요가 있는 경우
> ㉡ 해당 공표의 성질상 의견청취가 현저히 곤란하거나 명백히 불필요하다고 인정될 만한 타당한 이유가 있는 경우
> ㉢ 당사자가 의견진술의 기회를 포기한다는 뜻을 명백히 밝힌 경우
> ④ 제3항에 따라 의견제출의 기회를 받은 당사자는 공표 전에 관할 행정청에 서면이나 말 또는 정보통신망을 이용하여 의견을 제출할 수 있다.
> ⑤ 제4항에 따른 의견제출의 방법과 제출 의견의 반영 등에 관하여는 제27조 및 제27조의2를 준용한다. 이 경우 "처분"은 "위반사실등의 공표"로 본다.
> ⑥ 위반사실등의 공표는 관보, 공보 또는 인터넷 홈페이지 등을 통하여 한다.
> ⑦ 행정청은 위반사실등의 공표를 하기 전에 당사자가 공표와 관련된 의무의 이행, 원상회복, 손해배상 등의 조치를 마친 경우에는 위반사실등의 공표를 하지 아니할 수 있다.
> ⑧ 행정청은 공표된 내용이 사실과 다른 것으로 밝혀지거나 공표에 포함된 처분이 취소된 경우에는 그 내용을 정정하여, 정정한 내용을 지체 없이 해당 공표와 같은 방법으로 공표된 기간 이상 공표하여야 한다. 다만, 당사자가 원하지 아니하면 공표하지 아니할 수 있다.

② (×) 병무청장이 하는 병역의무 기피자의 인적사항 등 공개는, 특정인을 병역의무 기피자로 판단하여 그 사실을 일반 대중에게 공표함으로써 그의 명예를 훼손하고 그에게 수치심을 느끼게 하여 병역의무 이행을 간접적으로 강제하려는 조치로서 병역법에 근거하여 이루어지는 공권력의 행사에 해당한다. 병무청장이 병역법 제81조의2 제1항에 따라 병역의무 기피자의 인적사항 등을 인터넷 홈페이지에 게시하는 등의 방법으로 공개한 경우 병무청장의 공개결정을 항고소송의 대상이 되는 행정처분으로 보아야 한다(대법원 2019.6.27, 2018두49130).

③ (○) 헌법 제13조 제1항에서 말하는 '처벌'은 원칙적으로 범죄에 대한 국가의 형벌권 실행으로서의 과벌을 의미하는 것이고, 국가가 행하는 일체의 제재나 불이익처분을 모두 그 '처벌'에 포함시킬 수는 없다. 신상공개제도가 당사자에게 일종의 수치심과 불명예를 줄 수 있다고 하여도, 이는 어디까지나 신상공개제도가 추구하

는 입법목적에 부수적인 것이지 주된 것은 아니다. 또한, 공개되는 신상과 범죄사실은 이미 공개재판에서 확정된 유죄판결의 일부로서, 개인의 신상 내지 사생활에 관한 새로운 내용이 아니고, 공익목적을 위하여 이를 공개하는 과정에서 부수적으로 수치심 등이 발생된다고 하여 이것을 기존의 형벌 외에 또 다른 형벌로서 수치형이나 명예형에 해당한다고 볼 수는 없다. 그렇다면, 신상공개제도는 헌법 제13조의 이중처벌금지 원칙에 위배되지 않는다(헌재결 2003.6.26, 2002헌가14).

14 ①

① (×) 국가공무원법상 소청심사위원회가 소청심사를 하면서 대통령령 등으로 정하는 바에 따라 소청인 또는 대리인에게 진술의 기회를 부여하지 아니하고 한 결정은 취소사유가 아니고 무효에 해당한다(국가공무원법 제13조 제2항).
② (○) 대법원 2013.11.14, 2011두18571
③ (○) 행정처분의 취소를 구하는 항고소송에서 처분청은 당초 처분의 근거로 삼은 사유와 기본적 사실관계가 동일성이 있다고 인정되는 한도 내에서는 다른 사유를 추가하거나 변경할 수도 있다(대법원 2008.2.28., 2007두13791). 즉 처분사유의 추가변경은 기본적 사실관계의 동일성이 인정되어야 한다. 당초 행정처분의 근거로 삼은 사유와 기본적 사실관계에 있어서 동일성이 없는 별개의 사실을 들어 처분사유를 추가하거나 변경할 수는 없다.
④ (○) 대법원 1992.10.23., 92누2844

15 ②

① (○) 공공기관의 정보공개에 관한 법률은 국민의 알권리를 보장하고 국정에 대한 국민의 참여와 국정 운영의 투명성을 확보함을 목적으로 하고(제1조), 공공기관이 보유·관리하는 정보는 국민의 알권리 보장 등을 위하여 적극적으로 공개하여야 한다는 정보공개의 원칙을 선언하고 있으며(제3조), 모든 국민은 정보의 공개를 청구할 권리를 가진다고 하면서(제5조 제1항) 비공개대상정보에 해당하지 않는 한 공공기관이 보유·관리하는 정보는 공개 대상이 된다고 규정하고 있을 뿐(제9조 제1항) 정보공개 청구권자가 공개를 청구하는 정보와 어떤 관련성을 가질 것을 요구하거나 정보공개청구의 목적에 특별한 제한을 두고 있지 아니하므로 정보공개 청구권자의 권리구제 가능성 등은 정보의 공개 여부 결정에 아무런 영향을 미치지 못한다(대법원 2017.9.7. 2017두44558).
② (×) 공공기관이 공개청구의 대상이 된 정보를 공개는 하되, 청구인이 신청한 공개방법 이외의 방법으로 공개하기로 하는 결정을 하였다면, 이는 정보공개청구 중 정보공개방법에 관한 부분에 대하여 일부 거부처분을 한 것이고, 청구인은 그에 대하여 항고소송으로 다툴 수 있다(대법원 2016.11.10. 2016두44674).
③ (○) 청구인이 정보공개거부처분의 취소를 구하는 소송에서 공공기관이 청구정보를 증거 등으로 법원에 제출하여 법원을 통하여 그 사본을 청구인에게 교부 또는 송달하게 하여 결과적으로 청구인에게 정보를 공개하는 셈이 되었다고 하더라도, 이러한 우회적인 방법은 법이 예정하고 있지 아니한 방법으로서 법에 의한 공개라고 볼 수는 없으므로, 당해 문서의 비공개결정의 취소를 구할 소의 이익은 소멸되지 않는다고 할 것이다(대법원 2004.3.26, 2002두6583).
④ (○) 구 공공기관의 정보공개에 관한 법률 제4조 제1항은 "정보의 공개에 관하여는 다른 법률에 특별한 규정이 있는 경우를 제외하고는 이 법이 정하는 바에 의한다."라고 규정하고 있다. 여기서 '정보공개에 관하여 다른 법률에 특별한 규정이 있는 경우'에 해당한다고 하여 정보공개법의 적용을 배제하기 위해서는, 특별한 규정이 '법률'이어야 하고, 내용이 정보공개의 대상 및 범위, 정보공개의 절차, 비공개대상정보 등에 관하여 정보공개법과 달리 규정하고 있는 것이어야 한다. 형사재판확정기록의 공개에 관하여는 형사소송법의 규정이 적용되므로 공공기관의 정보공개에 관한 법률에 의한 공개청구는 허용되지 아니한다(대법원 2014.4.10., 2012두17384).

16 ④

① (O) 토지의 매매대금을 허위로 신고하고 계약을 체결하였고 행정관청이 국토이용관리법 소정의 토지거래계약신고에 관하여 공시된 기준시가를 기준으로 매매가격을 신고하도록 행정지도를 하여 그에 따라 허위신고를 한 것이라 하더라도 이와 같은 행정지도는 법에 어긋나는 것으로서 그와 같은 행정지도나 관행에 따라 허위신고행위에 이르렀다고 하여도 이것만 가지고서는 그 범법행위가 정당화될 수 없다(대법원 1994.6.14. 93도3247).
② (O) 수형자의 서신을 교도소장이 검열하는 행위는 이른바 권력적 사실행위로서 행정심판 이나 행정소송의 대상이 되는 행정처분으로 볼 수 있다. 헌법 제18조가 통신의 자유를 국민의 기본권으로 보장하고 있으므로 서신의 검열은 원칙으로 금지된다고 할 것이나, 헌법 제37조 제2항에 따라 법률로써 제한할 수 있다. 수형자의 서신을 검열하는 것은 수형자의 통신의 자 유의 본질적 내용을 침해하는 것이 아니다(헌법재판소 1998.8.27., 96헌마398).
③ (O) 대법원 1998.7.10., 96다38971
④ (X) 어떠한 처분의 근거가 행정규칙에 규정되어 있다고 하더라도, 그 처분이 상대방에게 권리의 설정 또는 의무의 부담을 명하거나 기타 법적인 효과를 발생하게 하는 등 그 상대방의 권리·의무에 직접 영향을 미치는 행위라면 행정처분에 해당한다. 징계양정규칙에 의한 불문경 고조치는 비록 법률상의 징계처분은 아니지만 항고소송의 대상이 되는 행정처분이다(대법원 2002.7.26., 2001두3532).

17 ①

① (X) 주민등록사무를 담당하는 공무원이 개명으로 인한 주민등록상 성명정정을 본적지 관할관청에 통보하지 아니한 직무상 의무위배행위와 갑과 같은 이름으로 개명허가를 받은 듯이 호적등본을 위조하여 주민등록상 성명을 위법하게 정정한 을이 갑의 부동산에 관하여 불법적으로 근저당권설정등기를 경료함으로써 갑이 입은 손해 사이에는 상당인과관계가 있다(대법원 2003.4.25, 2001다59842).
② (O) 재판에 대하여 따로 불복절차 또는 시정절차가 마련되어 있는 경우에는 재판의 결과로 불이익 내지 손해를 입었다고 여기는 사람은 그 절차에 따라 자신의 권리 내지 이익을 회복하도록 함이 법이 예정하는 바이므로, 불복에 의한 시정을 구할 수 없었던 것 자체가 법관이나 다른 공무원의 귀책사유로 인한 것이라거나 그와 같은 시정을 구할 수 없었던 부득이한 사정이 있었다는 등의 특별한 사정이 없는 한, 스스로 그와 같은 시정을 구하지 아니한 결과 권리 내지 이익을 회복하지 못한 사람은 원칙적으로 국가배상에 의한 권리구제를 받을 수 없다고 봄이 상당하다(대법원 2003.7.11., 99다24218).
③ (O) 국가배상책임은 공무원의 직무집행이 법령에 위반한 것임을 요건으로 하는 것으로서, 공무원의 직무집행이 법령이 정한 요건과 절차에 따라 이루어진 것이라면 특별한 사정이 없는 한 이는 법령에 적합한 것이고 그 과정에서 개인의 권리가 침해되는 일이 생긴다고 하여 그 법령 적합성이 곧바로 부정되는 것은 아니라고 할 것인바, 불법시위를 진압하는 경찰관들의 직무집행이 법령에 위반한 것이라고 하기 위하여는 그 시위진압이 불필요하거나 또는 불법시위의 태양 및 시위 장소의 상황 등에서 예측되는 피해 발생의 구체적 위험성의 내용에 비추어 시위진압의 계속 수행 내지 그 방법 등이 현저히 합리성을 결하여 이를 위법하다고 평가할 수 있는 경우이어야 한다(대법원 1997.7.25, 94다2480).
④ (O) ㉠ 개별공시지가 산정업무 담당공무원 등이 그 직무상 의무에 위반하여 현저하게 불합리한 개별공시지가 결정되도록 함으로써 국민 개개인의 재산권을 침해한 경우에는 그 손해에 대하여 상당인과관계 있는 범위 내에서 그 담당공무원 등이 소속된 지방자치단체가 배상책임을 지게 된다.
㉡ 개별공시지가 산정업무 담당공무원 등이 잘못 산정·공시한 개별공시지가를 신뢰한 나머지 토지의 담보가치가 충분하다고 믿고 그 토지에 관하여 근저당권설정등기를 경료한 후 물품을 추가로 공급함으로써 손해를 입었음을 이유로 그 담당공무원이 속한 지방자치단체에 손해배상을 구한 사안에서, 그 담당공무원 등의 개별공시지가 산정에 관한 직무상 위반행위와 위 손해 사이에 상당인과관계가 있다고 보기 어렵다(대법원 2010.7.22., 2010다13527).

18 ②

① (○) 헌재 2003.4.24, 99헌바110 2000헌바46
② (×)

> 지방자치단체가 전통시장 공영주차장 설치사업을 사업인정고시 없이 시행하면서 협의취득한 건물의 임차인들에게 영업손실보상을 하지 않자, 임차인들이 재산상 손해로서 영업손실보상 상당액과 정신적 손해에 대한 위자료를 함께 청구한 사건에서
>
> ㉠ 사업인정고시가 없더라도 영업상 손실을 보상할 의무가 있음
>
> 사업인정고시는 수용재결절차로 나아가 강제적인 방식으로 토지소유자나 관계인의 권리를 취득·보상하기 위한 절차적 요건에 지나지 않고 영업손실보상의 요건이 아니다. 토지보상법령도 반드시 사업인정이나 수용이 전제되어야 영업손실 보상의무가 발생한다고 규정하고 있지 않다. 따라서 피고가 시행하는 사업이 「공익사업을 위한 토지 등의 취득 및 보상에 관한 법률」상 공익사업에 해당하고 원고들의 영업이 해당 공익사업으로 폐업하거나 휴업하게 된 것이어서 토지보상법령에서 정한 영업손실 보상대상에 해당하면, 사업인정고시가 없더라도 피고는 원고들에게 영업손실을 보상할 의무가 있다(대법원 2021.11.11., 2018다204022).
>
> ㉡ 공익사업의 시행자가 토지 및 건물을 협의취득하면서 임차인들에게 영업손실을 보상하지 않고 공사에 착수하였고, 재결신청청구를 거부하여 결과적으로 임차인들이 영업손실보상을 받을 수 없도록 한 경우, 사업시행자는 그로 인한 손해를 배상할 책임이 있음
>
> 공익사업의 시행자는 해당 공익사업을 위한 공사에 착수하기 이전에 토지소유자와 관계인에게 보상액 전액을 지급하여야 한다. 공익사업의 시행자가 토지소유자와 관계인에게 보상액을 지급하지 않고 그 승낙도 받지 않은 채 공사에 착수함으로써 토지소유자와 관계인이 손해를 입은 경우, 토지소유자와 관계인에 대하여 불법행위가 성립할 수 있고, 사업시행자는 그로 인한 손해를 배상할 책임을 진다(대법원 2021.11.11., 2018다204022).
>
> ㉢ 사업시행자가 배상하여야 할 손해액은 원칙적으로 손실보상금이고, 영업손실보상금의 지급 지연 등의 사정만으로는 원고들에게 정신적 손해가 있다고 보기 어려움
>
> 손해배상책임의 범위와 관련하여 재산상 손해로서 영업손실보상금 상당액을 인정하였으나, 영업손실보상금의 지급 지연 등의 사정만으로는 원고들에게 정신적 손해가 있다고 보기 어렵고, 그 외에 정신적 손해의 발생사실이 증명되었다고 볼 수 없다는 이유로 피고에게 위자료 지급책임이 있다고 볼 수 없다(대법원 2021.11.11., 2018다204022).

③ (○) 경찰관직무집행법 제11조의2 제1항
④ (○) 토지보상법 제67조 제2항

19 ①

① 특별행정심판의 예로는 국가공무원법상 공무원에 대한 불이익처분에 대한 소청심사, 교원지위향상을 위한 특별법상 교원소청심사, 특허법상 특허심판, 국세기본법상 조세심판, 노동위원회법상 중앙노동위원회의 재심, 감사원법상 감사청구 등이 있다.
② 교육감의 처분 또는 부작위는 중앙행정심판위원회에서 심리·재결한다(행정심판법 제6조 제2항 제2호).
③ 도지사에 소속된 자치행정기관의 처분 또는 부작위는 당해 도지사 소속의 행정심판위원회에서 심리·재결한다(행정심판법 제6조 제3항 제1호).
④ 국무총리의 처분 또는 부작위, 또는 특별시 의회의 처분 또는 부작위는 중앙행정심판위원회에서 심리·재결

한다(행정심판법 제6조).

20 ③

③ ㄱ, ㄹ, ㅁ이 옳다.
- ㄱ. (○) 교육공무원법상 승진후보자 명부에 의한 승진심사 방식으로 행해지는 승진임용에서 승진후보자 명부에 포함되어 있던 후보자를 승진임용인사발령에서 제외하는 행위는 불이익처분으로서 항고소송의 대상인 처분에 해당한다고 보아야 한다(대법원 2018.3.27. 2015두47492).
- ㄴ. (×) 금융기관검사 및 제재에 관한 규정에 따라 문책경고를 받은 자로서 문책경고일로부터 3년이 경과하지 아니한 자는 은행장, 상근감사위원, 상임이사, 외국은행지점 대표자가 될 수 없다고 규정하고 있어서, 문책경고는 그 상대방에 대한 직업선택의 자유를 직접 제한하는 효과를 발생하게 하는 등 상대방의 권리·의무에 직접 영향을 미치는 행위로서 행정처분에 해당한다(대법원 2005.2.17. 2003두14765).
- ㄷ. (×) 관할 지방병무청장이 위원회의 심의를 거쳐 공개 대상자를 1차로 결정하기는 하지만, 병무청장에게 최종적으로 공개 여부를 결정할 권한이 있으므로, 관할 지방병무청장의 공개 대상자 결정은 병무청장의 최종적인 결정에 앞서 이루어지는 행정기관 내부의 중간적 결정에 불과하다. 가까운 시일 내에 최종적인 결정과 외부적인 표시가 예정되어 있는 상황에서, 외부에 표시되지 않은 행정기관 내부의 결정을 항고소송의 대상인 처분으로 보아야 할 필요성은 크지 않다(대법원 2019.6.27. 2018두49130).
- ㄹ. (○) 건축주가 토지 소유자로부터 토지사용승낙서를 받아 토지 위에 건축물을 건축하는 대물적(對物的) 성질의 건축허가를 받았다가 착공에 앞서 건축주의 귀책사유로 해당 토지를 사용할 권리를 상실한 경우, 토지 소유자는 건축허가의 철회를 신청할 수 있음. 토지 소유자의 신청을 거부한 행위는 항고소송의 대상이 된다(대법원 2017.3.15. 2014두41190).
- ㅁ. (○) 국민건강보험공단이 갑 등에게 '직장가입자 자격상실 및 자격변동 안내' 통보 및 '사업장 직권탈퇴에 따른 가입자 자격상실 안내' 통보를 한 것은 갑 등의 가입자 자격의 변동 여부 및 시기를 확인하는 의미에서 한 사실상 통지행위에 불과할 뿐, 위 각 통보에 의하여 가입자 자격이 변동되는 효력이 발생한다고 볼 수 없고, 또한 위 각 통보로 갑 등에게 지역가입자로서의 건강보험료를 납부하여야 하는 의무가 발생함으로써 갑 등의 권리의무에 직접적 변동을 초래하는 것도 아니기 때문에 처분성이 인정되지 않는다(대법원 2019.2.14. 2016두41729).

21 ①

① (○) 상대방 있는 행정처분은 특별한 규정이 없는 한 의사표시에 관한 일반법리에 따라 **상대방에게 고지되어야 효력이 발생**하고, 상대방 있는 행정처분이 상대방에게 고지되지 아니한 경우에는 **상대방이 다른 경로를 통해 행정처분의 내용을 알게 되었다고 하더라도 행정처분의 효력이 발생한다고 볼 수 없다**(대법원 2019.8.9. 2019두38656).

> ⇨ 이 사건 처분은 상대방 있는 행정처분에 해당한다. 구 공무원연금법에서 급여에 관한 결정의 고지 방법을 따로 정하지 않았으므로, 이 사건 처분은 상대방인 원고에게 행정절차법 제14조에서 정한 바에 따라 송달하는 등의 방법으로 고지하여야 비로소 효력이 발생한다고 볼 수 있다.
> 기록에 의하면, 원고는 제1심에서부터 일관하여, 2017. 7. 10. 피고의 **인터넷 홈페이지에 접속하여 피고가 게시해 둔 처분 내용을 알게 되었고**, 그날을 행정심판청구서에 '처분이 있음을 안 날'로 기재하였을 뿐 피고로부터 처분서를 송달받지 못했다고 주장해 왔음을 알 수 있다. 그런데 피고가 인터넷 홈페이지에 이 사건 처분의 결정 내용을 게시한 것만으로는 행정절차법 제14조에서 정한 바에 따라 송달이 이루어졌다고 볼 수 없고, 원고가 그 홈페이지에 접속하여 결정 내용을 확인하여 알게 되었다고 하더라도 마찬가지이다. 또한 피고가 이 사건 처분서를 행정절차법 제14조 제1항에 따라 원고 또는 그 대리인의

> 주소·거소(居所)·영업소·사무소로 송달하였다거나 같은 조 제3항 또는 제4항에서 정한 요건을 갖추어 정보통신망을 이용하거나 혹은 관보, 공보, 게시판, 일간신문 중 하나 이상에 공고하고 인터넷에도 공고하는 방법으로 송달하였다는 점에 관한 주장·증명도 없다.
> 따라서 이 사건 처분은 **상대방인 원고에게 고지되어 효력이 발생하였다고 볼 수 없으므로**, 이에 관하여 구 공무원연금법 제80조 제2항에서 정한 심사청구기간이나 행정소송법 제20조 제1항, 제2항에서 정한 **취소소송의 제소기간이 진행한다고 볼 수 없다**(대법원 2019.8.9. 2019두38656).

② (✕) 종전의 허가가 기한의 도래로 실효한 이상 원고가 종전 허가의 유효기간이 지나서 신청한 이 사건 기간 연장신청은 그에 대한 종전의 허가처분을 전제로 하여 단순히 그 **유효기간을 연장하여 주는 행정처분을 구하는 것이라기 보다는 종전의 허가처분과는 별도의 새로운 허가를 내용으로 하는 행정처분을 구하는 것이라고 보아야 할 것**이어서, 이러한 경우 허가권자는 이를 새로운 허가신청으로 보아 법의 관계 규정에 의하여 허가요건의 적합 여부를 새로이 판단하여 그 허가 여부를 결정하여야 할 것이다(대법원 1995.11.10. 94누11866).

③ (✕) 국가공무원법상 당연퇴직은 결격사유가 있을 때 법률상 당연히 퇴직하는 것이지 공무원관계를 소멸시키기 위한 별도의 행정처분을 요하는 것이 아니며, 당연퇴직의 인사발령은 법률상 당연히 발생하는 퇴직사유를 공적으로 확인하여 알려주는 이른바 관념의 통지에 불과하고 공무원의 신분을 상실시키는 새로운 형성적 행위가 아니므로 행정소송의 대상이 되는 독립한 행정처분이라고 할 수 없다(대법원 1995.11.14. 95누2036).

④ (✕) 지목은 토지소유권을 제대로 행사하기 위한 전제요건으로서 토지소유자의 실체적 권리관계에 밀접하게 관련되어 있으므로 지적공부 소관청의 지목변경신청 반려행위는 국민의 권리관계에 영향을 미치는 것으로서 항고소송의 대상이 되는 행정처분에 해당한다(대법원 2004.4.22. 2003두9015).

22 ④

① (○) 행정소송법 제3조 제2호에서 당사자소송을 "행정청의 처분 등을 원인으로 하는 법률관계에 관한 소송 그 밖에 공법상의 법률관계에 대한 소송으로서 그 법률관계의 한쪽 당사자를 피고로 하는 소송"이라고 규정하고 있다.

② (○) 대법원 2021.2.4. 2019다277133

③ (○) 법관이 이미 수령한 수당액이 위 규정에서 정한 정당한 명예퇴직수당액에 미치지 못한다고 주장하며 차액의 지급을 신청함에 대하여 법원행정처장이 거부하는 의사를 표시했더라도, 그 의사표시는 명예퇴직수당액을 형성·확정하는 행정처분이 아니라 공법상의 법률관계의 한쪽 당사자로서 지급의무의 존부 및 범위에 관하여 자신의 의견을 밝힌 것에 불과하므로 행정처분으로 볼 수 없다. 결국 명예퇴직한 법관이 미지급 명예퇴직수당액에 대하여 가지는 권리는 명예퇴직수당 지급대상자 결정 절차를 거쳐 명예퇴직수당규칙에 의하여 확정된 공법상 법률관계에 관한 권리로서, 그 지급을 구하는 소송은 행정소송법의 당사자소송에 해당하며, 그 법률관계의 당사자인 국가를 상대로 제기하여야 한다(대법원 2016.5.24. 2013두14863).

④ (✕) 도시 및 주거환경정비법상 주택재건축정비사업조합을 상대로 관리처분계획안에 대한 조합 총회결의의 효력을 다투는 소송은 행정소송법상 당사자소송에 해당함 ⇨ 당사자소송에 대하여는 행정소송법 제23조 제2항의 집행정지에 관한 규정이 준용되지 아니하므로, 이를 본안으로 하는 가처분에 대하여는 행정소송법 제8조 제2항에 따라 민사집행법상 가처분에 관한 규정이 준용되어야 한다(대법원 2015.8.21. 2015무26).

23 ①

① (✕) 원고를 포함한 경찰관 등에 대한 공무집행방해로 수사를 받던 피의자가 불기소처분이 나온 후 수사과정에서 나타난 현행범체포과정의 위법을 문제 삼아 국가인권위원회에 진정을 하였고, 국가인권위원회가 소속 경찰서장에 대한 징계권고결정을 하여, 소속 경찰서장이 원고에 대한 불문경고처분을 한 경우 원고는 징계권

고결정에 대해서 그 취소를 구하고 있는데, 이미 수사기관 및 국가인권위원회 등의 수사나 조사 등을 통해 구체적인 사실관계가 드러나 있고, 원고가 불문경고처분을 다툴 수 있었는데도 다투지 않은 점 등에 비추어 국가인권위원회의 징계권고결정에 대한 취소를 구할 법률상 이익이 없다(대판 2022.1.27. 2021두40256).

② (O) 당사자의 신청을 받아들이지 않은 거부처분이 재결에서 취소된 경우에 행정청은 종전 거부처분 또는 재결 후에 발생한 새로운 사유를 내세워 다시 거부처분을 할 수 있다. 또한 행정청이 재결에 따라 이전의 신청을 받아들이는 후속처분을 하였더라도 후속처분이 위법한 경우에는 재결에 대한 취소소송을 제기하지 않고도 곧바로 후속처분에 대한 항고소송을 제기하여 다툴 수 있다. 이러한 점들을 종합하면, 거부처분이 재결에서 취소된 경우 재결에 따른 후속처분이 아니라 그 재결의 취소를 구하는 것은 실효적이고 직접적인 권리구제수단이 될 수 없어 분쟁해결의 유효적절한 수단이라고 할 수 없으므로 법률상 이익이 없다(대법원 2017.10.31. 2015두45045).

③ (O) 건축허가를 받아 건축물을 완공하였더라도 건축허가가 취소되면 그 건축물은 철거 등 시정명령의 대상이 되고 이를 이행하지 않은 건축주 등은 건축법에 따른 이행강제금 부과처분이나 행정대집행법에 따른 행정대집행을 받게 되며, 나아가 건축법 제79조 제2항에 의하여 다른 법령상의 인·허가 등을 받지 못하게 되는 등의 불이익을 입게 된다. 따라서 건축허가취소처분을 받은 건축물 소유자는 그 건축물이 완공된 후에도 여전히 위 취소처분의 취소를 구할 법률상 이익을 가진다고 보아야 한다(대법원 2015.11.12. 2015두47195).

④ (O) 주택재개발사업에 대한 사업시행계획에 당연무효인 하자가 있는 경우에는 재개발사업조합은 사업시행계획을 새로이 수립하여 관할관청에게서 인가를 받은 후 다시 분양신청을 받아 관리처분계획을 수립하여야 한다. 따라서 분양신청기간 내에 분양신청을 하지 않거나 분양신청을 철회함으로 인해 구 도시정비법 제47조 및 조합 정관 규정에 의하여 조합원의 지위를 상실한 토지 등 소유자도 그때 분양신청을 함으로써 건축물 등을 분양받을 수 있으므로 사업시행계획의 무효확인 또는 취소를 구할 법률상 이익이 있다(대판 2014.2.27. 2011두25173).

24 ②

② ㄱ, ㄷ이 옳다.

ㄱ. (O) 집행정지는 취소소송과 무효등확인소송이 제기된 경우에 가능하다(법 제23조 제2항, 제38조 제1항). 항고소송이라도 부작위위법확인소송과 거부처분 취소소송에서는 집행정지는 허용되지 않는다. 거부처분에 대한 취소소송과 부작위위법확인소송은 그 효력을 정지하여도 신청인의 법적 지위는 거부처분이 없는 상태, 즉 신청시의 상태로 돌아가는 것에 그치고 만다. 따라서 거부처분에 대한 집행정지신청은 신청의 이익이 없어 부적법한 것이 된다.

ㄴ. (×) ㄷ. (O) ㄹ. (×)

> **행정소송법 제23조(집행정지)**
> ① 취소소송의 제기는 처분등의 효력이나 그 집행 또는 절차의 속행에 영향을 주지 아니한다.
> ② 취소소송이 제기된 경우에 처분등이나 그 집행 또는 절차의 속행으로 인하여 생길 회복하기 어려운 손해를 예방하기 위하여 긴급한 필요가 있다고 인정할 때에는 본안이 계속되고 있는 법원은 당사자의 신청 또는 직권에 의하여 처분등의 효력이나 그 집행 또는 절차의 속행의 **전부 또는 일부의 정지**(이하 "집행정지"라 한다)를 결정할 수 있다. 다만, **처분의 효력정지는 처분등의 집행 또는 절차의 속행을 정지함으로써 목적을 달성할 수 있는 경우에는 허용되지 아니한다.**
> ⑤ 제2항의 규정에 의한 집행정지의 결정 또는 기각의 결정에 대하여는 즉시항고할 수 있다. 이 경우 집행정지의 결정에 대한 즉시항고에는 결정의 집행을 정지하는 효력이 없다.

25 ③

③ 가, 다, 라 지문이 옳다.

가. (○) 행정심판의 재결은 다시 심판을 청구하는 것이 아니고 원칙적으로 원처분에 대하여 행정소송을 하여야 한다. 따라서 행정심판의 성격을 갖는 이의신청의 경우 이를 거친 후에 다시 행정심판을 청구할 수 없다.

나. (×) **행정심판의 성격을 갖는 이의신청의 경우** : 행정심판의 성격을 갖는 이의신청의 경우에는 이의신청을 기각하는 결정은 기각재결이므로 행정처분성이 인정되어 취소소송의 대상인 **처분등에 해당**한다.
행정심판의 성격이 없는 이의신청의 경우에는 독자적인 처분성이 없음 ➪ 민원사무처리에 관한 법률에서 정한 거부처분에 대한 이의신청은 행정청의 위법 또는 부당한 처분이나 부작위로 침해된 국민의 권리 또는 이익을 구제함을 목적으로 하여 행정청과 별도의 행정심판기관에 대하여 불복할 수 있도록 한 절차인 행정심판과는 달리, 민원사무처리법에 의하여 민원사무처리를 거부한 처분청이 민원인의 신청 사항을 다시 심사하여 잘못이 있는 경우 스스로 시정하도록 한 절차이다. 이에 따라, 민원 이의신청을 받아들이는 경우에는 이의신청 대상인 거부처분을 취소하지 않고 바로 최초의 신청을 받아들이는 새로운 처분을 하여야 하지만, 이의신청을 받아들이지 않는 경우에는 다시 거부처분을 하지 않고 그 결과를 통지함에 그칠 뿐이다. 따라서 이의신청을 받아들이지 않는 취지의 기각 결정 내지 그 취지의 통지는, 종전의 거부처분을 유지함을 전제로 한 것에 불과하고 또한 거부처분에 대한 행정심판이나 행정소송의 제기에도 영향을 주지 못하므로, **결국 민원 이의신청인의 권리·의무에 새로운 변동을 가져오는 공권력의 행사나 이에 준하는 행정작용이라고 할 수 없어, 독자적인 항고소송의 대상이 된다고 볼 수 없다고 봄이 타당하다**(대법원 2012.11.15. 2010두8676).

다. (○)

> **행정기본법 제36조(처분에 대한 이의신청)**
> ① 행정청의 처분(「행정심판법」 제3조에 따라 같은 법에 따른 행정심판의 대상이 되는 처분을 말한다. 이하 이 조에서 같다)에 이의가 있는 당사자는 처분을 받은 날부터 **30일 이내에 해당 행정청에 이의신청**을 할 수 있다.
> ② 행정청은 제1항에 따른 이의신청을 받으면 그 **신청을 받은 날부터 14일 이내에 그 이의신청에 대한 결과를 신청인에게 통지하여야 한다.** 다만, 부득이한 사유로 14일 이내에 통지할 수 없는 경우에는 그 기간을 만료일 다음 날부터 기산하여 **10일의 범위에서 한 차례 연장**할 수 있으며, 연장 사유를 신청인에게 통지하여야 한다.
> ③ 제1항에 따라 이의신청을 한 경우에도 그 **이의신청과 관계없이 「행정심판법」에 따른 행정심판 또는 「행정소송법」에 따른 행정소송을 제기할 수 있다.**
> ④ 이의신청에 대한 결과를 통지받은 후 행정심판 또는 행정소송을 제기하려는 자는 **그 결과를 통지받은 날**(제2항에 따른 통지기간 내에 결과를 통지받지 못한 경우에는 같은 항에 따른 통지기간이 만료되는 날의 다음 날을 말한다)부터 **90일 이내에 행정심판 또는 행정소송을 제기**할 수 있다.
> ⑤ 다른 법률에서 이의신청과 이에 준하는 절차에 대하여 정하고 있는 경우에도 그 법률에서 규정하지 아니한 사항에 관하여는 이 조에서 정하는 바에 따른다.
> ⑥ 제1항부터 제5항까지에서 규정한 사항 외에 이의신청의 방법 및 절차 등에 관한 사항은 대통령령으로 정한다.
> ⑦ 다음 각 호의 어느 하나에 해당하는 사항에 관하여는 이 조를 적용하지 아니한다.
>   1. 공무원 인사 관계 법령에 따른 징계 등 처분에 관한 사항
>   2. 「국가인권위원회법」 제30조에 따른 진정에 대한 국가인권위원회의 결정
>   3. 「노동위원회법」 제2조의2에 따라 노동위원회의 의결을 거쳐 행하는 사항
>   4. 형사, 행형 및 보안처분 관계 법령에 따라 행하는 사항

5. 외국인의 출입국·난민인정·귀화·국적회복에 관한 사항
　　　6. 과태료 부과 및 징수에 관한 사항

라. (○) 과세처분에 관한 불복절차과정에서 불복사유가 옳다고 인정하고 이에 따라 필요한 처분을 하였을 경우에는 불복제도와 이에 따른 시정방법을 인정하고 있는 법 취지에 비추어 동일 사항에 관하여 특별한 사유 없이 이를 번복하고 다시 종전의 처분을 되풀이할 수는 없다. 따라서 과세관청이 과세처분에 대한 이의신청절차에서 납세자의 이의신청 사유가 옳다고 인정하여 과세처분을 직권으로 취소하였음에도, 특별한 사유 없이 이를 번복하고 종전 처분을 되풀이하여서 한 과세처분은 위법하다(대법원 2010.9.30., 2009두1020).

제8회 행정법총론 최종모의고사 정답 및 해설

2025 MUST 행정법총론 **최종모의고사**

01	02	03	04	05	06	07	08	09	10
②	②	②	①	④	④	②	①	④	②
11	12	13	14	15	16	17	18	19	20
③	④	③	④	①	④	④	②	④	③
21	22	23	24	25					
③	③	②	③	①					

01 ②

① (○) 어떤 사안이 국회가 형식적 법률로 스스로 규정해야 하는 본질적 사항에 해당하는지 판단하는 기준 ⇨ 규율대상이 국민의 기본권 및 기본적 의무와 관련한 중요성을 가질수록 그리고 그에 관한 공개적 토론의 필요성 또는 상충하는 이익 사이의 조정 필요성이 클수록, 그것이 국회의 법률에 의해 직접 규율될 필요성은 더 증대됨 ⇨ 납세의무자에게 조세의 납부의무 외에 과세표준과 세액을 계산하여 신고해야 하는 의무까지 부과하는 경우, 신고의무 이행에 필요한 기본적인 사항과 신고의무불이행 시 납세의무자가 입게 될 불이익 등은 납세의무를 구성하는 기본적, 본질적 내용으로서 법률로 정해야 할 사항에 해당함 ⇨ 납세의무자가 세무조정계산서의 작성을 외부 전문가에게 맡기도록 강제하는 제도(이하 '외부세무조정제도'라고 한다)는 국민의 기본권 및 기본적 의무와 관련된 것으로서 법률에서 정해야 할 본질적 사항에 해당한다(대법원 2015.8.20, 2012두23808 전원합의체).

② (×) 헌법 제75조에 의하면 대통령은 법률에서 구체적으로 범위를 정하여 위임받은 사항과 법률을 집행하기 위하여 필요한 사항에 관하여만 대통령령을 발할 수 있으므로, 법률의 시행령은 모법인 법률에 의하여 위임받은 사항이나 법률이 규정한 범위 내에서 법률을 현실적으로 집행하는 데 필요한 세부적인 사항만을 규정할 수 있을 뿐, 법률에 의한 위임이 없는 한 법률이 규정한 개인의 권리·의무에 관한 내용을 변경·보충하거나 법률에 규정되지 아니한 새로운 내용을 규정할 수는 없다(대법원 1995. 1. 24. 선고 93다37342 전원합의체).

③ (○) 헌재 2012.5.31, 2010헌마139

④ (○)

> **행정기본법 제8조 (법치행정의 원칙)**
> 행정작용은 법률에 위반되어서는 아니 되며, **국민의 권리를 제한하거나 의무를 부과하는 경우**와 그 밖에 **국민생활에 중요한 영향을 미치는 경우**에는 **법률에 근거하여야** 한다.

02 ②

ㄱ. (×) 임용당시 공무원임용결격사유가 있었다면 비록 국가의 과실에 의하여 임용결격자임을 밝혀내지 못하였다 하더라도 그 임용행위는 당연무효로 보아야 한다(대법원 1987.4.14. 86누459).

ㄴ. (×) 임용이 무효인 경우에는 신의칙 내지 신뢰의 원칙을 적용할 수 없고 또 그러한 의미의 취소권은 시효로 소멸하는 것도 아니다(대법원 1987.4.14. 86누459).

ㄷ. (○) 임용결격자가 공무원으로 임용되어 사실상 근무하여 왔다 하더라도 적법한 공무원으로서의 신분을 취득하지 못한 자로서는 공무원연금법이나 근로자퇴직급여 보장법에서 정한 퇴직급여를 청구할 수 없다(대법원 2017.5.11. 2012다200486).

ㄹ. (○) 甲이 신규임용되어 임용이 취소될 때까지 공무원으로서 한 행위는 사실상 공무원이론에 의해 유효한 것으로 보아야 한다.

03 ②

② ㄱ, ㄹ이 민사소송이다.
ㄱ. 개발부담금 부과처분 취소로 인한 그 과오납금의 반환을 청구하는 소송 : 민사소송
ㄴ. 공립유치원 전임강사에 대한 해임처분의 시정 및 수령 지체된 보수의 지급을 구하는 소송 : 당사자소송
ㄷ. 「도시 및 주거환경정비법」상 관리처분계획안에 대한 조합총회결의의 효력을 다투는 소송 : 당사자소송
ㄹ. 공무원의 직무상 불법행위로 손해를 받은 국민이 국가 또는 공공단체에 배상을 청구하는 소송 : 민사소송
ㅁ. 「하천구역 편입토지 보상에 관한 특별조치법」 제2조 제1항의 규정에 의한 손실보상금의 지급을 구하거나 손실보상청구권의 확인을 구하는 소송 : 당사자소송

04 ①

① (×) 인·허가의제 효과를 수반하는 건축신고는 일반적인 건축신고와는 달리, 특별한 사정이 없는 한 행정청이 그 실체적 요건에 관한 심사를 한 후 수리하여야 하는 이른바 '수리를 요하는 신고'로 보는 것이 옳다(대법원 2011.1.20, 2010두14954 전원합의체).
② (○) 학습비를 받고 실시하는 원격평생교육은 자기완결적 신고이지만 수리를 거부한 것은 행정처분에 해당함 ⇨ 행정청으로서는 신고서 기재사항에 흠결이 없고 정해진 서류가 구비된 때에는 이를 수리하여야 하고, 이러한 형식적 요건을 모두 갖추었음에도 신고대상이 된 교육이나 학습이 공익적 기준에 적합하지 않는다는 등 실체적 사유를 들어 신고 수리를 거부할 수는 없음
③ (○) 구 유통산업발전법의 입법 목적 등과 아울러, 구 유통산업발전법은 기존의 대규모점포의 등록된 유형 구분을 전제로 '대형마트로 등록된 대규모 점포'를 일체로서 규제 대상으로 삼고자 하는 데 취지가 있는 점, 대규모점포의 개설 등록은 이른바 '수리를 요하는 신고'로서 행정처분에 해당하고 등록은 구체적 유형 구분에 따라 이루어진다(대법원 2015.11.19, 2015두295(전합)).
④ (○) 대법원 2011.9.8., 2009두6766

05 ④

① (×) 법률의 시행령이나 시행규칙은 그 법률에 의한 위임이 없으면 개인의 권리·의무에 관한 내용을 변경·보충하거나 법률에 규정되지 아니한 새로운 내용을 정할 수는 없지만, 법률의 시행령이나 시행규칙의 내용이 모법의 입법취지 및 관련 조항 전체를 유기적·체계적으로 살펴 보아 모법의 해석상 가능한 것을 명시한 것에 지나지 아니하거나 모법 조항의 취지에 근거하여 이를 구체화하기 위한 것인 때에는 모법의 규율 범위를 벗어난 것으로 볼 수 없으므로, 모법에 이에 관하여 직접 위임하는 규정을 두지 않았다고 하더라도 이를 무효라고 볼 수는 없다. (대판 2009.6.11, 2008두13637)
② (×) 부작위위법확인소송의 대상이 될 수 있는 것은 구체적 권리의무에 관한 분쟁이어야 하고 추상적인 법령에 관하여 제정의 여부 등은 그 자체로서 국민의 구체적인 권리의무에 직접적 변동을 초래하는 것이 아니어서 행정소송의 대상이 될 수 없다(대판 1992. 5. 8. 91누11261)
③ (×) 국토의 계획 및 이용에 관한 법률 및 국토의 계획 및 이용에 관한 법률 시행령의 이행강제금의 부과기준은 단지 상한을 정한 것에 불과한 것이 아니라, 위반행위 유형별로 계산된 특정 금액을 규정한 것이므로 행정청에 이와 다른 이행강제금액을 결정할 재량권이 없다고 보아야 한다. (대판 2014.11.27, 2013두8653)
④ (○) 대법원 1998. 2. 27, 97누1105

06 ④

① (○) 헌법재판소는 재위임에 의한 부령의 경우에도 위임에 의한 대통령령에 과해지는 헌법상의 제한이 당연히 적용되므로 법률에서 위임받은 사항을 전혀 규정하지 아니하고 그대로 재위임하는 것은 허용되지 않으며, 위임받은 사항에 관하여 대강을 정하고 그중의 특정사항을 범위를 정하여 하위법령에 다시 위임하는 경우에만 재위임이 허용된다(헌재결 1996.2.29, 94헌마213).

② (○) 헌법재판소법 제68조 제1항이 규정하고 있는 헌법소원심판의 대상으로서의 공권력이란 입법·사법·행정 등 모든 공권력을 말하는 것이므로 입법부에서 제정한 법률, 행정부에서 제정한 시행령이나 시행규칙 및 사법부에서 제정한 규칙 등은 그것들이 별도의 집행행위를 기다리지 않고 직접 기본권을 침해하는 것일 때에는 모두 헌법소원심판의 대상이 될 수 있는 것이다(헌재결 1990.1.15, 89헌마178).

③ (○) 법령의 위임이 없음에도 법령에 규정된 처분 요건에 해당하는 사항을 부령에서 변경하여 규정한 경우에는 그 부령의 규정은 행정청 내부의 사무처리 기준 등을 정한 것으로서 행정조직 내에서 적용되는 행정명령의 성격을 지닐 뿐 국민에 대한 대외적 구속력은 없음 ⇨ 어떤 행정처분이 법규성이 없는 시행규칙 등의 규정에 위배된다고 하더라도 처분이 위법하게 되는 것은 아니고, 또 그 규칙 등에서 정한 요건에 부합한다고 하여도 적법한 것이라고 할 수도 없음. 이 경우 처분의 적법 여부는 일반 국민에 대하여 구속력을 가지는 법률 등 법규성이 있는 관계 법령의 규정을 기준으로 판단하여야 한다(대법원 2013.9.12, 2011두10584).

④ (×) 검찰보존사무규칙의 법적 성질은 행정규칙이므로 '법률에 의한 명령에 의하여 비공개사항으로 규정된 경우'에 해당하지 않아, 위 규정을 근거로 비공개할 수 없음 ⇨ 구 정보공개법 제7조 제1항 제1호 소정의 '법률에 의한 명령'은 법률의 위임규정에 의하여 제정된 대통령령, 총리령, 부령 전부를 의미한다기보다는 정보의 공개에 관하여 법률의 구체적 위임 아래 제정된 법규명령(위임명령)을 의미한다고 보아야 할 것인바, 검찰보존사무규칙은 비록 법무부령으로 되어 있으나, 그 중 불기소사건기록 등의 열람·등사에 대하여 제한하고 있는 부분은 위임 근거가 없어 행정기관 내부의 사무처리준칙으로서 행정규칙에 불과하므로, 위 규칙에 의한 열람·등사의 제한을 구 정보공개법 제7조 제1항 제1호의 '다른 법률 또는 법률에 의한 명령에 의하여 비공개사항으로 규정된 경우'에 해당한다고 볼 수 없다(대법원 2004.3.12, 2003두13816).

07 ②

① (×) 행정쟁송 중에서 행정소송은 위법한 처분이고 부당은 포함되지 않는다. 위법 또는 부당한 처분에 대한 불복은 행정심판의 대상이다. 재량권의 일탈 또는 남용은 위법한 처분이므로 행정소송의 대상이 될 수 있다. 그러나 재량권의 한계 내에서의 행정청의 판단, 즉 합목적성 내지 공익성의 판단 등을 대상으로 하는 것은 부당에 그치므로 행정소송의 대상이 아니고 행정심판의 대상이 될 뿐이다.

② (○) 대법원 2014.6.12, 2012두4852

③ (×) 입국관리법령을 종합하면, 재외동포에 대한 사증발급은 행정청의 재량행위에 속하는 것으로서, 재외동포가 사증발급을 신청한 경우에 출입국관리법 시행령 [별표 1의2]에서 정한 재외동포체류자격의 요건을 갖추었다고 해서 무조건 사증을 발급해야 하는 것은 아니다. 재외동포에게 출입국관리법 제11조 제1항 각호에서 정한 입국금지사유 또는 재외동포법 제5조 제2항에서 정한 재외동포체류자격 부여 제외사유(예컨대 '대한민국 남자가 병역을 기피할 목적으로 외국국적을 취득하고 대한민국 국적을 상실하여 외국인이 된 경우')가 있어 그의 국내 체류를 허용하지 않음으로써 달성하고자 하는 공익이 그로 말미암아 발생하는 불이익보다 큰 경우에는 행정청이 재외동포체류자격의 사증을 발급하지 않을 재량을 가진다(대법원 2019.7.11, 2017두38874).

④ (×) 주택건설촉진법 제33조에 의한 주택건설사업계획의 승인은 상대방에게 권리나 이익을 부여하는 효과를 수반하는 이른바 수익적 행정처분으로서 법령에 행정처분의 요건에 관하여 일의적으로 규정되어 있지 아니한 이상 행정청의 재량행위에 속한다 할 것이고, 이러한 승인을 받으려는 주택건설사업계획이 관계 법령이 정하는 제한에 배치되는 경우는 물론이고 그러한 제한사유가 없는 경우에도 공익상 필요가 있으면 처분권자는 그 승인신청에 대하여 불허가 결정을 할 수 있다(대법원 2005.4.15., 2004두10883).

08 ①

① ㄱ이 옳다.
ㄱ. (○) 잡종재산(현재는 일반재산)인 국유림을 대부하는 행위는 국가가 사경제주체로서 상대방과 대등한 위치에서 행하는 사법상의 법률행위라 할 것이고, 잡종재산인 국유림에 관한 대부료의 납입고지 역시 사법상의 이행청구에 해당한다고 할 것이어서 행정소송의 대상으로 되지 아니한다(대법원 1993.12.21, 93누13735).
ㄴ. (×) 국유 일반재산의 관리·처분에 관한 사무를 위탁받은 자는 국유 일반재산의 대부료 등이 납부기한까지 납부되지 아니한 경우에는 국세징수법 제23조와 같은 법의 체납처분에 관한 규정을 준용하여 대부료 등을 징수할 수 있다. 이와 같이 국유 일반재산의 대부료 등의 징수에 관하여는 국세징수법 규정을 준용한 간이하고 경제적인 특별구제절차가 마련되어 있으므로, 특별한 사정이 없는 한 민사소송의 방법으로 대부료 등의 지급을 구하는 것은 허용되지 아니한다(대법원 2014.9.4., 2014다203588).
ㄷ. (×) 국유재산의 관리청이 그 무단점유자에 대하여 하는 변상금부과처분은 순전히 사경제 주체로서 행하는 사법상의 법률행위라 할 수 없고 이는 관리청이 공권력을 가진 우월적 지위에서 행한 것으로서 행정소송의 대상이 되는 행정처분이라고 보아야 한다(대법원 1988. 2. 23, 87누1046).

09 ④

④ ㄴ, ㅁ이 옳다.
ㄱ. (×) 기본행위에 취소의 원인이 있는 경우에는 인가가 있은 후에도 취소할 수 있다. 따라서 인가가 있다고 하여 기본행위의 하자가 치유되는 것이 아니다.
ㄴ. (○) 판례는 "행정주체는 구체적인 행정계획을 입안·결정함에 있어서 비교적 광범위한 형성의 자유를 가지는 것이지만, 행정주체가 가지는 이와 같은 형성의 자유는 무제한적인 것이 아니라 그 행정계획에 관련되는 자들의 이익을 공익과 사익 사이에서는 물론이고 공익 상호 간과 사익 상호 간에도 정당하게 비교교량하여야 한다는 제한이 있으므로, 행정주체가 행정계획을 입안·결정함에 있어서 이익형량을 전혀 행하지 아니하거나 이익형량의 고려 대상에 마땅히 포함시켜야 할 사항을 누락한 경우 또는 이익형량을 하였으나 정당성과 객관성이 결여된 경우에는 위법하다."라고 하여 형량명령이론을 수용하고 있다(대법원 2006.9.8, 2003두5426).
ㄷ. (×) 장례식장의 사용을 중지할 것과 이를 불이행할 경우 행정대집행법에 의하여 대집행하겠다는 내용의 이 사건 처분은, 이 사건 처분에 따른 '장례식장 사용중지 의무'가 원고 이외의 '타인이 대신'할 수도 없고, 타인이 대신하여 '행할 수 있는 행위'라고도 할 수 없는 비대체적 부작위 의무에 대한 것이므로, 그 자체로 위법함이 명백하다(대법원 2005.9.28. 2005두7464).
ㄹ. (×) 판례는 원칙적으로 이유제시의 하자를 취소사유로 이해하고 있다. 한편, 기속행위는 절차상의 하자만을 이유로 해서는 취소할 수 없다는 견해도 있으나, 통설·판례는 기속행위에 대해서도 독자적 취소사유를 인정하고 있다. 그리고 판례는 이유제시를 하지 않아 생긴 처분의 하자는 치유를 부정함이 원칙이나, 사후에 흠결된 절차를 이행하는 것을 허용하더라도 당사자의 권리보호 문제를 야기하지 않는 경우에 한정된 범위에서 치유를 인정한다(대법원 1983.7.26, 82누420).
ㅁ. (○) 구성요건적 효력설은 공정력을 행정행위에 하자가 있는 경우 그것이 중대하고 명백하여 당연무효가 아닌 한, 권한 있는 기관에 의하여 취소될 때까지 상대방 또는 이해관계인들이 그의 효력을 부인할 수 없는 힘이라고 한다. 이 입장에서는 공정력을 행정행위의 상대방과 이해관계인에게만 미치는 것으로 이해하고, 이를 행정행위의 "취소권을 가진 기관이외의 다른 국가기관"에 미치는 힘인 구성요건적 효력과 구분한다.

10 ②

① (×) 중소기업창업법 제35조 제1항의 인허가의제 조항은 창업자가 신속하게 공장을 설립하여 사업을 개시할 수 있도록 창구를 단일화하여 의제되는 인허가를 일괄 처리하는 데 입법 취지가 있다. 위 규정에 의하면 사업

계획승인권자가 관계 행정기관의 장과 미리 협의한 사항에 한하여 승인 시에 그 인허가가 의제될 뿐이고, 해당 사업과 관련된 모든 인허가의제 사항에 관하여 일괄하여 사전 협의를 거쳐야 하는 것은 아니다(대법원 2018.7.12. 2017두48734).
② (○) 사업계획승인으로 의제된 인허가는 통상적인 인허가와 동일한 효력을 가지므로, 그 효력을 제거하기 위한 법적 수단으로 의제된 인허가의 취소나 철회가 허용될 필요가 있다. 특히 업무처리지침 제18조에서는 사업계획승인으로 의제된 인허가 사항의 변경 절차를 두고 있는데, 사업계획승인 후 의제된 인허가 사항을 변경할 수 있다면 의제된 인허가 사항과 관련하여 취소 또는 철회 사유가 발생한 경우 해당 의제된 인허가의 효력만을 소멸시키는 취소 또는 철회도 할 수 있다고 보아야 한다(대법원 2018.7.12. 2017두48734). 따라서 사업계획의 승인을 받은 甲이 농지의 전용허가와 관련한 명령을 불이행하는 경우, 甲에 대해 사업계획에 대한 승인의 효력은 유지하면서 의제된 농지의 전용허가만을 철회할 수 있다.
③ (×) 인허가 의제 대상이 되는 처분에 어떤 하자가 있더라도, 그로써 해당 인허가 의제의 효과가 발생하지 않을 여지가 있게 될 뿐이고, 그러한 사정이 주택건설사업계획 승인처분 자체의 위법사유가 될 수는 없다(대법원 2018.11.29. 2016두38792).
④ (×) 대법원은 "산지전용허가 취소에 따라 사업계획승인은 산지전용허가를 제외한 나머지 인허가 사항만 의제하는 것이 되므로 사업계획승인 취소는 산지전용허가를 제외한 나머지 인허가 사항만 의제된 사업계획승인을 취소하는 것이어서 산지전용허가 취소와 사업계획승인 취소가 대상과 범위를 달리하는 이상, 갑 회사로서는 사업계획승인 취소와 별도로 산지전용허가 취소를 다툴 필요가 있다(대법원 2018.7.12. 2017두48734)."고 판시하였다. 따라서 甲에 대해 농지의 전용허가가 취소되었고 이를 이유로 사업 계획승인처분이 취소된 경우, 甲은 사업계획승인의 취소와 별도로 농지의 전용허가의 취소를 다툴 수 있다.

11 ③

① (○) 행정처분에 사실관계를 오인한 하자가 있는 경우 그 하자가 중대하다고 하더라도 객관적으로 명백하지 않다면 그 처분을 당연무효라고 할 수 없는바, 하자가 명백하다고 하기 위하여는 그 사실관계 오인의 근거가 된 자료가 외형상 상태성을 결여하거나 또는 객관적으로 그 성립이나 내용의 진정을 인정할 수 없는 것임이 명백한 경우라야 할 것이고 사실관계의 자료를 정확히 조사하여야 비로소 그 하자 유무가 밝혀질 수 있는 경우라면 이러한 하자는 외관상 명백하다고 할 수는 없을 것이다(대법원 1992.4.28. 91누6863).
② (○) 대법원 1965. 10. 19. 65누83
③ (×) 권한의 범위를 넘어서는 권한유월의 행위는 무권한 행위로서 원칙적으로 무효라고 할 것이나, 행정청의 공무원에 대한 의원면직처분은 공무원의 사직의사를 수리하는 소극적 행정행위에 불과하고, 당해 공무원의 사직의사를 확인하는 확인적 행정행위의 성격이 강하며 재량의 여지가 거의 없기 때문에 의원면직처분에서의 행정청의 권한유월 행위를 다른 일반적인 행정행위에서의 그것과 반드시 같이 보아야 할 것은 아니다(대법원 2007.07.26. 2005두15748).
④ (○) 대법원 1997. 5. 9., 선고, 95다46722

12 ④

① (○) 공무원이 인.허가 등 수익적 행정처분을 하면서 상대방에게 그 처분과 관련하여 이른바 부관으로서 부담을 붙일 수 있다 하더라도, 그러한 부담은 법치주의와 사유재산 존중, 조세법률주의 등 헌법의 기본원리에 비추어 비례의 원칙이나 부당결부의 원칙에 위반되지 않아야만 적법한 것인바, 행정처분과 부관 사이에 실제적 관련성이 있다고 볼 수 없는 경우 공무원이 위와 같은 공법상의 제한을 회피할 목적으로 행정처분의 상대방과 사이에 사법상 계약을 체결하는 형식을 취하였다면 이는 법치행정의 원리에 반하는 것으로서 위법하다. 지방자치단체가 골프장사업계획승인과 관련하여 사업자로부터 기부금을 지급받기로 한 증여계약은 공무수행과 결부된 금전적 대가로서 그 조건이나 동기가 사회질서에 반하므로 민법 제103조에 의해 무효이다(대법원 2009.12.10. 2007다63966).

② (○) 지방자치단체장이 도매시장법인의 대표이사에 대하여 위 지방자치단체장이 개설한 농수산물도매시장의 도매시장법인으로 다시 지정함에 있어서 그 지정조건으로 '지정기간 중이라도 개설자가 농수산물 유통정책의 방침에 따라 도매시장법인 이전 및 지정취소 또는 폐쇄 지시에도 일체 소송이나 손실보상을 청구할 수 없다.'라는 부관을 붙였으나, 그 중 부제소특약에 관한 부분은 당사자가 임의로 처분할 수 없는 공법상의 권리관계를 대상으로 하여 사인의 국가에 대한 공권인 소권을 당사자의 합의로 포기하는 것으로서 허용될 수 없다(대법원 1998.8.21. 98두8919).

③ (○) 부관의 사후변경은, 법률에 명문의 규정이 있거나 그 변경이 미리 유보되어 있는 경우 또는 상대방의 동의가 있는 경우에 한하여 허용되는 것이 원칙이지만, 사정변경으로 인하여 당초에 부담을 부가한 목적을 달성할 수 없게 된 경우에도 그 목적 달성에 필요한 범위 내에서 예외적으로 허용된다(대법원 1997.5.30. 96누2627).

④ (×) 행정처분에 부담인 부관을 붙인 경우 부관의 무효화에 의하여 본체인 행정처분 자체의 효력에도 영향이 있게 될 수는 있지만, 그 처분을 받은 사람이 부담의 이행으로 사법상 매매 등의 법률행위를 한 경우에는 그 부관은 특별한 사정이 없는 한 법률행위를 하게 된 동기 내지 연유로 작용하였을 뿐이므로 이는 법률행위의 취소사유가 될 수 있음은 별론으로 하고 그 법률행위 자체를 당연히 무효화하는 것은 아니다. 또한, 행정처분에 붙은 부담인 부관이 제소기간의 도과로 확정되어 이미 불가쟁력이 생겼다면 그 하자가 중대하고 명백하여 당연 무효로 보아야 할 경우 외에는 누구나 그 효력을 부인할 수 없을 것이지만, 부담의 이행으로서 하게 된 사법상 매매 등의 법률행위는 부담을 붙인 행정처분과는 어디까지나 별개의 법률행위이므로 그 부담의 불가쟁력의 문제와는 별도로 법률행위가 사회질서 위반이나 강행규정에 위반되는지 여부 등을 따져보아 그 법률행위의 유효 여부를 판단하여야 한다(대판 2009.06.25. 2006다18174).

13 ③

① (○) 상대방 있는 행정처분은 특별한 규정이 없는 한 의사표시에 관한 일반법리에 따라 상대방에게 고지되어야 효력이 발생하고, 상대방 있는 행정처분이 상대방에게 고지되지 아니한 경우에는 상대방이 다른 경로를 통해 행정처분의 내용을 알게 되었다고 하더라도 행정처분의 효력이 발생한다고 볼 수 없다(대판 2019. 8. 9. 2019두38656).

② (○) 수익적 행정행위 신청에 대한 거부처분이 있은 후 당사자가 다시 신청하고 행정청이 이를 다시 거절한 경우, 이는 새로운 거부처분에 해당함 ⇨ 수익적 행정행위 신청에 대한 거부처분은 당사자의 신청에 대하여 관할 행정청이 거절하는 의사를 대외적으로 명백히 표시함으로써 성립되고, 거부처분이 있은 후 당사자가 다시 신청을 한 경우에는 신청의 제목 여하에 불구하고 그 내용이 새로운 신청을 하는 취지라면 관할 행정청이 이를 다시 거절하는 것은 새로운 거부처분으로 봄이 원칙이다(대법원 2019.4.3. 2017두52764).

③ (×) 행정처분이 취소되면 그 소급효에 의하여 처음부터 그 처분이 없었던 것과 같은 효과를 발생하게 되는 바, 행정청이 의료법인의 이사에 대한 이사취임승인취소처분(제1처분)을 직권으로 취소(제2처분)한 경우에는 그로 인하여 이사가 소급하여 이사로서의 지위를 회복하게 되고, 그 결과 위 제1처분과 제2처분 사이에 법원에 의하여 선임결정된 임시이사들의 지위는 법원의 해임결정이 없더라도 당연히 소멸된다(대법원 1997.1.21. 96누3401).

④ (○) 국민의 권리와 이익을 옹호하고 법적안정을 도모하기 위하여 특정한 행위에 대하여는 행정청이라 하여도 이것을 자유로이 취소, 변경 및 철회할 수 없다는 행정행위의 불가변력은 당해 행정행위에 대하여서만 인정되는 것이고, 동종의 행정행위라 하더라도 그 대상을 달리할 때에는 이를 인정할 수 없다(대법원 1974.12.10. 73누129).

14 ④

① (○) 행정기본법 제27조 제2항
② (○) 중소기업기술정보진흥원장이 갑 주식회사와 중소기업 정보화지원사업 지원대상인 사업의 지원에 관한

협약을 체결하였는데, 협약이 갑 회사에 책임이 있는 사업실패로 해지되었다는 이유로 협약에서 정한 대로 지급받은 정부지원금을 반환할 것을 통보한 사안에서, 중소기업 정보화지원사업에 따른 지원금 출연을 위하여 중소기업청장이 체결하는 협약은 공법상 대등한 당사자 사이의 의사표시의 합치로 성립하는 공법상 계약에 해당하는 점 등을 종합하면, 협약의 해지 및 그에 따른 환수통보는 공법상 계약에 따라 행정청이 대등한 당사자의 지위에서 하는 의사표시로 보아야 하고, 이를 행정청이 우월한 지위에서 행하는 공권력의 행사로서 행정처분에 해당한다고 볼 수는 없다(대법원 2015.8.27. 2015두41449).

③ (○) 공법상 계약의 한쪽 당사자가 다른 당사자를 상대로 효력을 다투거나 이행을 청구하는 소송은 공법상의 법률관계에 관한 분쟁이므로 분쟁의 실질이 공법상 권리·의무의 존부·범위에 관한 다툼이 아니라 손해배상액의 구체적인 산정방법·금액에 국한되는 등의 특별한 사정이 없는 한 공법상 당사자소송으로 제기하여야 한다(대법원 2021. 2. 4. 2019다277133).

④ (×) 甲 광역자치단체가 乙 유한회사와 체결한 터널 민간투자사업 실시협약은 공법상 계약에 해당함 ⇨ 민간투자사업 실시협약을 체결한 당사자가 공법상 당사자소송에 의하여 그 실시협약에 따른 재정지원금의 지급을 구하는 경우에, 수소법원은 단순히 주무관청이 재정지원금액을 산정한 절차 등에 위법이 있는지 여부를 심사하는 데 그쳐서는 아니 되고, 실시협약에 따른 적정한 재정지원금액이 얼마인지를 구체적으로 심리·판단하여야 한다(대법원 2019.1.31., 2017두46455).

15 ①

① (○) 행정청이 일방적인 의사표시로 근로관계를 종료시킨 경우나 계약이 성립하지 않게 된 경우에, 그 의사표시가 행정처분인지 공법상 계약의 의사표시인지 판단하는 방법 ⇨ 관계 법령이 상대방의 근무관계에 관하여 구체적으로 어떻게 규정하고 있는지에 따라 그 의사표시가 항고소송의 대상이 되는 행정처분에 해당하는 것인지 아니면 공법상 계약관계의 일방 당사자로서 대등한 지위에서 행하는 의사표시인지 여부를 개별적으로 판단 ⇨ 지방계약직공무원인 서울특별시 시민 옴부즈만 채용행위는 공법상 대등한 당사자 사이의 의사표시의 합치로 성립하는 공법상 계약에 해당하는 이상 원고의 채용계약 청약에 대응한 피고의 '승낙의 의사표시'가 대등한 당사자로서의 의사표시인 것과 마찬가지로 그 청약에 대하여 '승낙을 거절하는 의사표시' 역시 행정청이 대등한 당사자의 지위에서 하는 의사표시라고 보는 것이 타당하고, 그 채용계약에 따라 담당할 직무의 내용에 고도의 공공성이 있다거나 원고가 그 채용과정에서 최종합격자로 공고되어 채용계약 성립에 관한 강한 기대나 신뢰를 가지게 되었다는 사정만으로 이를 행정청이 우월한 지위에서 행하는 공권력의 행사로서 행정처분에 해당한다고 볼 수는 없다(대법원 2014.4.24. 2013두6244).

② (×) 국가를 당사자로 하는 계약이나 공공기관의 운영에 관한 법률의 적용 대상인 공기업이 일방 당사자가 되는 계약(이하 편의상 '공공계약'이라 한다)은 국가 또는 공기업이 사경제의 주체로서 상대방과 대등한 지위에서 체결하는 사법상의 계약으로서 본질적인 내용은 사인 간의 계약과 다를 바가 없으므로, 법령에 특별한 정함이 있는 경우를 제외하고는 서로 대등한 입장에서 당사자의 합의에 따라 계약을 체결하여야 하고 당사자는 계약의 내용을 신의성실의 원칙에 따라 이행하여야 하는 등 사적 자치와 계약자유의 원칙을 비롯한 사법의 원리가 원칙적으로 적용된다(대판 2017.12.21. 2012다74076).

③ (×) 기부채납은 기부자가 그의 소유재산을 지방자치단체의 공유재산으로 증여하는 의사표시를 하고 지방자치단체는 이를 승낙하는 채납의 의사표시를 함으로써 성립하는 증여계약이고, 증여계약의 주된 내용은 기부자가 그의 소유재산에 대하여 가지고 있는 소유권 즉 사용·수익권 및 처분권을 무상으로 지방자치단체에게 양도하는 것이므로, 증여계약이 해제된다면 특별한 사정이 없는 한 기부자는 그의 소유재산에 처분권뿐만 아니라 사용·수익권까지 포함한 완전한 소유권을 회복한다(대법원 1996.11.8. 96다20581).

④ (×) 국책사업인 '한국형 헬기 개발사업'(Korean Helicopter Program)에 개발주관사업자 중 하나로 참여하여 국가 산하 중앙행정기관인 방위사업청과 '한국형헬기 민군겸용 핵심구성품 개발협약'을 체결한 갑 주식회사가 협약을 이행하는 과정에서 환율변동 및 물가상승 등 외부적 요인 때문에 협약금액을 초과하는 비용이 발생하였다고 주장하면서 국가를 상대로 초과비용의 지급을 구하는 민사소송을 제기한 사안에서, 위 협약의

법률관계는 공법관계에 해당하므로 이에 관한 분쟁은 행정소송으로 제기하여야 한다(대법원 2017.11.9., 2015다215526).

16 ④

① (×) 상대방의 귀책사유로 야기된 처분은 신뢰보호원칙이 적용되지 않으므로 행정청은 수익적 행정행위를 취소할 수 있다. 그러나 수익적 행정행위를 취소하는 것은 사전통지의 대상인 권익제한에 해당하고, 사전통지를 생략할 수 있는 사유에 해당하지 않기 때문에 특별한 규정이 없는 한「행정절차법」상 사전통지의 대상에 해당한다.
② (×) 공무원 인사관계 법령에 의한 처분에 관한 사항 전부에 대하여 행정절차법의 적용이 배제되는 것이 아니라 성질상 행정절차를 거치기 곤란하거나 불필요하다고 인정되는 처분이나 행정절차에 준하는 절차를 거치도록 하고 있는 처분의 경우에만 행정절차법의 적용이 배제된다(대법원 2007.09.21. 2006두20631).
③ (×) 행정청이 구 식품위생법상의 영업자지위승계신고 수리처분을 하는 경우, 종전의 영업자에 대하여 위 규정 소정의 행정절차를 실시하고 처분을 하여야 한다(대법원 2003.2.14. 2001두7015).
④ (○) 행정절차법 제37조 제1항

17 ④

ㄱ, ㄴ, ㄹ이 옳다.
ㄱ. 식품위생법 제37조 제2항은 "식품의약품안전처장 또는 특별자치시장·특별자치도지사·시장·군수·구청장은 제1항에 따른 영업허가를 하는 때에는 필요한 조건을 붙일 수 있다."고 규정하고 있으므로 A시장은 유흥주점 영업허가를 하는 때에는 필요한 조건을 붙일 수 있다.
ㄴ. 식품위생법시행규칙 제53조에서 별표 15로 식품위생법 제58조에 따른 행정처분의 기준 을 정하였다고 하더라도, 형식은 부령으로 되어 있으나 성질은 행정기관 내부의 사무처리준 칙을 정한 것에 불과한 것으로서, 보건사회부 장관이 관계 행정기관 및 직원에 대하여 직무 권한 행사의 지침을 정하여 주기 위하여 발한 행정명령의 성질을 가지는 것이지 같은 법 제 58조 제1항의 규정에 보장된 재량권을 기속하는 것이라고 할 수 없고 대외적으로 국민이나 법원을 기속하는 힘이 있는 것은 아니므로, 같은 법 제58조 제1항에 의한 처분의 적법 여부 는 같은 법 시행규칙에 적합한 것인가의 여부에 따라 판단할 것이 아니라 같은 법 규정 및 그 취지에 적합한 것인가의 여부에 따라 판단하여야 할 것이며, 따라서 행정처분이 위 기준 에 위반되었다는 사정만으로 그 처분이 위법한 것으로 되는 것은 아니다(대판 1994.10.14. 94누4370).
ㄷ. 제재적 행정처분이 그 처분에서 정한 제재기간의 경과로 인하여 그 효과가 소멸되었으나, 부령인 시행규칙 또는 지방자치단체의 규칙의 형식으로 정한 처분기준에서 제재적 행정처분 을 받은 것을 가중사유나 전제요건으로 삼아 장래의 제재적 행정처분을 하도록 정하고 있어 그 규칙이 정한 바에 따라 선행처분을 가중사유 또는 전제요건으로 하는 후행처분을 받을 우려가 현실적으로 존재하는 경우에는, 선행처분을 받은 상대방은 비록 그 처분에서 정한 제재 기간이 경과하였다 하더라도 그 처분의 취소소송을 통하여 그러한 불이익을 제거할 권리보호 의 필요성이 충분히 인정된다고 할 것이므로, 선행처분의 취소를 구할 법률상 이익이 있다(대 판 2006.6.22. 2003두1684(전합)).
ㄹ. 위법한 행정대집행이 완료되면 그 처분의 무효확인 또는 취소를 구할 소의 이익은 없다 하더라도, 미리 그 행정처분의 취소판결이 있어야만, 그 행정처분의 위법임을 이유로 한 손해배상 청구를 할 수 있는 것은 아니다 (대판 1972.4.28. 72다337).

18 ②

① (○) 대법원 2010.11.11. 2008다57975
② (×) 객관설(무과실책임설)은 영조물의 설치와 그 후의 유지·수선이 불완전하여 통상적으로 갖추어야 안전성

을 결여함으로써, 타인에게 위해를 미칠 위험성이 있는 상태를 말한다는 견해이다. 객관설에 따르면 설치·관리자의 주관적인 관리의 의무위반을 요하지 않는다. 따라서 이 견해에서는 통상적으로 갖추어야 할 안정성이 결여되어 있으면, 관리자 측의 과실이라든가 또는 관리자의 재정유무에 관계없이 관리자인 국가 등에서 배상책임을 인정한다. 우리의 다수설이고 다수 판례의 입장이다. 객관설에 의하면 영조물의 설치·관리자의 관리행위가 미칠 수 없는 상황 아래에 있는 경우에는 영조물의 설치·관리상의 하자를 인정할 수 있다.

③ (○) 차량이 통행하는 도로에서 유입되는 소음 때문에 인근 주택의 거주자에게 사회통념상 일반적으로 수인할 정도를 넘어서는 침해가 있는지 여부는, 주택법 등에서 제시하는 주택건설기준보다는 환경정책기본법 등에서 설정하고 있는 환경기준을 우선적으로 고려하여 판단하여야 한다(대판 2008.8.21, 2008다9358·9365).

④ (○) 영조물의 설치·관리를 맡은 자와 그 비용을 부담하는 자가 다른 경우에는 비용부담자도 손해를 배상할 책임이 있다(국가배상법 제6조 제1항). 손해를 배상할 책임이 있는 자가 누구인가에 대하여는 피해자보호의 견지에서 대외적 비용부담자와 실질적 비용부담자 모두가 비용부담자에 포함된다는 병합설을 취하는 것이 다수설·판례이다. 따라서 피해자는 그 어느 한쪽에 대하여 선택적으로 배상을 청구할 수 있다. 이 경우 손해를 배상한 자는 내부관계에서 그 손해를 배상할 책임이 있는 자에게 구상할 수 있다(동법 제6조 제2항).

19 ④

① (○) 건축물 소유자는 공익사업을 위한 토지 등의 취득 및 보상에 관한 법률에 규정된 재결절차를 거치지 않은 채 곧바로 사업시행자를 상대로 잔여 건축물 가격감소 등으로 인한 손실보상을 청구할 수는 없다(대법원 2014.9.25, 2012두24092).

② (○) 구 공익사업을 위한 토지 등의 취득 및 보상에 관한 법률을 종합하면, 잔여 영업시설의 손실에 대한 보상을 받기 위해서는, 토지보상법 제34조, 제50조 등에 규정된 재결절차를 거친 다음 그 재결에 대하여 불복이 있는 때에 비로소 토지보상법 제83조 내지 제85조에 따라 권리구제를 받을 수 있을 뿐이다. 이러한 재결절차를 거치지 않은 채 곧바로 사업시행자를 상대로 손실보상을 청구하는 것은 허용되지 않는다.

재결절차를 거쳤는지 여부는 보상항목별로 판단하여야 한다. 피보상자별로 어떤 토지, 물건, 권리 또는 영업이 손실보상대상에 해당하는지, 나아가 보상금액이 얼마인지를 심리·판단하는 기초 단위를 보상항목이라고 한다. 편입토지·물건 보상, 지장물 보상, 잔여 토지·건축물 손실보상 또는 수용청구의 경우에는 원칙적으로 개별물건별로 하나의 보상항목이 되지만, 잔여 영업시설 손실보상을 포함하는 영업손실보상의 경우에는 '전체적으로 단일한 시설 일체로서의 영업' 자체가 보상항목이 되고, 세부 영업시설이나 영업이익, 휴업기간 등은 영업손실보상금 산정에서 고려하는 요소에 불과하다. 그렇다면 영업의 단일성·동일성이 인정되는 범위에서 보상금 산정의 세부요소를 추가로 주장하는 것은 하나의 보상항목 내에서 허용되는 공격방법일 뿐이므로, 별도로 재결절차를 거쳐야 하는 것은 아니다(대법원 2018. 7. 20. 2015두4044).

③ (○) 하나의 재결에서 피보상자별로 여러 가지의 토지, 물건, 권리 또는 영업(이처럼 손실보상 대상에 해당하는지, 나아가 그 보상금액이 얼마인지를 심리·판단하는 기초 단위를 이하 '보상항목'이라고 한다)의 손실에 관하여 심리·판단이 이루어졌을 때, 피보상자 또는 사업시행자가 반드시 재결 전부에 관하여 불복하여야 하는 것은 아니며, 여러 보상항목들 중 일부에 관해서만 불복하는 경우에는 그 부분에 관해서만 개별적으로 불복의 사유를 주장하여 행정소송을 제기할 수 있다. 이러한 보상금 증감 소송에서 법원의 심판범위는 하나의 재결 내에서 소송당사자가 구체적으로 불복신청을 한 보상항목들로 제한된다.

법원이 구체적인 불복신청이 있는 보상항목들에 관해서 감정을 실시하는 등 심리한 결과, 재결에서 정한 보상금액이 일부 보상항목의 경우 과소하고 다른 보상항목의 경우 과다한 것으로 판명되었다면, 법원은 보상항목 상호 간의 유용을 허용하여 항목별로 과다 부분과 과소 부분을 합산하여 보상금의 합계액을 정당한 보상금으로 결정할 수 있다(대법원 2018.5.15, 2017두41221).

④ (×) 공익사업을 위한 토지 등의 취득 및 보상에 관한 법률상의 공익사업시행자가 하는 이주대책대상자 확인·결정의 법적 성질(=행정처분)과 이에 대한 쟁송방법(=항고소송) ⇨ 위와 같은 사업시행자가 하는 확인·결정은 곧 구체적인 이주대책상의 수분양권을 취득하기 위한 요건이 되는 행정작용으로서의 처분인 것이지, 결

코 이를 단순히 절차상의 필요에 따른 사실행위에 불과한 것으로 평가할 수는 없다. 따라서 수분양권의 취득을 희망하는 이주자가 소정의 절차에 따라 이주대책대상자 선정신청을 한 데 대하여 사업시행자가 이주대책대상자가 아니라고 하여 위 확인·결정 등의 처분을 하지 않고 이를 제외시키거나 또는 거부조치한 경우에는, 이주자로서는 당연히 사업시행자를 상대로 항고소송에 의하여 그 제외처분 또는 거부처분의 취소를 구할 수 있다고 보아야 한다.

따라서 이주자가 사업시행자에 대한 이주대책대상자 선정신청 및 이에 따른 확인·결정 등 절차를 밟지 아니하여 구체적인 수분양권을 아직 취득하지도 못한 상태에서 곧바로 분양의무의 주체를 상대방으로 하여 민사소송이나 공법상 당사자소송으로 이주대책상의 수분양권의 확인 등을 구하는 것은 허용될 수 없다.

20 ③

① (○) ② (○) ③ (×) ④ (○)

> 행정절차법 제36조(처분에 대한 이의신청)
> ① 행정청의 처분(「행정심판법」제3조에 따라 같은 법에 따른 행정심판의 대상이 되는 처분을 말한다. 이하 이 조에서 같다)에 이의가 있는 당사자는 처분을 받은 날부터 30일 이내에 해당 행정청에 이의신청을 할 수 있다.
> ② 행정청은 제1항에 따른 이의신청을 받으면 그 신청을 받은 날부터 14일 이내에 그 이의신청에 대한 결과를 신청인에게 통지하여야 한다. 다만, 부득이한 사유로 14일 이내에 통지할 수 없는 경우에는 그 기간을 만료일 다음 날부터 기산하여 10일의 범위에서 한 차례 연장할 수 있으며, 연장 사유를 신청인에게 통지하여야 한다.
> ③ 제1항에 따라 이의신청을 한 경우에도 그 이의신청과 관계없이 「행정심판법」에 따른 행정심판 또는 「행정소송법」에 따른 행정소송을 제기할 수 있다.
> ④ 이의신청에 대한 결과를 통지받은 후 행정심판 또는 행정소송을 제기하려는 자는 그 결과를 통지받은 날(제2항에 따른 통지기간 내에 결과를 통지받지 못한 경우에는 같은 항에 따른 통지기간이 만료되는 날의 다음 날을 말한다)부터 90일 이내에 행정심판 또는 행정소송을 제기할 수 있다.
> ⑤ 다른 법률에서 이의신청과 이에 준하는 절차에 대하여 정하고 있는 경우에도 그 법률에서 규정하지 아니한 사항에 관하여는 이 조에서 정하는 바에 따른다.
> ⑥ 제1항부터 제5항까지에서 규정한 사항 외에 이의신청의 방법 및 절차 등에 관한 사항은 대통령령으로 정한다.
> ⑦ 다음 각 호의 어느 하나에 해당하는 사항에 관하여는 이 조를 적용하지 아니한다.
>   1. 공무원 인사 관계 법령에 따른 징계 등 처분에 관한 사항
>   2. 「국가인권위원회법」 제30조에 따른 진정에 대한 국가인권위원회의 결정
>   3. 「노동위원회법」 제2조의2에 따라 노동위원회의 의결을 거쳐 행하는 사항
>   4. 형사, 행형 및 보안처분 관계 법령에 따라 행하는 사항
>   5. 외국인의 출입국·난민인정·귀화·국적회복에 관한 사항
>   6. 과태료 부과 및 징수에 관한 사항

21 ③

① (×) 취소심판의 인용재결에는 취소재결, 변경재결, 변경명령재결이 있다. 구법에서 존재하였던 취소명령재결은 국민의 권리구제를 위하여 삭제되어 현행 행정심판법에는 존재하지 않는다.

② (×) 행정심판법에 따른 재결에서 재결청이 부과처분에 대하여 한 취소재결은 당해 재결청 및 행정청을 기속

하는 것으로서, 행정청은 물론 재결청은 행정소송을 제기할 수 없다.
③ (○) 행정심판법 제43조 제3항
④ (×) 청구인은 심판청구에 대하여 제7조 제6항 또는 제8조 제7항에 따른 의결이 있을 때까지 서면으로 심판청구를 취하할 수 있다(행정심판법 제42조).

22 ③

① (×) 행정심판법 제5조는 행정심판의 종류로 취소심판, 무효등확인심판, 의무이행심판을 규정하고 있다. 그러나 당사자심판은 행정심판법에는 규정이 없고 개별법에서 인정된다.
② (×) 행정심판법상 가구제 수단에는 집행정지와 임시처분이 있다.
③ (○) 사정재결은 취소소송과 의무이행소송에서만 인정되고, 무효확인심판에서는 인정되지 않는다. 따라서 무효확인심판에서는 심판청구가 이유가 있다고 인정하는 경우에는, 기각하는 재결을 할 수 없고 인용재결을 하여야 한다.
④ (×) 행정처분의 위법성의 판단기준시점은 취소소송에서와는 같이 원칙적으로 처분시점을 기준으로 삼는다.

23 ②

① (○) 하자 있는 행정처분을 놓고 이를 무효로 볼 것인지 아니면 단순히 취소할 수 있는 처분으로 볼 것인지는 동일한 사실관계를 토대로 한 법률적 평가의 문제에 불과하고, 행정처분의 무효확인을 구하는 소에는 특단의 사정이 없는 한 그 취소를 구하는 취지도 포함되어 있다고 보아야 하는 점 등에 비추어 볼 때, 동일한 행정처분에 대하여 무효확인의 소를 제기하였다가 그 후 그 처분의 취소를 구하는 소를 추가적으로 병합한 경우, 주된 청구인 무효확인의 소가 적법한 제소기간 내에 제기되었다면 추가로 병합된 취소청구의 소도 적법하게 제기된 것으로 봄이 상당하다 할 것이다. 따라서 이 사건 주위적 청구인 무효확인에 관한 소가 적법한 제소기간 내에 제기되었다면 예비적 청구인 취소청구에 관한 소도 적법하게 제기된 것으로 보아야 할 것임에도, 예비적 청구만을 기준으로 제소기간 준수 여부를 판단한 나머지 이 사건 예비적 청구에 관한 소가 부적법하다고 본 원심판결에는 행정소송의 제소기간에 관한 법리를 오해하여 판결에 영향을 미친 위법이 있다 할 것이다(대법원 2005.12.23. 2005두3554).
② (×) 행정소송법 제20조 제1항에 의하면 취소소송은 원칙적으로 처분 등이 있음을 안 날부터 90일 이내에 제기하여야 하나, 행정청이 행정심판청구를 할 수 있다고 잘못 알려 행정심판의 청구를 한 경우에는 그 제소기간은 행정심판 재결서의 정본을 송달받은 날부터 기산하여야 한다(대법원 2006.09.08. 2004두947).
③ (○) 부작위위법확인의 소는 부작위상태가 계속되는 한 그 위법의 확인을 구할 이익이 있다고 보아야 하므로 원칙적으로 제소기간의 제한을 받지 않는다. 그러나 행정소송법 제38조 제2항이 제소기간을 규정한 같은 법 제20조를 부작위위법확인소송에 준용하고 있는 점에 비추어 보면, 행정심판 등 전심절차를 거친 경우에는 행정소송법 제20조가 정한 제소기간 내에 부작위위법확인의 소를 제기하여야 한다.
당사자가 동일한 신청에 대하여 부작위위법확인의 소를 제기하였으나 그 후 소극적 처분이 있다고 보아 처분취소소송으로 소를 교환적으로 변경한 후 여기에 부작위위법확인의 소를 추가적으로 병합한 경우, 최초의 부작위위법확인의 소가 적법한 제소기간 내에 제기된 이상 그 후 처분취소소송으로의 교환적 변경과 처분취소소송에의 추가적 변경 등의 과정을 거쳤다고 하더라도 여전히 제소기간을 준수한 것으로 봄이 상당하다(대법원 2009.07.23. 2008두10560).
④ (○) 취소소송은 처분 등이 있음을 안 날부터 90일 이내에 제기하여야 하고, 처분 등이 있은 날부터 1년을 경과하면 제기하지 못하며(행정소송법 제20조 제1항, 제2항), 청구취지를 변경하여 구 소가 취하되고 새로운 소가 제기된 것으로 변경되었을 때에 새로운 소에 대한 제소기간의 준수 등은 원칙적으로 소의 변경이 있은 때를 기준으로 하여야 한다(대법원 2004.11.25. 2004두7023).

24 ③

①② (○) 헌법 제11조 제3항과 구 상훈법 제2조, 제33조, 제34조, 제39조의 규정 취지에 의하면, 서훈은 서훈대상자의 특별한 공적에 의하여 수여되는 고도의 일신전속적 성격을 가지는 것이다. 나아가 서훈은 단순히 서훈대상자 본인에 대한 수혜적 행위로서의 성격만을 가지는 것이 아니라, 국가에 뚜렷한 공적을 세운 사람에게 영예를 부여함으로써 국민 일반에 대하여 국가와 민족에 대한 자긍심을 높이고 국가적 가치를 통합·제시하는 행위의 성격도 있다. 서훈의 이러한 특수성으로 말미암아 상훈법은 일반적인 행정행위와 달리 사망한 사람에 대하여도 그의 공적을 영예의 대상으로 삼아 서훈을 수여할 수 있도록 규정하고 있다. 그러나 그러한 경우에도 서훈은 어디까지나 서훈대상자 본인의 공적과 영예를 기리기 위한 것이므로 비록 유족이라고 하더라도 제3자는 서훈수여 처분의 상대방이 될 수 없고, 구 상훈법 제33조, 제34조 등에 따라 망인을 대신하여 단지 사실행위로서 훈장 등을 교부받거나 보관할 수 있는 지위에 있을 뿐이다. 이러한 서훈의 일신전속적 성격은 서훈취소의 경우에도 마찬가지이므로, 망인에게 수여된 서훈의 취소에서도 유족은 그 처분의 상대방이 되는 것이 아니다. 이와 같이 망인에 대한 서훈취소는 유족에 대한 것이 아니므로 유족에 대한 통지에 의해서만 성립하여 효력이 발생한다고 볼 수 없고, 그 결정이 처분권자의 의사에 따라 상당한 방법으로 대외적으로 표시됨으로써 행정행위로서 성립하여 효력이 발생한다고 봄이 타당하다(대법원 2014. 9. 26. 2013두2518).

③ (×) 이 사건 서훈취소 처분의 통지가 처분권자인 대통령이 아니라 그 보좌기관인 피고에 의하여 이루어졌다고 하더라도, 그 처분이 대통령의 인식과 의사에 기초하여 이루어졌고, 앞서 보았듯이 그 통지로 이 사건 서훈취소 처분의 주체(대통령)와 내용을 알 수 있으므로, 이 사건 서훈취소 처분의 외부적 표시의 방법으로서 위 통지의 주체나 형식에 어떤 하자가 있다고 보기도 어렵다(대법원 2014. 9. 26. 2013두2518).

④ (○) 대법원 2014. 9. 26. 2013두2518

25 ①

① (×) 공정거래위원회, 토지수용위원회, 방송위원회, 공직자윤리위원회, 노동위원회 등 각종 합의제 행정기관이 한 처분에 대하여는 그 합의제의 대표가 아닌 합의제 행정청 자체가 피고가 된다. 다만, 특별한 규정이 있는 경우, 예를 들어 중앙노동위원회의 처분에 대한 소는 중앙노동위원회위원장을 피고로 한다.

② (○) ④ (○) **피고경정은 사실심 변론종결시까지만 가능하고 상고심에서는 허용되지 않는다**(대법원 2006.2.23., 2005부4).

> **행정소송법 제14조(피고경정)**
> ① 원고가 피고를 잘못 지정한 때에는 법원은 원고의 신청(직권×)에 의하여 결정으로써 피고의 경정을 허가할 수 있다.
>
> **행정소송법 제44조(준용규정)**
> ① 제14조 내지 제17조, 제22조, 제25조, 제26조, 제30조제1항, 제32조 및 제33조의 규정은 당사자소송의 경우에 준용한다.

③ (○)

> **행정소송법 제21조(소의 변경)**
> ① 법원은 취소소송을 당해 처분등에 관계되는 사무가 귀속하는 국가 또는 공공단체에 대한 당사자소송 또는 취소소송외의 항고소송으로 변경하는 것이 상당하다고 인정할 때에는 청구의 기초에 변경이 없는 한 사실심의 변론종결시까지 원고의 신청에 의하여 결정으로써 소의 변경을 허가할 수 있다.
>
> **행정소송법 제42조(소의 변경)**
> 제21조의 규정은 당사자소송을 항고소송으로 변경하는 경우에 준용한다.

제9회 행정법총론 최종모의고사 정답 및 해설

2025 MUST 행정법총론 **최종모의고사**

01	02	03	04	05	06	07	08	09	10
①	①	④	④	③	③	①	①	②	③
11	12	13	14	15	16	17	18	19	20
②	①	③	①	③	③	②	③	①	②
21	22	23	24	25					
③	③	①	③	③					

01 ①

① ⓒⓒⓔⓜ이 옳지 않다.
- ⓐ (○) 이 사건 중단조치는 북한의 핵실험과 장거리 미사일 발사로 초래된 동북아시아 안보지형의 변화, 국익 차원에서 북한의 핵무력 완성을 저지하기 위한 대응 조치의 필요성, 관련 국제 공조에 있어서 우리나라의 지위와 역할, 개성공단 내 우리 국민의 신변안전 등을 복합적으로 고려하여 내린 정치적 결단에 기한 조치로서 이른바 통치행위에 해당한다(헌법재판소 2022.1.27, 2016헌마364).
- ⓑ (×) 대통령의 의사 결정을 포함하고 그러한 의사 결정이 고도의 정치적 결단을 요하는 문제이기는 하나, 그 의사 결정에 따른 조치 결과 투자기업인 청구인들의 영업의 자유 등 기본권에 제한이 발생하였다. 그리고 국민의 기본권 제한과 직접 관련된 공권력의 행사는 고도의 정치적 고려가 필요한 대통령의 행위라도 헌법과 법률에 따라 정책을 결정하고 집행하도록 함으로써 국민의 기본권이 침해되지 않도록 견제하는 것이 국민의 기본권 보장을 사명으로 하는 헌법재판소 본연의 임무이므로, 그 한도에서 헌법소원심판의 대상이 될 수 있다고 보아야 한다(헌법재판소 2022.1.27, 2016헌마364).
- ⓒ (×) 개성공단 전면중단 조치는 국가안보와 관련된 조치로서, 현지 체류 국민들의 신변안전을 위해 최대한 기밀로 유지하면서 신속하게 처리할 필요가 있었다. 위 조치과정에서 국가안보에 관한 필수 기관이 참여하는 국가안전보장회의 상임위원회의 협의를 거쳤고, '남북교류협력에 관한 법률'이 규정하는 조정명령이 국무회의를 사전 절차로 요구하지 않으며, 관련 기업인과의 간담회가 개최되기도 하였으므로, 조치의 특성, 절차 이행으로 제고될 가치, 국가작용의 효율성 등의 형량에 따른 필수적 절차는 거친 것으로 보아야 한다. 따라서 국무회의 심의, 이해관계자에 대한 의견청취절차 등을 거치지 않았더라도 개성공단 전면중단 조치가 적법절차원칙을 위반하여 개성공단 투자기업인 청구인들의 영업의 자유와 재산권을 침해한다고 볼 수 없다(헌법재판소 2022.1.27, 2016헌마364).
- ⓓ (×) '개성공단의 정상화를 위한 합의서'에는 국내법과 동일한 법적 구속력을 인정하기 어렵고, 과거 사례 등에 비추어 개성공단의 중단 가능성은 충분히 예상할 수 있었으므로, 개성공단 전면중단 조치는 신뢰보호원칙을 위반하여 개성공단 투자기업인 청구인들의 영업의 자유와 재산권을 침해하지 아니한다(헌법재판소 2022.1.27, 2016헌마364).
- ⓔ (×) 이 사건 중단조치는 개성공단에서의 영업활동을 중단시키는 것을 목적으로 하고, 개성공단 내에 존재하는 토지나 건물, 설비, 생산물품 등에 직접 공용부담을 가하여 개별적, 구체적으로 이용을 제한하고자 하는 것이 아니다. 개성공단에서의 영업활동을 중단시킴으로써 개성공단 내에 위치한 사업용 토지나 건물 등 재산을 사용할 수 없게 되는 제한이 발생하기는 하였으나 이는 개성공단이라는 특수한 지역에 위치한 사업용 재산이 받는 사회적 제약이 구체화된 것일 뿐이므로, 공익목적을 위해 개별적, 구체적으로 이미 형성된 구체적 재산권을 제한하는 공용 제한과는 구별된다.
  이 사건 중단조치에 의한 영업중단으로 영업상 손실이나 주식 등 권리의 가치하락이 발생하였더라도 이는 영리획득의 기회나 기업활동의 여건 변화에 따른 재산적 손실일 뿐이므로, 헌법 제23조의 재산권보장의 범위에 속한다고 보기 어렵다.
따라서 청구인들이 주장하는 재산권 제한이나 재산적 손실에 대해 헌법 제23조 제3항이 규정한 정당한 보상이 지급되지 않았더라도, 이 사건 중단조치가 위 헌법규정을 위반하여 청구인들의 재산권을 침해한 것으로 볼 수 없다(헌법재판소 2022.1.27. 2016헌마364).

02 ①

① (○) ③ (×) 생활폐기물수집·운반대행위탁계약은 사법상 계약이고 따라서 이에 대한 분쟁(계약의 체결에 관한 다툼)은 민사소송에 의한다.
② (×) 「지방재정법」에 의하여 준용되는 국가계약법에 따라 지방자치단체가 당사자가 되는 이른바 공공계약은 사경제의 주체로서 상대방과 대등한 위치에서 체결하는 사법상의 계약으로서 그 본질적인 내용은 사인 간의 계약과 다를 바가 없으므로, 그에 관한 법령에 특별한 정함이 있는 경우를 제외하고는 사적자치와 계약자유의 원칙 등 사법의 원리가 그대로 적용된다 할 것이다(대법원 2018.2.13. 2014두11328).
④ (×) 행정사건의 심리절차는 행정소송의 특수성을 감안하여 행정소송법이 정하고 있는 특칙이 적용될 수 있는 점을 제외하면 심리절차 면에서 민사소송 절차와 큰 차이가 없으므로, 특별한 사정이 없는 한 민사사건을 행정소송 절차로 진행한 것 자체가 위법하다고 볼 수 없다(대법원 2018.2.13., 2014두11328).

03 ④

① (○) 국군의 특수한 사명을 수행하기 위하여 모든 국민에게 국방의무가 부과되고, 군인의 복무 및 군인훈련은 일반사회생활과는 현저하게 다른 특수하고 전문적인 영역이어서 군사전문가인 지휘관에게 포괄적으로 일임할 필요가 있으며, 군대에 대한 통수와 지휘는 예측할 수 없는 다양한 상황에 대하여 신속하고 전문적·효과적으로 이루어져야 하므로, 군인사법 제47조의2가 군인의 복무에 관한 사항에 관한 규율권한을 대통령령에 위임하면서 다소 개괄적으로 위임하였다고 하여 헌법 제75조의 포괄위임금지원칙에 어긋난다고 보기 어렵다(헌법재판소 2010.10.28. 2007헌마890).
② (○) 금치 처분을 받은 수형자는 외부세계와의 교통이 단절된 상태에 있게 되며, 환기가 잘 안 되는 1평 남짓한 징벌실에 최장 2개월 동안 수용된다는 점을 고려할 때, 금치 수형자에 대하여 일체의 운동을 금지하는 것은 수형자의 신체적 건강뿐만 아니라 정신적 건강을 해칠 위험성이 현저히 높다. 따라서 금치 처분을 받은 수형자에 대한 절대적인 운동의 금지는 징벌의 목적을 고려하더라도 그 수단과 방법에 있어서 필요한 최소한도의 범위를 벗어난 것으로서, 수형자의 헌법 제10조의 인간의 존엄과 가치 및 신체의 안전성이 훼손당하지 아니할 자유를 포함하는 제12조의 신체의 자유를 침해하는 정도에 이르렀다고 판단된다(헌재결 2004.12.16. 2002헌마478).
③ (○) 대법원 2018.8.30., 2016두60591
④ (×) 사관생도의 모든 사적 생활에서까지 예외 없이 금주의무를 이행할 것을 요구하는 것은 사관생도의 일반적 행동자유권은 물론 사생활의 비밀과 자유를 지나치게 제한하는 것이고, 둘째 구 예규 및 예규 제12조에서 사관생도의 모든 사적 생활에서까지 예외 없이 금주의무를 이행할 것을 요구하면서 제61조에서 사관생도의 음주가 교육 및 훈련 중에 이루어졌는지 여부나 음주량, 음주 장소, 음주 행위에 이르게 된 경위 등을 묻지 않고 일률적으로 2회 위반 시 원칙으로 퇴학 조치하도록 정한 것은 사관학교가 금주제도를 시행하는 취지에 비추어 보더라도 사관생도의 기본권을 지나치게 침해하는 것이므로, 위 금주조항은 사관생도의 일반적 행동자유권, 사생활의 비밀과 자유 등 기본권을 과도하게 제한하는 것으로서 무효이다(대법원 2018.8.30., 2016두60591).

04 ④

① (○) 헌법 제114조 제6항은 "중앙선거관리위원회는 법령의 범위 안에서 선거관리·국민투표관리 및 정당사무에 관한 규칙을 제정할 수 있다."고 규정하고 있다. 중앙선거관리위원회규칙은 법규명령에 해당한다. 행정입법은 행정처분이 아니기 때문에 행정소송의 대상이 될 수는 없고 구체적 규범통제의 대상이 될 수 있다.

② (○) 법규명령이 직접적·구체적으로 국민의 법적 지위에 영향을 미치는 것인 때에는 당해 법규명령에 대하여 처분성이 인정되어 무효등확인소송 또는 취소소송의 대상이 될 수 있다는 것이 통설·판례의 입장이다.

③ (○) 위헌·위법명령규칙심사라는 구체적 규범통제는 대법원뿐 아니라 각급법원(군사법원도 포함)이 모두 가지고 있으나 최종적인 심사는 대법원이 한다.

④ (×) **행정입법부작위는 부작위위법확인소송이라는 항고소송을 할 수 없음** ⇨ 행정소송은 구체적 사건에 대한 법률상 분쟁을 법에 의하여 해결함으로써 법적 안정을 기하자는 것이므로 부작위위법확인소송의 대상이 될 수 있는 것은 구체적 권리의무에 관한 분쟁이어야 하고 추상적인 법령에 관하여 제정의 여부 등은 그 자체로서 국민의 구체적인 권리의무에 직접적 변동을 초래하는 것이 아니어서 그 소송의 대상이 될 수 없는 바, 대통령이 대통령령을 제정하지 아니한 행정입법부작위의 위법확인을 구하는 이 사건 소는 부적법하다(대법원 1992.5.8., 91누11261).

05 ③

③ ㄱ, ㄴ, ㄹ이 옳다.

ㄱ. (○) 주택건설촉진법 제33조에 의한 주택건설사업계획의 승인은 상대방에게 권리나 이익을 부여하는 효과를 수반하는 이른바 수익적 행정처분으로서 법령에 행정처분의 요건에 관하여 일의적으로 규정되어 있지 아니한 이상 행정청의 재량행위에 속한다 할 것이고, 이러한 승인을 받으려는 주택건설사업계획이 관계 법령이 정하는 제한에 배치되는 경우는 물론이고 그러한 제한사유가 없는 경우에도 공익상 필요가 있으면 처분권자는 그 승인신청에 대하여 불허가 결정을 할 수 있다(대법원 2005.4.15. 2004두10883).

ㄴ. (○) 부동산 실권리자명의 등기에 관한 법률 시행령 제3조의2 단서는 조세를 포탈하거나 법령에 의한 제한을 회피할 목적이 아닌 경우에 과징금의 100분의 50을 감경할 수 있다고 규정하고 있고, 이는 임의적 감경규정임이 명백하므로, 위와 같은 감경사유가 존재하더라도 과징금을 감경할 것인지 여부는 과징금 부과관청의 재량에 속한다(대법원 2007.7.12, 2006두4554).

ㄷ. (×) 수익적 행정처분에 있어서는 법령에 특별한 근거규정이 없다고 하더라도 그 부관으로서 부담을 붙일 수 있고, 그와 같은 부담은 행정청이 행정처분을 하면서 일방적으로 부가할 수도 있지만 부담을 부가하기 이전에 상대방과 협의하여 부담의 내용을 협약의 형식으로 미리 정한 다음 행정처분을 하면서 이를 부가할 수도 있다(대판 2009.2.12, 2005다65500).

ㄹ. (○) 의료법 제53조 제1항, 제2항, 제59조 제1항의 문언과 체제, 형식, 모든 국민이 수준 높은 의료 혜택을 받을 수 있도록 국민의료에 필요한 사항을 규정함으로써 국민의 건강을 보호하고 증진하려는 의료법의 목적 등을 종합하면, 불확정개념으로 규정되어 있는 의료법 제59조 제1항에서 정한 지도와 명령의 요건에 해당하는지, 나아가 요건에 해당하는 경우 행정청이 어떠한 종류와 내용의 지도나 명령을 할 것인지의 판단에 관해서는 행정청에 재량권이 부여되어 있다.
신의료기술의 안전성·유효성 평가나 신의료기술의 시술로 국민보건에 중대한 위해가 발생하거나 발생할 우려가 있는지에 관한 판단은 고도의 의료·보건상의 전문성을 요하므로, 행정청이 국민의 건강을 보호하고 증진하려는 목적에서 의료법 등 관계 법령이 정하는 바에 따라 이에 대하여 전문적인 판단을 하였다면, 판단의 기초가 된 사실인정에 중대한 오류가 있거나 판단이 객관적으로 불합리하거나 부당하다는 등의 특별한 사정이 없는 한 존중되어야 한다. 또한 행정청이 전문적인 판단에 기초하여 재량권의 행사로서 한 처분은 비례의 원칙을 위반하거나 사회통념상 현저하게 타당성을 잃는 등 재량권을 일탈하거나 남용한 것이 아닌 이상 위법하다고 볼 수 없다(대법원 2016.1.28. 2013두21120).

ㅁ. (×) 기속행위는 그 법규에 대한 원칙적인 기속성으로 인하여 법원이 사실인정과 관련 법규의 해석, 적용을

통하여 일정한 결론을 도출한 후 그 결론에 비추어 행정청이 한 판단의 적법 여부를 독자의 입장에서 판정하는 방식에 의하나, 재량행위의 경우 행정청의 재량에 기한 공익판단의 여지를 감안하여 법원은 독자의 결론을 도출함이 없이 당해 행위에 재량권의 일탈, 남용여부만을 심사하게 된다(대법원 2001.2.9., 98두17593).

06 ③

ㄱ. 행정심판의 재결	⇨ 확인
ㄴ. 의료유사업자 자격증 갱신발급행위	⇨ 공증
ㄷ. 상표사용권설정등록행위	⇨ 공증
ㄹ. 건설업 면허증의 재교부	⇨ 공증
ㅁ. 특허출원의 공고	⇨ 통지

07 ①

① (×) 행정기본법은 공정력을 인정하는 명시적 규정을 신설하였다(행정기본법 제15조).

> **행정기본법 제15조(처분의 효력)**
> 처분은 권한이 있는 기관이 취소 또는 철회하거나 기간의 경과 등으로 소멸되기 전까지는 **유효한 것으로 통용**된다. 다만, 무효인 처분은 처음부터 그 효력이 발생하지 아니한다.

② (○) 불가쟁력은 쟁송제기기간의 도과, 판결의 확정 등으로 행정행위의 상대방이나 기타 관계인이 행정행위의 효력을 더 이상 다툴 수 없게 하는 효력을 말한다.
③ (○) 행정행위 중에서 그 성질상 처분청 또는 상급감독청이 직권으로 취소·변경·철회할 수 없는 경우가 있다. 행정행위의 이와 같은 효력을 불가변력이라 한다. 불가변력이 발생하더라도 제소기간이 도과하지 않는 한 당해 행정행위에 대하여 당사자 등은 행정쟁송을 제기할 수 있다.
④ (○) 특허와 인가 등 형성적 행정행위는 효력요건이므로 원칙적으로 효과가 무효가 될 뿐이고 강제집행을 할 수 없다. 따라서 강제력은 특허와 인가 등 형성적 행정행위에서는 발생할 수 없고, 일정한 의무를 명하는 하명행위에서 문제된다.

08 ①

① (×) 원고는 제1심에서부터 일관하여, 2017. 7. 10. 피고의 인터넷 홈페이지에 접속하여 피고가 게시해 둔 처분 내용을 알게 되었고, 그날을 행정심판청구서에 '처분이 있음을 안 날'로 기재하였을 뿐 피고로부터 처분서를 송달받지 못했다고 주장해 왔음을 알 수 있다. 그런데 피고가 인터넷 홈페이지에 이 사건 처분의 결정 내용을 게시한 것만으로는 「행정절차법」 제14조에서 정한 바에 따라 송달이 이루어졌다고 볼 수 없고, 원고가 그 홈페이지에 접속하여 결정 내용을 확인하여 알게 되었다고 하더라도 마찬가지이다(대법원 2019두38656).
② (○) 대법원 2016두60577
③ (○) 대법원 2019두34630
④ (○) 행정절차법 제24조 제1항

09 ②

① (○) 행정절차법 제40조의4
② (×) 1999. 7. 22. 발표한 개발제한구역제도개선방안은 건설교통부장관이 개발제한구역의 해제 내지 조정을

위한 일반적인 기준을 제시하고, 개발제한구역의 운용에 대한 국가의 기본방침을 천명하는 정책계획안으로서 비구속적 행정계획안에 불과하므로 공권력행위가 될 수 없으며, 이 사건 개선방안을 발표한 행위도 대내외적 효력이 없는 단순한 사실행위에 불과하므로 공권력의 행사라고 할 수 없다.

비구속적 행정계획안이나 행정지침이라도 국민의 기본권에 직접적으로 영향을 끼치고, 앞으로 법령의 뒷받침에 의하여 그대로 실시될 것이 틀림없을 것으로 예상될 수 있을 때에는, 공권력행위로서 예외적으로 헌법소원의 대상이 될 수 있다.

이 사건 개선방안은 7개 중소도시권과 7개 대도시권에서 개발제한구역을 해제하거나 조정하기 위한 추상적이고 일반적인 기준들만을 담고 있을 뿐, 개발제한구역의 해제지역이 구체적으로 확정되어 있지 않아서, 해당지역 주민들은 개발제한구역을 해제하는 구체적인 도시계획결정이 내려진 이후에야 비로소 법적인 영향을 받게 되므로, 이 사건 개선방안이 청구인들의 기본권에 직접적으로 영향을 끼칠 가능성이 없다. 그리고 이 사건 개선방안의 내용들은 건설교통부장관이 마련한 후속지침들에 반영되었고, 해당 지방자치단체들이 이 지침들에 따라서 관련 절차들을 거친 후 내려지는 도시계획결정을 통하여 실시될 예정이지만, 예고된 내용이 그대로 틀림없이 실시될 것으로 예상할 수는 없다. 따라서 이 사건 개선방안의 발표는 예외적으로 헌법소원의 대상이 되는 공권력의 행사에 해당되지 아니한다(헌법재판소 2000.6.1. 99헌마538).

③ (O)

> 개발제한구역의 지정 및 관리에 관한 특별조치법 제17조(토지매수의 청구)
> ① 개발제한구역의 지정에 따라 개발제한구역의 **토지를 종래의 용도로 사용할 수 없어 그 효용이 현저히 감소된 토지나 그 토지의 사용 및 수익이 사실상 불가능하게 된 토지**의 소유자로서 다음 각 호의 어느 하나에 해당하는 자는 국토교통부장관에게 그 토지의 매수를 청구할 수 있다.
> 1. 개발제한구역으로 지정될 당시부터 계속하여 해당 토지를 소유한 자
> 2. 토지의 사용·수익이 사실상 불가능하게 되기 전에 해당 토지를 취득하여 계속 소유한 자
> 3. 제1호나 제2호에 해당하는 자로부터 해당 토지를 상속받아 계속하여 소유한 자

④ (O) 대법원 2019.7.11. 2018두47783

10 ③

① (O) 「지방재정법」에 의하여 준용되는 「국가를 당사자로 하는 계약에 관한 법률」에 따라 지방자치단체가 당사자가 되는 이른바 공공계약은 사경제의 주체로서 상대방과 대등한 위치에서 체결하는 사법상의 계약으로서 그 본질적인 내용은 사인 간의 계약과 다를 바가 없으므로, 그에 관한 법령에 특별한 정함이 있는 경우를 제외하고는 사적 자치와 계약자유의 원칙 등 사법의 원리가 그대로 적용된다고 할 것이다(대법원 2006.6.19. 선고 2006마117).

② (O) 계약직공무원에 대한 채용계약해지의 의사표시에서 행정처분과 같이 행정절차법에 의하여 근거와 이유를 제시하여야 하는 것은 아님

계약직공무원에 관한 현행 법령의 규정에 비추어 볼 때, 계약직공무원 채용계약해지의 의사표시는 일반공무원에 대한 징계처분과는 달라서 항고소송의 대상이 되는 처분 등의 성격을 가진 것으로 인정되지 아니하고, 일정한 사유가 있을 때에 국가 또는 지방자치단체가 채용계약 관계의 한쪽 당사자로서 대등한 지위에서 행하는 의사표시로 취급되는 것으로 이해되므로, 이를 징계해고 등에서와 같이 그 징계사유에 한하여 효력 유무를 판단하여야 하거나, 행정처분과 같이 행정절차법에 의하여 근거와 이유를 제시하여야 하는 것은 아니다(대법원 2002.11.26. 2002두5948).

③ (×) 관할 행정청이 여객자동차운송사업자에 대한 면허 발급 이후 운송사업자의 동의하에 운송사업자가 준수할 의무를 정하고 이를 위반할 경우 감차명령을 할 수 있다는 내용의 면허 조건을 붙일 수 있음 ⇨ 또한 조건을 위반한 경우 여객자동차 운수사업법 제85조 제1항 제38호에 따라 감차명령을 할 수 있음 ⇨ 감차명령은 항고소송의 대상이 되는 처분에 해당 함

여객자동차 운수사업법 제85조 제1항 제38호에 의하면, 운송사업자에 대한 면허에 붙인 조건을 위반한 경우 감차 등이 따르는 사업계획변경명령(이하 '감차명령'이라 한다)을 할 수 있는데, 감차명령의 사유가 되는 '면허에 붙인 조건을 위반한 경우'에서 '조건'에는 운송사업자가 준수할 일정한 의무를 정하고 이를 위반할 경우 감차명령을 할 수 있다는 내용의 '부관'도 포함된다. 그리고 부관은 면허 발급 당시에 붙이는 것뿐만 아니라 면허 발급 이후에 붙이는 것도 법률에 명문의 규정이 있거나 변경이 미리 유보되어 있는 경우 또는 상대방의 동의가 있는 경우 등에는 특별한 사정이 없는 한 허용된다. 따라서 관할 행정청은 면허 발급 이후에도 운송사업자의 동의하에 여객자동차운송사업의 질서 확립을 위하여 운송사업자가 준수할 의무를 정하고 이를 위반할 경우 감차명령을 할 수 있다는 내용의 면허 조건을 붙일 수 있고, 운송사업자가 조건을 위반하였다면 여객자동차법 제85조 제1항 제38호에 따라 감차명령을 할 수 있으며, 감차명령은 행정소송법 제2조 제1항 제1호가 정한 처분으로서 항고소송의 대상이 된다(대법원 2016. 11. 24. 2016두45028).

④ (○) 이미 채용기간이 만료되어 소송 결과에 의해 법률상 그 직위가 회복되지 않는 이상 채용계약 해지의 의사표시의 무효확인만으로는 당해 소송에서 추구하는 권리구제의 기능이 있다고 할 수 없고, 침해된 급료지급청구권이나 사실상의 명예를 회복하는 수단은 바로 **급료의 지급을 구하거나 명예훼손을 전제로 한 손해배상을 구하는 등의 이행청구소송으로 직접적인 권리구제방법이 있는 이상 무효확인소송은 적절한 권리구제수단이라 할 수 없어 확인소송의 또 다른 소송요건을 구비하지 못하고 있다** 할 것이며, 위와 같이 직접적인 권리구제의 방법이 있는 이상 무효확인 소송을 허용하지 않는다고 해서 당사자의 권리구제를 봉쇄하는 것도 아니다 (대법원 2008.6.12. 2006두16328).

11 ②

① 행정절차법 제41조 (행정상 입법예고)
① 법령등을 제정·개정 또는 폐지(이하 "입법"이라 한다)하려는 경우에는 해당 입법안을 마련한 행정청은 이를 예고하여야 한다. 다만, 다음 각 호의 어느 하나에 해당하는 경우에는 예고를 하지 아니할 수 있다.
  1. 신속한 국민의 권리 보호 또는 예측 곤란한 특별한 사정의 발생 등으로 입법이 긴급을 요하는 경우
  2. 상위 법령등의 단순한 집행을 위한 경우
  3. 입법내용이 국민의 권리·의무 또는 일상생활과 관련이 없는 경우
  4. 단순한 표현·자구를 변경하는 경우 등 입법내용의 성질상 예고의 필요가 없거나 곤란하다고 판단되는 경우
  5. 예고함이 공공의 안전 또는 복리를 현저히 해칠 우려가 있는 경우
② 삭제
③ 법제처장은 입법예고를 하지 아니한 법령안의 심사 요청을 받은 경우에 입법예고를 하는 것이 적당하다고 판단할 때에는 해당 행정청에 입법예고를 권고하거나 직접 예고할 수 있다.
④ 입법안을 마련한 행정청은 입법예고 후 예고내용에 국민생활과 직접 관련된 내용이 추가되는 등 대통령령으로 정하는 중요한 변경이 발생하는 경우에는 해당 부분에 대한 입법예고를 다시 하여야 한다. 다만, 제1항 각 호의 어느 하나에 해당하는 경우에는 예고를 하지 아니할 수 있다.
⑤ 입법예고의 기준·절차 등에 관하여 필요한 사항은 대통령령으로 정한다.

제42조 (예고방법)
① 행정청은 입법안의 취지, 주요 내용 또는 전문(全文)을 다음 각 호의 구분에 따른 방법으로 공고하여야 하며, 추가로 인터넷, 신문 또는 방송 등을 통하여 공고할 수 있다.
  1. 법령의 입법안을 입법예고하는 경우: 관보 및 법제처장이 구축·제공하는 정보시스템을 통한 공고
  2. 자치법규의 입법안을 입법예고하는 경우: 공보를 통한 공고
② 행정청은 **대통령령(총리령×, 부령×)**을 입법예고하는 경우 국회 소관 상임위원회에 이를 제출하여야 한다.

12 ①

① 주민등록번호는 동의와 별도로 동의를 받아도 처리할 수 없다.

> **개인정보 보호법 제24조의2(주민등록번호 처리의 제한)**
> ① 제24조 제1항에도 불구하고 개인정보처리자는 다음 각 호의 어느 하나에 해당하는 경우를 제외하고는 주민등록번호를 처리할 수 없다.
>   1. 법률·대통령령·국회규칙·대법원규칙·헌법재판소규칙·중앙선거관리위원회규칙 및 감사원규칙에서 구체적으로 주민등록번호의 처리를 요구하거나 허용한 경우
>   2. 정보주체 또는 제3자의 급박한 생명, 신체, 재산의 이익을 위하여 명백히 필요하다고 인정되는 경우
>   3. 제1호 및 제2호에 준하여 주민등록번호 처리가 불가피한 경우로서 보호위원회가 고시로 정하는 경우

②

> **개인정보 보호법 제2조(정의)**
> 이 법에서 사용하는 용어의 뜻은 다음과 같다.
>   1. "개인정보"란 살아 있는 개인에 관한 정보로서 다음 각 목의 어느 하나에 해당하는 정보를 말한다.
>   가. 성명, 주민등록번호 및 영상 등을 통하여 개인을 알아볼 수 있는 정보
>   나. 해당 정보만으로는 특정 개인을 알아볼 수 없더라도 다른 정보와 쉽게 결합하여 알아볼 수 있는 정보. 이 경우 쉽게 결합할 수 있는지 여부는 다른 정보의 입수 가능성 등 개인을 알아보는 데 소요되는 시간, 비용, 기술 등을 합리적으로 고려하여야 한다.
>   다. 가목 또는 나목을 제1호의2에 따라 가명처리함으로써 원래의 상태로 복원하기 위한 추가 정보의 사용·결합 없이는 특정 개인을 알아볼 수 없는 정보(이하 "가명정보"라 한다)
>   1의2. "가명처리"란 개인정보의 일부를 삭제하거나 일부 또는 전부를 대체하는 등의 방법으로 추가 정보가 없이는 특정 개인을 알아볼 수 없도록 처리하는 것을 말한다.

③ ④

> **제15조(개인정보의 수집·이용)**
> ① 개인정보처리자는 다음 각 호의 어느 하나에 해당하는 경우에는 개인정보를 수집할 수 있으며 그 수집 목적의 범위에서 이용할 수 있다.
>   1. 정보주체의 동의를 받은 경우
>   2. 법률에 특별한 규정이 있거나 법령상 의무를 준수하기 위하여 불가피한 경우
>   3. 공공기관이 법령 등에서 정하는 소관 업무의 수행을 위하여 불가피한 경우
>   4. 정보주체와의 계약의 체결 및 이행을 위하여 불가피하게 필요한 경우
>   5. 정보주체 또는 그 법정대리인이 의사표시를 할 수 없는 상태에 있거나 주소불명 등으로 사전 동의를 받을 수 없는 경우로서 명백히 정보주체 또는 제3자의 급박한 생명, 신체, 재산의 이익을 위하여 필요하다고 인정되는 경우
>   6. **개인정보처리자의 정당한 이익을 달성하기 위하여 필요한 경우로서 명백하게 정보주체의 권리보다 우선하는 경우. 이 경우 개인정보처리자의 정당한 이익과 상당한 관련이 있고 합리적인 범위를 초과하지 아니하는 경우에 한한다.**
> ② 개인정보처리자는 제1항제1호에 따른 동의를 받을 때에는 다음 각 호의 사항을 정보주체에게 알려야 한다. 다음 각 호의 어느 하나의 사항을 변경하는 경우에도 이를 알리고 동의를 받아야 한다.

1. 개인정보의 수집·이용 목적
2. 수집하려는 개인정보의 항목
3. 개인정보의 보유 및 이용 기간
4. 동의를 거부할 권리가 있다는 사실 및 동의 거부에 따른 불이익이 있는 경우에는 그 불이익의 내용

③ 개인정보처리자는 당초 수집 목적과 합리적으로 관련된 범위에서 정보주체에게 불이익이 발생하는지 여부, 암호화 등 안전성 확보에 필요한 조치를 하였는지 여부 등을 고려하여 대통령령으로 정하는 바에 따라 정보주체의 동의 없이 개인정보를 이용할 수 있다.

13 ③

① (×) 관계 법령상 행정대집행의 절차가 인정되어 행정청이 행정대집행의 방법으로 건물의 철거 등 대체적 작위의무의 이행을 실현할 수 있는 경우에는 따로 민사소송의 방법으로 그 의무의 이행을 구할 수 없다. ⇨ 건물의 점유자가 철거의무자일 때에는 건물철거의무에 퇴거의무도 포함되어 있는 것이어서 별도로 퇴거를 명하는 집행권원이 필요하지 않다.
(×) 행정청이 행정대집행의 방법으로 건물철거의무의 이행을 실현할 수 있는 경우에는 건물철거 대집행 과정에서 부수적으로 건물의 점유자들에 대한 퇴거 조치를 할 수 있고, 점유자들이 적법한 행정대집행을 위력을 행사하여 방해하는 경우 형법상 공무집행방해죄가 성립하므로, 필요한 경우에는 '경찰관 직무집행법'에 근거한 위험발생 방지조치 또는 형법상 공무집행방해죄의 범행방지 내지 현행범체포의 차원에서 경찰의 도움을 받을 수도 있다(대법원 2017.4.28. 2016다213916).
② (×) 즉시강제는 미리 의무를 명할 시간적 여유가 없을 때 또는 성질상 의무를 명하는 것으로는 그 목적달성이 곤란할 때에 인정된다(헌법재판소 2002.10.31. 200헌가12). 따라서 선행의 구체적 의무의 불이행을 전제로 하지 않는다.
③ (○) 대한주택공사가 대집행을 실시하기 위하여 지출한 비용은 행정대집행법 절차에 따라 국세징수법의 예에 의하여 징수할 수 있음에도 민사소송절차에 의하여 그 비용의 상환을 청구한 것은 부적법하다(대법원 2011.9.8. 2010다48240).
④ (×) 건축법상 이행강제금의 법적 성격은 행정상 간접강제에 해당함 ⇨ 건축법상의 이행강제금은 시정명령의 불이행이라는 과거의 위반행위에 대한 제재가 아니라, 의무자에게 시정명령을 받은 의무의 이행을 명하고 그 이행기간 안에 의무를 이행하지 않으면 이행강제금이 부과된다는 사실을 고지함으로써 의무자에게 심리적 압박을 주어 의무의 이행을 간접적으로 강제하는 행정상의 간접강제 수단에 해당한다. 이러한 이행강제금의 본질상 시정명령을 받은 의무자가 이행강제금이 부과되기 전에 그 의무를 이행한 경우에는 비록 시정명령에서 정한 기간을 지나서 이행한 경우라도 이행강제금을 부과할 수 없다(대법원 2018.1.25., 2015두35116).

14 ①

① (×) 과징금이란 일정한 행정법상의 의무위반으로 경제상의 이익을 얻게 되는 경우에 당해 위반으로 인한 경제상의 이익을 박탈하기 위하여 그 이익액에 따라 행정기관이 과하는 행정상의 금전부담을 말한다. 과징금은 국가형벌권 행사로서의 '처벌'이 아니다.
② (○) 대법원 2020.7.29. 2019두43924
③ ④ (○)

행정기본법 제28조(과징금의 기준)
① 행정청은 법령등에 따른 의무를 위반한 자에 대하여 법률로 정하는 바에 따라 그 위반행위에 대한 제재로서 과징금을 부과할 수 있다.

② 과징금의 근거가 되는 법률에는 과징금에 관한 다음 각 호의 사항을 명확하게 규정하여야 한다.
1. 부과·징수 주체
2. 부과 사유
3. 상한액
4. 가산금을 징수하려는 경우 그 사항
5. 과징금 또는 가산금 체납 시 강제징수를 하려는 경우 그 사항

행정기본법 제29조(과징금의 납부기한 연기 및 분할 납부)
과징금은 한꺼번에 납부하는 것을 원칙으로 한다. 다만, 행정청은 과징금을 부과받은 자가 다음 각 호의 어느 하나에 해당하는 사유로 **과징금 전액을 한꺼번에 내기 어렵다고 인정될 때에는 그 납부기한을 연기하거나 분할 납부하게 할 수 있으며, 이 경우 필요하다고 인정하면 담보를 제공하게 할 수 있다.**
1. 재해 등으로 재산에 현저한 손실을 입은 경우
2. **사업 여건의 악화로 사업이 중대한 위기에 처한 경우**
3. 과징금을 한꺼번에 내면 자금 사정에 현저한 어려움이 예상되는 경우
4. 그 밖에 제1호부터 제3호까지에 준하는 경우로서 대통령령으로 정하는 사유가 있는 경우

15 ③

① (×) 행정상 직접강제도 법률의 근거가 있는 경우에만 인정된다. 일반법적 근거는 존재하지 않으며 개별법에서 예외적으로 인정되고 있다.「경찰관직무집행법」은 직접강제에 관한 일반법적 근거가 아니라 즉시강제에 대한 일반법이다.
② (×) 의무자는 대집행실행에 대하여 수인의무가 있는데, 만일 의무자가 대집행에 관하여 저항을 하는 경우 이를 실력으로 저지할 수 있는가가 문제가 된다. ㉠ 독일과 달리 명문의 규정이 없는 우리의 경우에 있어서는 이를 부정하는 견해와 ㉡ 대집행의 실효성 확보의 측면에서 부득이한 최소한의 실력행사는 대집행에 수반하는 기능으로서 허용된다고 보는 견해가 대립한다. 다만 대집행 책임자가 실력행사를 하여 직접강제를 할 수 있다는 명시적 판례는 없다.
③ (○) 행정조사에 대하여 상대방이 조사를 거부 또는 방해하는 경우 공무원이 실력을 행사하여 행정조사를 할 수 있는가에 대하여 ㉠ 조사거부에 대한 벌칙규정이 있더라도 비례원칙의 범위 안에서 피조사자측의 신체나 재산에 실력을 가할 수 있다는 긍정설도 있으나 ㉡ 조사거부에 대한 벌칙규정이 있는 경우 그 취지가 조사의 실효성을 간접적으로 확보하려는 것에 있으므로 행정벌을 통하여 간접강제할 뿐, 실력행사는 허용되지 않는다는 부정설이 다수이다.
④ (×) 국제징수법 제7조는 당해 사업과 직접 관련된 국세뿐만 아니라 전혀 관련 없는 국세체납의 경우에도 확대하고 있으므로 부당결부금지원칙에 반한다는 비판이 있다. 그러나 부당결부금지원칙에 반하여 위헌이라는 명시적 판례는 없다.

16 ③

① (○) 다수설은 명단공표는 명예나 신용 등에 사실상 심각한 불이익을 초래하게 된다는 점에서 원칙적으로 법적 근거가 필요하다는 입장이다.
② (○) 공표제도에 대하여는 아직 일반법적인 근거가 없다. 개별법상으로는「독점규제 및 공정거래에 관한 법률」,「소비자기본법」,「식품위생법」,「공직자윤리법」,「아동·청소년의 성보호에 관한 법률」,「국세기본법」,「지방세법」,「관세법」 등이 있다.

③ (×) 고액·상습체납자 명단공개의 경우에는 과거에 국세징수사무처리규정(국세청 훈령) 제66조에 근거를 두고 있을 뿐이었으나 현재는 국세징수법에 명문의 법적 근거를 두었다.
④ (○) 헌법 제13조 제1항에서 말하는 '처벌'은 원칙적으로 범죄에 대한 국가의 형벌권 실행으로서의 과벌을 의미하는 것이고, 국가가 행하는 일체의 제재나 불이익처분을 모두 그 '처벌'에 포함시킬 수는 없다. 신상공개제도가 당사자에게 일종의 수치심과 불명예를 줄 수 있다고 하여도, 이는 어디까지나 신상공개제도가 추구하는 입법목적에 부수적인 것이지 주된 것은 아니다. 또한, 공개되는 신상과 범죄사실은 이미 공개재판에서 확정된 유죄판결의 일부로서, 개인의 신상 내지 사생활에 관한 새로운 내용이 아니고, 공익목적을 위하여 이를 공개하는 과정에서 부수적으로 수치심 등이 발생된다고 하여 이것을 기존의 형벌 외에 또 다른 형벌로서 수치형이나 명예형에 해당한다고 볼 수는 없다. 그렇다면, 신상공개제도는 헌법 제13조의 이중처벌금지 원칙에 위배되지 않는다(헌법재판소 2003.6.26., 2002헌가14).

17 ②

① (○) 생명·신체의 침해로 인한 국가배상을 받을 권리는 이를 양도하거나 압류하지 못한다(국가배상법 제4조).
② (×) 국가배상법 제7조에서 정한 상호보증은 외국의 법령, 판례 및 관례 등에 의하여 발생요건을 비교하여 인정되면 충분하고 반드시 당사국과의 조약이 체결되어 있을 필요는 없으며, 당해 외국에서 우리나라 국민에게 국가배상청구를 인정한 사례가 없더라도 실제로 인정될 것이라고 기대할 수 있는 상태이면 충분하다(대법원 2015.6.11. 2013다208388).
③ (○) 대법원 2013.4.26. 2011다14428
④ (○) 대법원 2018.12.27. 2016다266736

18 ③

㉠ (○) 수용대상토지를 평가함에 있어서는 수용재결에서 정한 수용시기가 아니라 수용재결일을 기준으로 하고 당해 수용사업의 계획 또는 시행으로 인한 개발이익은 이를 배제하고 평가하여야 한다(대법원 1998.7.10. 98두6067).
㉡ (○) 사업인정 이후에는 관할 토지수용위원회에 수용을 청구할 수 있다. 이 경우 수용의 청구는 매수에 관한 협의가 성립되지 아니한 경우에만 할 수 있으며, 그 사업의 공사완료일까지 하여야 한다(동법 제74조 제1항).
㉢ (×) 이주대책의 내용에 따른 구체적 권리의 성립시기에 관하여 ⅰ) 법 제78조, 시행령 제40조의 요건을 충족하면 권리가 성립한다는 견해 ⅱ) 사업시행자가 구체적 계획을 수립하여 이를 해당자에게 통지 내지 공고한 경우 성립한다는 견해, ⅲ) 이주대책대상자 선정 신청 후 사업시행자가 이를 받아들여 이주대책대상자가 확인·결정되어야 성립한다는 견해가 대립한다. 대법원 판례는 "사업시행자가 이주대책에 관한 구체적인 계획을 수립하여 이를 해당자에게 통지 내지 공고한 후, 이주자가 수분양권을 취득하기를 희망하여 이주대책에 정한 절차에 따라 사업시행자에게 이주대책 대상자 선정신청을 하고 사업시행자가 이를 받아들여 이주대책대상자로 확인·결정하여야만 비로소 구체적인 수분양권이 발생하게 된다(대법원 1995.10.12. 94누11279)."고 하여 ⅲ)의 입장이다.
㉣ (○) 공공사업의 시행 결과 공공사업시행지구 밖에서 발생한 간접손실에 관하여 그 피해자와 사업시행자 사이에 협의가 이루어지지 아니하고, 그 보상에 관한 명문의 근거 법령이 없는 경우라고 하더라도, 헌법 제23조 제3항 및 구 토지수용법 등의 개별 법률의 규정, 구 공공용지의 취득 및 손실보상에 관한 특례법 제3조 제1항 및 같은법 시행규칙 제23조의2 내지 7 등의 규정 취지에 비추어 보면, 공공사업의 시행으로 인하여 그러한 손실이 발생하리라는 것을 쉽게 예견할 수 있고, 그 손실의 범위도 구체적으로 이를 특정할 수 있는 경우에는 그 손실의 보상에 관하여 구 공공용지의취득및손실보상에관한특례법시행규칙의 관련 규정 등을 유추적용할 수 있다(대판 2004.9.23. 2004다25581).
㉤ (○) 하나의 재결에서 피보상자별로 여러 가지의 토지, 물건, 권리 또는 영업(이처럼 손실보상 대상에 해당하는지, 나아가 그 보상금액이 얼마인지를 심리·판단하는 기초 단위를 이하 '보상항목'이라고 한다)의 손실에

관하여 심리·판단이 이루어졌을 때, 피보상자 또는 사업시행자가 반드시 재결 전부에 관하여 불복하여야 하는 것은 아니며, 여러 보상항목들 중 일부에 관해서만 불복하는 경우에는 그 부분에 관해서만 개별적으로 불복의 사유를 주장하여 행정소송을 제기할 수 있다. 이러한 보상금 증감 소송에서 법원의 심판범위는 하나의 재결 내에서 소송당사자가 구체적으로 불복신청을 한 보상항목들로 제한된다.

법원이 구체적인 불복신청이 있는 보상항목들에 관해서 감정을 실시하는 등 심리한 결과, 재결에서 정한 보상금액이 일부 보상항목의 경우 과소하고 다른 보상항목의 경우 과다한 것으로 판명되었다면, 법원은 보상항목 상호 간의 유용을 허용하여 항목별로 과다 부분과 과소 부분을 합산하여 보상금의 합계액을 정당한 보상금으로 결정할 수 있다(대법원 2018.5.15. 2017두41221).

19 ①

① (×) **전액 일시급보상의 원칙** : 사업시행자는 해당 공익사업을 위한 공사에 착수하기 이전에 토지소유자와 관계인에게 **보상액 전액을 지급**하여야 한다. 다만, 제38조에 따른 천재지변 시의 토지 사용과 제39조에 따른 시급한 토지 사용의 경우 또는 토지소유자 및 관계인의 승낙이 있는 경우에는 그러하지 아니하다(공익사업을 위한 토지 등의 취득 및 보상에 관한 법률 제62조).
② (○) 공익사업을 위한 토지 등의 취득 및 보상에 관한 법률 제71조
③ (○) 공익사업을 위한 토지 등의 취득 및 보상에 관한 법률 제70조
④ (○) 공익사업을 위한 토지 등의 취득 및 보상에 관한 법률 제85조

20 ②

① (○) 대집행계고처분 취소소송의 변론종결 전에 대집행영장에 의한 통지절차를 거쳐 사실행위로서 대집행의 실행이 완료된 경우에는 행위가 위법한 것이라는 이유로 손해배상이나 원상회복 등을 청구하는 것은 별론으로 하고 처분의 취소를 구할 법률상 이익은 없다(대법원 1993.6.8. 93누6164).
② (×) 판례는 "계고처분이 위법임을 이유로 배상을 청구하는 경우에는 미리 그 행정처분의 취소판결이 있어야만 그 행정처분의 위법임을 이유로 청구할 수 있는 것은 아니다(대법원 1972.4.28. 72다337)."라고 하여 일관되게 **민사법원이 선결문제로시 행정헹위의 위법성 여부를 판단할 수 있다**고 한다(대법원 1979.4.11. 79다262).
③ (○)

> **행정소송법 제11조(선결문제)**
> ① 처분등의 효력 유무 또는 존재 여부가 민사소송의 선결문제로 되어 당해 민사소송의 수소법원이 이를 심리·판단하는 경우에는 제17조, 제25조, 제26조 및 제33조의 규정을 준용한다.

④ (○) **공무원의 위법행위가 고의 또는 중대한 과실에 기한 경우에는 국가 또는 지방자치단체가 당해 공무원에 대하여 구상할 수 있음** ⇨ 국가배상법 제2조 제2항에 의하면, 공무원의 직무상의 위법행위로 인하여 국가 또는 지방자치단체의 손해배상책임이 인정된 경우 그 위법행위가 고의 또는 중대한 과실에 기한 경우에는 국가 또는 지방자치단체는 당해 공무원에 대하여 구상할 수 있다 할 것이나, 이 경우 공무원의 중과실이라 함은 공무원에게 통상 요구되는 정도의 상당한 주의를 하지 않더라도 약간의 주의를 한다면 손쉽게 위법, 유해한 결과를 예견할 수 있는 경우임에도 만연히 이를 간과함과 같은 거의 고의에 가까운 현저한 주의를 결여한 상태를 의미한다(대법원 2003.2.11., 2002다65929).

21 ③

① (×) 행정처분의 하자가 중대하고 명백하여 무효라는 입증책임은 원고에게 있다(대법원 1984.2.28. 82누154).
② (×) 행정소송법 제19조에 의하면 행정심판에 대한 재결에 대하여도 그 재결 자체에 고유한 위법이 있음을 이유로 하는 경우에는 항고소송을 제기하여 그 취소를 구할 수 있고, 여기에서 말하는 '재결 자체에 고유한 위

법'이란 그 재결자체에 주체, 절차, 형식 또는 내용상의 위법이 있는 경우를 의미한다(대법원 2001.7.27, 99두 2970). 따라서 내용상의 위법도 재결자체의 하자에 포함된다.
③ (O) 행정소송법 제35조에 규정된 '무효확인을 구할 법률상 이익'이 있는지를 판단할 때 행정처분의 무효를 전제로 한 이행소송 등과 같은 직접적인 구제수단이 있는지 여부를 따질 필요가 없음 ⇨ 무효인 과세처분에 의해 조세를 납부한 자가 부당이득반환청구소송과 같은 직접적인 구제수단이 있는지 따질 필요가 없이 과세처분에 대한 무효확인소송을 제기할 수 있다(대법원 2008.3.20, 2007두6342 전원합의체).
④ (X) 부작위위법확인의 소는 부작위상태가 계속되는 한 그 위법의 확인을 구할 이익이 있다고 보아야 하므로 원칙적으로 제소기간의 제한을 받지 않는다. 그러나 행정소송법 제38조 제2항이 제소기간을 규정한 같은 법 제20조를 부작위위법확인소송에 준용하고 있는 점에 비추어 보면, 행정심판 등 전심절차를 거친 경우에는 행정소송법 제20조가 정한 제소기간 내에 부작위위법확인의 소를 제기하여야 한다(대법원 2009.7.23., 2008두10560).

22 ③

① (O) 행정심판법은 재결의 효력에 관하여 기속력(반복금지효, 재처분의무)에 관한 규정만을 두고 있으나(법 제49조), 재결도 행정행위의 하나이므로 그것이 당연무효가 아닌 한 다른 행정행위와 마찬가지로 불가쟁력·불가변력·형성력 등을 가진다.
② (O) 재결의 불가변력이란 재결청이 재결을 변경할 수 없다는 효력이다. 이러한 재결의 기속력은 인용재결에만 인정되므로 처분청은 기각재결이 있은 후 정당한 사유가 있으면 직권으로 원처분을 취소·변경·철회하는 것까지 금지되는 것은 아니다.
③ (X) 반복금지효는 동일한 사실관계 아래에서 동일한 당사자에게 동일한 내용의 처분을 반복하여서는 아니 된다는 것이므로, 법령의 개정, 사정변경 등 처분 후에 새로운 사유가 있는 경우에는 반복금지의 효력은 미치지 않는다.
④ (O)

> **행정심판법 제49조(재결의 기속력 등)**
> ② 재결에 의하여 취소되거나 무효 또는 부존재로 확인되는 처분이 당사자의 신청을 거부하는 것을 내용으로 하는 경우에는 그 처분을 한 행정청은 재결의 취지에 따라 다시 이전의 신청에 대한 처분을 하여야 한다.

23 ①

① (X) 당사자소송에 있어서는 행정청이 피고가 되는 취소소송과 달리, 국가·공공단체 그 밖의 권리주체가 피고로 된다(법 제39조). 그 밖의 권리주체로서 중요한 것으로는 공무수탁사인이 있다.
② (O) ③ (O) 민중소송 및 기관소송은 법률이 정한 경우에 법률에 정한 자에 한하여 제기할 수 있다(행정소송법 제45조).
④ (O) 행정소송법 제9조 제2항

24 ③

③ ㄱ, ㄴ, ㅁ이 원고적격이 인정된다.
ㄱ. (O) 시·도 선거관리위원회 위원장은 국민권익위원회가 그에게 소속직원에 대한 중징계요구를 취소하라는 등의 조치요구를 한 것에 대해서 취소소송을 제기할 원고적격이 인정됨
甲이 국민권익위원회에 부패방지 및 국민권익위원회의 설치와 운영에 관한 법률에 따른 신고와 신분보장조

치를 요구하였고, 국민권익위원회가 乙 시·도선거관리위원회 위원장에게 '甲에 대한 중징계요구를 취소하고 향후 신고로 인한 신분상 불이익처분 및 근무조건상의 차별을 하지 말 것을 요구'하는 내용의 조치요구를 한 사안에서, 국가기관인 乙 시·도선거관리위원회 위원장은 이 사건 조치요구의 취소를 구하는 항고소송을 제기하는 것이 유효·적절한 수단이라고 할 것이므로, 비록 원고가 국가기관에 불과하더라도 원고적격이 인정된다(대법원 2013.7.25., 2011두1214).

ㄴ. (○) 시내버스운송사업과 시외버스운송사업은 다 같이 운행계통을 정하고 여객을 운송하는 노선여객자동차 운송사업에 속하므로, 위 두 운송사업이 면허기준, 준수하여야 할 사항, 중간경유지, 기점과 종점, 운행방법, 이용요금 등에서 달리 규율된다는 사정만으로 본질적인 차이가 있다고 할 수는 없으며, 시외버스운송사업계획변경인가처분으로 인하여 기존의 시내버스운송사업자의 노선 및 운행계통과 시외버스운송사업자들의 그것들이 일부 중복되게 되고 기존업자의 수익감소가 예상된다면, 기존의 시내버스운송사업자와 시외버스운송사업자들은 경업관계에 있는 것으로 봄이 상당하다 할 것이어서 기존의 시내버스운송사업자에게 시외버스운송사업계획변경인가처분의 취소를 구할 법률상의 이익이 있다(대법원 2002.10.25. 2001두4450).

ㄷ. (×) 매립목적을 택지조성에서 조선시설용지로 변경하는 내용의 공유수면매립목적 변경 승인처분으로 갑 수녀원에 소속된 수녀 등이 쾌적한 환경에서 생활할 수 있는 환경상 이익을 침해받는다고 하더라도 이를 가리켜 곧바로 갑 수녀원의 법률상 이익이 침해된다고 볼 수 없고, 자연인이 아닌 갑 수녀원은 쾌적한 환경에서 생활할 수 있는 이익을 향수할 수 있는 주체가 아니므로 위 처분으로 위와 같은 생활상의 이익이 직접적으로 침해되는 관계에 있다고 볼 수도 없으므로 갑 수녀원은 처분의 무효 확인을 구할 원고적격이 없다(대법원 2012.6.28., 2010두2005).

ㄹ. (×) 교육부장관이 사학분쟁조정위원회의 심의를 거쳐 甲 대학교를 설치·운영하는 乙 학교법인의 이사 8인과 임시이사 1인을 선임한 데 대하여 甲 대학교 교수협의회와 총학생회 등이 이사선임처분의 취소를 구하는 소송을 제기한 사안에서, 甲 대학교 교수협의회와 총학생회는 이사선임처분을 다툴 법률상 이익을 가지지만, 전국대학노동조합 甲 대학교지부는 법률상 이익이 없다(대법원 2015.7.23., 2012두19496).

ㅁ. (○) 재단법인 한국연구재단이 과학기술기본법령에 따라 연구개발비의 회수 및 관련자에 대한 국가연구개발사업 참여제한을 내용으로 하여 '2단계 두뇌한국(BK)21 사업협약'을 해지하는 통보를 하였다면, 그 통보는 행정처분에 해당하고, 연구팀장 을은 협약의 해지 통보의 효력을 다툴 법률상 이익이 있다(대법원 2014.12.11., 2012두28704).

[비교판례] 한국연구재단이 갑 대학교 총장에게 연구팀장 을에 대한 대학 자체징계를 요구한 것은 행정처분에 해당하지 않는다(대법원 2014.12.11., 2012두28704).

25 ③

① (○) 도시 및 주거환경정비법상 주택재건축정비사업조합을 상대로 관리처분계획안에 대한 조합 총회결의의 효력을 다투는 소송은 행정소송법상 당사자소송에 해당함 ⇨ 당사자소송에 대하여는 행정소송법 제23조 제2항의 집행정지에 관한 규정이 준용되지 아니하므로, 이를 본안으로 하는 가처분에 대하여는 행정소송법 제8조 제2항에 따라 민사집행법상 가처분에 관한 규정이 준용되어야 한다(대법원 2015.8.21, 2015무26).

② (○) 공무원연금법령상 급여를 받으려고 하는 자는 우선 관계 법령에 따라 공무원연금공단에 급여지급을 신청하여 공무원연금공단이 이를 거부하거나 일부 금액만 인정하는 급여지급결정을 하는 경우 그 결정을 대상으로 항고소송을 제기하는 등으로 구체적 권리를 인정받아야 하고, 구체적인 권리가 발생하지 않은 상태에서 곧바로 공무원연금공단을 상대로 한 당사자소송으로 권리의 확인이나 급여의 지급을 소구하는 것은 허용되지 아니한다(대법원 2017.2.9. 2014두43264).

③ (×) 구 공익사업법 제91조에 규정된 환매권은 상대방에 대한 의사표시를 요하는 형성권의 일종으로 재판상이든 재판외이든 위 규정에 따른 기간 내에 행사하면 매매의 효력이 생기는 바, 이러한 환매권의 존부에 관한 확인을 구하는 소송 및 구 공익사업법 제91조 제4항에 따라 환매금액의 증감을 구하는 소송 역시 민사소송에 해당한다(대법원 2013.2.28, 2010두22368).

④ (○) 원고가 고의 또는 중대한 과실 없이 행정소송으로 제기하여야 할 사건을 민사소송으로 잘못 제기한 경우, 수소법원으로서는 만약 행정소송에 대한 관할도 동시에 가지고 있다면 이를 행정소송으로 심리·판단하여야 하고, 행정소송에 대한 관할을 가지고 있지 아니하다면 당해 소송이 이미 행정소송으로서의 전심절차 및 제소기간을 도과하였거나 행정소송의 대상이 되는 처분 등이 존재하지도 아니한 상태에 있는 등 행정소송으로서의 소송요건을 결하고 있음이 명백하여 행정소송으로 제기되었더라도 어차피 부적법하게 되는 경우가 아닌 이상 이를 부적법한 소라고 하여 각하할 것이 아니라 관할법원에 이송하여야 한다.

01	02	03	04	05	06	07	08	09	10
③	③	②	④	④	④	④	③	③	③
11	12	13	14	15	16	17	18	19	20
①	③	③	①	④	①	④	②	③	②
21	22	23	24	25					
④	③	④	①	④					

01 ③

① (○) ② (○) ③ (×) ④ (○)

> **행정기본법 제24조 (인허가의제의 기준)**
> ① 이 절에서 "인허가의제"란 하나의 인허가(이하 "주된 인허가"라 한다)를 받으면 법률로 정하는 바에 따라 그와 관련된 여러 인허가(이하 "관련 인허가"라 한다)를 받은 것으로 보는 것을 말한다.
> ② 인허가의제를 받으려면 주된 인허가를 신청할 때 관련 인허가에 필요한 서류를 함께 제출하여야 한다. 다만, 불가피한 사유로 함께 제출할 수 없는 경우에는 주된 인허가 행정청이 별도로 정하는 기한까지 제출할 수 있다.
> ③ 주된 인허가 행정청은 주된 인허가를 하기 전에 관련 인허가에 관하여 미리 관련 인허가 행정청과 협의하여야 한다.
> ④ 관련 인허가 행정청은 제3항에 따른 협의를 요청받으면 그 요청을 받은 날부터 20일 이내(제5항 단서에 따른 절차에 걸리는 기간은 제외한다)에 의견을 제출하여야 한다. 이 경우 전단에서 정한 기간(민원 처리 관련 법령에 따라 의견을 제출하여야 하는 기간을 연장한 경우에는 그 연장한 기간을 말한다) 내에 협의 여부에 관하여 의견을 제출하지 아니하면 협의가 된 것으로 본다.
> ⑤ 제3항에 따라 협의를 요청받은 관련 인허가 행정청은 해당 법령을 위반하여 협의에 응해서는 아니 된다. 다만, 관련 인허가에 필요한 심의, 의견 청취 등 절차에 관하여는 법률에 인허가의제 시에도 해당 절차를 거친다는 명시적인 규정이 있는 경우에만 이를 거친다.

02 ③

③ ㄱ, ㄹ이 옳다.
ㄱ. (○) 甲 주식회사가 조달청과 물품구매계약을 체결하고 국가종합전자조달시스템인 나라장터 종합쇼핑몰 인터넷 홈페이지를 통해 요구받은 제품을 수요기관에 납품하였는데, 조달청이 계약이행내역 점검 결과 일부 제품이 계약 규격과 다르다는 이유로 물품구매계약 추가특수조건 규정에 따라 甲 회사에 대하여 6개월의 나라장터 종합쇼핑몰 거래정지 조치를 한 사안에서, 위 거래정지 조치는 항고소송의 대상이 되는 행정처분에 해당한다(대법원 2018.11.29., 2015두52395). 즉 행정처분에 해당하므로 공법관계이다.
ㄴ. (×) 중학교 의무교육의 위탁관계는 초·중등교육법 등 관련 법령에 의하여 정해지는 공법적 관계이다(대판 2015. 1. 29. 2012두7387).
ㄷ. (×) 환매권은 일방적으로 사법상 매매를 성립시키는 민법상 형성권으로서 사업시행자의 동의나 승낙은 필요 없다(대법원 1987.4.14., 86다324).

ㄹ. (○) 사립학교 교원에 대한 징계는 사법관계이다. 그러나 사립학교 교원에 대한 징계에 대해 교원소청심사가 제기되어 그에 대한 결정이 있으면 그 결정은 공법관계이다. ⇨ ㉠ 사립학교 교원은 학교법인 또는 사립학교 경영자에 의하여 임면되는 것으로서 사립학교 교원과 학교법인의 관계를 공법상의 권력관계라고는 볼 수 없으므로 사립학교 교원에 대한 학교법인의 해임처분을 취소소송의 대상이 되는 행정청의 처분으로 볼 수 없고, 따라서 학교법인을 상대로 한 불복은 행정소송에 의할 수 없고 민사소송절차에 의할 것이다(대법원 1993.2.12., 92누14707). ㉡ 사립학교 교원에 대한 해임처분에 대한 구제방법으로 학교법인을 상대로 한 민사소송 이외 교원지위향상을 위한 특별법에 따라 교육부 내에 설치된 교원징계재심위원회(현재는 교원소청심사위원회)에 재심청구를 하고 교원징계재심위원회의 결정에 불복하여 행정소송을 제기하는 방법도 있으나, 이 경우에도 행정소송의 대상이 되는 행정처분은 교원징계재심위원회의 결정이지 학교법인의 해임처분이 행정처분으로 의제되는 것이 아니며 또한 교원징계재심위원회의 결정을 이에 대한 행정심판으로서의 재결에 해당되는 것으로 볼 수는 없다. 이 경우 처분청인 재심위원회가 항고소송의 피고가 된다(대법원 1994.12.9., 94누6666).

03 ②

① (○)
② (×) 가설건축물은 건축법상 '건축물'이 아니므로 건축허가나 건축신고 없이 설치할 수 있는 것이 원칙이지만 일정한 가설건축물에 대하여는 건축물에 준하여 위험을 통제하여야 할 필요가 있으므로 신고 대상으로 규율하고 있다. 이러한 신고제도의 취지에 비추어 보면, 가설건축물 존치기간을 연장하려는 건축주 등이 법령에 규정되어 있는 제반 서류와 요건을 갖추어 행정청에 연장신고를 한 때에는 행정청은 원칙적으로 이를 수리하여 신고필증을 교부하여야 하고, 법령에서 정한 요건 이외의 사유를 들어 수리를 거부할 수는 없다. 따라서 행정청으로서는 법령에서 요구하고 있지도 아니한 '대지사용승낙서' 등의 서류가 제출되지 아니하였거나, 대지소유권자의 사용승낙이 없다는 등의 사유를 들어 가설건축물 존치기간 연장신고의 수리를 거부하여서는 아니 된다(대법원 2018.1.25., 2015두35116).
③ (○)
④ (○) 대법원 2018.1.25., 2015두35116

04 ④

② (○) 법규명령의 위헌·위법성이 확정된 경우에도 공식절차에 의해 폐지되지 않는 한 형식적으로는 유효하다. 다만 당해사건에 대한 적용만 거부될 뿐이다(일반적 무효가 아니라 개별적 무효).
③ (○) 행정규칙은 행정조직 내부에서만 효력을 가지는 것이고 대외적인 구속력을 갖는 것이 아니어서 원칙적으로 헌법소원의 대상이 아니다. 다만 행정규칙이 법령의 규정에 의하여 행정관청에 법령의 구체적인 내용을 보충할 권한을 부여한 경우, 또는 재량권행사의 준칙인 행정규칙이 그 정한 바에 따라 되풀이 시행되어 행정관행이 성립되어 평등원칙이나 신뢰보호의 원칙에 따라 행정기관이 그 상대방에 대한 관계에서 그 규칙에 따라야 할 자기구속을 당하게 되는 경우에는 대외적인 구속력을 갖게 되어 헌법소원의 대상이 될 수도 있다(헌재 2005.5.26, 2004헌마49).
④ (×) 추상적인 법령의 제정여부 등은 부작위위법확인소송의 대상이 될 수 없음
행정소송은 구체적 사건에 대한 법률상 분쟁을 법에 의하여 해결함으로써 법적 안정을 기하자는 것이므로 부작위위법확인소송의 대상이 될 수 있는 것은 구체적 권리의무에 관한 분쟁이어야 하고 추상적인 법령에 관하여 제정의 여부 등은 그 자체로서 국민의 구체적인 권리의무에 직접적 변동을 초래하는 것이 아니어서 그 소송의 대상이 될 수 없는 바, 대통령이 대통령령을 제정하지 아니한 행정입법부작위의 위법확인을 구하는 이 사건 소는 부적법하다(대법원 1992.5.8., 91누11261).

05 ④

① 행정청이 도시 및 주거환경정비법 등 관련 법령에 의하여 행하는 조합설립인가처분 : 특허
② 학교법인의 임원에 대한 감독청의 취임승인 : 인가
③ 토지수용위원회의 토지수용재결 : 대리
④ 건축물에 대한 준공검사처분 : 확인

	법률행위적 행정행위	준법률행위적 행정행위
사례	하명, 허가, 면제, 특허, 인가, 대리	확인, 공증, 통지, 수리
구성요소	정신작용 중 의사표시가 구성요소	정신작용 중 의사표시 이외의 판단, 인식, 관념이 구성요소
법적 효과발생	의사표시의 내용에 따라 효과발생	의사표시가 없으므로 법률의 규정에 따라 효과발생
부관의 가능성	가능	불가

06 ④

① (○) 대법원 2021.7.29. 2021두33593
② (○) 대법원 2017.4.28. 2017두30139
③ (○) 대법원 2008.12.24. 2008두8970
④ (×) 국토의 계획 및 이용에 관한 법률상 개발행위허가는 허가기준 및 금지요건이 불확정개념으로 규정된 부분이 많아 그 요건에 해당하는지 여부는 행정청의 재량판단의 영역에 속한다. 그러므로 그에 대한 사법심사는 행정청의 공익판단에 관한 재량의 여지를 감안하여 원칙적으로 재량권의 일탈·남용이 있는지 여부만을 대상으로 하고, 사실오인과 비례·평등원칙 위반 여부 등이 판단 기준이 된다(대법원 2021.3.25. 2020두51280).

07 ④

① (○)

> **행정절차법 제15조 (송달의 효력발생)**
> ① 송달은 다른 법령등에 특별한 규정이 있는 경우를 제외하고는 해당 문서가 송달받을 자에게 도달됨으로써 그 효력이 발생한다. ⇨ 발신×
> ② 제14조제3항에 따라 정보통신망을 이용하여 전자문서로 송달하는 경우에는 송달받을 자가 지정한 컴퓨터 등에 입력된 때에 도달된 것으로 본다. ⇨ 내용 확인×
> ③ 제14조 제4항의 경우에는 다른 법령등에 특별한 규정이 있는 경우를 제외하고는 **공고일부터 14일**이 지난 때에 그 효력이 발생한다. 다만, 긴급히 시행하여야 할 특별한 사유가 있어 효력 발생 시기를 달리 정하여 공고한 경우에는 그에 따른다.

② (○)

> **행정업무의 운영 및 혁신에 관한 규정 제6조 (문서의 성립 및 효력 발생)**
> ① 문서는 결재권자가 해당 문서에 서명(전자이미지서명, 전자문자서명 및 행정전자서명을 포함한다. 이하 같다)의 방식으로 결재함으로써 성립한다.
> ② 문서는 수신자에게 도달(전자문서의 경우는 수신자가 관리하거나 지정한 전자적 시스템 등에 입력되는 것을 말한다)됨으로써 효력을 발생한다.

③ 제2항에도 불구하고 공고문서는 그 문서에서 효력발생 시기를 구체적으로 밝히고 있지 않으면 그 고시 또는 공고 등이 있은 날부터 **5일이 경과한 때**에 효력이 발생한다.

③ (○)

공익사업을 위한 토지 등의 취득 및 보상에 관한 법률 제22조(사업인정의 고시)
① 국토교통부장관은 제20조에 따른 사업인정을 하였을 때에는 지체 없이 그 뜻을 사업시행자, 토지소유자 및 관계인, 관계 시·도지사에게 통지하고 사업시행자의 성명이나 명칭, 사업의 종류, 사업지역 및 수용하거나 사용할 토지의 세목을 관보에 고시하여야 한다.
③ 사업인정은 제1항에 따라 **고시한 날부터** 그 효력이 발생한다.

④ (×)

공익사업을 위한 토지 등의 취득 및 보상에 관한 법률 제23조(사업인정의 실효)
① 사업시행자가 제22조제1항에 따른 사업인정의 고시(이하 "사업인정고시"라 한다)가 된 날부터 1년 이내에 제28조제1항에 따른 재결신청을 하지 아니한 경우에는 사업인정고시가 된 날부터 1년이 되는 날의 **다음 날**(당일×)에 사업인정은 그 효력을 상실한다.

08 ③

ㄱ, ㄷ, ㄹ이 옳다.
ㄱ. (○) 불가변력은 모든 행정행위에서 인정되는 것이 아니라 준사법적 행정행위나 확인행위 등에서 인정된다. 그리고 불가쟁력과 비교한다면, 불가쟁력은 쟁송법상의 효력이고 불가변력은 행정행위의 성질에서 연유하는 실체법상의 효력이라는 점이 다르다.
ㄴ. (×) 종전의 산업재해요양보상급여취소처분이 불복기간의 경과로 인하여 확정되었더라도 요양급여청구권이 없다는 내용의 법률관계까지 확정된 것은 아니며 소멸시효에 걸리지 아니한 이상 다시 요양급여를 청구할 수 있고 그것이 거부된 경우 이는 새로운 거부처분으로서 위법 여부를 소구할 수 있다(대법원 1993.4.13. 선고 92누17181).
ㄷ. (○) 운전면허 취소사유에 해당하는 음주운전을 적발한 경찰서장이 착오로 운전면허정지처분을 한 상태에서 관할지방경찰청장이 운전면허취소처분을 한 것은 선행처분에 대한 당사자의 신뢰를 크게 저해하는 것으로 허용될 수 없다(대법원 2000.2.25, 99두10520).
ㄹ. (○) 대법원 2017.2.9. 선고 2014두43264

09 ③

① (○) 석유판매업허가는 대물적 허가로써 양도인의 귀책사유는 양수인에게 효력이 미침
석유판매업허가는 소위 대물적 허가의 성질을 갖는 것이어서 양수인이 그 양수 후 허가관청으로부터 석유판매업허가를 다시 받았다 하더라도 이는 석유판매업의 양수도를 전제로 한 것이어서 이로써 양도인의 지위승계가 부정되는 것은 아니므로 양도인의 귀책사유는 양수인에게 그 효력이 미친다(대법원 1986.7.22, 86누203).
② (○) 대법원 1996.10.11, 96누6172
③ (×) 특허는 특정인에게 행하여지며 불특정 다수인에게는 행하여지지 않는 것이 일반이다.
④ (○) 재단법인의 임원취임이 사법인인 재단법인의 정관에 근거한다 할지라도 이에 대한 행정청의 승인(인가) 행위는 법인에 대한 주무관청의 감독권에 연유하는 이상 그 인가행위 또는 인가거부행위는 공법상의 행정처분으로서, 그 임원취임을 인가 또는 거부할 것인지 여부는 주무관청의 권한에 속하는 사항이라고 할 것이고,

재단법인의 임원취임승인 신청에 대하여 주무관청이 이에 기속되어 이를 당연히 승인(인가)하여야 하는 것은 아니다(대법원 2000.1.28. 98두16996).

10 ③

① (×) 개발제한구역 내에서의 건축허가는 예외적 승인에 해당하고 재량행위이다. 재량행위는 법령상 근거없이도 부관이 가능하다.
② (×) 개발제한구역 내에서의 건축허가를 내주면서 일정 토지의 기부채납을 조건으로 한 것은 조건이 아니고 토지의 기부채납의무를 부과한 부담에 해당한다. 따라서 부담은 당연하게 효과가 없어지는 것이 아니고 건축허가의 효력이 상실되기 위해서는 철회등의 별도의 행정처분이 필요하다.
③ (○) 행정처분에 부담인 부관을 붙인 경우 부관의 무효화에 의하여 본체인 행정처분 자체의 효력에도 영향이 있게 될 수는 있지만, 그 처분을 받은 사람이 부담의 이행으로 사법상 매매 등의 법률행위를 한 경우에는 그 부관은 특별한 사정이 없는 한 법률행위를 하게 된 동기 내지 연유로 작용하였을 뿐이므로 이는 법률행위의 취소사유가 될 수 있음은 별론으로 하고 그 법률행위 자체를 당연히 무효화하는 것은 아니다(대법원 2009.6.25. 2006다18174).
④ (×) 기부채납을 조건으로 한 것은 조건이 아니고 토지의 기부채납의무를 부과한 부담에 해당하므로 기부채납조건만을 대상으로 취소소송을 제기할 수 있다.

11 ①

① (×) 예산의 편성에 절차적 하자가 있다는 사정만으로 그 예산을 집행하는 처분이 위법하게 되는 것은 아님
 ⇨ 甲 등이 '4대강 살리기 사업' 중 한강 부분에 관한 각 하천공사시행계획 및 각 실시계획승인처분에 보의 설치와 준설 등에 대한 구 국가재정법 제38조 등에서 정한 예비타당성조사를 하지 않은 절차상 하자가 있다는 이유로 각 처분의 취소를 구한 사안에서, 예비타당성조사는 각 처분과 형식상 전혀 별개의 행정계획인 예산의 편성을 위한 절차일 뿐 각 처분에 앞서 거쳐야 하거나 근거 법규 자체에서 규정한 절차가 아니므로 예산의 편성에 절차상 하자가 있다는 사정만으로 곧바로 각 처분에 취소사유에 이를 정도의 하자가 존재한다고 볼 수는 없다(대법원 2015.12.10. 2011두32515).
② (○) 행정처분에 있어 수개의 처분사유 중 일부가 적법하지 않다고 하더라도 다른 처분사유로써 그 처분의 정당성이 인정되는 경우에는 그 처분을 위법하다고 할 수 없을 것이므로, 구 법 제206조의11에 따라 과징금을 부과함에 있어 여러 개의 처분사유에 기하여 하나의 과징금 부과처분을 하였으나 그 처분사유들 중 일부에 위법이 있다고 하더라도 위법한 부분이 그 과징금 부과처분에 영향을 미치지 아니하였다면 그 부과처분을 위법하다고 볼 것은 아니다(대법원 2010.12.9. 2010두15674).
③ (○) 원심은 양도인이 최초 영업허가를 받을 당시에 '영업장 면적'이 허가(신고) 대상이 아니었으므로, 그 후로도 계속 그 영업에 관해서는 양수인에게 영업장 면적 변경신고의무가 없다고 보았다. 그러나 대법원은 영업자 지위승계신고 수리 시점을 기준으로 당시의 식품위생법령에 따른 인적·물적 요건을 갖추어야 하므로 양수인에게 '영업장 면적' 변경신고의무가 있으며, 영업양수 후 기존 건물을 철거하고 새 건물을 신축하여 이루어진 영업에 관해서는 '영업장 소재지'와 '영업장 면적' 변경신고의무가 있다고 판단하였다(대법원 2020.3.26. 2019두38830).
④ (○) 대법원 1997.5.16. 97누2313

12 ③

① (○) 헌법재판소 1999.10.21. 97헌바26
② (○) 헌법재판소 2000.6.1. 99헌마538
③ (×) 장기미집행 도시계획시설결정의 실효제도는 도시계획시설부지로 하여금 도시계획시설결정으로 인한 사회적 제약으로부터 벗어나게 하는 것으로서 결과적으로 개인의 재산권이 보다 보호되는 측면이 있는 것은

사실이나, 이와 같은 보호는 입법자가 새로운 제도를 마련함에 따라 얻게 되는 법률에 기한 권리일 뿐 헌법상 재산권으로부터 당연히 도출되는 권리는 아니다(헌법재판소 2005.9.29. 2002헌바84).

④ (○) 도시계획시설로 지정된 토지가 나대지인 경우, 토지소유자는 더 이상 그 토지를 종래 허용된 용도(건축)대로 사용할 수 없게 됨으로써 토지의 매도가 사실상 거의 불가능하고 경제적으로 의미있는 이용가능성이 배제된다. 이러한 경우, 사업시행자에 의한 토지매수가 장기간 지체되어 토지소유자에게 토지를 계속 보유하도록 하는 것이 경제적인 관점에서 보아 더 이상 요구될 수 없다면, 입법자는 매수청구권이나 수용신청권의 부여, 지정의 해제, 금전적 보상 등 다양한 보상가능성을 통하여 재산권에 대한 가혹한 침해를 적절하게 보상하여야 한다(헌법재판소 1999.10.21. 97헌바26).

13 ③

③ ○ × ○ 이 옳은 조합이다.

ㄱ. (○) 대법원 1994.6.14. 93도3247

ㄴ. (×) 교육인적자원부장관의 국·공립대학총장들에 대한 학칙시정요구는 헌법소원의 대상이 되는 공권력행사에 해당한다(헌법재판소 2003.6.26. 2002헌마337, 2003헌마7·8).

ㄷ. (○) 노동부장관이 2009. 4. 노동부 산하 7개 공공기관의 단체협약내용을 분석하여 2009. 5.1.경 불합리한 요소를 개선하라고 요구한 행위가 공권력행사에 해당하지 않는다. 이 사건 개선요구는 이를 따르지 않을 경우의 불이익을 명시적으로 예정하고 있다고 보기 어렵고, 행정지도로서의 한계를 넘어 규제적·구속적 성격을 강하게 갖는다고 할 수 없어 헌법소원의 대상이 되는 공권력의 행사에 해당한다고 볼 수 없다(헌법재판소한 2011. 12. 29. 2009헌마330).

14 ①

① (×) 개인택시운송사업자가 음주운전을 하다가 사망한 후 상속인이 그 지위를 승계하기 위하여 상속 신고를 한 경우에, 망인의 음주운전은 운전면허의 취소사유에 불과할 뿐 개인택시운송사업면허의 취소사유가 될 수 없고, 개인택시운송사업의 양도·양수 인가의 제한에 관한 규정이 개인택시운송사업의 상속 신고에도 적용된다고 볼 근거도 없으므로, 관할관청이 망인의 음주운전을 이유로 상속 신고의 수리를 거부하는 것은 위법하다(대법원 2008. 5. 15. 2007두26001).

② (○) 공무원연금법에 의한 퇴직급여 등은 적법한 공무원으로서의 신분을 취득하여 근무하다가 퇴직하는 경우에 지급되는 것이고, 임용 당시 공무원임용결격사유가 있었다면 그 임용행위는 당연무효이며, 당연무효인 임용행위에 의하여 공무원의 신분을 취득할 수는 없으므로 임용결격자가 공무원으로 임용되어 사실상 근무하여 왔다고 하더라도 적법한 공무원으로서의 신분을 취득하지 못한 자로서는 공무원연금법 소정의 퇴직급여 등을 청구할 수 없고, 또 당연퇴직사유에 해당되어 공무원으로서의 신분을 상실한 자가 그 이후 사실상 공무원으로 계속 근무하여 왔다고 하더라도 당연퇴직 후의 사실상의 근무기간은 공무원연금법상의 재직기간에 합산될 수 없다(대법원 2003. 5. 16. 2001두61012).

③ (○) 어떠한 처분의 근거나 법적인 효과가 행정규칙에 규정되어 있다고 하더라도, 그 처분이 행정규칙의 내부적 구속력에 의하여 상대방에게 권리의 설정 또는 의무의 부담을 명하거나 기타 법적인 효과를 발생하게 하는 등으로 그 상대방의 권리 의무에 직접 영향을 미치는 행위라면, 이 경우에도 항고소송의 대상이 되는 행정처분에 해당한다.

행정규칙에 의한 '불문경고조치'가 비록 법률상의 징계처분은 아니지만 위 처분을 받지 아니하였다면 차후 다른 징계처분이나 경고를 받게 될 경우 징계감경사유로 사용될 수 있었던 표창공적의 사용가능성을 소멸시키는 효과와 1년 동안 인사기록카드에 등재됨으로써 그 동안은 장관표창이나 도지사표창 대상자에서 제외시키는 효과 등이 있다는 이유로 항고소송의 대상이 되는 행정처분에 해당한다(대법원 2002.7.26. 2001두3532).

④ (○) '서울특별시 수도조례' 및 '서울특별시 하수도사용조례'에 근거한 과태료 부과처분은 행정소송의 대상이 되는 행정처분이라고 볼 수 없다(대법원 2012.10.11., 2011두19369).

15 ④

① (O) 개발제한구역 내의 건축물에 대하여 허가를 받지 않고 한 용도변경행위에 대한 형사처벌과 건축법 제83조 제1항에 의한 시정명령 위반에 대한 이행강제금의 부과는 그 처벌 내지 제재대상이 되는 기본적 사실관계로서의 행위를 달리하며, 또한 그 보호법익과 목적에서도 차이가 있으므로 이중처벌에 해당한다고 할 수 없다(대법원 2005.08.19, 2005마30).

② (O) 이행강제금은 일신전속이므로 상속인 기타의 사람에게 승계되지 않음 ⇨ 구 건축법상의 이행강제금은 구 건축법의 위반행위에 대하여 시정명령을 받은 후 시정기간 내에 당해 시정명령을 이행하지 아니한 건축주 등에 대하여 부과되는 간접강제의 일종으로서 그 이행강제금 납부의무는 상속인 기타의 사람에게 승계될 수 없는 일신전속적인 성질의 것이므로 이미 사망한 사람에게 이행강제금을 부과하는 내용의 처분이나 결정은 당연무효이고, 이행강제금을 부과받은 사람의 이의에 의하여 비송사건절차법(현행법은 행정소송에 의함)에 의한 재판절차가 개시된 후에 그 이의한 사람이 사망한 때에는 사건 자체가 목적을 잃고 절차가 종료한다(대법원 2006.12.8, 2006마470).

③ (O) 이행강제금은 대체적 작위의무의 위반에 대하여도 부과될 수 있고, 대집행과 이행강제금을 선택적으로 활용하는 것은 중첩적인 제재에 해당한다고 볼 수 없다(헌법재판소 2004.2.26, 2001헌바80).

④ (X) 시정명령을 받은 자가 이를 이행하면 새로운 이행강제금의 부과를 즉시 중지하되, 이미 부과된 이행강제금은 징수하여야 한다(건축법 제80조 제5항).

16 ①

① 행정절차법 제28조(청문 주재자)
② 행정청은 다음 각 호의 어느 하나에 해당하는 처분을 하려는 경우에는 **청문 주재자를 2명 이상으로 선정할 수 있다.** 이 경우 선정된 청문 주재자 중 1명이 청문 주재자를 대표한다.
1. 다수 국민의 이해가 상충되는 처분
2. 다수 국민에게 불편이나 부담을 주는 처분
3. 그 밖에 전문적이고 공정한 청문을 위하여 행정청이 청문 주재자를 2명 이상으로 선정할 필요가 있다고 인정하는 처분

② 행정절차법 제40조의2(확약)
① 법령등에서 당사자가 신청할 수 있는 처분을 규정하고 있는 경우 행정청은 당사자의 신청에 따라 장래에 어떤 처분을 하거나 하지 아니할 것을 내용으로 하는 의사표시(이하 "확약"이라 한다)를 할 수 있다.
② 확약은 문서로 하여야 한다.

③ 행정절차법 제53조(온라인 정책토론)
① 행정청은 국민에게 영향을 미치는 주요 정책 등에 대하여 국민의 다양하고 창의적인 의견을 널리 수렴하기 위하여 정보통신망을 이용한 정책토론(이하 이 조에서 "온라인 정책토론"이라 한다)을 **실시할 수 있다.**
② 행정청은 효율적인 온라인 정책토론을 위하여 과제별로 한시적인 토론 패널을 구성하여 해당 토론에 참여시킬 수 있다. 이 경우 패널의 구성에 있어서는 공정성 및 객관성이 확보될 수 있도록 노력하여야 한다.
③ 행정청은 온라인 정책토론이 공정하고 중립적으로 운영되도록 하기 위하여 필요한 조치를 할 수 있다.

17 ④

① (○)

> **지방자치법 제156조(사용료의 징수조례 등)**
> ② 사기나 그 밖의 부정한 방법으로 사용료·수수료 또는 분담금의 징수를 면한 자에게는 그 징수를 면한 금액의 5배 이내의 과태료를, 공공시설을 부정사용한 자에게는 50만원 이하의 과태료를 부과하는 규정을 조례로 정할 수 있다.

② (○) 피고인이 행형법에 의한 징벌을 받아 그 집행을 종료하였다고 하더라도 행형법상의 징벌은 수형자의 교도소 내의 준수사항위반에 대하여 과하는 행정상의 질서벌의 일종으로서 형법 법령에 위반한 행위에 대한 형사책임과는 그 목적, 성격을 달리하는 것이므로 징벌을 받은 뒤에 형사처벌을 한다고 하여 일사부재리의 원칙에 반하는 것은 아니다(대법원 2000.10.27, 2000도3874).

③ (○) 통고처분은 행정소송의 대상이 되는 행정처분이 아님 ⇨ 도로교통법 제118조에서 규정하는 경찰서장의 통고처분은 행정소송의 대상이 되는 행정처분이 아니므로 그 처분의 취소를 구하는 소송은 부적법하고 도로교통법상의 통고처분을 받은 자가 그 처분에 대하여 이의가 있는 경우에는 통고처분에 따른 범칙금의 납부를 이행하지 아니함으로써 경찰서장의 즉결심판청구에 이하여 법원의 심판을 받을 수 있게 될 뿐이다(대법원 1995.6.29, 95누4674).

④ (×)

> **질서위반행위규제법 제3조(법 적용의 시간적 범위)**
> ③ 행정청의 과태료 처분이나 법원의 과태료 재판이 확정된 후 법률이 변경되어 그 행위가 질서위반행위에 해당하지 아니하게 된 때에는 변경된 법률에 특별한 규정이 없는 한 **과태료의 징수 또는 집행을 면제한다.**

18 ②

① (○) 국가배상법 제2조
② (×) ③ (○) ④ (○) 공공시설 등의 하자로 인한 책임도 군인·군무원의 2중배상금지에 관한 규정은 적용된다.

> **국가배상법 제2조(배상책임)**
> ① 국가나 지방자치단체는 공무원 또는 공무를 위탁받은 사인(이하 "공무원"이라 한다)이 직무를 집행하면서 고의 또는 과실로 법령을 위반하여 타인에게 손해를 입히거나, 「자동차손해배상 보장법」에 따라 손해배상의 책임이 있을 때에는 이 법에 따라 그 손해를 배상하여야 한다. 다만, 군인·군무원·경찰공무원 또는 예비군대원이 전투·훈련 등 직무 집행과 관련하여 전사(戰死)·순직(殉職)하거나 공상(公傷)을 입은 경우에 본인이나 그 유족이 다른 법령에 따라 재해보상금·유족연금·상이연금 등의 보상을 지급받을 수 있을 때에는 이 법 및 「민법」에 따른 손해배상을 청구할 수 없다.
> ② 제1항 본문의 경우에 공무원에게 고의 또는 중대한 과실이 있으면 국가나 지방자치단체는 그 공무원에게 구상(求償)할 수 있다.
>
> **국가배상법 제5조(공공시설 등의 하자로 인한 책임)**
> ① 도로·하천, 그 밖의 공공의 영조물(營造物)의 설치나 관리에 하자(瑕疵)가 있기 때문에 타인에게 손해를 발생하게 하였을 때에는 국가나 지방자치단체는 그 손해를 배상하여야 한다. **이 경우 제2조 제1항 단서, 제3조 및 제3조의2를 준용한다.**

19 ③

① (○) 공익사업을 위한 토지 등의 취득 및 보상에 관한 법률 제72조의 문언, 연혁 및 취지 등에 비추어 보면, 위 규정이 정한 수용청구권은 토지보상법 제74조 제1항이 정한 잔여지 수용청구권과 같이 손실보상의 일환으로 토지소유자에게 부여되는 권리로서 그 청구에 의하여 수용효과가 생기는 형성권의 성질을 지니므로, 토지소유자의 토지수용청구를 받아들이지 아니한 토지수용위원회의 재결에 대하여 토지소유자가 불복하여 제기하는 소송은 토지보상법 제85조 제2항에 규정되어 있는 '보상금의 증감에 관한 소송'에 해당하고, 피고는 토지수용위원회가 아니라 사업시행자로 하여야 한다(대법원 2015.4.9. 2014두46669). ⇒ 행정청을 피고로 항고소송을 제기하는 것이 아님

② (○) 토지수용위원회의 수용재결이 있은 후라고 하더라도 토지소유자 등과 사업시행자가 다시 협의하여 토지 등의 취득이나 사용 및 그에 대한 보상에 관하여 임의로 계약을 체결할 수 있다고 보아야 한다(대법원 2017. 4. 13. 2016두64241).

③ (✕) 하나의 재결에서 피보상자별로 여러 가지의 토지, 물건, 권리 또는 영업의 손실에 관하여 심리·판단이 이루어졌을 때, 피보상자 또는 사업시행자가 반드시 재결 전부에 관하여 불복하여야 하는 것은 아니며, 여러 보상항목들 중 일부에 관해서만 불복하는 경우에는 그 부분에 관해서만 개별적으로 불복의 사유를 주장하여 행정소송을 제기할 수 있다(대법원 2018.5.15. 2017두41221).

④ (○) 공익사업을 위한 토지 등의 취득 및 보상에 관한 법률에 의한 보상합의는 공공기관이 사경제주체로서 행하는 사법상 계약의 실질을 가지는 것으로서, 당사자 간의 합의로 같은 법 소정의 손실보상의 기준에 의하지 아니한 손실보상금을 정할 수 있으며, 이와 같이 같은 법이 정하는 기준에 따르지 아니하고 손실보상액에 관한 합의를 하였다고 하더라도 그 합의가 착오 등을 이유로 적법하게 취소되지 않는 한 유효하다. 따라서 공익사업법에 의한 보상을 하면서 손실보상금에 관한 당사자 간의 합의가 성립하면 그 합의 내용대로 구속력이 있고, 손실보상금에 관한 합의 내용이 공익사업법에서 정하는 손실보상 기준에 맞지 않는다고 하더라도 합의가 적법하게 취소되는 등의 특별한 사정이 없는 한 추가로 공익사업법상 기준에 따른 손실보상금 청구를 할 수는 없다(대법원 2013.8.22. 2012다3517).

20 ②

① (○) 기속력의 인정범위는 인용재결의 경우에만 인정되고 각하재결이나 기각재결에는 기속력이 없다.

② (✕) 행정심판의 재결은 피청구인인 행정청을 기속하는 효력을 가지므로 재결청이 취소심판의 청구가 이유 있다고 인정하여 처분청에 처분을 취소할 것을 명하면 처분청으로서는 재결의 취지에 따라 처분을 취소하여야 하지만, 나아가 재결에 판결에서와 같은 기판력이 인정되는 것은 아니어서 재결이 확정된 경우에도 처분의 기초가 된 사실관계나 법률적 판단이 확정되고 당사자들이나 법원이 이에 기속되어 모순되는 주장이나 판단을 할 수 없게 되는 것은 아니다(대법원 2015.11.27. 2013다6759).

③ (○) 행정심판법 제37조가 정하고 있는 재결은 당해 처분에 관하여 재결주문 및 그 전제가 된 요건사실의 인정과 판단에 대하여 처분청을 기속하므로, 당해 처분에 관하여 위법한 것으로 재결에서 판단된 사유와 기본적 사실관계에 있어 동일성이 인정되는 사유를 내세워 다시 동일한 내용의 처분을 하는 것은 허용되지 않는다(대법원 2003.4.25. 2002두3201).

④ (○) 형성력이 인정되는 재결은 인용재결이다. 취소재결과 변경재결은 취소심판에서 인용재결이고 처분재결은 의무이행심판에서 인용재결이다.

21 ④

① (○) 원처분에 대한 인용재결로 권익을 침해받은 제3자는 인용재결을 소송대상으로 하여 다툼 ⇨ 이른바 복효적 행정행위, 특히 제3자효를 수반하는 행정행위에 대한 행정심판청구에 있어서 그 청구를 인용하는 내용의 재결로 인하여 비로소 권리이익을 침해받게 되는 자는 그 인용재결에 대하여 다툴 필요가 있고, 그 인용재

결은 원처분과 내용을 달리하는 것이므로 그 인용재결의 취소를 구하는 것은 원처분에 없는 재결에 고유한 하자를 주장하는 셈이어서 당연히 항고소송의 대상이 된다(대법원 2001.5.29, 99두10292).

② (○) 행정청이 골프장 사업계획승인을 얻은 자의 사업시설 착공계획서를 수리한 것에 대하여 인근 주민들이 그 수리처분의 취소를 구하는 행정심판을 청구하자 재결청이 그 청구를 인용하여 수리처분을 취소하는 형성적 재결을 한 경우, 그 수리처분 취소 심판청구는 행정심판의 대상이 되지 아니하여 부적법 각하하여야 함에도 위 재결은 그 청구를 인용하여 수리처분을 취소하였으므로 재결 자체에 고유한 하자가 있다(대법원 2001.5.29, 99두10292)

③ (○) 행정소송법 제19조는 취소소송은 행정청의 원처분을 대상으로 하되(원처분주의), 다만 "재결 자체에 고유한 위법이 있음을 이유로 하는 경우"에 한하여 행정심판의 재결도 취소소송의 대상으로 삼을 수 있도록 규정하고 있으므로 재결취소소송의 경우 재결 자체에 고유한 위법이 있는지 여부를 심리할 것이고, 재결 자체에 고유한 위법이 없는 경우에는 원처분의 당부와는 상관없이 당해 재결취소소송은 이를 기각하여야 한다(대법원 1994.1.25, 93누16901).

④ (×) 행정청이 식품위생법령에 따라 영업자에게 행정제재처분을 한 후 그 처분을 영업자에게 유리하게 변경하는 처분을 한 경우, 변경처분에 의하여 당초 처분은 소멸하는 것이 아니고 당초부터 유리하게 변경된 내용의 처분으로 존재하는 것이므로, 변경처분에 의하여 유리하게 변경된 내용의 행정제재가 위법하다 하여 그 취소를 구하는 경우 그 취소소송의 대상은 변경된 내용의 당초 처분이지 변경처분은 아니고, 제소기간의 준수 여부도 변경처분이 아닌 변경된 내용의 당초 처분을 기준으로 판단하여야 한다(대법원 2007.4.27., 2004두9302)

22 ③

③ ㄱ, ㄴ, ㄹ이 옳은 설명이다.

ㄱ. (○) 행정소송법 제23조에 의한 효력정지결정의 효력은 결정주문에서 정한 시기까지 존속하고 그 시기의 도래와 동시에 효력이 당연히 소멸하므로, 보조금 교부결정의 일부를 취소한 행정청의 처분에 대하여 법원이 효력정지결정을 하면서 주문에서 그 법원에 계속 중인 본안소송의 판결 선고 시까지 처분의 효력을 정지한다고 선언하였을 경우, 본안소송의 판결 선고에 의하여 정지결정의 효력은 소멸하고 이와 동시에 당초의 보조금 교부결정 취소처분의 효력이 당연히 되살아난다.
따라서 효력정지결정의 효력이 소멸하여 보조금 교부결정 취소처분의 효력이 되살아난 경우, 특별한 사정이 없는 한 행정청으로서는 보조금법 제31조 제1항에 따라 취소처분에 의하여 취소된 부분의 보조사업에 대하여 효력정지기간 동안 교부된 보조금의 반환을 명하여야 한다(대법원 2017.7.11, 2013두25498).

ㄴ. (○) 행정소송법 제24조 제1항

ㄷ. (×) "집행정지결정은 당해 사건에 관하여 당사자인 행정청과 그 밖의 관계행정청을 기속한다(법 제23조 제6항, 제30조 제1항)."고 하여 집행정지결정은 기속력에 대한 규정은 준용하고 있다. 그러나 재처분의무 규정은 준용하고 있지 않다.

ㄹ. (○) 집행정지의 결정 또는 기각의 결정에 대하여는 즉시항고할 수 있다. 이 경우 집행정지의 결정에 대한 즉시항고에는 결정의 집행을 정지하는 효력이 없다(행정소송법 제23조 제5항).

23 ④

㉠㉢㉤㉥이 현행법상 허용되는 행정소송의 종류이다.
㉠ 공법상 신분·지위 확인소송은 당사자소송으로 현행법상 허용된다.
㉡ 예방적으로 금지를 구하는 소송은 허용되지 않는다.
㉢ 행정절차의 하자는 독자적 위법성 사유이므로 절차의 위법을 이유로 하는 취소소송은 허용된다.
㉣ 검사의 불기소처분은 행정소송의 대상인 처분이 아니다.
㉤ 당사자소송에서의 가구제는 집행정지가 아니라 가처분결정이다.

ⓑ 취소송과 무효등확인소송에서 가구제로서 집행정지결정은 허용된다.
ⓐ 의무이행소송은 현행법상 허용되지 않는다.

24 ①

① (○) 석유판매업허가신청에 대하여 "주유소 건축 예정 토지에 관하여 도시계획법 제4조 및 구 토지의형질변경등행위허가기준등에관한규칙에 의거하여 행위제한을 추진하고 있다."는 당초의 불허가처분사유와 항고소송에서 주장한 위 신청이 토지형질변경허가의 요건을 갖추지 못하였다는 사유 및 도심의 환경보전의 공익상 필요라는 사유는 기본적 사실관계의 동일성이 있다(대법원 1999.4.23, 97누14378).

② (×) 피고는 석유판매업허가신청에 대하여 당초 사업장소인 토지가 군사보호시설구역 내에 위치하고 있는 관할 군부대장의 동의를 얻지 못하였다는 이유로 이를 불허가하였다가, 소송에서 위 토지는 탄약창에 근접한 지점에 위치하고 있어 공공의 안전과 군사시설의 보호라는 공익적인 측면에서 보아 허가신청을 불허한 것은 적법하다는 것을 불허가사유로 추가한 경우, 양자는 기본적 사실관계에 있어서의 동일성이 인정되지 아니하는 별개의 사유라고 할 것이므로 이와 같은 사유를 불허가처분의 근거로 추가할 수 없다(대법원 1991.11.8, 91누70).

③ (×) 온천으로서의 이용가치, 기존의 도시계획 및 공공사업에의 지장 여부 등을 고려하여 이 사건 온천발견신고수리를 거부한 것은 적법하다는 취지의 피고의 주장에 대하여 아무런 판단도 하지 아니한 것은 소론이 지적하는 바와 같으나 기록에 의하면 그와 같은 사유는 피고가 당초에 이 사건 거부처분의 사유로 삼은 바가 없을 뿐만 아니라 규정온도가 미달되어 온천에 해당하지 않는다는 당초의 이 사건 처분사유와는 기본적 사실관계를 달리하여 원심으로서도 이를 거부처분의 사유로 추가할 수는 없다 할 것이므로 원심이 이 부분에 대하여 판단을 하지 아니하였다 하여도 이는 판결에 영향이 없다고 할 것이다(대법원 1992. 11. 24. 92누3052).

④ (×) 이주대책신청기간이나 소정의 이주대책실시(시행)기간을 모두 도과하여 실기한 이주대책신청을 하였으므로 원고에게는 이주대책을 신청할 권리가 없고, 사업시행자가 이를 받아들여 택지나 아파트공급을 해 줄 법률상 의무를 부담한다고 볼 수 없다는 피고의 상고이유의 주장은 원심에서는 하지 아니한 새로운 주장일 뿐만 아니라 사업지구 내 가옥 소유자가 아니라는 이 사건 처분사유와 기본적 사실관계의 동일성도 없으므로 적법한 상고이유가 될 수 없다(대법원 1999. 8. 20. 98두17043).

25 ④

① (○) 대법원 1975.11.11, 75누97
② (○) 대법원 1999.12.20, 99무42
③ (○) 대법원 1991.5.2, 91두15
④ (×) 행정처분의 효력정지나 집행정지를 구하는 신청사건에 있어서는 행정처분 자체의 적법 여부는 궁극적으로 본안재판에서 심리를 거쳐 판단할 성질의 것이므로 원칙적으로 판단할 것이 아니고, 그 행정처분의 효력이나 집행을 정지할 것인가에 관한 행정소송법 제23조 제2항 소정의 요건의 존부만이 판단의 대상이 된다고 할 것이지만, 나아가 집행정지는 행정처분의 집행부정지원칙의 예외로서 인정되는 것이고 또 본안에서 원고가 승소할 수 있는 가능성을 전제로 한 권리보호수단이라는 점에 비추어 보면 집행정지사건 자체에 의하여도 신청인의 본안청구가 적법한 것이어야 한다는 것을 집행정지의 요건에 포함시켜야 한다(대법원 1999.11.26, 99부3).

행정법총론 최종모의고사 정답 및 해설

2025 MUST 행정법총론 **최종모의고사**

01	02	03	04	05	06	07	08	09	10
①	③	④	③	③	④	②	①	③	③
11	12	13	14	15	16	17	18	19	20
④	①	②	③	②	①	①	①	②	③
21	22	23	24	25					
③	④	②	③	③					

01 ①

① (×) 법원이 어느 법률의 위헌 여부의 심판을 제청하기 위하여는, 당해 법률이 헌법에 위반되는 여부가 재판을 하기 위한 전제가 되어야 하는바, 여기에서 재판의 전제가 된다고 함은, 구체적 사건이 법원에 계속중이어야 하고, 위헌 여부가 문제되는 법률이 당해 소송사건의 재판에 적용되는 것이어야 하며, 그 법률이 헌법에 위반되는지의 여부에 따라 당해 사건을 담당하는 법원이 다른 판단을 하게 되는 경우를 말한다(대법원 2002.9.27. 2002초기113).

② (○) 법원에서 법규명령의 위헌·위법성이 확정된 경우에도 공식절차에 의해 폐지되지 않는 한 형식적으로는 유효하다. 다만 당해사건에 대한 적용만 거부될 뿐이다(헌법재판소에서 위헌결정이 있으면 위헌인 법률은 일반적 무효이지만, 법원에서 명령규칙에 대한 위헌판결이 있으면 개별적 무효에 해당함).

③ (○) 헌법 제107조 제2항이 규정한 명령·규칙에 대한 대법원의 최종심사권이란 구체적인 소송사건에서 명령·규칙의 위헌 여부가 재판의 전제가 되었을 경우 법률의 경우와는 달리 헌법재판소에 제청할 것 없이 대법원이 최종적으로 심사할 수 있다는 의미이며 헌법 제111조 제1항 제1호에서 법률의 위헌여부심사권을 헌법재판소에 부여한 이상 통일적인 헌법해석과 규범통제를 위하여 공권력에 의한 기본권 침해를 이유로 하는 헌법소원재판청구사건에 있어서 법률의 하위법규인 명령·규칙의 위헌여부심사권이 헌법재판소의 관할에 속함은 당연한 것으로서 헌법 제107조 제2항의 규정이 이를 배제한 것이라고는 볼 수 없다. 그러므로 헌법재판소법 제68조 제1항이 규정하고 있는 헌법소원심판의 대상으로서의 공권력이란 입법·사법·행정 등 모든 공권력을 말하는 것이므로 입법부에서 제정한 법률, 행정부에서 제정한 시행령이나 시행규칙 및 사법부에서 제정한 규칙 등은 그것들이 별도의 집행행위를 기다리지 않고 직접 기본권을 침해하는 것일 때에는 모두 헌법소원심판의 대상이 될 수 있는 것이다(헌재결 1990.1.15. 89헌마178).

④ (○) 하자의 정도가 중대명백한 경우가 무효사유에 해당한다. 따라서 법규명령의 위헌·위법여부가 해석상 다툼이 없을 정도로 명백하지 않은 상태에서 이에 근거한 행정처분의 하자는 취소사유에 해당한다.

02 ③

① (○) 구 건축법 제29조 제1항에서 정한 건축협의의 취소는 행정처분에 해당함 ⇨ 지방자치단체 등은 건축물 소재지 관할 허가권자인 지방자치단체의 장을 상대로 건축협의취소의 취소를 구할 수 있음

구 건축법 제29조 제1항, 제2항, 제11조 제1항 등의 규정 내용에 의하면, 건축협의의 실질은 지방자치단체 등에 대한 건축허가와 다르지 않으므로, 지방자치단체 등이 건축물을 건축하려는 경우 등에는 미리 건축물의 소재지를 관할하는 허가권자인 지방자치단체의 장과 건축협의를 하지 않으면, 지방자치단체라 하더라도 건축물을 건축할 수 없다. 그리고 구 지방자치법 등 관련 법령을 살펴보아도 지방자치단체의 장이 다른 지방자치단체를 상대로 한 건축협의 취소에 관하여 다툼이 있는 경우에 법적 분쟁을 실효적으로 해결할 구제수단을 찾기도 어렵다.

따라서 건축협의 취소는 상대방이 다른 지방자치단체 등 행정주체라 하더라도 '행정청이 행하는 구체적 사

실에 관한 법집행으로서의 공권력 행사'(행정소송법 제2조 제1항 제1호)로서 처분에 해당한다고 볼 수 있고, 지방자치단체인 원고가 이를 다툴 실효적 해결 수단이 없는 이상, 원고는 건축물 소재지 관할 허가권자인 지방자치단체의 장을 상대로 항고소송을 통해 건축협의 취소의 취소를 구할 수 있다(대법원 2014.2.27. 2012두22980).

② (○) 대법원 2007.6.14. 2004두619
③ (×) 피고경정이 있게 되면 새로운 피고에 대한 소송은 **처음에 소를 제기한 때에 행정소송을 제기한 것으로 보며**(법 제14조 제4항) 종전의 피고에 대한 소송은 취하된 것으로 보게 된다.
④ (○) 추진위원회 구성승인처분을 다투는 소송 계속 중에 조합설립인가처분이 이루어진 경우에는, 추진위원회 구성승인처분에 위법이 존재하여 조합설립인가 신청행위가 무효라는 점 등을 들어 직접 조합설립인가처분을 다툼으로써 정비사업의 진행을 저지하여야 하고, 이와는 별도로 추진위원회 구성승인처분에 대하여 취소 또는 무효확인을 구할 법률상의 이익은 없다고 보아야 한다(대법원 2013.1.31. 2011두11112, 2011두11129).

03 ④

① (○) 공기업·준정부기관이 법령 또는 계약에 근거하여 선택적으로 입찰참가자격 제한 조치를 할 수 있는 경우, 계약상대방에 대한 **입찰참가자격 제한 조치가 법령에 근거한 행정처분인지 아니면 계약에 근거한 권리행사인지는 원칙적으로 의사표시의 해석 문제이다.** 이때에는 공기업·준정부기관이 계약상대방에게 통지한 문서의 내용과 해당 조치에 이르기까지의 과정을 객관적·종합적으로 고찰하여 판단하여야 한다. 그럼에도 불구하고 공기업·준정부기관이 법령에 근거를 둔 행정처분으로서의 입찰참가자격 제한 조치를 한 것인지 아니면 계약에 근거한 권리행사로서 입찰참가자격 제한 조치를 한 것인지가 불분명한 경우에는, 중대한 이해관계를 가지는 상대방의 인식가능성 내지 예측가능성을 중요하게 고려하여 규범적으로 확정하여야 한다(대판 2018.10.25. 2016두33537).
② (○) 대법원 2020.5.28. 2017두66541
③ (○) 공공기관의 운영에 관한 법률이나 그 하위법령은 공기업이 거래상대방 업체에 대하여 공공기관운영법 제39조 제2항 및 공기업·준정부기관 계약사무규칙 제15조에서 정한 범위를 뛰어넘어 추가적인 제재조치를 취할 수 있도록 위임한 바 없다. 따라서 한국수력원자력 주식회사가 조달하는 기자재, 용역 및 정비공사, 기기수리의 공급자에 대한 관리업무 절차를 규정함을 목적으로 제정·운용하고 있는 '공급자관리지침' 중 등록취소 및 그에 따른 일정 기간의 거래제한조치에 관한 규정들은 공공기관으로서 행정청에 해당하는 한국수력원자력 주식회사가 상위법령의 구체적 위임 없이 정한 것이어서 대외적 구속력이 없는 행정규칙이다(대법원 2020.5.28. 2017두66541).
④ (×) **한국수력원자력 주식회사가 하는 '등록취소 및 그에 따른 일정 기간의 거래제한조치'는 '처분'에 해당함 그러나 계약에 따른 제재조치는 처분이 아님** ⇨ 한국수력원자력 주식회사가 자신의 '공급자관리지침'에 근거하여 등록된 공급업체에 대하여 하는 '등록취소 및 그에 따른 일정 기간의 거래제한조치'는 행정청이 행하는 구체적 사실에 관한 법집행으로서의 공권력의 행사인 '처분'에 해당한다(대법원 2020.5.28. 2017두66541). 계약당사자 사이에서 계약의 적정한 이행을 위하여 일정한 계약상 의무를 위반하는 경우 계약해지, 위약벌이나 손해배상액 약정, 장래 일정 기간의 거래제한 등의 제재조치를 약정하는 것은 상위법령과 법의 일반원칙에 위배되지 않는 범위에서 허용되며, 그러한 계약에 따른 제재조치는 법령에 근거한 공권력의 행사로서의 제재처분과는 법적 성질을 달리한다. 그러나 공공기관의 어떤 제재조치가 계약에 따른 제재조치에 해당하려면 일정한 사유가 있을 때 그러한 제재조치를 할 수 있다는 점을 공공기관과 그 거래상대방이 미리 구체적으로 약정하였어야 한다. 공공기관이 여러 거래업체들과의 계약에 적용하기 위하여 거래업체가 일정한 계약상 의무를 위반하는 경우 장래 일정 기간의 거래제한 등의 제재조치를 할 수 있다는 내용을 계약특수조건 등의 일정한 형식으로 미리 마련하였다고 하더라도, 약관의 규제에 관한 법률 제3조에서 정한 바와 같이 계약상대방에게 그 중요 내용을 미리 설명하여 계약내용으로 편입하는 절차를 거치지 않았다면 계약의 내용으로 주장할 수 없다(대법원 2020.5.28. 2017두66541).

04 ③

③ ㉠㉢㉣㉤이 옳다.

민법상 기간계산	▶ 민법 제156조(기간의 기산점) 기간을 시, 분, 초로 정한 때에는 즉시로부터 기산한다. ▶ 민법 제157조(기간의 기산점) 기간을 일, 주, 월 또는 연으로 정한 때에는 기간의 **초일은 산입하지 아니한다.** 그러나 그 기간이 오전 영시로부터 시작하는 때에는 그러하지 아니하다. ▶ 민법 제159조(기간의 만료점) 기간을 일, 주, 월 또는 연으로 정한 때에는 기간말일의 종료로 기간이 만료한다. ▶ 민법 제161조(공휴일 등과 기간의 만료점) 기간의 말일이 토요일 또는 공휴일에 해당한 때에는 기간은 그 **익일로 만료**한다.
행정에 관한 기간의 계산	행정기본법 제6조(행정에 관한 기간의 계산) ① 행정에 관한 기간의 계산에 관하여는 이 법 또는 다른 법령등에 특별한 규정이 있는 경우를 제외하고는 「**민법**」을 준용한다. ② 법령등 또는 처분에서 국민의 권익을 제한하거나 의무를 부과하는 경우 권익이 제한되거나 의무가 지속되는 기간의 계산은 다음 각 호의 기준에 따른다. 다만, 다음 각 호의 기준에 따르는 것이 국민에게 불리한 경우에는 그러하지 아니하다. 1. 기간을 일, 주, 월 또는 연으로 정한 경우에는 **기간의 첫날을 산입한다.** 2. 기간의 말일이 토요일 또는 공휴일인 경우에도 **기간은 그 날로 만료**한다.
법령등 시행일의 기간 계산	행정기본법 제7조(법령등 시행일의 기간 계산) 법령등(훈령·예규·고시·지침 등을 포함한다. 이하 이 조에서 같다)의 시행일을 정하거나 계산할 때에는 다음 각 호의 기준에 따른다. 1. 법령등을 공포한 날부터 시행하는 경우에는 공포한 날을 시행일로 한다. 2. 법령등을 공포한 날부터 일정 기간이 경과한 날부터 시행하는 경우 법령등을 공포한 날을 첫날에 산입하지 아니한다. 3. 법령등을 공포한 날부터 일정 기간이 경과한 날부터 시행하는 경우 그 기간의 말일이 토요일 또는 공휴일인 때에는 그 말일로 기간이 만료한다.
민원처리 기간의 계산	민원 처리에 관한 법률 제19조(처리기간의 계산) ① 민원의 처리기간을 5일 이하로 정한 경우에는 민원의 접수시각부터 "시간" 단위로 계산하되, 공휴일과 토요일은 산입(算入)하지 아니한다. 이 경우 1일은 8시간의 근무시간을 기준으로 한다. ② 민원의 처리기간을 6일 이상으로 정한 경우에는 "일" 단위로 계산하고 첫날을 산입하되, 공휴일과 토요일은 산입하지 아니한다. ③ 민원의 처리기간을 주·월·연으로 정한 경우에는 첫날을 산입하되, 「민법」 제159조부터 제161조까지의 규정을 준용한다.
정보공개에 관한 기간의 계산	공공기관의 정보공개에 관한 법률 제29조(기간의 계산) ① 이 법에 따른 기간의 계산은 「민법」에 따른다. ② 제1항에도 불구하고 다음 각 호의 기간은 "일" 단위로 계산하고 첫날을 산입하되, 공휴일과 토요일은 산입하지 아니한다. 1. 제11조제1항 및 제2항에 따른 정보공개 여부 결정기간 2. 제18조제1항, 제19조제1항 및 제20조제1항에 따른 정보공개 청구 후 경과한 기간 3. 제18조제3항에 따른 이의신청 결정기간

05 ③

① (×) 행정재산인 국립의료원 부설 주차장은 국유재산법 제24조 제1항에 의한 사용·수익 허가로서 이루어진 것임을 알 수 있으므로, 이는 위 국립의료원이 원고의 신청에 의하여 공권력을 가진 우월적 지위에서 행한 행정처분으로서 특정인에게 행정재산을 사용할 수 있는 권리를 설정하여 주는 강학상 특허에 해당한다 할 것이고 순전히 사경제주체로서 원고와 대등한 위치에서 행한 사법상의 계약으로 보기 어렵다고 할 것이다(대법원 2006.3.9, 2004다31074).

② (×) 기본행위인 임시이사들에 의한 이사선임결의의 내용 및 그 절차에 하자가 있다는 이유로 이사선임결의의 효력에 관하여 다툼이 있는 경우에는 기본행위인 이사선임결의의 효력에 관하여 민사소송을 하여야 한다. 따라서 기본행위의 하자를 이유로 인가인 임원취임승인처분에 대하여 무효확인이나 그 취소를 구할 수 없다.

③ (○) 허가는 수정허가가 가능하나, 인가와 특허는 수정인가와 수정특허는 허용되지 않는다.

④ (×) 재건축정비사업조합이 이러한 행정주체의 지위에서 위 법에 기초하여 수립한 사업시행계획은 인가·고시를 통해 확정되면 이해관계인에 대한 구속적 행정계획으로서 독립된 행정처분에 해당하고, 이와 같은 사업시행계획안에 대한 조합 총회결의는 그 행정처분에 이르는 절차적 요건 중 하나에 불과한 것으로서, 그 계획이 확정된 후에는 항고소송의 방법으로 계획의 취소 또는 무효확인을 구할 수 있을 뿐, 절차적 요건에 불과한 총회결의 부분만을 대상으로 그 효력 유무를 다투는 확인의 소를 제기하는 것은 허용되지 아니하고, 한편 이러한 항고소송의 대상이 되는 행정처분의 효력이나 집행 혹은 절차속행 등의 정지를 구하는 신청은 행정소송법상 집행정지신청의 방법으로서만 가능할 뿐 민사소송법상 가처분의 방법으로는 허용될 수 없다(대법원 2010.12.9, 2009두4555).

06 ④

① (○) ② (○) 헌법재판소에 의한 위헌심사의 대상이 되는 '법률'이란 '국회의 의결을 거친 이른바 형식적 의미의 법률'을 의미하고, 위헌심사의 대상이 되는 규범이 형식적 의미의 법률이 아닌 때에는 그와 동일한 효력을 갖는 데에 국회의 승인이나 동의를 요하는 등 국회의 입법권 행사라고 평가할 수 있는 실질을 갖춘 것이어야 한다. 구 대한민국헌법(1980. 10. 27. 헌법 제9호로 전부 개정되기 전의 것, 이하 '유신헌법'이라 한다) 제53조 제3항은 대통령이 긴급조치를 한 때에는 지체 없이 국회에 통고하여야 한다고 규정하고 있을 뿐, 사전적으로는 물론이거니와 사후적으로도 긴급조치가 그 효력을 발생 또는 유지하는 데 국회의 동의 내지 승인 등을 얻도록 하는 규정을 두고 있지 아니하고, 실제로 국회에서 긴급조치를 승인하는 등의 조치가 취하여진 바도 없다. 따라서 유신헌법에 근거한 긴급조치는 국회의 입법권 행사라는 실질을 전혀 가지지 못한 것으로서, 헌법재판소의 위헌심판대상이 되는 '법률'에 해당한다고 할 수 없고, 긴급조치의 위헌 여부에 대한 심사권은 최종적으로 대법원에 속한다(대법원 2010.12.16. 선고 2010도5986 전원합의체).

④ (×) 유신헌법 제53조 제4항이 "제1항과 제2항의 긴급조치는 사법적 심사의 대상이 되지 아니한다."고 규정하고 있어, 대법원은 유신헌법 아래서, 긴급조치는 유신헌법에 근거한 것으로서 사법적 심사의 대상이 되지 아니하므로 그 위헌 여부를 다툴 수 없다는 취지의 판시를 한 바 있다(대법원 1977. 3. 22. 선고 74도3510 전원합의체 판결, 대법원 1977. 5. 13.자 77모19 전원합의체 결정 등 참조).

그러나 재심소송에서 적용될 절차에 관한 법령은 재심판결 당시의 법령이므로, 사법적 심사의 대상이 되는지 여부는 현재 시행 중인 대한민국헌법(이하 '현행 헌법'이라 한다)에 기하여 판단하여야 한다. 현행 헌법 제76조는 대통령의 긴급명령·긴급재정경제명령 등 국가긴급권의 행사에 대하여 사법심사배제 규정을 두고 있지 아니하다. 더욱이 유신헌법 자체에 의하더라도 그 제8조가 "모든 국민은 인간으로서의 존엄과 가치를 가지며, 이를 위하여 국가는 국민의 기본적 인권을 최대한으로 보장할 의무를 진다."고 규정하고 제9조 내지 제32조에서 개별 기본권 보장 규정을 두고 있었으므로, 유신헌법 제53조 제4항이 사법심사를 배제할 것을 규정하고 있다고 하더라도 이는 사법심사권을 절차적으로 제한하는 것일 뿐 이러한 기본권 보장 규정과 충돌되는 긴급조치의 합헌성 내지 정당성까지 담보한다고 할 수 없다. 따라서 이 사건 재심절차를 진행함에 있어, 모든 국민은 유신헌법에 따른 절차적 제한을 받음이 없이 법이 정한 절차에 의해서 긴급조치의 위헌성 유무를 따지는 것이 가능하므로, 이와 달리 유신헌법 제53조 제4항에 근거하여 이루어진 긴급조치에 대한 사법심사가 불가능하다는 취지의 위 대법원 판결 등은 더 이상 유지될 수 없다(대법원 2010.12.16. 선고 2010도5986 전원합의체).

07 ②

① (O) 국세청장의 훈령인 재산제세조사사무처리규정에 대하여, 행정규칙은 행정기관에 법령의 구체적인 내용을 보충할 권한을 부여한 법령규정의 효력에 의하여 그 내용을 보충하는 기능을 갖게 된다 할 것이고, 따라서 이와 같은 행정규칙은 당해 법령의 위임의 한계를 벗어나지 아니하는 한 그것들과 결합하여 대외적인 구속력이 있는 법규명령으로서의 효력을 갖게 된다(대법원 1987.9.29. 86누484).

② (×) 헌법 제40조와 헌법 제75조, 제95조의 의미를 살펴보면, 국회입법에 의한 수권이 입법기관이 아닌 행정기관에게 법률 등으로 구체적인 범위를 정하여 위임한 사항에 관하여는 당해 행정기관에게 법정립의 권한을 갖게 되고, **입법자가 규율의 형식도 선택할 수도 있다 할 것이므로, 헌법이 인정하고 있는 위임입법의 형식은 예시적인 것으로 보아야 할 것이고, 그것은 법률이 행정규칙에 위임하더라도 그 행정규칙은 위임된 사항만을 규율할 수 있으므로, 국회입법의 원칙과 상치되지도 않는다.** 다만, 형식의 선택에 있어서 **규율의 밀도와 규율영역의 특성이 개별적으로 고찰되어야 할 것이고**, 그에 따라 입법자에게 상세한 규율이 불가능한 것으로 보이는 영역이라면 행정부에게 필요한 보충을 할 책임이 인정되고 극히 전문적인 식견에 좌우되는 영역에서는 행정기관에 의한 구체화의 우위가 불가피하게 있을 수 있다. 그러한 영역에서 행정규칙에 대한 위임입법이 제한적으로 인정될 수 있다(헌재결 2004.10.28. 99헌바91).

③ (O) 대법원 2008.3.27. 2006두3742·3759

④ (O) 법령의 규정이 특정 행정기관에게 법령 내용의 구체적 사항을 정할 수 있는 권한을 부여하면서 권한행사의 절차나 방법을 특정하지 아니한 경우에는 수임 행정기관은 행정규칙이나 규정 형식으로 법령 내용이 될 사항을 구체적으로 정할 수 있다. 이 경우 행정규칙 등은 당해 법령의 위임한계를 벗어나지 않는 한 대외적 구속력이 있는 법규명령으로서 효력을 가지게 되지만, 이는 행정규칙이 갖는 일반적 효력이 아니라 행정기관에 법령의 구체적 내용을 보충할 권한을 부여한 법령 규정의 효력에 근거하여 예외적으로 인정되는 것이다. 따라서 그 행정규칙이나 규정이 상위법령의 위임범위를 벗어난 경우에는 법규명령으로서 대외적 구속력을 인정할 여지는 없다. 이는 행정규칙이나 규정 '내용'이 위임범위를 벗어난 경우뿐 아니라 상위법령의 위임규정에서 특정하여 정한 권한행사의 '절차'나 '방식'에 위배되는 경우도 마찬가지이므로, 상위법령에서 세부사항 등을 시행규칙으로 정하도록 위임하였음에도 이를 고시 등 행정규칙으로 정하였다면 그 역시 대외적 구속력을 가지는 법규명령으로서 효력이 인정될 수 없다(대법원 2012.7.5., 2010다72076).

08 ①

① (×) 지목은 토지소유권을 제대로 행사하기 위한 전제요건으로서 토지소유자의 실체적 권리관계에 밀접하게 관련되어 있으므로 지적공부 소관청의 지목변경신청 반려행위는 국민의 권리관계에 영향을 미치는 것으로서 항고소송의 대상이 되는 행정처분에 해당한다(대법원 2004. 4. 22, 2003두9015).

② (O) 단수조치는 항고소송의 대상이 되는 행정처분이다. 다만 단수요청은 행정처분이 아니다.

③ (O) 적정통보는 다단계행정결정의 예비결정으로서 독자적인 행정처분성이 인정된다.

④ (O) 자동차운송사업양도양수계약에 기한 양도양수인가신청에 대하여 피고 시장이 내인가를 한 후 위 내인가에 기한 본인가신청이 있었으나 자동차운송사업 양도양수인가신청서가 합의에 의한 정당한 신청서라고 할 수 없다는 이유로 위 내인가를 취소한 경우, 위 내인가의 법적 성질이 행정행위의 일종으로 볼 수 있든 아니든 그것이 행정청의 상대방에 대한 의사표시임이 분명하고, 피고가 위 내인가를 취소함으로써 다시 본인가에 대하여 따로이 인가 여부의 처분을 한다는 사정이 보이지 않는다면 위 내인가취소를 인가신청을 거부하는 처분으로 보아야 할 것이다(대법원 1991.6.28. 90누4402).

09 ③

① (○) 인사규정 등에서 직위해제처분에 따른 효과로 승진·승급에 제한을 가하는 등의 법률상 불이익을 규정하고 있는 경우에는 직위해제처분을 받은 근로자는 이러한 법률상 불이익을 제거하기 위하여 그 실효된 직위해제처분에 대한 구제를 신청할 이익이 있다(대법원 2010.7.29, 2007두18406).
② (○) 대법원 1987.4.14, 86누459
③ (×) 교원소청심사위원회의 결정에 대하여 행정소송을 제기할 수 있는 자에는 교원지위 향상을 위한 특별법 제10조 제3항에서 명시하고 있는 교원, 사립학교법 제2조에 의한 학교법인, 사립학교 경영자뿐 아니라 소청심사의 피청구인이 된 학교의 장도 포함된다고 보는 것이 타당하다(대법원 2011.6.24, 2008두9317).
④ (○) 대법원 2014.5.16., 2012두26180

10 ③

① (○) 무효와 취소의 구별실익

구 분	무 효	취 소
효력	행정행위로서의 효력이 처음부터 전혀 발생하지 않음	권한 있는 기관에 의해 취소될 때까지는 효력이 발생함
공정력	인정되지 않음	인정
제소기간 제한 및 불가쟁력 발생 여부	① 제소기간 및 불가쟁력은 적용되지 않는다. ② 그러나 무효선언을 구하는 의미에서의 취소소송의 경우에는 취소소송의 제기요건을 갖추어야 한다.	인정
행정심판전치주의	부정	인정
사정(재결)판결	부정	인정
하자의 치유와 전환	하자의 전환은 무효인 행정행위에 인정	하자의 치유는 원칙적으로 취소할 수 있는 행정행위에 인정
하자의 승계	승계됨	승계되지 않음이 원칙

② (○) 적법한 건축물에 대한 철거명령은 그 하자가 중대하고 명백하여 당연무효라고 할 것이고, 그 후행행위인 건축물철거 대집행계고처분 역시 당연무효라고 할 것이다(대법원 1999.4.27, 97누6780).
③ (×) 임용당시 공무원임용 결격사유가 있었다면 비록 국가의 과실에 의하여 임용 결격자임을 밝혀내지 못하였다 하더라도 그 임용행위는 당연무효로 보아야 한다. 국가가 공무원임용결격사유가 있는 자에 대하여 결격사유가 있는 것을 알지 못하고 공무원으로 임용하였다가 사후에 결격사유가 있는 자임을 발견하고 공무원 임용행위를 취소하는 것은 당사자에게 원래의 임용행위가 당초부터 당연무효이었음을 통지하여 확인시켜 주는 행위에 지나지 아니하는 것이므로, 그러한 의미에서 당초의 임용처분을 취소함에 있어서는 신의칙 내지 신뢰의 원칙을 적용할 수 없고 또 그러한 의미의 취소권은 시효로 소멸하는 것도 아니다(대법원 1987.4.14, 86누459).
④ (○) 세액산출근거가 기재되지 아니한 납세고지서에 의한 부과처분은 강행법규에 위반하여 취소대상이 된다 할 것이므로 이와 같은 하자는 납세의무자가 전심절차에서 이를 주장하지 아니하였거나, 그 후 부과된 세금을 자진납부하였다거나, 또는 조세채권의 소멸시효기간이 만료되었다 하여 치유되는 것이라고는 할 수 없다(대법원 1985.4.9., 84누431).

11 ④

① (○) 행정청이 어느 법률관계나 사실관계에 대하여 어느 법률의 규정을 적용하여 행정처분을 한 경우에 그 법률관계나 사실관계에 대하여는 그 법률의 규정을 적용할 수 없다는 법리가 명백히 밝혀져 그 해석에 다툼의 여지가 없음에도 불구하고 행정청이 위 규정을 적용하여 처분을 한 때에는 그 하자가 중대하고도 명백하다고 할 것이나, 그 법률관계나 사실관계에 대하여 그 법률의 규정을 적용할 수 없다는 법리가 명백히 밝혀지지 아니하여 그 해석에 다툼의 여지가 있는 때에는 행정관청이 이를 잘못 해석하여 행정처분을 하였더라도 이는 그 처분 요건사실을 오인한 것에 불과하여 그 하자가 명백하다고 할 수 없는 것이다(대법원 2004.10.15. 2002다68485).

② (○) 이미 취소소송의 제기기간을 경과하여 확정력(불가쟁력)이 발생한 행정처분의 경우에는 위헌결정의 소급효가 미치지 않는다(대법원 2002.11.8. 2001두3181).

③ (○) 행정처분이 당연무효라고 하기 위해서는 처분에 위법사유가 있다는 것만으로는 부족하고 그 하자가 법규의 중요한 부분을 위반한 중대한 것으로서 객관적으로 명백한 것이어야 한다. 특히 법령 규정의 문언만으로는 처분 요건의 의미가 분명하지 아니하여 그 해석에 다툼의 여지가 있었더라도 해당 법령 규정의 위헌 여부 및 그 범위, 법령이 정한 처분 요건의 구체적 의미 등에 관하여 법원이나 헌법재판소의 분명한 판단이 있고, 행정청이 그러한 판단 내용에 따라 법령 규정을 해석·적용하는 데에 아무런 법률상 장애가 없는데도 합리적 근거 없이 사법적 판단과 어긋나게 행정처분을 하였다면 그 하자는 객관적으로 명백하다고 봄이 타당하다(대법원 2017.12.28. 2017두30122).

④ (×) 조세 부과의 근거가 되었던 법률규정이 위헌으로 선언된 경우, 비록 그에 기한 과세처분이 위헌결정 전에 이루어졌고, 과세처분에 대한 제소기간이 이미 경과하여 조세채권이 확정되었으며, 조세채권의 집행을 위한 체납처분의 근거규정 자체에 대하여는 따로 위헌결정이 내려진 바 없다고 하더라도, 위와 같은 위헌결정 이후에 조세채권의 집행을 위한 새로운 체납처분에 착수하거나 이를 속행하는 것은 더 이상 허용되지 않고, 나아가 이러한 위헌결정의 효력에 위배하여 이루어진 체납처분은 그 사유만으로 하자가 중대하고 객관적으로 명백하여 당연무효라고 보아야 한다(대법원 2012.2.16. 2010두10907 전원합의체).

12 ①

① (×) 공법상 계약은 당사자 사이의 반대방향의 의사의 합치인 점에서 동일방향의 의사의 합치인 공법상의 합동행위와 구별된다. 시·군조합의 설립은 공법상 계약이 아니고 공법상 합동행위에 해당한다.

② (○) 옳은 지문이다.

③ (○) 전문직공무원인 공중보건의사의 채용계약 해지의 의사표시는 일반공무원에 대한 징계처분과는 달라서 항고소송의 대상이 되는 처분 등의 성격을 가진 것으로 인정되지 아니하고, 일정한 사유가 있을 때에 관할 도지사가 채용계약 관계의 한쪽 당사자로서 대등한 지위에서 행하는 의사표시로 취급하고 있는 것으로 이해되므로, 공중보건의사 채용계약 해지의 의사표시에 대하여는 대등한 당사자간의 소송형식인 공법상의 당사자소송으로 그 의사표시의 무효확인을 청구할 수 있는 것이지, 이를 항고소송의 대상이 되는 행정처분이라는 전제하에서 그 취소를 구하는 항고소송을 제기할 수는 없다(대법원 1996.5.31. 95누10617).

④ (○) 행정청이 자신과 상대방 사이의 근로관계를 일방적인 의사표시로 종료시켰다고 하더라도 곧바로 그 의사표시가 행정청으로서 공권력을 행사하여 행하는 행정처분이라고 단정할 수는 없고, 관계 법령이 상대방의 근무관계에 관하여 구체적으로 어떻게 규정하고 있는지에 따라 그 의사표시가 항고소송의 대상이 되는 행정처분에 해당하는 것인지 아니면 공법상 계약관계의 일방 당사자로서 대등한 지위에서 행하는 의사표시인지 여부를 개별적으로 판단하여야 한다(대법원 2014.4.24., 2013두6244).

13 ②

> **행정기본법 제23조 (제재처분의 제척기간)**
> ① 행정청은 법령등의 위반행위가 종료된 날부터 5년이 지나면 해당 위반행위에 대하여 제재처분(인허가의 정지·취소·철회, 등록 말소, 영업소 폐쇄와 정지를 갈음하는 과징금 부과를 말한다. 이하 이 조에서 같다)을 할 수 없다.
> ② 다음 각 호의 어느 하나에 해당하는 경우에는 제1항을 적용하지 아니한다.
>   1. 거짓이나 그 밖의 부정한 방법으로 인허가를 받거나 신고를 한 경우
>   2. 당사자가 인허가나 신고의 위법성을 알고 있었거나 중대한 과실로 알지 못한 경우
>   3. 정당한 사유 없이 행정청의 조사·출입·검사를 기피·방해·거부하여 제척기간이 지난 경우
>   4. 제재처분을 하지 아니하면 국민의 안전·생명 또는 환경을 심각하게 해치거나 해칠 우려가 있는 경우

14 ③

① (○) 직접강제와 즉시강제는 권력적 사실행위로서의 성질을 갖는다. 따라서 항고소송의 대상이 되는 처분의 성질을 갖는다고 보는 것이 다수설이다.
② (○) 행정상 즉시강제로서의 위해방지수단은 행정기관이 의도하는 목적을 달성함에 있어 적합하고 유용한 수단이어야 한다. 또한 이러한 목적을 달성할 수 있는 여러 수단이 있는 경우에도 행정기관은 관계자에게 최소한 침해를 가져오는 수단을 선택하여야 하고, 침해의 정도는 공익의 정도와 상당한 비례가 유지되어야 한다.
③ (×) 관계행정청이 등급분류를 받지 아니하거나 등급분류를 받은 게임물과 다른 내용의 게임물을 발견한 경우 관계공무원으로 하여금 이를 수거·폐기하게 할 수 있도록 한 구 음반·비디오물 및 게임물에 관한 법률 제24조 제3항 제4호 중 게임물에 관한 규정 부분은 급박한 상황에 대처하기 위한 것으로서 의무부과를 전제로 하지 않는 즉시강제에 해당한다. 따라서 관계당사자에게 수거·폐기를 명하고 그 불이행 시 직접강제를 하는 것이 아니다.
④ (○) 헌재결 2002.10.31., 2000헌가12

15 ②

① (×) 행정질서벌은 형법에 형명(刑名)이 없는 과태료가 과해지는 행정벌로서 이는 형벌이 아니므로 형법총칙이 적용되지 않는다.
② (○) 자동차관리법 제5조의 규정에 위반하여 등록하지 아니하고 자동차를 운행한 자에 가해지는 제80조의 행정형벌은 자동차등록제도의 확보를 목적으로 하는 것이고, 제27조 제3항에 위반하여 임시운행허가기간을 경과한 후의 운행한 자에 가해지는 제84조의 과태료는 자동차운행상의 질서 확보를 목적으로 하는바, 양자는 목적을 달리한다. 따라서 양자는 병과 될 수 있다. 따라서 甲이 자동차관리법 제84조 제1항에 5호에 따라 과태료부과처분을 받은 바 있다고 하여도 甲은 자동차관리법 제80조 제1호 및 제5조에 근거하여 형사처벌을 받을 수 있다(대법원 1996.4.12, 96도158).
③ (×) 행정질서벌로서의 과태료는 행정상 의무의 위반에 대하여 국가가 일반통치권에 기하여 과하는 제재로서 형벌(특히 행정형벌)과 목적·기능이 중복되는 면이 없지 않으므로, 동일한 행위를 대상으로 하여 형벌을 부과하면서 아울러 행정질서벌로서의 과태료까지 부과한다면 그것은 이중처벌금지의 기본정신에 배치되어 국가 입법권의 남용으로 인정될 여지가 있음을 부정할 수 없다(헌법재판소 1994.06.30, 92헌바38).
④ (×) 지방자치법 제27조에 의하면 지방자치단체는 조례를 위반한 행위에 대하여 조례로써 1천만원 이하의 과태료를 정할 수 있다. 이에 따른 과태료는 해당 지방자치단체의 장이나 그 관할 구역 안의 지방자치단체의 장이 부과·징수한다.

16 ①

① (×) 구 「도시계획법」등의 관련 규정의 취지를 종합하여 보면, 시장 등은 토지형질변경허가를 함에 있어 허가지의 인근 지역에 토사붕괴나 낙석 등으로 인한 피해가 발생하지 않도록 허가를 받은 자에게 옹벽이나 방책을 설치하게 하거나 그가 이를 이행하지 아니할 때에는 스스로 필요한 조치를 취하는 직무상 의무를 진다고 해석되고, 이러한 의무의 내용은 단순히 공공 일반의 이익을 위한 것이 아니라 전적으로 또는 부수적으로 사회구성원 개인의 안전과 이익을 보호하기 위하여 설정된 것이라 할 것이다. 따라서 토석채취공사 도중 경사지를 굴러 내린 암석이 가스 저장시설을 충격하여 화재가 발생한 사안에서, 토지형질변경허가권자에게 허가 당시 사업자로 하여금 위해방지시설을 설치하게 할 의무를 다하지 아니한 위법과 작업 도중 구체적인 위험이 발생하였음에도 작업을 중지시키는 등의 사고예방조치를 취하지 아니 한 위법이 있다(대법원 2001.3.9. 99다64278).

② (○) 인감증명은 인감 자체의 동일성과 거래행위자의 의사에 의한 것임을 확인하는 자료로서 일반인의 거래상 극히 중요한 기능을 갖고 있는 것이므로 인감증명사무를 처리하는 공무원으로서는 그것이 타인과의 권리의무에 관계되는 일에 사용되어 지는 것을 예상하여 그 발급된 인감으로 인한 부정행위의 발생을 방지할 직무상의 의무가 있고 따라서 발급된 허위의 인감증명에 의하여 그 인감명의인과 계약을 체결한 자가 그로 인한 손해를 입었다면 위 인감증명의 교부와 그 손해사이에는 상당인과관계가 있다고 할 것이다(대법원 1991.3.22. 90다8152).

③ (○) 주민등록사무를 담당하는 공무원으로서는 만일 개명과 같은 사유로 주민등록상의 성명을 정정한 경우에는 위에서 본 바와 같은 법령의 규정에 따라 반드시 본적지의 관할관청에 대하여 그 변경사항을 통보하여 본적지의 호적관서로 하여금 그 정정사항의 진위를 재확인할 수 있도록 할 직무상의 의무가 있다고 할 것이고, 이러한 직무상 의무는 단순히 공공 일반의 이익을 위한 것이거나 행정기관 내부의 질서를 규율하기 위한 것이 아니고 전적으로 또는 부수적으로 사회구성원 개인의 안전과 이익을 보호하기 위하여 설정된 것이다(대법원 2003.4.25. 2001다59842).

④ (○) 국가 또는 지방자치단체가 법령이 정하는 상수원수 수질기준 유지의무를 다하지 못하고, 법령이 정하는 고도의 정수처리방법이 아닌 일반적 정수처리방법으로 수돗물을 생산·공급하였다는 사유만으로 그 수돗물을 마신 개인에 대하여 손해배상책임을 부담하지 않는다. 즉 상수원수의 수질을 환경기준에 따라 유지하도록 규정하고 있는 법령의 규정은 국민에게 양질의 수돗물이 공급되게 함으로써 국민 일반의 건강을 보호하여 공공일반의 전체적인 이익을 도모하기 위한 것이지, 국민 개개인의 안전과 이익을 직접적으로 보호하기 위한 규정이 아니므로, 국민에게 공급된 수돗물의 상수원의 수질이 수질기준에 미달한 경우가 있고, 이로 말미암아 국민이 법령에 정하여진 수질기준에 미달한 상수원수로 생산된 수돗물을 마심으로써 건강상의 위해 발생에 대한 염려 등에 따른 정신적 고통을 받았다고 하더라도, 이러한 사정만으로는 국가 또는 지방자치단체가 국민에게 손해배상책임을 부담하지 아니한다(대법원 2001.10.23. 99다36280). 즉 사익보호성이 인정되지 않아 손해배상을 청구할 수 없다.

17 ①

① (×) 잔여지 수용청구의 의사표시는 관할 토지수용위원회에 하여야 하는 것으로서, 관할 토지수용위원회가 사업시행자에게 잔여지 수용청구의 의사표시를 수령할 권한을 부여하였다고 인정할 만한 사정이 없는 한, 사업시행자에게 한 잔여지 매수청구의 의사표시를 관할 토지수용위원회에 한 잔여지 수용청구의 의사표시로 볼 수는 없다(대법원 2010.8.19. 2008두822).

② (○) 대법원 2006.5.18. 2004다6207 전원합의체)

③ (○) 구 공익사업을 위한 토지 등의 취득 및 보상에 관한 법률의 관련 규정에 의하여 취득하는 어업피해에 관한 손실보상청구권은 민사소송의 방법으로 행사할 수는 없고, 구 공익사업법 제34조, 제50조 등에 규정된 재결절차를 거친 다음 그 재결에 대하여 불복이 있는 때에 비로소 구 공익사업법 제83조 내지 제85조에 따라 권리구제를 받아야 하며, 이러한 재결절차를 거치지 않은 채 곧바로 사업시행자를 상대로 손실보상을 청구하는 것은 허용되지 않는다고 봄이 타당하다(대법원 2014.5.29. 2013두12478).

④ (○) 한국토지주택공사가 택지개발사업의 시행자로서 일정 기준을 충족하는 손실보상대상자들에 대하여 생활대책을 수립·시행하였는데, 직권으로 갑 등이 생활대책대상자에 해당하지 않는다는 결정을 하고, 갑 등의 이의신청에 대하여 재심사 결과로도 생활대책 대상자로 선정되지 않았다는 통보를 한 사안에서, 재심사 결과 통보는 독립한 행정처분으로서 항고소송의 대상에 해당한다(대법원 2016.7.14., 2015두58645).

18 ①

① (×)

> **행정심판법 제47조(재결의 범위)**
> ① 위원회는 심판청구의 대상이 되는 처분 또는 부작위 외의 사항에 대하여는 재결하지 못한다.
> ② 위원회는 심판청구의 대상이 되는 처분보다 청구인에게 불리한 재결을 하지 못한다.

② (○) 건축사법 제28조 제1항이 건축사 업무정지처분을 연 2회 이상 받고 그 정지기간이 통산하여 12월 이상이 될 경우에는 가중된 제재처분인 건축사사무소 등록취소처분을 받게 되도록 규정하여 건축사에 대한 제재적인 행정처분인 업무정지명령을 더 무거운 제재처분인 사무소등록취소처분의 기준요건으로 규정하고 있으므로, 건축사 업무정지처분을 받은 건축사로서는 위 처분에서 정한 기간이 경과하였다 하더라도 위 처분을 그대로 방치하여 둠으로써 장래 건축사사무소 등록취소라는 가중된 제재처분을 받을 우려가 있어 건축사로서 업무를 행할 수 있는 법률상 지위에 대한 위험이나 불안을 제거하기 위하여 건축사 업무정지처분의 취소를 구할 이익이 있으나, **업무정지처분을 받은 후 새로운 업무정지처분을 받음이 없이 1년이 경과하여 실제로 가중된 제재처분을 받을 우려가 없어졌다면 위 처분에서 정한 정지기간이 경과한 이상 특별한 사정이 없는 한 그 처분의 취소를 구할 법률상 이익이 없다**(대법원 2000.4.21, 98두10080).

③ (○) 행정심판은 위법 또는 부당한 처분이 대상이고 취소심판은 취소 또는 변경하는 것이다. 이때 변경은 소극적 변경과 적극적 변경 모두 가능하다. 따라서 甲이 제기한 행정심판에서 심리한 결과 처분이 부당하다고 인정되면 행정심판위원회는 재량행위임에도 처분의 일부를 감경하는 재결을 할 수 있다.

④ (○) 처분사유의 추가 변경은 기본적 사실관계의 동일성이 있는 범위 내에서만 허용되고 행정소송 뿐만 아니라 행정심판에서도 인정된다.

19 ②

② ㄱ, ㄷ, ㄹ이 특별행정심판에 해당한다.

ㄱ. 국세기본법상 특별심판

> **국세기본법 제67조(조세심판원)**
> ① 심판청구에 대한 결정을 하기 위하여 국무총리 소속으로 조세심판원을 둔다.

ㄴ. 「도로교통법」상 행정심판은 행정심판법상 중앙행정심판위원회에 일반심판을 청구한다.

ㄷ. 국가공무원법상 특별심판

> **국가공무원법 제9조(소청심사위원회의 설치)**
> ① 행정기관 소속 공무원의 징계처분, 그 밖에 그 의사에 반하는 불리한 처분이나 부작위에 대한 소청을 심사·결정하게 하기 위하여 인사혁신처에 소청심사위원회를 둔다.
> ② 국회, 법원, 헌법재판소 및 선거관리위원회 소속 공무원의 소청에 관한 사항을 심사·결정하게 하기 위하여 국회사무처, 법원행정처, 헌법재판소사무처 및 중앙선거관리위원회사무처에 각각 해당 소청심사위원회를 둔다.

ㄹ. 공익사업을 위한 토지 등의 취득 및 보상에 관한 법률상 특별심판

> **공익사업을 위한 토지 등의 취득 및 보상에 관한 법률 제83조(이의의 신청)**
> ① 중앙토지수용위원회의 제34조에 따른 재결에 이의가 있는 자는 중앙토지수용위원회에 이의를 신청할 수 있다.
> ② 지방토지수용위원회의 제34조에 따른 재결에 이의가 있는 자는 해당 지방토지수용위원회를 거쳐 중앙토지수용위원회에 이의를 신청할 수 있다.

20 ③

① (○) 원천징수의무자에 대한 소득금액변동통지는 원천납세의무의 존부나 범위와 같은 원천납세의무자의 권리나 법률상 지위에 어떠한 영향을 준다고 할 수 없으므로 소득처분에 따른 소득의 귀속자는 법인에 대한 소득금액변동통지의 취소를 구할 법률상 이익이 없다(대법원 2015. 3. 26. 2013두9267).

② (○) 교육부장관이 사학분쟁조정위원회의 심의를 거쳐 甲 대학교를 설치·운영하는 乙 학교법인의 이사 8인과 임시이사 1인을 선임한 데 대하여 甲 대학교 교수협의회와 총학생회 등이 이사선임처분의 취소를 구하는 소송을 제기한 사안에서, 甲 대학교 교수협의회와 총학생회는 이사선임처분을 다툴 법률상 이익을 가지지만, 전국대학노동조합 甲 대학교지부는 법률상 이익이 없다(대법원 2015.7.23, 2012두19496).

③ (×) 채석허가가 대물적 허가의 성질을 아울러 가지고 있고 수허가자의 지위가 사실상 양도·양수되는 점을 고려하여 수허가자의 지위를 사실상 양수한 양수인의 이익을 보호하고자 하는 데 있는 것으로 해석되므로, 수허가자의 지위를 양수받아 명의변경신고를 할 수 있는 양수인의 지위는 단순한 반사적 이익이나 사실상의 이익이 아니라 산림법령에 의하여 보호되는 직접적이고 구체적인 이익으로서 법률상 이익이라고 할 것이고, 관할 행정청이 양도인에 대하여 채석허가를 취소하는 처분을 하였다면 이는 양수인의 지위에 대한 직접적 침해가 된다고 할 것이므로 양수인은 채석허가를 취소하는 처분의 취소를 구할 법률상 이익을 가진다(대법원 2003. 7. 11. 2001두6289).

④ (○) 사업양도·양수에 따른 허가관청의 지위승계신고의 수리는 적법한 사업의 양도·양수가 있었음을 전제로 하는 것이므로 그 수리대상인 사업양도·양수가 존재하지 아니하거나 무효인 때에는 수리를 하였다 하더라도 그 수리는 유효한 대상이 없는 것으로서 당연히 무효라 할 것이고, 사업의 양도행위가 무효라고 주장하는 양도자는 민사쟁송으로 양도·양수행위의 무효를 구함이 없이 막바로 허가관청을 상대로 하여 행정소송으로 위 신고수리처분의 무효확인을 구할 법률상 이익이 있다(대법원 2005.12.23., 2005두3554).

21 ③

① (○) 종전 대법원의 다수의견은 당해 불이익처분이 부령형식의 행정규칙에 규정되어 있는 경우에는 이 규정의 법적 성질을 행정규칙으로 보고, 소의 이익이 없다고 보았다(대법원 1995.10.7, 94누14148). 그러나 2003두1684 전원합의체 판결은 가중처벌을 받을 위험이 현실적으로 존재하는 경우에는, 부령형식의 행정규칙으로 규정되어 있는 경우에도, 법적성질이 행정규칙인지 법규명령인지 불문하고 선행처분의 취소를 구할 법률상 이익이 있다고 보아야 한다(대법원 2006.6.22, 2003두1684)."고 판시하여 종전의 견해를 변경하였다.

② (○) 대법원 2018.7.12, 2015두3485

③ (×) 행정처분의 무효 확인 또는 취소를 구하는 소가 제소 당시에는 소의 이익이 있어 적법하였는데, 소송계속 중 해당 행정처분이 기간의 경과 등으로 그 효과가 소멸한 때에 처분이 취소되어도 원상회복이 불가능하다고 보이는 경우라도, 무효 확인 또는 취소로써 회복할 수 있는 다른 권리나 이익이 남아 있거나 또는 그 행정처분과 동일한 사유로 위법한 처분이 반복될 위험성이 있어 행정처분의 위법성 확인 내지 불분명한 법률문제에 대한 해명이 필요한 경우에는 행정의 적법성 확보와 그에 대한 사법통제, 국민의 권리구제 확대 등의 측면에서 예외적으로 그 처분의 취소를 구할 소의 이익을 인정할 수 있다. 여기에서 '그 행정처분과 동일한

사유로 위법한 처분이 반복될 위험성이 있는 경우'란 불분명한 법률문제에 대한 해명이 필요한 상황에 대한 대표적인 예시일 뿐이며, 반드시 '해당 사건의 동일한 소송 당사자 사이에서' 반복될 위험이 있는 경우만을 의미하는 것은 아니다(대법원 2020.12.24. 2020두30450).

④ (○) 대법원 2020.4.9. 2019두49953

22 ④

① (○) 대법원 2018.8.1. 2014두35379
② (○) 대법원 2016. 12. 27. 2014두5637
③ (○) 甲이 국민권익위원회에 부패방지 및 국민권익위원회의 설치와 운영에 관한 법률에 따른 신고와 신분보장조치를 요구하였고, 국민권익위원회가 乙 시·도선거관리위원회 위원장에게 '甲에 대한 중징계요구를 취소하고 향후 신고로 인한 신분상 불이익처분 및 근무조건상의 차별을 하지 말 것을 요구'하는 내용의 조치요구를 한 사안에서, 국가기관인 乙 시·도선거관리위원회 위원장은 이 사건 조치요구의 취소를 구하는 항고소송을 제기하는 것이 유효·적절한 수단이라고 할 것이므로, 비록 원고가 국가기관에 불과하더라도(대법원 2013.7.25. 2011두1214).
④ (×) 행정기관인 국민권익위원회가 행정기관의 장에게 일정한 의무를 부과하는 내용의 조치요구를 한 것에 대하여 그 조치요구의 상대방인 행정기관의 장이 다투고자 할 경우에 법률에서 행정기관 사이의 기관소송을 허용하는 규정을 두고 있지 않으므로 이러한 조치요구를 이행할 의무를 부담하는 행정기관의 장으로서는 **기관소송으로 조치요구를 다툴 수 없고**, 위 조치요구에 관하여 정부 조직 내에서 그 처분의 당부에 대한 심사·조정을 할 수 있는 다른 방도도 없으며, 국민권익위원회는 헌법 제111조 제1항 제4호에서 정한 '헌법에 의하여 설치된 국가기관'이라고 할 수 없으므로 그에 관한 **권한쟁의심판도 할 수 없고, 별도의 법인격이 인정되는 국가기관이 아닌 소방청장은 질서위반행위규제법에 따른 구제를 받을 수도 없는 점**, 부패방지 및 국민권익위원회의 설치와 운영에 관한 법률은 소방청장에게 국민권익위원회의 조치요구에 따라야 할 의무를 부담시키는 외에 별도로 그 의무를 이행하지 않을 경우 과태료나 형사처벌까지 정하고 있으므로 위와 같은 조치요구에 불복하고자 하는 '소속기관 등의 장'에게는 조치요구를 다툴 수 있는 소송상의 지위를 인정할 필요가 있는 점에 비추어, **처분성이 인정되는 국민권익위원회의 조치요구에 불복하고자 하는 소방청장으로서는 조치요구의 취소를 구하는 항고소송을 제기하는 것이 유효·적절한 수단으로 볼 수 있으므로 소방청장은 예외적으로 당사자능력과 원고적격을 가진다**(대법원 2018.8.1. 2014두35379).

23 ②

① (○) 원고는 대한민국에서 출생하여 오랜 기간 대한민국 국적을 보유하면서 거주한 사람이므로 이미 대한민국과 실질적 관련성이 있거나 대한민국에서 법적으로 보호가치 있는 이해관계를 형성하였다고 볼 수 있다. 또한 재외동포의 대한민국 출입국과 대한민국 안에서의 법적 지위를 보장함을 목적으로 「재외동포의 출입국과 법적 지위에 관한 법률」(이하 '재외동포법'이라 한다)이 특별히 제정되어 시행 중이다. 따라서 원고는 이 사건 사증발급 거부처분의 취소를 구할 법률상 이익이 인정된다(대법원 2019.7.11. 2017두38874).
② (×) 행정기관인 국민권익위원회가 행정기관의 장에게 일정한 의무를 부과하는 내용의 조치요구를 한 것에 대하여 그 조치요구의 상대방인 행정기관의 장이 다투고자 할 경우에 법률에서 행정기관 사이의 기관소송을 허용하는 규정을 두고 있지 않으므로 이러한 조치요구를 이행할 의무를 부담하는 행정기관의 장으로서는 기관소송으로 조치요구를 다툴 수 없고, 위 조치요구에 관하여 정부 조직 내에서 그 처분의 당부에 대한 심사·조정을 할 수 있는 다른 방도도 없으며, 국민권익위원회는 헌법 제111조 제1항 제4호에서 정한 '헌법에 의하여 설치된 국가기관'이라고 할 수 없으므로 그에 관한 권한쟁의심판도 할 수 없고, 별도의 법인격이 인정되는 국가기관이 아닌 소방청장은 질서위반행위규제법에 따른 구제를 받을 수도 없는 점, 부패방지 및 국민권익위원회의 설치와 운영에 관한 법률은 소방청장에게 국민권익위원회의 조치요구에 따라야 할 의무를 부담시키는 외에 별도로 그 의무를 이행하지 않을 경우 과태료나 형사처벌까지 정하고 있으므로 위와 같은 조치요구에

불복하고자 하는 '소속기관 등의 장'에게는 조치요구를 다툴 수 있는 소송상의 지위를 인정할 필요가 있는 점에 비추어, 처분성이 인정되는 국민권익위원회의 조치요구에 불복하고자 하는 **소방청장으로서는 조치요구의 취소를 구하는 항고소송을 제기하는 것이 유효·적절한 수단으로 볼 수 있으므로 소방청장은 예외적으로 당사자능력과 원고적격을 가진다**(대법원 2018.8.1. 2014두35379).

③ (○) 초등학교 병설유치원에 임시강사로 채용되어 3년 이상 근무하여 온 자들로서 정교사 자격증을 가지고 있어 교육공무원법 제12조 및 교육공무원임용령 제9조의2 제2호의 규정에 의한 특별채용 대상자로서의 자격을 갖추고 있고, 원고 등과 유사한 지위에 있는 전임강사에 대하여는 피고가 정규교사로 특별채용한 전례가 있다 하더라도 그러한 사정만으로 임용지원자에 불과한 원고 등에게 피고에 대하여 교사로의 특별채용을 요구할 법규상 또는 조리상의 권리가 있다고 할 수는 없다(대법원 2005.4.15. 2004두11626).

④ (○) 갑 등이 인터넷 포털사이트 등의 개인정보 유출사고로 자신들의 주민등록번호 등 개인정보가 불법 유출되자 이를 이유로 관할 구청장에게 주민등록번호를 변경해 줄 것을 신청하였으나 구청장이 '주민등록번호가 불법 유출된 경우 주민등록법상 변경이 허용되지 않는다'는 이유로 주민등록번호 변경을 거부하는 취지의 통지를 한 사안에서, 피해자의 의사와 무관하게 주민등록번호가 유출된 경우에는 조리상 주민등록번호의 변경을 요구할 신청권을 인정함이 타당하고, 구청장의 주민등록번호 변경신청 거부행위는 항고소송의 대상이 되는 행정처분에 해당한다(대법원 2017.6.15., 2013두2945).

24 ③

① (×) 甲이 납부한 과징금을 돌려받기 위해 관할 행정법원에 과징금반환을 구하는 소송은 부당이득반환소송이다. 대법원은 "개발부담금 부과처분이 취소된 이상 그 후의 부당이득으로서의 과오납금 반환에 관한 법률관계는 단순한 민사 관계에 불과한 것이고, 행정소송 절차에 따라야 하는 관계로 볼 수 없다(대법원 1995.4.28. 94다55019)."라고 하여 공법상 부당이득반환청구권의 성질을 사권으로서 민사소송으로 다투어야 한다고 보고 있다.

② (×) 절차상 하자가 치유될 수 있는 시기에 대하여 대법원은 "하자치유를 허용하려면 적어도 처분에 대한 불복 여부의 결정 및 불복신청에 편의를 줄 수 있는 상당한 기간 내에 하여야 한다(대법원 1983.7.26. 82누420)."고 판시하였다. 즉 행정심판 또는 행정소송을 제기하기 전까지 하자치유가 가능하다. 따라서 취소소송 절차가 종결되기 전까지가 아니라 행정심판 또는 행정소송을 제기하기 전까지이다.

③ (○) 판례는 행정사무처리기준이 총리령과 부령(시행규칙)에 규정되어 있는 경우에는 주로 법규성을 부인하고 행정규칙에 불과하다고 보면서, 대통령령(시행령)에 규정되어 있는 경우에는 주로 법규명령으로 보고 있다. 따라서 총리령에서 정하고 있는 행정처분의 기준은 행정규칙에 불과하므로 재판규범이 되지 못한다.

④ (×) 청소년을 고용한 적이 없다는 사실과 유통기한이 경과한 식품을 판매한 사실은 기본적 사실관계의 동일성이 인정되지 않기 때문에 처분사유로 추가·변경할 수 없다.

25 ③

① (○) 취소심판의 인용재결에는 취소재결, 변경재결, 변경명령재결이 있다. 구법에서 존재하였던 취소명령재결은 국민의 권리구제를 위하여 삭제되어 현행 행정심판법에는 존재하지 않는다.

② (○) 당사자의 신청을 받아들이지 않은 거부처분이 재결에서 취소된 경우, 그 재결의 취지에 따라 이전의 신청에 대하여 다시 어떠한 처분을 하여야 할지는 처분을 할 때의 법령과 사실을 기준으로 판단하여야 하므로, 행정청은 종전 거부처분 또는 재결 후에 발생한 새로운 사유를 내세워 다시 거부처분을 할 수 있다(대법원 2017.10.31. 2015두45045).

③ (×) 정보공개명령재결은 그 처분의 성질상 행정심판위원회가 직접 공개를 할 수 없기 때문에 직접처분권 대상이 아니다.

행정심판법 제50조(위원회의 직접 처분)
① 위원회는 피청구인이 제49조제3항에도 불구하고 처분을 하지 아니하는 경우에는 당사자가 신청하면(직권×) 기간을 정하여 서면으로 시정을 명하고 그 기간에 이행하지 아니하면 직접 처분을 할 수 있다. 다만, 그 처분의 성질이나 그 밖의 불가피한 사유로 위원회가 직접 처분을 할 수 없는 경우에는 그러하지 아니하다.

④ (○)

행정심판법 제49조(재결의 기속력 등)
① 심판청구를 인용하는 재결은 피청구인과 그 밖의 관계 행정청을 기속(羈束)한다.

제50조의2(위원회의 간접강제)
⑤ 제1항 또는 제2항에 따른 결정의 효력은 피청구인인 행정청이 소속된 국가·지방자치단체 또는 공공단체에 미치며, 결정서 정본은 제4항에 따른 소송제기와 관계없이 「민사집행법」에 따른 강제집행에 관하여는 집행권원과 같은 효력을 가진다. 이 경우 집행문은 위원장의 명에 따라 위원회가 소속된 행정청 소속 공무원이 부여한다.

제12회 행정법총론 최종모의고사 정답 및 해설

2025 MUST 행정법총론 **최종모의고사**

01	02	03	04	05	06	07	08	09	10
②	③	①	④	①	②	②	③	②	③
11	12	13	14	15	16	17	18	19	20
④	②	④	④	②	③	①	②	②	②
21	22	23	24	25					
②	④	②	④	①					

01 ②

① (○) ② (×) 각 단체의 대의원의 정수 및 선임방법 등은 정관으로 정하도록 규정하고 있는 국가유공자등단체설립에관한법률 제11조가 법률유보 혹은 의회유보의 원칙에 위배되어 청구인의 기본권을 침해하는지 여부(소극)
법률이 자치적인 사항을 정관에 위임할 경우 원칙적으로 헌법상의 포괄위임입법금지원칙이 적용되지 않는다 하더라도, 그 사항이 국민의 권리·의무에 관련되는 것일 경우에는, 적어도 국민의 권리와 의무의 형성에 관한 사항을 비롯하여 국가의 통치조직과 작용에 관한 기본적이고 본질적인 사항은 반드시 국회가 정하여야 할 것인바, 국가유공자등단체설립에관한법률 제11조는 국민의 권리와 의무의 형성에 관한 사항이나 국가의 통치조직과 작용에 관한 기본적이고 본질적인 사항이라고 볼 수 없으므로, 법률유보 내지 의회유보의 원칙이 지켜져야 할 영역이라고 할 수 없다(헌재 2006.03.30, 2005헌바31).

③ (○) 토지등소유자가 도시환경정비사업을 시행하는 경우 사업시행인가 신청시 필요한 토지등소유자의 동의는 개발사업의 주체 및 정비구역 내 토지등소유자를 상대로 수용권을 행사하고 각종 행정처분을 발할 수 있는 행정주체로서의 지위를 가지는 사업시행자를 지정하는 문제로서 그 동의요건을 정하는 것은 토지등소유자의 재산권에 중대한 영향을 미치고, 이해관계인 사이의 충돌을 조정하는 중요한 역할을 담당한다. 그렇다면 사업시행인가 신청시 요구되는 토지등소유자의 동의정족수를 정하는 것은 국민의 권리와 의무의 형성에 관한 기본적이고 본질적인 사항으로 법률유보 내지 의회유보의 원칙이 지켜져야 할 영역이다. 사업시행자를 지정한다는 면에서 같은 성격을 가지는 조합설립인가에 대해서는 조합설립인가 신청시 필요한 동의정족수에 관해 도시정비법에서 명문으로 규정(제16조 제1항)하고 있는 점을 보아도 토지등소유자가 사업시행인가를 신청하기 위해 얻어야 하는 동의정족수는 자치규약에 정할 것이 아니라 입법자가 스스로 결정하여야 할 사항이라 할 것이다(헌재 2012.04.24, 2010헌바1).

④ (○) 대법원 2015.08.20, 2012두23808 전원합의체

02 ③

① (×) LPG는 석유에 비하여 화재 및 폭발의 위험성이 훨씬 커서 주택 및 근린생활시설이 들어설 지역에 LPG충전소의 설치금지는 불가피하다 할 것이고 석유와 LPG의 위와 같은 차이를 고려하여 연구단지내 녹지구역에 LPG충전소의 설치를 금지한 것은 위와 같은 합리적 이유에 근거한 것이므로 이 사건 시행령 규정이 **평등원칙에 위배된다고 볼 수 없다**(헌재결 2004.7.15, 2001헌마646).

② (×) 행정행위를 한 처분청은 그 행위에 하자가 있는 경우에는 별도의 법적 근거가 없더라도 스스로 이를 취소할 수 있고, 다만 수익적 행정처분을 취소할 때에는 이를 취소하여야 할 공익상의 필요와 그 취소로 인하여 당사자가 입게 될 기득권과 신뢰보호 및 법률생활 안정의 침해 등 불이익을 비교·교량한 후 **공익상의 필요가 당사자가 입을 불이익을 정당화할 만큼 강한 경우에 한하여 취소할 수 있다**(대법원 2008.11.13, 2008두8628).

③ (○) 학생들의 교육환경과 인근 주민들의 주거환경 보호라는 공익이 숙박시설 건축허가신청을 반려한 처분

으로 그 신청인이 잃게 되는 이익의 침해를 정당화할 수 있을 정도로 크므로, 위 반려처분은 신뢰보호의 원칙에 위배되지 않음 ⇨ 대규모 숙박업소가 집단적으로 형성되어 향락단지화된다면 그 허가를 함부로 취소할 수도 없고 인근의 다른 숙박업소의 허가신청도 거부하기 어려워 그 영업이 장기간 계속될 것이 예상되므로, 이로 인한 교육환경과 주거환경의 침해는 인근 주민과 학생들의 수인한도를 넘게 될 것으로 보일 뿐 아니라 일단 침해된 사회적 환경은 그 회복이 사실상 불가능하다는 점 등에 비추어 보면, 이 사건 처분에 의하여 피고가 달성하려는 학생들의 교육환경과 인근 주민들의 주거환경 보호라는 공익은 이 사건 처분으로 인하여 원고들이 입게 되는 불이익을 정당화할 만큼 강한 경우에 해당한다고 할 것이므로, 같은 취지에서 원고들의 각 숙박시설 건축허가신청을 반려한 이 사건 처분이 신뢰보호의 원칙에 위배되지 않는다(대법원 2005.11.25, 2004두6822).

④ (×) 심판대상조항의 신고사항은 여러 옥외집회·시위가 경합하지 않도록 하기 위해 필요한 사항이고, 질서유지 등 필요한 조치를 할 수 있도록 하는 중요한 정보이다. 옥외집회·시위에 대한 사전신고 이후 기재사항의 보완, 금지통고 및 이의절차 등이 원활하게 진행되기 위하여 늦어도 집회가 개최되기 48시간 전까지 사전신고를 하도록 규정한 것이 지나치다고 볼 수 없다(헌법재판소 2014.1.28., 2011헌바174).

03 ①

① (×) 건물의 일부만이 수용되고 그 건물의 잔여부분을 보수하여 사용할 수 있는 경우 그 건물 전체의 가격에서 편입비율만큼의 비율로 손실보상액을 산정하여 보상하는 한편 보수비를 손실보상액으로 평가하여 보상하는 데 그친다면 보수에 의하여 보전될 수 없는 잔여건물의 가치하락분에 대하여는 보상을 하지 않는 셈이어서 불완전한 보상이 되는 점 등에 비추어 볼 때, 잔여건물에 대하여 보수만으로 보전될 수 없는 가치하락이 있는 경우에는, 동일한 토지소유자의 소유에 속하는 일단의 토지 일부가 공공사업용지로 편입됨으로써 잔여지의 가격이 하락한 경우에는 공공사업용지로 편입되는 토지의 가격으로 환산한 잔여지의 가격에서 가격이 하락된 잔여지의 평가액을 차감한 잔액을 손실액으로 평가하도록 되어 있는 공공용지의취득및손실보상에관한특례법시행규칙 제26조 제2항을 유추적용하여 잔여건물의 가치하락분에 대한 감가보상을 인정함이 상당하다(대법원 2009. 4. 23. 2007두3107).

② (○) 손실보상은 물건별로 하는 것이 아니라 피보상자 개인별로 행하여지는 것임
토지수용법 제45조 제2항은 수용 또는 사용함으로 인한 보상은 피보상자의 개인별로 산정할 수 없을 때를 제외하고는 피보상자에게 개인별로 하여야 한다고 규정하고 있으므로, 보상은 수용 또는 사용의 대상이 되는 물건별로 하는 것이 아니라 피보상자 개인별로 행하여지는 것이라고 할 것이어서 피보상자는 수용 대상물건 중 전부 또는 일부에 관하여 불복이 있는 경우 그 불복의 사유를 주장하여 행정소송을 제기할 수 있다(대법원 2000.1.28, 97누11720).

③ (○) 토지수용법에 의한 잔여지수용청구권의 법적 성질(=형성권)과 그 행사기간의 법적 성질(=제척기간)
토지수용법에 의한 잔여지수용청구권은 그 요건을 구비한 때에는 토지수용위원회의 특별한 조치를 기다릴 것 없이 청구에 의하여 수용의 효과가 발생하는 형성권적 성질을 가지고, 그 행사기간은 제척기간으로서, 토지소유자가 그 행사기간 내에 잔여지수용청구권을 행사하지 아니하면 그 권리가 소멸하므로, 토지소유자는, 잔여지수용청구권의 행사기간에 관하여 제한이 없었던 구 토지수용법(1990. 4. 7. 법률 제4231호로 개정되기 전의 것) 제48조 제1항이 적용되던 당시에는 토지수용위원회에 대하여 토지수용의 보상가액을 다투는 방법에 의하여도 잔여지수용청구권을 행사할 수 있었던 것과 달리, 위 법 조항이 개정되어 행사기간에 관한 규정이 신설된 이후에는 그 규정에서 정한 바에 따라 재결신청의 공고일로부터 2주간의 열람기간 내(1999. 2. 8. 법률 제5909호로 개정되기 전의 토지수용법 제48조 제1항) 또는 관할 지방토지수용위원회의 재결이 있기 전까지(개정된 위 조항 시행 후) 이를 행사하여야 하고, 도시계획법에 의한 토지수용이라 하여 달리 볼 것은 아니다(대법원 2001.9.4, 99두11080).

④ (○) 영업의 폐지로 볼 것인지 아니면 영업의 휴업으로 볼 것인지를 구별하는 기준은 당해 영업을 그 영업소 소재지나 인접 시·군 또는 구 지역 안의 다른 장소로 이전하는 것이 가능한지의 여부에 달려 있고, 이러한 이

전가능 여부는 법령상의 이전장애사유 유무와 당해 영업의 종류와 특성, 영업시설의 규모, 인접 지역의 현황과 특성, 그 이전을 위하여 당사자가 들인 노력 등과 인근 주민들의 이전 반대 등과 같은 사실상의 이전장애 사유 유무 등을 종합하여 판단하여야 한다(대법원 2001.11.13, 2000두1003 ; 대법원 2002.10.8., 2002두5498).

04 ④

① (O) 공용수용이 허용될 수 있는 공익성을 가진 사업, 즉 공익사업의 범위는 사업시행자와 토지소유자 등의 이해가 상반되는 중요한 사항으로서, 공용수용에 대한 법률유보의 원칙에 따라 법률에서 명확히 규정되어야 한다. 공공의 이익에 도움이 되는 사업이라도 '공익사업'으로 실정법에 열거되어 있지 않은 사업은 공용수용이 허용될 수 없다(헌법재판소 2014. 10. 30. 2011헌바129,172).

② (O) 헌법재판소 2014. 10. 30. 2011헌바129,172

③ (O) 법이 공용수용 할 수 있는 공익사업을 열거하고 있더라도, 이는 공공성 유무를 판단하는 일응의 기준을 제시한 것에 불과하므로, 사업인정의 단계에서 개별적·구체적으로 공공성에 관한 심사를 하여야 한다. 즉 공공성의 확보는 1차적으로 입법자가 입법을 행할 때 일반적으로 당해 사업이 수용이 가능할 만큼 공공성을 갖는가를 판단하고, 2차적으로는 사업인정권자가 개별적·구체적으로 당해 사업에 대한 사업인정을 행할 때 공공성을 판단하는 것이다(헌법재판소 2014. 10. 30. 2011헌바129,172).

④ (×) 이 사건에서 문제된 지구개발사업의 하나인 '관광휴양지 조성사업' 중에는 고급골프장, 고급리조트 등 (이하 '고급골프장 등'이라 한다)의 사업과 같이 입법목적에 대한 기여도가 낮을 뿐만 아니라, 대중의 이용·접근가능성이 작아 공익성이 낮은 사업도 있다. 또한 고급골프장 등 사업은 그 특성상 사업 운영 과정에서 발생하는 지방세수 확보와 지역경제 활성화는 부수적인 공익일 뿐이고, 이 정도의 공익이 그 사업으로 인하여 강제수용 당하는 주민들의 기본권침해를 정당화할 정도로 우월하다고 볼 수는 없다. 따라서 이 사건 법률조항은 공익적 필요성이 인정되기 어려운 민간개발자의 지구개발사업을 위해서까지 공공수용이 허용될 수 있는 가능성을 열어두고 있어 헌법 제23조 제3항에 위반된(헌법재판소 2014. 10. 30. 2011헌바129,172).

05 ①

① (×) 어떠한 처분의 근거나 법적인 효과가 행정규칙에 규정되어 있다고 하더라도, 그 처분이 행정규칙의 내부적 구속력에 의하여 상대방에게 권리의 설정 또는 의무의 부담을 명하거나 기타 법적인 효과를 발생하게 하는 등으로 그 상대방의 권리 의무에 직접 영향을 미치는 행위라면, 이 경우에도 항고소송의 대상이 되는 행정처분에 해당한다(대법원 2002.7.26. 2001두3532).

② (O) 행정규칙은 특별한 규정이 없는 한 성립요건을 갖춘 때에 효력이 발생하며, 수명기관에 도달된 때로부터 구속력이 발생한다고 본다. 법규명령과 달리 행정규칙은 공포가 필수요건은 아니다.

③ (O) 행정규칙의 내용이 상위법령에 반하는 것이라면 법치국가원리에서 파생되는 법질서의 통일성과 모순금지 원칙에 따라 그것은 법질서상 당연무효이고, 행정내부적 효력도 인정될 수 없다(대법원 2019.10 31. 2013두20011). 그리고 행정규칙은 행정처분이 아니므로 공정력이 인정되지 않는다. 따라서 행정규칙의 내용이 상위법령이나 법의 일반원칙에 반하는 경우에는 당연무효이고 취소의 대상이 될 수 없다.

④ (O) 행정규칙은 특별권력관계 내부에서의 행위이고, 국민의 기본권 침해와는 관련이 없기 때문에 원칙적으로 헌법소원의 대상이 되지 않는다. 다만 행정규칙이 법령의 규정에 의하여 행정관청에 법령의 구체적 내용을 보충할 권한을 부여한 경우나 재량준칙이 그 정한 바에 따라 되풀이 시행되어 행정관행이 이룩되게 되면, 평등의 원칙이나 신뢰보호의 원칙에 따라 행정기관은 그 상대방에 대한 관계에서 그 규칙에 따라야 할 자기구속을 당하게 되는 경우에는 대외적 구속력이 인정되므로 헌법소원의 대상이 될 수 있다(헌재 2013.5.28., 2013헌마334).

06 ②

① (○) ② (×) ③ (○) ④ (○)

> **행정기본법 제17조(부관)**
> ① 행정청은 처분에 **재량이 있는 경우에는** 부관(조건, 기한, 부담, 철회권의 유보 등을 말한다. 이하 이 조에서 같다)을 붙일 수 있다.
> ② 행정청은 처분에 **재량이 없는 경우에는** 법률에 근거가 있는 경우에 부관을 붙일 수 있다.
> ③ 행정청은 부관을 붙일 수 있는 처분이 다음 각 호의 어느 하나에 해당하는 경우에는 그 처분을 한 후에도 부관을 새로 붙이거나 종전의 부관을 변경할 수 있다.
>   1. 법률에 근거가 있는 경우
>   2. 당사자의 동의가 있는 경우
>   3. 사정이 변경되어 부관을 새로 붙이거나 종전의 부관을 변경하지 아니하면 해당 처분의 목적을 달성할 수 없다고 인정되는 경우
> ④ 부관은 다음 각 호의 요건에 적합하여야 한다.
>   1. 해당 처분의 목적에 위배되지 아니할 것
>   2. 해당 처분과 실질적인 관련이 있을 것
>   3. 해당 처분의 목적을 달성하기 위하여 필요한 최소한의 범위일 것

07 ②

① ㄱ, ㄹ 이 옳은 지문이다.

ㄱ. (○) 행정행위인 허가 또는 특허에 붙인 조항으로서 종료의 기한을 정한 경우 종기인 기한에 관하여는 일률적으로 기한이 왔다고 하여 당연히 그 행정행위의 효력이 상실된다고 할 것이 아니고 그 기한이 그 허가 또는 특허된 사업의 성질상 부당하게 짧은 기한을 정한 경우에 있어서는 그 기한은 그 허가 또는 특허의 조건의 존속기간(갱신기간)을 정한 것이며 그 기한이 도래함으로써 그 조건의 개정을 고려한다는 뜻으로 해석하여야 할 것이다(대법원 1995.11.10. 94누11866).

ㄴ. (×) 허가기간이 연장되기 위하여는 그 종기가 도래하기 전에 그 허가기간의 연장에 관한 신청이 있어야 하며, 만일 그러한 연장신청이 없는 상태에서 허가기간이 만료하였다면 그 허가의 효력은 상실된다(대법원 2007.10.11. 2005두12404).

ㄷ. (×) 허가의 유효기간을 지나서 신청한 기간연장신청은 새로운 허가 신청 ⇨ 종전의 허가가 기한의 도래로 실효한 이상 원고가 종전 허가의 유효기간이 지나서 신청한 이 사건 기간연장신청은 그에 대한 종전의 허가처분을 전제로 하여 단순히 그 유효기간을 연장하여 주는 행정처분을 구하는 것이라기 보다는 종전의 허가처분과는 별도의 새로운 허가를 내용으로 하는 행정처분을 구하는 것이라고 보아야 할 것이어서, 이러한 경우 허가권자는 이를 새로운 허가신청으로 보아 법의 관계 규정에 의하여 허가요건의 적합 여부를 새로이 판단하여 그 허가 여부를 결정하여야 할 것이다(대법원 1995.11.10. 94누11866).

ㄹ. (○) 행정절차법 제23조 제1항 제1호.

08 ③

① (○) 위헌결정의 효력에 위배하여 이루어진 체납처분은 그 사유만으로 하자가 중대하고 객관적으로 명백하여 당연무효라고 보아야 한다(대법원 2012.2.16. 2010두10907 전원합의체).

② (○) 종전 판례는 "토지수용에 관한 중앙 또는 지방토지수용위원회의 수용재결에 대하여 이의가 있는 자는 중앙토지수용위원회에 이의를 신청하여야 하고, 중앙토지수용위원회의 이의신청에 대한 재결에도 불복이

있으면 이의재결의 취소를 구하는 행정소송을 제기하여야 하며, 수용재결에 불복하여 그 취소를 구하는 행정소송은 부적법하다."라고 하여 재결주의를 취한 것으로 보았다(대법원 1990.6.22. 90누1755 ; 대법원 1989.3.28. 88누5198). 즉 구 토지수용법은 이의신청절차가 필요적이었다. 그러나 현행 「공익사업을 위한 토지 등의 취득 및 보상에 관한 법률」은 이의신청절차가 임의적이고, 원처분주의를 취하므로 원처분인 수용재결에 대하여 항고소송으로 제기할 수 있다.

③ (×) 법에서 정한 형식적 요건을 모두 갖추어 신고한 경우, 행정청으로서는 신고서 기재사항에 흠결이 없고 정해진 서류가 구비된 때에는 이를 수리하여야 하고, 이러한 형식적 요건을 모두 갖추었음에도 신고대상이 된 교육이나 학습이 공익적 기준에 적합하지 않는다는 등 실체적 사유를 들어 신고 수리를 거부할 수는 없다(대법원 2011.07.28. 2005두11784).

④ (○) 개별 세법에 납세고지에 관한 별도의 규정이 없더라도 국세징수법이 정한 것과 같은 납세고지의 요건을 갖추지 않으면 안 된다는 것이고, 이는 적법절차의 원칙이 과세처분에도 적용됨에 따른 당연한 귀결이다. 같은 맥락에서, 하나의 납세고지서에 의하여 복수의 과세처분을 함께 하는 경우에는 과세처분별로 그 세액과 산출근거 등을 구분하여 기재함으로써 납세의무자가 각 과세처분의 내용을 알 수 있도록 해야 하는 것 역시 당연하다고 할 것이다(대법원 2012.10.18. 2010두12347).

09 ②

① (○) 행정처분이 아무리 위법하다고 하여도 그 하자가 중대하고 명백하여 당연무효라고 보아야 할 사유가 있는 경우를 제외하고는 아무도 그 하자를 이유로 무단히 그 효과를 부정하지 못하는 것으로, 이러한 행정행위의 공정력은 판결의 기판력과 같은 효력은 아니지만 그 공정력의 객관적 범위에 속하는 행정행위의 하자가 취소사유에 불과한 때에는 그 처분이 취소되지 않는 한 처분의 효력을 부정하여 그로 인한 이득을 법률상 원인 없는 이득이라고 말할 수 없는 것이다(대법원 1994.11.11. 94다28000).

② (×) 공정력을 실체법적인 적법성 추정이 아닌 잠정적·절차적 유효성의 통용력으로 보는 통설적 입장에서는 공정력은 입증책임에 영향을 미치지 않는다고 본다. 따라서 입증책임은 일반적인 입증책임분배원칙인 법률요건분류설에 따라야 한다. 이 설에 따르면 권한발생의 요건사실에 관하여는 행정청이, 권한장애의 요건사실에 관하여는 원고측이 입증책임을 지게 된다.

③ (○) 민사소송에 있어서 어느 행정처분의 당연무효 여부가 선결문제로 되는 때에는 이를 판단하여 당연무효임을 전제로 판결할 수 있고 반드시 행정소송 등의 절차에 의하여 그 취소나 무효확인을 받아야 하는 것은 아니다(대법원 2010.4.8. 2009다90092).

④ (○) 행정청으로부터 구 주택법 제91조에 의한 시정명령을 받고도 이를 위반하였다는 이유로 위 법 제98조 제11호에 의한 처벌을 하기 위해서는 그 시정명령이 적법한 것이어야 하고, 그 시정명령이 위법하다고 인정되는 한 위 법 제98조 제11호 위반죄는 성립하지 않는다(대법원 2009.6.25. 2006도824).

10 ③

③ ㄱ, ㄷ, ㄹ 이 옳다.

ㄱ. (○) 대법원은 "처분이 취소되지 아니하였다 하더라도 국가는 이로 인한 손해를 배상할 책임이 있다"라고 하여 일관되게 민사법원이 선결문제로서 행정행위의 위법성 여부를 판단할 수 있다고 한다(대법원 1979.4.11., 79다262). 따라서 취소사유 있는 영업정지처분에 대한 취소소송의 제소기간이 도과한 경우에도 처분의 상대방은 민사법언에 국가배상청구소송을 제기하여 재산상 손해의 배상을 구할 수 있다.

ㄴ. (×) 조세과오납을 이유로 한 부당이득반환청구소송에서 그 처분을 취소하지 않는 한 민사법원은 조세부과처분의 효력을 선결문제로 심사할 수 없다. 따라서 민사법원에 곧바로 부당이득반환청구소송을 제기하더라도 납부한 금액의 반환을 받을 수 없다(대법원 1994.11.11. 94다28000).

ㄷ. (○) 파면처분을 당한 공무원은 그 처분에 취소사유인 하자가 존재하는 경우에는 공정력 때문에 파면처분이 유효하다고 통용된다. 따라서 파면처분 취소소송을 제기하여야 하지, 공무원신분을 전제로 한 당사자소송으

로 공무원지위확인소송을 제기할 수는 없다. 다만 공무원파면처분이 무효인 경우라면 공무원지위확인소송을 제기할 수 있다.
ㄹ. (○) 무효인 과세처분은 공정력이 인정되지 않기 때문에 곧바로 민사법원에 부당이득반환청구소송을 제기할 수도 있다. 또한 무효등확인소송은 보충성이 요구되지 않기 때문에 직접적인 구제방법인 부당이득반환소송을 제기하지 않고도 곧바로 행정법원에 과세처분무효확인소송을 제기할 수 있다.

11 ④

① (×) 이유제시는 원칙적으로 침익적 처분뿐만 아니라 수익적 행정작용, 거부처분에도 필요하다. 한편 행정절차법상 사전통지는 침익적 처분에서 인정되고 수익적 행정작용과 거부처분에는 적용되지 않는다.
② (×) 교육부장관이 어떤 후보자를 총장 임용에 부적격하다고 판단하여 배제하고 다른 후보자를 임용제청하는 경우라면 배제한 후보자에게 연구윤리 위반, 선거부정, 그 밖의 비위행위 등과 같은 부적격사유가 있다는 점을 구체적으로 제시할 의무가 있다. 그러나 교육부장관이 부적격사유가 없는 후보자들 사이에서 어떤 후보자를 상대적으로 총장 임용에 더 적합하다고 판단하여 임용제청하는 경우, 임용제청 행위 자체로서 행정절차법상 이유제시의무를 다한 것에 해당한다. 여기에서 나아가 교육부장관에게 개별 심사항목이나 고려요소에 대한 평가 결과를 자세히 밝힐 의무는 없다(대법원 2018.6.15. 2016두57564).
③ (×) 행정청은 ⓒ 단순·반복적인 처분 또는 경미한 처분으로서 당사자가 그 이유를 명백히 알 수 있는 경우 ⓒ 긴급히 처분을 할 필요가 있는 경우에 처분 후 당사자가 요청하는 경우에는 그 근거와 이유를 제시하여야 한다. 그러나 ㉠ 신청 내용을 모두 그대로 인정하는 처분인 경우는 당사자가 요청하여도 이유를 제시할 의무는 없다(행정절차법 제23조).
④ (○) 대법원 1999.3.26., 98두4672

12 ②

① (○) 행정절차법 제22조 제1항 제1호는, 행정청이 처분을 할 때에는 다른 법령 등에서 청문을 실시하도록 규정하고 있는 경우 청문을 실시한다고 규정하고 있다. 이러한 청문제도는 행정처분의 사유에 대하여 당사자에게 변명과 유리한 자료를 제출할 기회를 부여함으로써 위법사유의 시정가능성을 고려하고, 처분의 신중과 적정을 기하려는 데 그 취지가 있다. 그러므로 행정청이 특히 침해적 행정처분을 할 때 그 처분의 근거 법령 등에서 청문을 실시하도록 규정하고 있다면, 행정절차법 등 관련 법령상 청문을 실시하지 않아도 되는 예외적인 경우에 해당하지 않는 한, 반드시 청문을 실시하여야 하며, 그러한 절차를 결여한 처분은 위법한 처분으로서 취소사유에 해당한다(대법원 2007.11.16. 2005두15700).
② (×) "선정하여야 한다."가 아니라 "선정할 수 있다"이다.
③ (○) ④ (○)

> 행정절차법 제28조(청문 주재자)
> ① 행정청은 소속 직원 또는 대통령령으로 정하는 자격을 가진 사람 중에서 청문 주재자를 공정하게 선정하여야 한다.
> ② 행정청은 다음 각 호의 어느 하나에 해당하는 처분을 하려는 경우에는 청문 주재자를 2명 이상으로 선정할 수 있다. 이 경우 선정된 청문 주재자 중 1명이 청문 주재자를 대표한다.
>   1. 다수 국민의 이해가 상충되는 처분
>   2. 다수 국민에게 불편이나 부담을 주는 처분
>   3. 그 밖에 전문적이고 공정한 청문을 위하여 행정청이 청문 주재자를 2명 이상으로 선정할 필요가 있다고 인정하는 처분

③ 행정청은 청문이 시작되는 날부터 7일 전까지 청문 주재자에게 청문과 관련한 필요한 자료를 미리 통지하여야 한다.
④ 청문 주재자는 독립하여 공정하게 직무를 수행하며, 그 직무 수행을 이유로 본인의 의사에 반하여 신분상 어떠한 불이익도 받지 아니한다.

13 ④

① (○) 대법원 1998. 8. 25. 선고 98다16890
② (○) 대법원 2011. 1. 27. 선고 2010다6680
③ (○) 판례는 "경찰공무원이 낙석사고 현장 주변 교통정리를 하여 사고현장 부근으로 이동하던 중 대형 낙석이 순찰차를 덮쳐 사망하자, 도로를 관리하는 지방자치단체가 국가배상법 제2조 제1항 단서에 따른 면책을 주장한 사안에서, 경찰공무원 등이 '전투·훈련 등 직무집행과 관련하여' 순직 등을 한 경우 같은 법 및 민법에 의한 손해배상책임을 청구할 수 없다고 정한 국가배상법 제2조 제1항 단서의 면책조항은 구 국가배상법 제2조 제1항 단서의 면책조항과 마찬가지로 전투·훈련 또는 이에 준하는 직무집행뿐만 아니라 '일반 직무집행'에 관하여도 국가나 지방자치단체의 배상책임을 제한하는 것이다"라고 해석하여, 일반 직무집행에 관하여도 이중배상을 제한하고 있다(대법원 2011.3.10. 2010다85942).
④ (×) 구 공무원연금법에 따라 각종 급여를 지급하는 제도는 공무원의 생활안정과 복리향상에 이바지하기 위한 것이라는 점에서 국가배상법 제2조 제1항 단서에 따라 손해배상금을 지급하는 제도와 그 취지 및 목적을 달리하므로, **경찰공무원인 피해자가 구 공무원연금법의 규정에 따라 공무상 요양비를 지급받는 것은 국가배상법 제2조 제1항 단서에서 정한 '다른 법령의 규정'에 따라 보상을 지급받는 것에 해당하지 않는다.**
다만 경찰공무원인 피해자가 구 공무원연금법에 따라 공무상 요양비를 지급받은 후 추가로 국가배상법에 따라 치료비의 지급을 구하는 경우나 반대로 국가배상법에 따라 치료비를 지급받은 후 추가로 구 공무원연금법에 따라 공무상 요양비의 지급을 구하는 경우, 공무상 요양비와 치료비는 실제 치료에 소요된 비용에 대하여 지급되는 것으로서 같은 종류의 급여라고 할 것이므로, 치료비나 공무상 요양비가 추가로 지급될 때 구 공무원연금법 제33조 등을 근거로 먼저 지급된 공무상 요양비나 치료비 상당액이 공제될 수 있을 뿐이다. 한편 군인연금법과 구 공무원연금법은 취지나 목적에서 유사한 면이 있으나, 별도의 규정체계를 통해 서로 다른 적용대상을 규율하고 있는 만큼 서로 상이한 내용들로 규정되어 있기도 하므로, 군인연금법이 국가배상법 제2조 제1항 단서에서 정한 '다른 법령'에 해당한다고 하여, 구 공무원연금법도 군인연금법과 동일하게 취급되어야 하는 것은 아니다(대법원 2019.5.30. 2017다16174).

14 ④

① 공공기관의 정보공개에 관한 법률 제6조의2
② 공공기관의 정보공개에 관한 법률 제11조 제5항
③

> **공공기관의 정보공개에 관한 법률 제7조 (정보의 사전적 공개 등)**
> ① 공공기관은 다음 각 호의 어느 하나에 해당하는 정보에 대해서는 공개의 구체적 범위, 주기, 시기 및 방법 등을 미리 정하여 정보통신망 등을 통하여 알리고, 이에 따라 **정기적으로 공개하여야 한다.** 다만, 제9조제1항 각 호의 어느 하나에 해당하는 정보에 대해서는 그러하지 아니하다.
> 1. 국민생활에 매우 큰 영향을 미치는 정책에 관한 정보
> 2. 국가의 시책으로 시행하는 공사(工事) 등 대규모 예산이 투입되는 사업에 관한 정보
> 3. 예산집행의 내용과 사업평가 결과 등 행정감시를 위하여 필요한 정보
> 4. 그 밖에 공공기관의 장이 정하는 정보

② 공공기관은 제1항에 규정된 사항 외에도 국민이 알아야 할 필요가 있는 정보를 국민에게 **공개하도록 적극적으로** 노력하여야 한다.

공공기관의 정보공개에 관한 법률 제11조의2 (반복 청구 등의 처리)
① 공공기관은 제11조에도 불구하고 제10조제1항 및 제2항에 따른 정보공개 청구가 다음 각 호의 어느 하나에 해당하는 경우에는 정보공개 청구 대상 정보의 성격, 종전 청구와의 내용적 유사성·관련성, 종전 청구와 동일한 답변을 할 수밖에 없는 사정 등을 종합적으로 고려하여 해당 청구를 종결 처리할 수 있다. 이 경우 종결 처리 사실을 청구인에게 알려야 한다.
　1. 정보공개를 청구하여 정보공개 여부에 대한 결정의 통지를 받은 자가 정당한 사유 없이 해당 정보의 공개를 다시 청구하는 경우
　2. 정보공개 청구가 제11조 제5항에 따라 민원으로 처리되었으나 다시 같은 청구를 하는 경우
② 공공기관은 제11조에도 불구하고 제10조제1항 및 제2항에 따른 정보공개 청구가 다음 각 호의 어느 하나에 해당하는 경우에는 다음 각 호의 구분에 따라 안내하고, 해당 청구를 종결 처리할 수 있다.
　1. 제7조제1항에 따른 정보 등 공개를 목적으로 작성되어 이미 정보통신망 등을 통하여 공개된 정보를 청구하는 경우: 해당 정보의 소재(所在)를 안내
　2. 다른 법령이나 사회통념상 청구인의 여건 등에 비추어 수령할 수 없는 방법으로 정보공개 청구를 하는 경우: 수령이 가능한 방법으로 청구하도록 안내

④ **공공기관의 정보공개에 관한 법률 제22조 (정보공개위원회의 설치)** 다음 각 호의 사항을 심의·조정하기 위하여 **행정안전부 소속으로** 정보공개위원회(이하 "위원회"라 한다)를 둔다.
　1. 정보공개에 관한 정책 수립 및 제도 개선에 관한 사항
　2. 정보공개에 관한 기준 수립에 관한 사항
　3. 제12조에 따른 심의회 심의결과의 조사·분석 및 심의기준 개선 관련 의견제시에 관한 사항
　4. 제24조제2항 및 제3항에 따른 공공기관의 정보공개 운영실태 평가 및 그 결과 처리에 관한 사항
　5. 정보공개와 관련된 불합리한 제도·법령 및 그 운영에 대한 조사 및 개선권고에 관한 사항
　6. 그 밖에 정보공개에 관하여 대통령령으로 정하는 사항

15 ②

① 개인정보자기결정권으로 보호하려는 내용을 위 각 기본권들 및 헌법원리들 중 일부에 완전히 포섭시키는 것은 불가능하다고 할 것이므로, 그 헌법적 근거를 굳이 어느 한두 개에 국한시키는 것은 바람직하지 않은 것으로 보이고, 오히려 개인정보자기결정권은 이들을 이념적 기초로 하는 독자적 기본권으로서 헌법에 명시되지 아니한 기본권이라고 보아야 할 것이다(헌재 2005. 5. 26. 99헌마513).

② **개인정보 보호법 제51조 (단체소송의 대상 등)** 다음 각 호의 어느 하나에 해당하는 단체는 개인정보처리자가 제49조에 따른 집단분쟁조정을 거부하거나 집단분쟁조정의 결과를 수락하지 아니한 경우에는 법원에 권리침해 행위의 금지·중지를 구하는 소송(이하 "단체소송"이라 한다)을 제기할 수 있다.
　1. 「소비자기본법」제29조에 따라 공정거래위원회에 등록한 소비자단체로서 다음 각 목의 요건을 모두 갖춘 단체
　　가. 정관에 따라 상시적으로 정보주체의 **권익증진**을 주된 목적으로 하는 단체일 것
　　나. 단체의 **정회원수가 1천명 이상**일 것

다. 「소비자기본법」제29조에 따른 **등록 후 3년**이 경과하였을 것
2. 「비영리민간단체 지원법」제2조에 따른 비영리민간단체로서 다음 각 목의 요건을 모두 갖춘 단체
    가. 법률상 또는 사실상 동일한 침해를 입은 **100명** 이상의 정보주체로부터 단체소송의 제기를 요청받을 것
    나. 정관에 개인정보 보호를 단체의 목적으로 명시한 후 최근 **3년** 이상 이를 위한 활동실적이 있을 것
    다. 단체의 상시 구성원수가 **5천명 이상**일 것
    라. 중앙행정기관에 **등록**되어 있을 것

③ 개인정보 보호법 제39조
④ 집단분쟁조정 (개인정보 보호법 49조)

① 국가 및 지방자치단체, 개인정보 보호단체 및 기관, 정보주체, 개인정보처리자는 정보주체의 피해 또는 권리침해가 다수의 정보주체에게 같거나 비슷한 유형으로 발생하는 경우로서 대통령령으로 정하는 사건에 대하여는 분쟁조정위원회에 일괄적인 분쟁조정을 의뢰 또는 신청할 수 있다.
② 분쟁조정위원회는 집단분쟁조정의 당사자인 다수의 정보주체 중 일부의 정보주체가 법원에 소를 제기한 경우에는 그 절차를 중지하지 아니하고, 소를 제기한 일부의 정보주체를 그 절차에서 제외한다.

16 ③

① (○) 과징금부과처분이 법정 최고한도액을 초과하여 위법한 경우, 그 취소 범위는 전부취소
자동차운수사업면허조건 등을 위반한 사업자에 대하여 행정청이 행정제재수단으로 사업 정지를 명할 것인지, 과징금을 부과할 것인지, 과징금을 부과키로 한다면 그 금액은 얼마로 할 것인지에 관하여 재량권이 부여되었다 할 것이므로 과징금부과처분이 법이 정한 한도액을 초과하여 위법할 경우 법원으로서는 그 전부를 취소할 수밖에 없고, 그 한도액을 초과한 부분이나 법원이 적정하다고 인정되는 부분을 초과한 부분만을 취소할 수 없다(대법원 1998.4.10, 98두2270).

② (○) 과세처분취소소송에 있어서 세액의 산출과정에 잘못이 있어 과세처분이 위법한 것으로 판단되는 경우라도 사실심변론종결 당시까지 제출된 자료에 의하여 적법하게 부과될 세액이 산출되는 때에는 법원은 과세처분 전부를 위법한 것으로 취소할 것이 아니라 과세처분 중 정당한 산출세액을 초과하는 부분만을 위법한 것으로 보아 그 위법한 부분만을 취소하여야 한다(대법원 2000.9.29, 97누19496).

③ (✕) 행정청이 영업정지처분을 함에 있어서 그 정지기간을 어느 정도로 할 것인지는 행정청의 재량권에 속하는 사항인 것이며, 다만 그것이 공익의 원칙이나 평등의 원칙 또는 비례의 원칙등에 위반하여 재량권의 한계를 벗어난 재량권 남용에 해당하는 경우에만 위법한 처분으로서 사법심사의 대상이 되는 것이나, 법원으로서는 영업정지처분이 재량권 남용이라고 판단될 때에는 위법한 처분으로서 그 처분의 취소를 명할 수 있을 뿐이고, 재량권의 한계내에서 어느 정도가 적정한 영업정지 기간인지를 가리는 일은 사법심사의 범위를 벗어난다(대법원 1982. 9. 28. 82누2).

④ (○) 대법원 2004.10.14, 2001두2881

17 ①

① (✕) 지방자치단체장이 교통신호기를 설치하여 그 관리권한이 도로교통법 제71조의2 제1항의 규정에 의하여 관할 지방경찰청장에게 위임되어 지방자치단체 소속 공무원과 지방경찰청 소속 공무원이 합동근무하는 교통종합관제센터에서 그 관리업무를 담당하던 중 위 신호기가 고장난 채 방치되어 교통사고가 발생한 경우, 국가배상법 제2조 또는 제5조에 의한 배상책임을 부담하는 것은 지방경찰청장이 소속된 국가가 아니라, 그

권한을 위임한 지방자치단체장이 소속된 지방자치단체라고 할 것이나, 한편 국가배상법 제6조 제1항은 같은 법 제2조, 제3조 및 제5조의 규정에 의하여 국가 또는 지방자치단체가 손해를 배상할 책임이 있는 경우에 공무원의 선임·감독 또는 영조물의 설치·관리를 맡은 자와 공무원의 봉급·급여 기타의 비용 또는 영조물의 설치·관리의 비용을 부담하는 자가 동일하지 아니한 경우에는 그 비용을 부담하는 자도 손해를 배상하여야 한다고 규정하고 있으므로 교통신호기를 관리하는 지방경찰청장 산하 경찰관들에 대한 봉급을 부담하는 국가도 국가배상법 제6조 제1항에 의한 배상책임을 부담한다(대법원 1999.6.25. 99다11120).

② (○) 대법원 2003.7.11. 99다24218
③ (○) 국가배상법 제6조
④ (○) 다른 법령에 따라 지급받은 급여와의 조정에 관한 조항을 두고 있지 아니한 보훈보상대상자 지원에 관한 법률과 달리, 군인연금법 제41조 제1항은 "다른 법령에 따라 국가나 지방자치단체의 부담으로 이 법에 따른 급여와 같은 종류의 급여를 받은 사람에게는 그 급여금에 상당하는 금액에 대하여는 이 법에 따른 급여를 지급하지 아니한다."라고 명시적으로 규정하고 있다. 나아가 군인연금법이 정하고 있는 급여 중 사망보상금(군인연금법 제31조)은 일실손해의 보전을 위한 것으로 불법행위로 인한 소극적 손해배상과 같은 종류의 급여라고 봄이 타당하다. 따라서 피고에게 군인연금법 제41조 제1항에 따라 원고가 받은 손해배상금 상당 금액에 대하여는 사망보상금을 지급할 의무가 존재하지 아니한다(대법원 2018. 7. 20. 2018두36691).

18 ②

① (○) 헌법재판소는 "헌법이 규정한 정당한 보상이란 손실보상의 원인이 되는 재산권 침해가 기존의 법질서 안에서 개인의 재산권에 대한 개별적인 침해인 경우에는 그 손실보상은 원칙적으로 피수용재산의 객관적인 재산가치를 완전하게 보상하는 것이어야 한다는 완전보상을 뜻하는 것으로, 보상금액뿐만 아니라 보상의 시기나 방법 등에 있어서도 어떠한 제한을 두어서는 아니된다는 것을 의미한다(헌재결 1998.3.26. 96헌바12)"라고 판시하였다.
② (×) 공익사업을 위한 토지 등의 취득 및 보상에 관한 법률 제72조의 문언, 연혁 및 취지 등에 비추어 보면, 위 규정이 정한 수용청구권은 토지보상법 제74조 제1항이 정한 잔여지 수용청구권과 같이 손실보상의 일환으로 토지소유자에게 부여되는 권리로서 그 청구에 의하여 수용효과가 생기는 **형성권의 성질을 지니므로, 토지소유자의 토지수용청구를 받아들이지 아니한 토지수용위원회의 재결에 대하여 토지소유자가 불복하여 제기하는 소송은 토지보상법 제85조 제2항에 규정되어 있는 '보상금의 증감에 관한 소송'에 해당하고, 피고는 토지수용위원회가 아니라 사업시행자로 하여야 한다**(대법원 2015.4.9. 2014두46669).
③ (○) 공공용지의 취득 및 손실보상에 관한 특례법(현행 공익사업을 위한 토지 등의 취득 및 보상에 관한 법률)에 의한 협의취득 또는 보상합의는 공공기관이 사경제주체로서 행하는 사법상 매매 내지 사법상 계약의 실질을 가지는 것으로서, 당사자간의 합의로 같은 법 소정의 손실보상의 요건을 완화하는 약정을 할 수 있고, 그와 같은 당사자간의 합의로 같은 법 소정의 손실보상의 기준에 의하지 아니한 매매대금을 정할 수 있다(대법원 1999.3.23. 98다48866).
④ (○) 공익사업으로 인하여 영업을 폐지하거나 휴업하는 자가 사업시행자로부터 구 공익사업법에 따라 영업손실에 대한 보상을 받기 위해서는 구 공익사업법 등에 규정된 재결절차를 거친 다음 그 재결에 대하여 불복이 있는 때에 비로소 구 공익사업법 제83조 내지 제85조에 따라 권리구제를 받을 수 있을 뿐, 이러한 재결절차를 거치지 않은 채 곧바로 사업시행자를 상대로 손실보상을 청구하는 것은 허용되지 않는다(대법원 2011.9.29. 2009두10963).

19 ②

② 행정심판법 제50조 위원회의 직접처분은 제49조 제3항이 적용되므로 의무이행심판만 직접처분권이 가능하고 거부처분 취소심판은 직접처분권이 인정되지 않는다. 그러나 행정심판법 제50조의2 위원회의 간접강제는 행정심판법 제49조 제2항 또는 제3항이 적용되므로 의무이행심판과 거부처분 취소심판·무효등확인심판

모두 간접강제가 가능하다. 즉 거부처분 취소심판·무효등확인심판은 간접강제만 가능하다. 그러나 의무이행심판은 직접처분과 간접강제 모두 가능하다.

> **행정심판법 제49조(재결의 기속력 등)**
> ① 심판청구를 인용하는 재결은 피청구인과 그 밖의 관계 행정청을 기속(羈束)한다.
>   ⇨ 재결의 기속력은 피청구인과 그 밖의 관계 행정청을 기속하고, 청구인을 기속하는 것은 아님
> ② 재결에 의하여 취소되거나 무효 또는 부존재로 확인되는 처분이 당사자의 신청을 거부하는 것을 내용으로 하는 경우에는 그 처분을 한 행정청은 **재결의 취지에 따라 다시 이전의 신청에 대한 처분을 하여야 한다.**
> ③ 당사자의 신청을 거부하거나 부작위로 방치한 처분의 이행을 명하는 재결이 있으면 행정청은 지체 없이 이전의 신청에 대하여 재결의 취지에 따라 **처분을 하여야 한다.**
> ④ 신청에 따른 처분이 절차의 위법 또는 부당을 이유로 재결로써 취소된 경우에는 제2항을 준용한다.
> ⑤ 법령의 규정에 따라 공고하거나 고시한 처분이 재결로써 취소되거나 변경되면 처분을 한 행정청은 지체 없이 그 처분이 취소 또는 변경되었다는 것을 공고하거나 고시하여야 한다.
> ⑥ 법령의 규정에 따라 처분의 상대방 외의 이해관계인에게 통지된 처분이 재결로써 취소되거나 변경되면 처분을 한 행정청은 지체 없이 그 이해관계인에게 그 처분이 취소 또는 변경되었다는 것을 알려야 한다.
>
> **행정심판법 제50조(위원회의 직접 처분)**
> ① 위원회는 피청구인이 **제49조 제3항에도 불구**하고 처분을 하지 아니하는 경우에는 **당사자가 신청하면(직권 ×)** 기간을 정하여 서면으로 시정을 명하고 그 기간에 이행하지 아니하면 **직접 처분**을 할 수 있다. 다만, 그 처분의 성질이나 그 밖의 불가피한 사유로 위원회가 직접 처분을 할 수 없는 경우에는 그러하지 아니하다. ⇨ 직접처분권은 직권이 아닌 신청으로 함
> ② 위원회는 제1항 본문에 따라 **직접 처분을 하였을 때에는 그 사실을 해당 행정청에 통보하여야 하며, 그 통보를 받은 행정청은 위원회가 한 처분을 자기가 한 처분으로 보아 관계 법령에 따라 관리·감독 등 필요한 조치를** 하여야 한다.
>
> **행정심판법 제50조의2(위원회의 간접강제)**
> ① 위원회는 피청구인이 제49조 제2항(제49조 제4항에서 준용하는 경우를 포함한다) 또는 제3항에 따른 처분을 하지 아니하면 **청구인의 신청에 의하여(직권 ×)** 결정으로 상당한 기간을 정하고 피청구인이 그 기간 내에 이행하지 아니하는 경우에는 그 지연기간에 따라 일정한 배상을 하도록 명하거나 즉시 배상을 할 것을 명할 수 있다.
> ② 위원회는 사정의 변경이 있는 경우에는 당사자의 신청에 의하여 제1항에 따른 결정의 내용을 변경할 수 있다.
> ③ 위원회는 제1항 또는 제2항에 따른 결정을 하기 전에 신청 상대방의 의견을 들어야 한다.
> ④ 청구인은 제1항 또는 제2항에 따른 결정에 불복하는 경우 그 결정에 대하여 행정소송을 제기할 수 있다.

20 ②

① (×) 위원회는 당사자의 권리 및 권한의 범위에서 당사자의 동의를 받아 심판청구의 신속하고 공정한 해결을 위하여 조정을 할 수 있다. 다만, 그 조정이 공공복리에 적합하지 아니하거나 해당 처분의 성질에 반하는 경우에는 그러하지 아니하다(행정심판법 제43조의2 제1항).
② (○) 행정심판법 제44조

> 제44조(사정재결) ① 위원회는 심판청구가 이유가 있다고 인정하는 경우에도 이를 인용(認容)하는 것이 공공복리에 크게 위배된다고 인정하면 그 심판청구를 기각하는 재결을 할 수 있다. 이 경우 위원회는 재결의 주문(主文)에서 그 처분 또는 부작위가 위법하거나 부당하다는 것을 구체적으로 밝혀야 한다.

③ (×) 임시처분은 보충적이다. 즉 집행정지로 목적을 달성할 수 있는 경우에는 임시처분은 허용되지 않는다(행정심판법 제31조 제3항).
④ (×) 처분청이 심판청구기간을 법정기간보다 긴 기간으로 잘못 고지한 경우, 그 고지된 기간 내에 심판청구를 할 수 있다(행정심판법 제27조 제5항).

21 ②

① (○) 행정처분의 무효확인을 구하는 소에는 특단의 사정이 없는 한 그 취소를 구하는 취지도 포함되어 있다고 보아야 하는 점 등에 비추어 볼 때, 동일한 행정처분에 대하여 무효확인의 소를 제기하였다가 그 후 그 처분의 취소를 구하는 소를 추가적으로 병합된 취소청구의 소도 적법하게 제기된 것으로 봄이 상당하다(대법원 2005.12.23. 2005두3554). 따라서 취소소송의 요건을 충족한 경우 취소판결을 내린다.
② (×) 감액처분은 당초 부과처분과 별개 독립의 과징금 부과처분이 아니라 그 실질은 당초 부과처분의 변경이고, 그에 의하여 과징금의 일부취소라는 납부의무자에게 유리한 결과를 가져오는 처분이므로 당초 부과처분이 전부 실효되는 것은 아니다. 따라서 그 감액처분에 의하여 감액된 부분에 대한 부과처분 취소청구는 이미 소멸하고 없는 부분에 대한 것으로서 그 소의 이익이 없어 부적법하다고 할 것이다(대법원 2008. 2. 15. 2006두4226).
③ (○) 일반적·추상적 규율은 원칙적으로 입법의 형식이고 처분이 아니다.
④ (○) 대법원 2006.4.28. 2005두14851

22 ④

④ ㄴ, ㄷ, ㄹ, ㅁ이 직권으로 할 수 있는 경우이다.
ㄱ. 원고의 신청

> 행정소송법 제22조(처분변경으로 인한 소의 변경)
> ① 법원은 행정청이 소송의 대상인 처분을 소가 제기된 후 변경한 때에는 **원고의 신청**에 의하여 결정으로써 청구의 취지 또는 원인의 변경을 허가할 수 있다.

ㄴ. 당사자의 신청 또는 직권

> 행정소송법 제10조(관련청구소송의 이송 및 병합)
> ① 취소소송과 다음 각호의 1에 해당하는 소송(이하 "관련청구소송"이라 한다)이 각각 다른 법원에 계속되고 있는 경우에 관련청구소송이 계속된 법원이 상당하다고 인정하는 때에는 **당사자의 신청 또는 직권**에 의하여 이를 취소소송이 계속된 법원으로 이송할 수 있다.
>   1. 당해 처분등과 관련되는 손해배상·부당이득반환·원상회복등 청구소송
>   2. 당해 처분등과 관련되는 취소소송

ㄷ. 당사자 또는 당해 행정청의 신청 또는 직권

> 행정소송법 제17조(행정청의 소송참가)
> ① 법원은 다른 행정청을 소송에 참가시킬 필요가 있다고 인정할 때에는 **당사자 또는 당해 행정청의 신청 또는 직권**에 의하여 결정으로써 그 행정청을 소송에 참가시킬 수 있다.

ㄹ. 당사자의 신청 또는 직권

> **행정소송법 제23조(집행정지)**
> ② 취소소송이 제기된 경우에 처분등이나 그 집행 또는 절차의 속행으로 인하여 생길 회복하기 어려운 손해를 예방하기 위하여 긴급한 필요가 있다고 인정할 때에는 본안이 계속되고 있는 법원은 **당사자의 신청 또는 직권**에 의하여 처분등의 효력이나 그 집행 또는 절차의 속행의 전부 또는 일부의 정지를 결정할 수 있다.

ㅁ. 당사자의 신청 또는 직권

> **제13조(피고적격)**
> ① 취소소송은 다른 법률에 특별한 규정이 없는 한 그 처분등을 행한 행정청을 피고로 한다. 다만, 처분등이 있은 뒤에 그 처분등에 관계되는 권한이 다른 행정청에 승계된 때에는 이를 승계한 행정청을 피고로 한다.
>
> **행정소송법 제14조(피고경정)**
> ⑥ 취소소송이 제기된 후에 제13조 제1항 단서 또는 제13조 제2항에 해당하는 사유가 생긴 때에는 법원은 **당사자의 신청 또는 직권**에 의하여 피고를 경정한다. 이 경우에는 제4항 및 제5항의 규정을 준용한다.

23 ②

① (○) 법무사의 사무원 채용승인 신청에 대하여 소속 지방법무사회가 '채용승인을 거부'하는 조치 또는 일단 채용승인을 하였으나 법무사규칙 제37조 제6항을 근거로 '채용승인을 취소'하는 조치는 공법인인 지방법무사회가 행하는 구체적 사실에 관한 법집행으로서 공권력의 행사 또는 그 거부에 해당하므로 항고소송의 대상인 '처분'이라고 보아야 한다(대법원 2020.4.9. 2015다34444).

② (×) 검찰총장의 경고처분은 검사징계법에 따른 징계처분이 아니라 검찰청법 제7조 제1항, 제12조 제2항에 근거하여 검사에 대한 직무감독권을 행사하는 작용에 해당하므로, 검사의 직무상 의무 위반의 정도가 중하지 않아 검사징계법에 따른 '징계사유'에는 해당하지 않더라도 징계처분보다 낮은 수준의 감독조치로서 '경고처분'을 할 수 있고, 법원은 그것이 직무감독권자에게 주어진 재량권을 일탈·남용한 것이라는 특별한 사정이 없는 한 이를 존중하는 것이 바람직하다.

검사에 대한 경고조치 관련 규정을 위 법리에 비추어 살펴보면, 검찰총장이 사무검사 및 사건평정을 기초로 대검찰청 자체감사규정 제23조 제3항, 검찰공무원의 범죄 및 비위 처리지침 제4조 제2항 제2호 등에 근거하여 검사에 대하여 하는 '경고조치'는 일정한 서식에 따라 검사에게 개별 통지를 하고 이의신청을 할 수 있으며, 검사가 검찰총장의 경고를 받으면 1년 이상 감찰관리 대상자로 선정되어 특별관리를 받을 수 있고, 경고를 받은 사실이 인사자료로 활용되어 복무평정, 직무성과금 지급, 승진·전보인사에서도 불이익을 받게 될 가능성이 높아지며, 향후 다른 징계사유로 징계처분을 받게 될 경우에 징계양정에서 불이익을 받게 될 가능성이 높아지므로, 검사의 권리 의무에 영향을 미치는 행위로서 항고소송의 대상이 되는 처분이라고 보아야 한다(대법원 2021.2.10. 2020두47564).

③ (○) 법외노조 통보는 이미 법률에 의하여 법외노조가 된 것을 사후적으로 고지하거나 확인하는 행위가 아니라 그 통보로써 비로소 법외노조가 되도록 하는 형성적 행정처분이다. 이러한 법외노조 통보는 단순히 노동조합에 대한 법률상 보호만을 제거하는 것에 그치지 않고 헌법상 노동3권을 실질적으로 제약한다. 그런데 노동조합 및 노동관계조정법(이하 '노동조합법'이라 한다)은 법상 설립요건을 갖추지 못한 단체의 노동조합 설립신고서를 반려하도록 규정하면서도, 그보다 더 침익적인 설립 후 활동 중인 노동조합에 대한 법외노조 통보에 관하여는 아무런 규정을 두고 있지 않고, 이를 시행령에 위임하는 명문의 규정도 두고 있지 않다. 더욱

이 법외노조 통보 제도는 입법자가 반성적 고려에서 폐지한 노동조합 해산명령 제도와 실질적으로 다를 바 없다. 결국 노동조합법 시행령 제9조 제2항은 법률이 정하고 있지 아니한 사항에 관하여, 법률의 구체적이고 명시적인 위임도 없이 헌법이 보장하는 노동3권에 대한 본질적인 제한을 규정한 것으로서 법률유보원칙에 반한다(대법원 2020.9.3. 2016두32992 전원합의체).

④ (○) 공유재산 및 물품관리법(이하 '공유재산법'이라 한다) 제2조 제1호, 제7조 제1항, 제20조 제1항, 제2항 제2호의 내용과 체계에 관련 법리를 종합하면, 지방자치단체의 장이 공유재산법에 근거하여 기부채납 및 사용·수익허가 방식으로 민간투자사업을 추진하는 과정에서 사업시행자를 지정하기 위한 전 단계에서 공모제안을 받아 일정한 심사를 거쳐 우선협상대상자를 선정하는 행위와 이미 선정된 우선협상대상자를 그 지위에서 배제하는 행위는 민간투자사업의 세부내용에 관한 협상을 거쳐 공유재산법에 따른 공유재산의 사용·수익허가를 우선적으로 부여받을 수 있는 지위를 설정하거나 또는 이미 설정한 지위를 박탈하는 조치이므로 모두 항고소송의 대상이 되는 행정처분으로 보아야 한다(대법원 2020.4.29. 2017두31064).

24 ④

① (×) 항고소송에서 행정처분의 적법 여부는 특별한 사정이 없는 한 행정처분 당시를 기준으로 하여 판단해야 하는바, 여기서 행정처분의 위법 여부를 판단하는 기준 시점에 관하여 판결 시가 아니라 처분 시라고 하는 의미는 행정처분의 위법 여부를 판단할 때 처분 후 법령의 개폐나 사실상태의 변동에 영향을 받지 않는다는 뜻이지 처분 당시 존재하였던 자료나 행정청에 제출되었던 자료만으로 위법 여부를 판단한다는 의미는 아니므로, 처분 당시의 사실상태 등에 관한 증명은 사실심 변론종결 당시까지 할 수 있고, 법원은 행정처분 당시 행정청이 알고 있었던 자료뿐만 아니라 사실심 변론종결 당시까지 제출된 모든 자료를 종합하여 처분 당시 존재하였던 객관적 사실을 확정하고 그 사실에 기초하여 처분의 위법 여부를 판단할 수 있다(대법원 2014.10.30. ,. 2012두25552).

② (×) 행정심판법상 '변경'의 의미는 심판기관이 같은 행정부 소속 기관이기 때문에 소극적 변경은 물론이고, '적극적 변경'의 의미가 포함된다. 그러나 행정소송법 제4조 제1호의 변경의 의미에 대하여는 ⅰ) 적극적 변경까지 포함한다는 견해도 있으나 ⅱ) 일부취소의 의미로 이해하여 처분을 적극적으로 변경하는 형성소송은 허용되지 않는다는 것(소극적 변경)이 다수의 견해이다.

③ (×) 과세처분 취소청구를 기각하는 판결이 확정되면 그 처분이 적합하다는 점에 관하여 기판력이 생기고 그 후 원고가 이를 무효라 하여 무효확인을 소구할 수 없는 것이어서 과세처분의 취소소송에서 청구가 기각된 확정판결의 기판력은 그 과세처분의 무효확인을 구하는 소송에도 미친다(대법원 1998.7.24. 98다10854).

④ (○) 행정소송법 제38조 제1항이 무효확인 판결에 관하여 취소판결에 관한 규정을 준용함에 있어서 같은 법 제30조 제2항을 준용한다고 규정하면서도 같은 법 제34조는 이를 준용한다는 규정을 두지 않고 있으므로, 행정처분에 대하여 무효확인 판결이 내려진 경우에는 그 행정처분이 거부처분인 경우에도 행정청에 판결의 취지에 따른 재처분의무가 인정될 뿐 그에 대하여 간접강제까지 허용되는 것은 아니라고 할 것이다(대법원 1998.12.24., 98무37).

25 ①

① (○) **행정청이 재처분을 하지 아니하거나, 재처분을 하였다 하더라도 그것이 종전 거부처분에 대한 취소의 확정판결의 기속력에 반하는 등으로 당연무효인 경우에는 간접강제가 가능함** ⇨ 거부처분에 대한 취소의 확정판결이 있음에도 행정청이 아무런 재처분을 하지 아니하거나, 재처분을 하였다 하더라도 그것이 종전 거부처분에 대한 취소의 확정판결의 기속력에 반하는 등으로 당연무효라면 이는 아무런 재처분을 하지 아니한 때와 마찬가지라 할 것이므로 이러한 경우에는 행정소송법 제30조 제2항, 제34조 제1항 등에 의한 간접강제신청에 필요한 요건을 갖춘 것으로 보아야 한다(대법원 2002.12.11. 2002무22).

② (×) 기속력은 인용판결에서만 발생하는 효력이다.

③ (×) 행정청의 처분을 취소하는 인용판결이 확정되면 행정청은 판결의 취지에 따라 다시 이전의 신청에 대한

처분을 하면 되는 것이지, 원고가 신청한 내용대로 재처분을 하여야 하는 것은 아니다. 따라서 행정청은 다른 사유를 들어 다시 거부하거나 신청을 인용할 수 있다.

④ (×) 취소판결의 기속력은 판결의 주문이나 그 전제되는 요건사실에 대해서 미치고, 처분등의 구체적 위법사유에 관한 이유 중의 판단에 대하여도 미친다. 기판력과 달리 기속력은 전제되는 요건사실에 대해서도 미친다.

편저자 **백영민**

〈약력〉
[현] 이패스 소방사관 행정법 전임
　　　부산 한국고시학원 행정법 강사
　　　교육 개발원 강사
[전] 웅진 패스원 공무원학원
　　　한교 고시학원
　　　남부 행정고시학원
　　　이그잼 고시학원 9급 공무원 행정법
　　　김재규 경찰학원 행정법 강사

〈주요저서〉
MUST 행정법총론(이패스)
MUST 행정법총론 단원별 기출예상문제(이패스)
MUST 행정법총론 최종모의고사(이패스)

2025 MUST 행정법총론 최종모의고사

초판 1쇄 인쇄	2024년 10월 22일
초판 1쇄 발행	2024년 11월 1일
지 은 이	백영민
발 행 인	이재남
발 행 처	㈜이패스코리아
	[본사] 서울시 영등포구 경인로 775 에이스하이테크시티 2동 1004호
팩 스	02-6345-6701
홈페이지	www.kfs119.co.kr
이 메 일	newsguy78@epasskorea.com
등록번호	제318-2003-000119호(2003년 10월 15일)

* 편저자와 협의하여 인지는 생략했습니다.
* 이 책을 무단으로 전재 또는 복제하면 [저작권법] 제136조에 의해 5년 이하의 징역 또는 5천만원 이하의 벌금에 처해지거나 병과될 수 있습니다.
* 파본은 구입처에서 교환해 드립니다.